MASTERCLASS LANDSCHAFTSFOTOGRAFIE

DER WEG ZUM STIMMUNGSVOLLEREN FOTO

DAVID TAYLOR

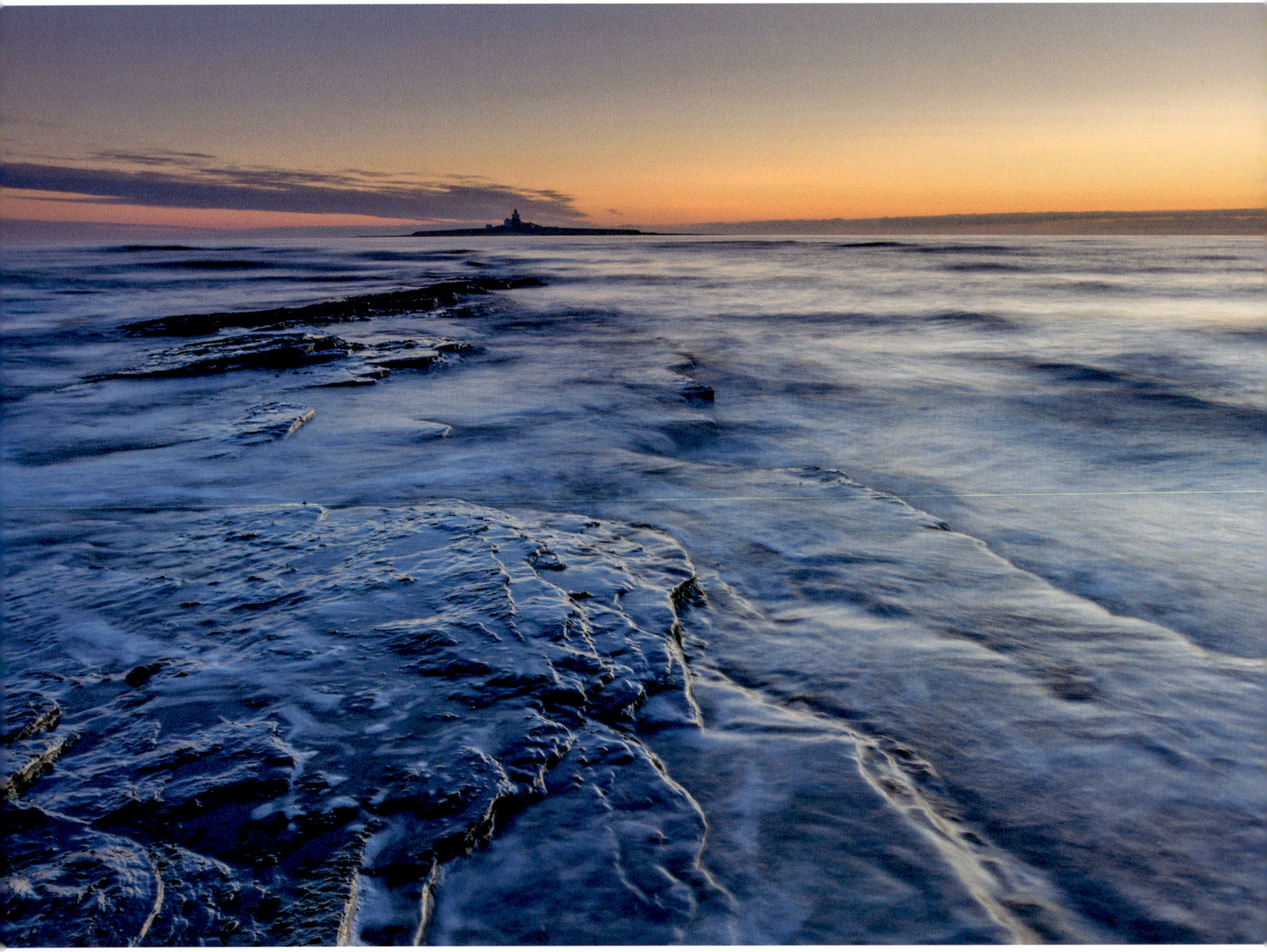

Oben: Das Großartige an der Landschaftsfotografie ist nicht nur die anregende Zeit in schöner Natur, sondern auch die Erinnerung an diese Momente – bewahrt in den Fotos.

MASTERCLASS
LANDSCHAFTSFOTOGRAFIE

DER WEG ZUM STIMMUNGSVOLLEREN FOTO

DAVID TAYLOR

WHITE STAR VERLAG

Die Originalausgabe erschien 2014 bei
Ammonite Press, einer Marke von AE Publications Ltd, United Kingdom

Originaltitel: *Mastering Landscape Photography*

Für die deutsche Ausgabe:

WHITE STAR VERLAG

White Star Verlag® ist ein eingetragenes Markenzeichen
von White Star s.r.l.

Piazzale Luigi Cadorna, 6
20123 Mailand, Italien
www.whitestar.it

Producing der deutschen Ausgabe: SAW Communications, Redaktionsbüro Dr. Sabine A. Werner, Mainz
Übersetzung: SAW Communications: Dr. Wolfgang Hensel
Lektorat: SAW Communications: Sylvia Ederle

ISBN 978-88-6312-414-9
2 3 4 5 6   25 24 23 22 21

Gedruckt in Serbien

Redaktion: Chris Gatcum
Herausgeber: Richard Wiles
Grafik: Robin Shields

Inhaltsverzeichnis

Einleitung

Die meisten Fotografen entdecken ihr Hobby in zwei Schritten. Der erste Schritt ist die Lernphase: Der angehende Fotograf arbeitet sich in die technischen Abläufe der Fotografie ein und sammelt Erfahrungen, bis er die Technik beherrscht.

Der zweite Schritt ist eher eine Sinnfrage, denn jeder Fotograf fragt sich irgendwann: Welche Motive interessieren mich? Was ist mein Ziel als Fotograf? Dieses Buch richtet sich an jene, die darauf antworten: „Ich möchte Landschaften fotografieren."

Das Handwerk

Jeder Fotograf muss die handwerklich-technischen Grundlagen der Fotografie beherrschen, die aber nicht besonders schwer zu erlernen sind. Fokussieren, Belichten und andere Fertigkeiten folgen logischen Regeln, sodass sich alles, was vielleicht für Anfänger geheimnisvoll erscheint, erlernen lässt.

Die weitergehenden Fertigkeiten – je nach der Entscheidung für ein fotografisches Genre – sind schwieriger zu definieren. Hochzeitsfotografen und Landschaftsfotografen brauchen zwar dieselben technischen Fähigkeiten, ihre Vorgehensweisen sind jedoch nicht beliebig austauschbar. Ein Hochzeitsfotograf muss die „Schokoladenseite" von Menschen erkennen und braucht für optimale Fotos Engelsgeduld und Organisationstalent. Ich bewundere Hochzeitsfotografen und weiß, dass ich deren Arbeit nicht regelmäßig erledigen könnte!

Ein Landschaftsfotograf muss verstehen, wie Wetter, Jahreszeiten und Licht eine Landschaft beeinflussen. Außerdem kann es nicht schaden, über gutes Orientierungsvermögen zu verfügen, um potenzielle Motive aufzuspüren. An erster Stelle steht allerdings die Liebe zur Natur. Ich kann mir nicht vorstellen, dass einem Landschaftsfotografen, der kein Gespür für die Natur entwickelt hat, Fotos gelingen, die andere Menschen inspirieren. In letzter Konsequenz muss ein Landschaftsfotograf den technischen Grundlagen bereits entwachsen sein, um kreativ zu einer eigenen künstlerischen Sprache zu finden.

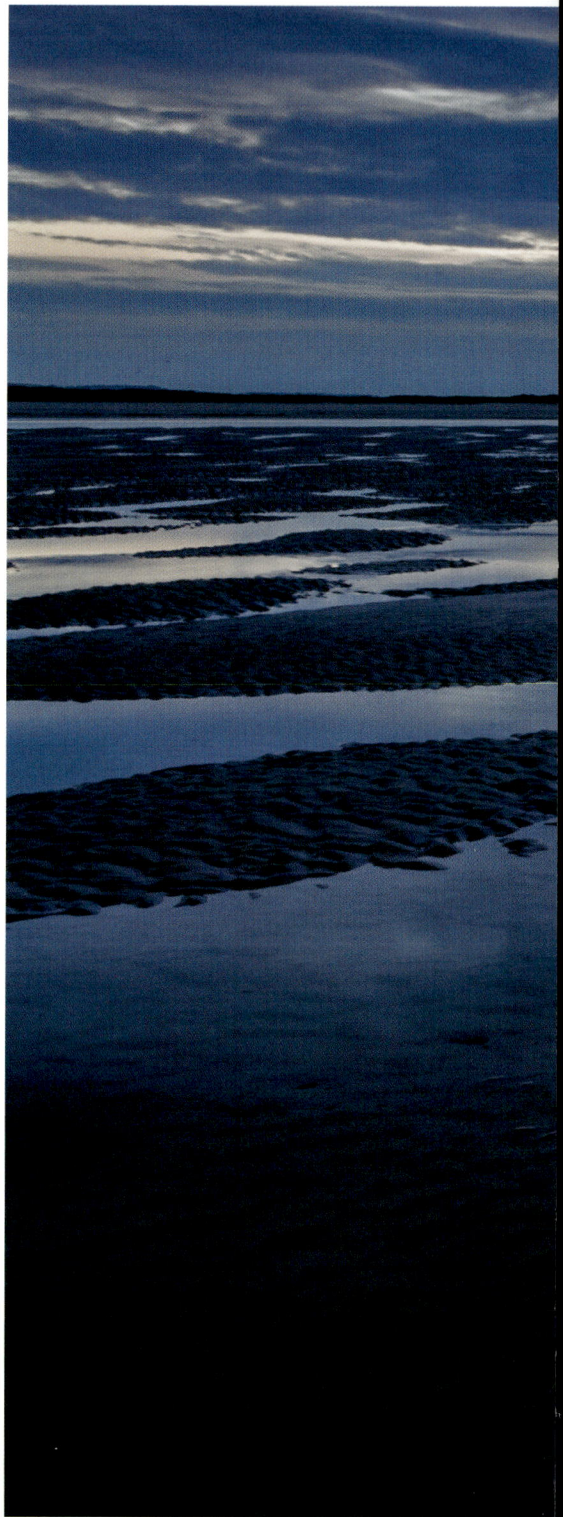

Rechts: An der Landschaftsfotografie fasziniert mich immer wieder aufs Neue, wie das Licht, das sich über den Tagesverlauf verändert, die Stimmung eines Bildes beeinflusst.

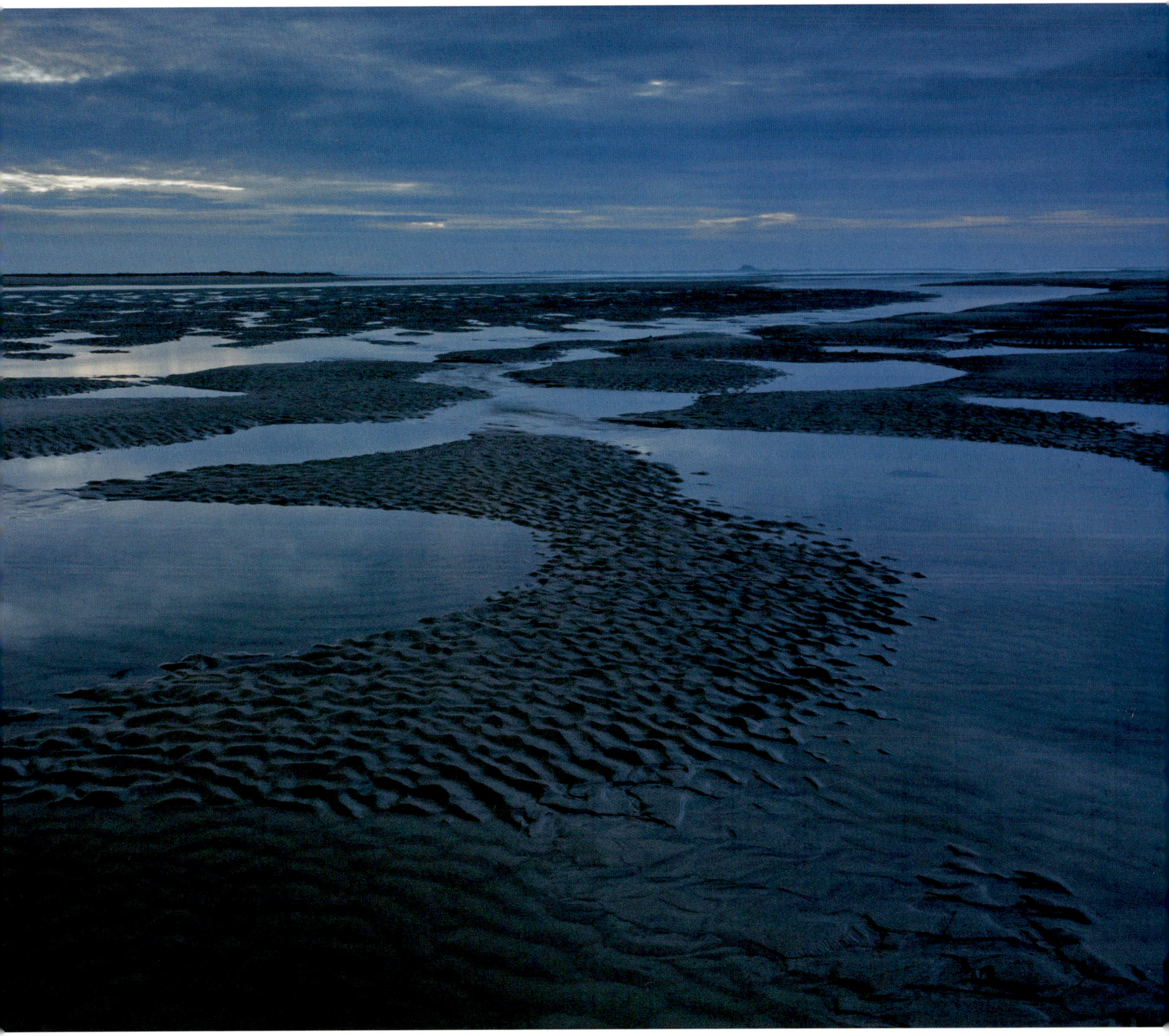

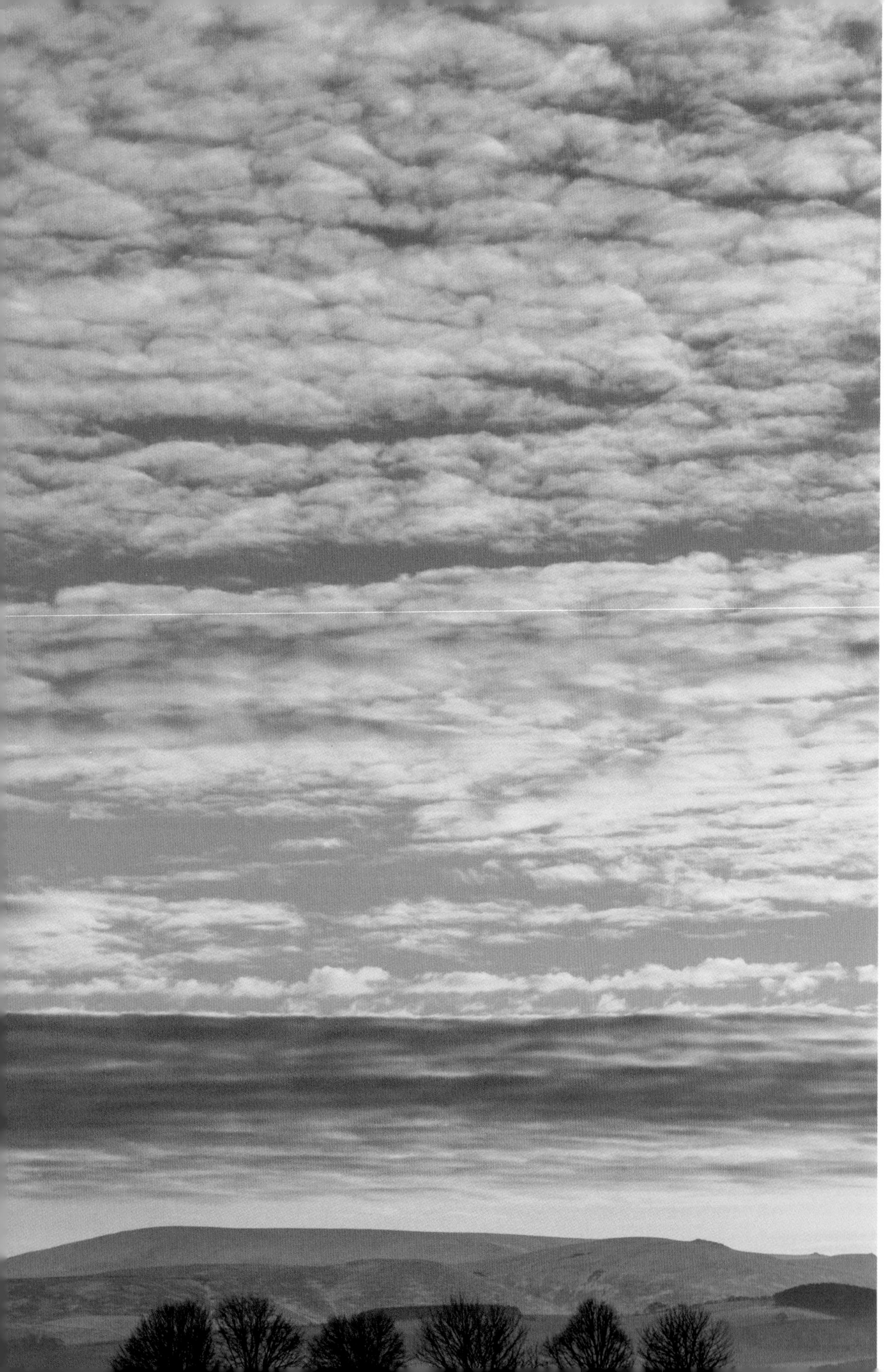

Entspannt fotografieren

Ein Landschaftsfotograf muss sich für eine bestimmte Zeit aus der modernen Welt zurückziehen. Früh am Morgen oder spät am Abend ist man meist allein und kann seinen Gedanken nachhängen. In der Tat ist es das Alleinsein, das die entspannte Kontemplation erst ermöglicht, in der sich Kreativität frei entfalten kann. In einer lauten, geschäftigen Umgebung, in der man ständig in seiner Konzentration gestört wird, ist das unglaublich schwierig.

Daher ist es nötig, sich am gewählten Standort genug Zeit zu nehmen, ohne den Druck, unbedingt ein Foto machen zu müssen. Idealerweise kommt man früh am Ziel an, erkundet die Umgebung, nimmt die Stimmung in sich auf und plant in Gedanken die Bildgestaltung. Es ist sinnvoll, mindestens zehn, besser 20 Minuten mit den Aufnahmen zu warten.

Natürlich ist es verlockend, Serienaufnahmen zu schießen, in der Hoffnung, dass schon ein optimales Foto dabei sein wird. Geben Sie dieser Versuchung lieber nicht nach. Ein paar gute Fotos werden Sie viel eher zufriedenstellen als Massen von mittelmäßigen Aufnahmen.

Es gibt noch einen weiteren Grund, frühzeitig an Ort und Stelle zu sein: Wer sich ausreichend Planungszeit nimmt, macht statt Fotoserien nur wenige gute Aufnahmen. Denn eine wesentliche Rolle spielt auch die spätere Bildbearbeitung: Jedes Foto muss bewertet, verworfen oder bearbeitet werden. Viele Fotos kosten auch viel Zeit, die lohnender mit dem Fotografieren neuer Motive zugebracht werden kann.

Links: Die Umgebung zu erkunden und sich dabei Zeit zu lassen, kann den kreativen Prozess enorm beflügeln. Dieses Foto konnte nur entstehen, weil ich am Nachmittag einen Spaziergang machte.

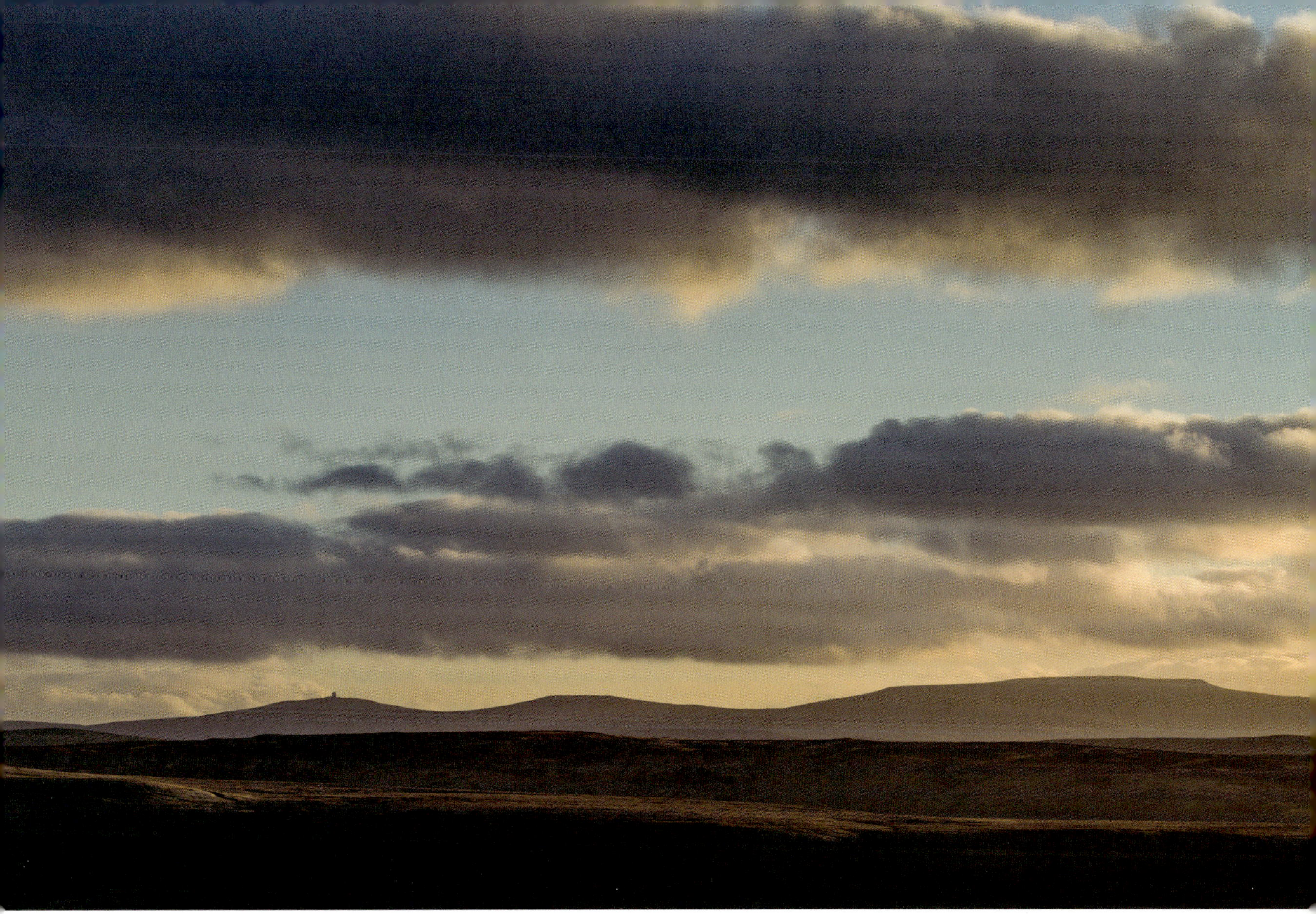

Oben: Landschaftsfotografie ist kein Gemeinschaftserlebnis, wie Porträt- oder Hochzeitsfotografie. Die soziale Komponente folgt erst später, wenn man seine Bilder Freunden, der Familie oder in den sozialen Medien zeigt. Und man sollte seine Fotos präsentieren, um andere an der wunderbaren Natur teilhaben zu lassen.

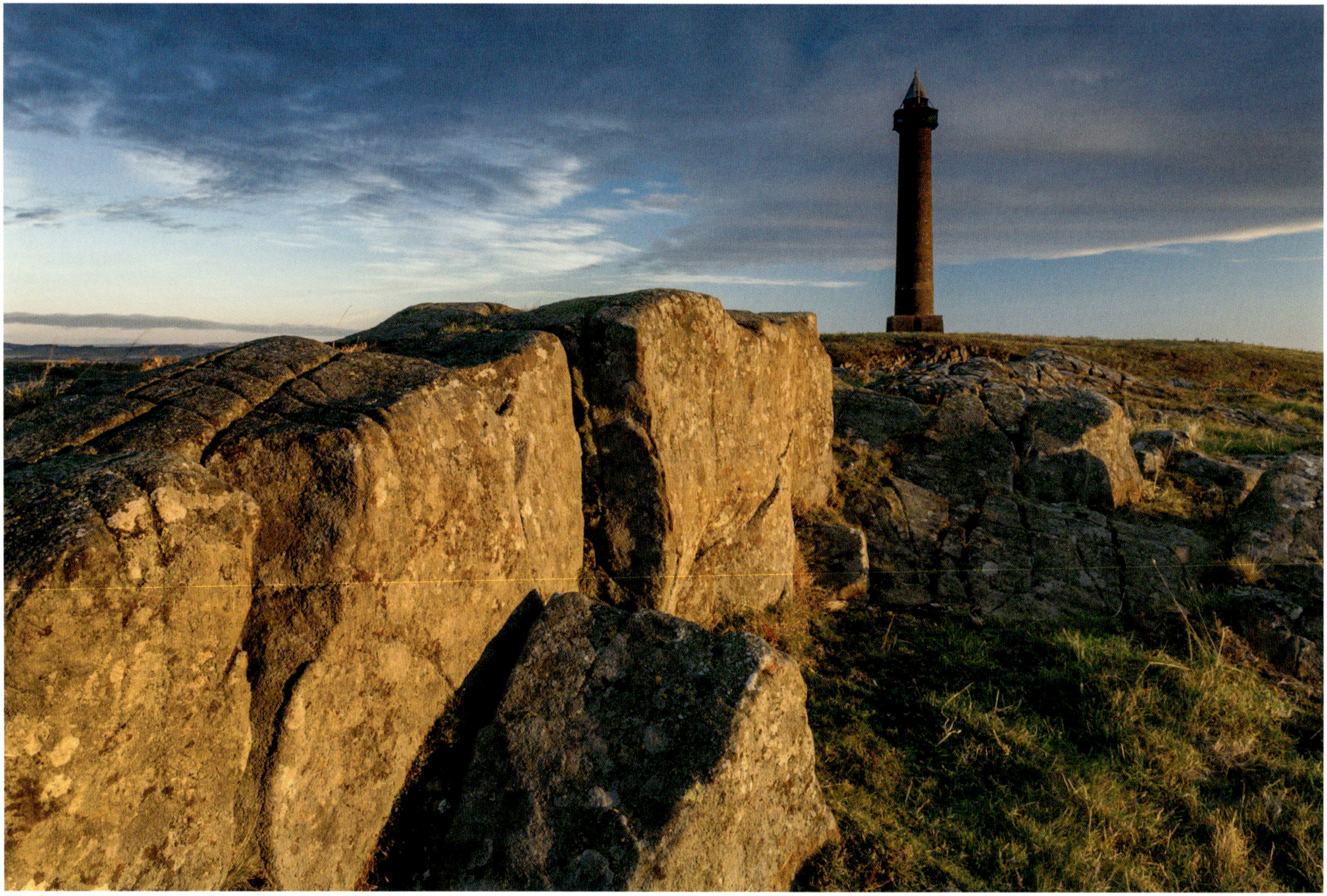

Helden & Heldinnen

Das Genre der Landschaftsfotografie ist fast so alt wie die Fotografie selbst. Heute stehen uns Fotos aus fast zwei Jahrhunderten zur Verfügung, die wir betrachten und aus denen wir lernen können. Jeder Fotograf sollte sich von Helden und Heldinnen der Fotografie inspirieren lassen. Das Internet zum Beispiel macht uns dies leicht. Aber es gibt nichts Besseres, als sich mit einem Bildband über Landschaftsfotografie zurückzuziehen und die Fotos anderer zu betrachten. Ich selbst gönne mir dieses Vergnügen besonders gerne an dunklen Winterabenden, wenn das Wetter nicht mitspielt und mir die Inspiration fehlt.

Die Werke wirklich großer Fotografen üben zu allen Zeiten einen großen Zauber aus. Manchmal betrachte ich ein besonders inspirierendes Foto eines meiner fotografischen Helden und frage mich, wie es wohl entstanden sein mag. Wie hat der Fotograf das Motiv entdeckt? Wie hat er das Foto belichtet? Hat er Filter benutzt? Zu welcher Tageszeit entstand das Bild? Das ist natürlich nichts für ungeduldige Zeitgenossen, aber ich genieße es mit Bedacht. Die Fotos zeigen mir, dass ich immer noch Neues lernen oder eine unbekannte Technik ausprobieren kann. Ich hoffe, dass auch dieses Buch seinem Leser Aspekte der Landschaftsfotografie nahebringt, die er noch nicht kannte, und ihn zum Ausprobieren inspiriert.

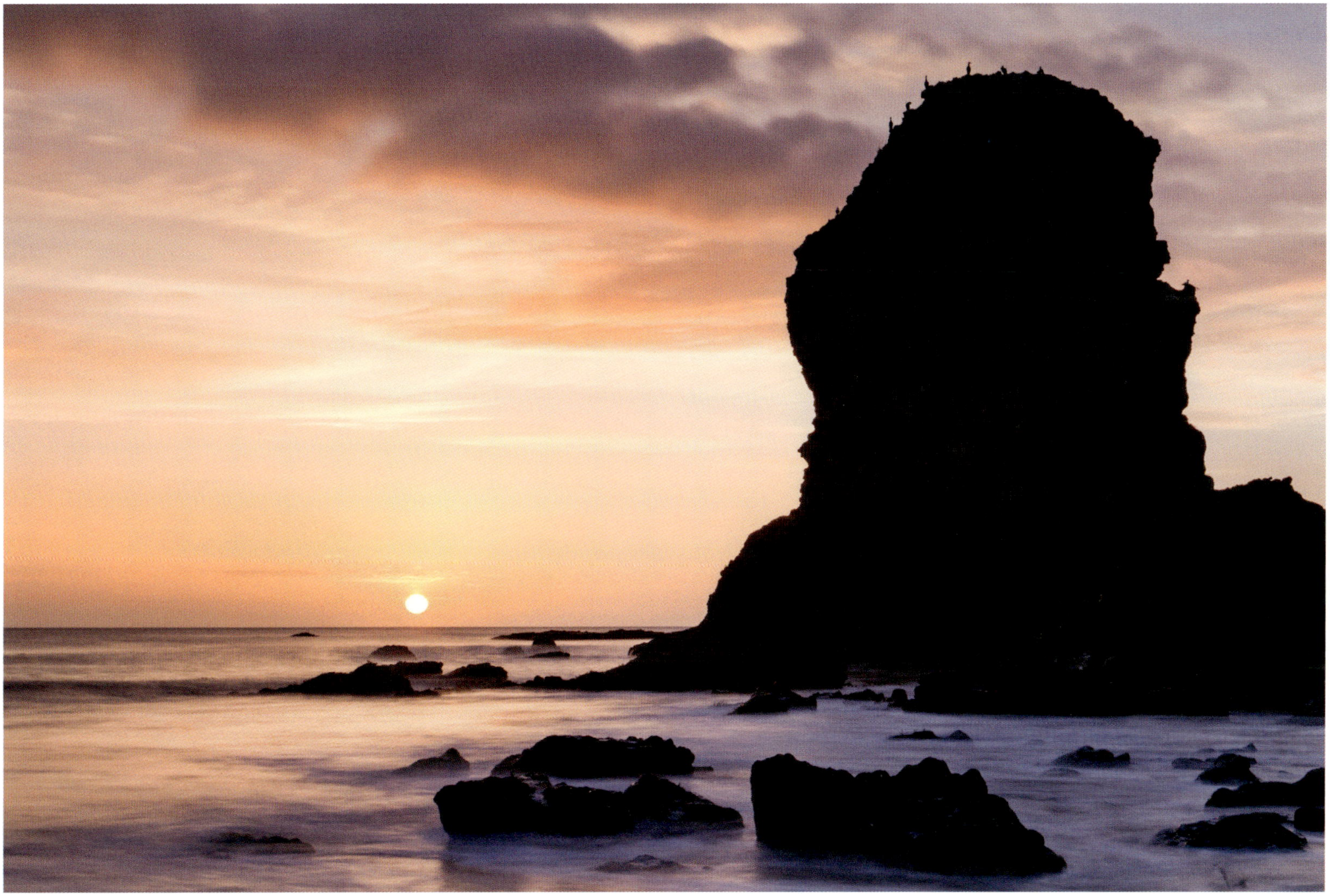

Links: Manchmal verlangt die Landschaftsfotografie Ausdauer, denn die Natur richtet sich nicht nach unseren Vorstellungen. Bis mir dieses Bild gelang, war ich an mehreren Tagen frühmorgens draußen, bis ich mit dem Ergebnis zufrieden war.

Oben: Manchmal verlangt die Landschaftsfotografie sogar Opfer. Eines davon ist das frühe Aufstehen, um vor Sonnenaufgang am richtigen Ort zu sein. Zum Glück wird die Mühe meist durch einen spektakulären Sonnenaufgang belohnt.

Kapitel 1

Ausrüstung

Um Landschaften zu fotografieren, braucht man nur eine Kamera, ein Objektiv und einen Speicherchip, und schon kann es losgehen. Natürlich gibt es weiteres Zubehör, das die Bandbreite möglicher Bildgestaltung erweitert oder die Ausrüstung vor den Unbilden des Wetters schützt. In diesem Kapitel stelle ich Kameras, Objektive und Zubehör vor, das Ihnen zunächst vielleicht überflüssig scheint, sich letztlich aber als praktisch und nützlich erweisen wird.

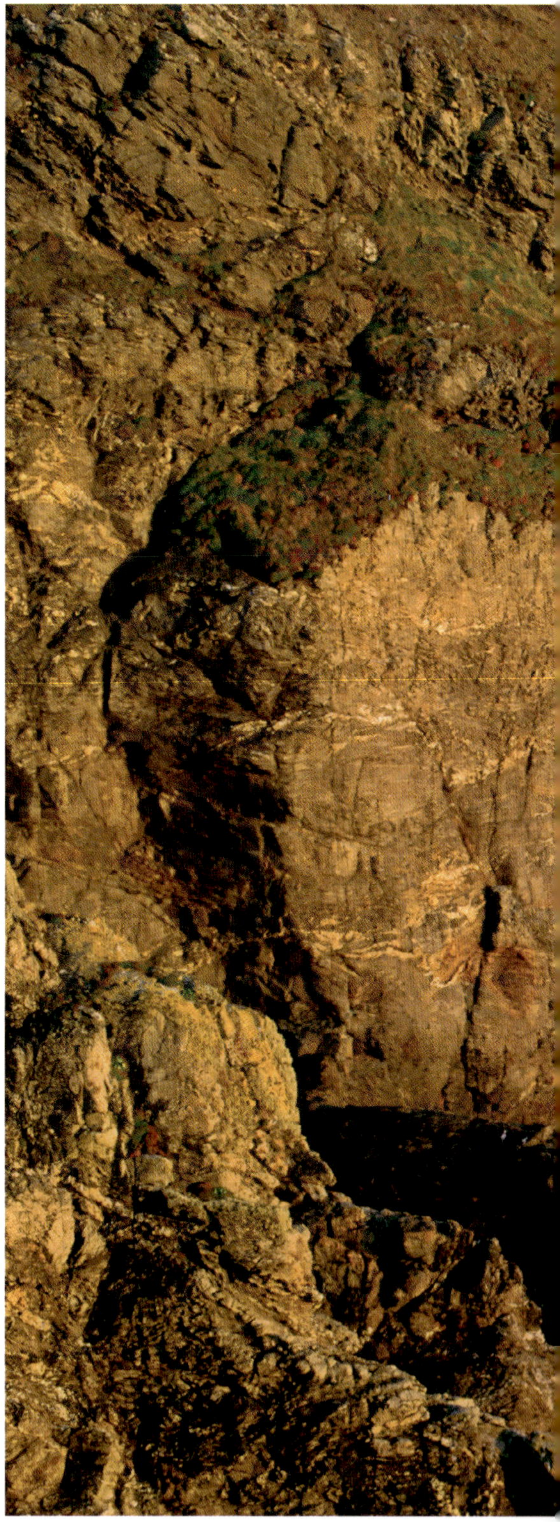

Rechts: Dieses Foto wurde mit einer Mittelformatkamera aus der vordigitalen Zeit aufgenommen. Manche modernen Digitalkameras erreichen Auflösungen wie auf einem Mittelformat-Negativ mit einem Bruchteil der Kameragröße und des -gewichts – ein Segen für Landschaftsfotografen, die ihre Ausrüstung oft über lange Strecken tragen müssen.

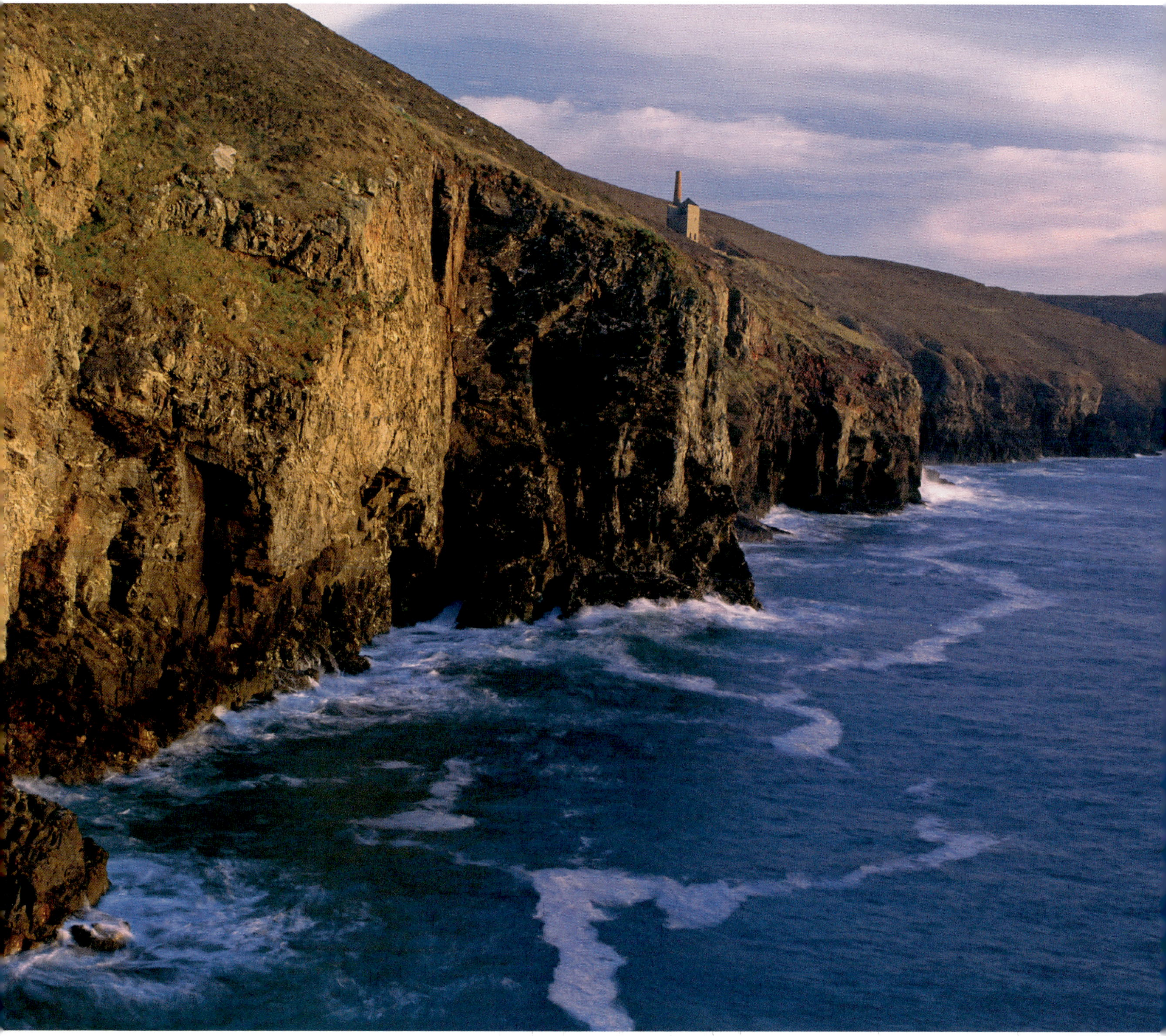

Kameras

Grundsätzlich kann man Landschaften mit fast jeder Kamera fotografieren, von der digitalen Spiegelreflexkamera bis zum Smartphone. Aber nicht jeder Kameratyp ist gleichermaßen gut für die Landschaftsfotografie geeignet.

Kompaktkameras

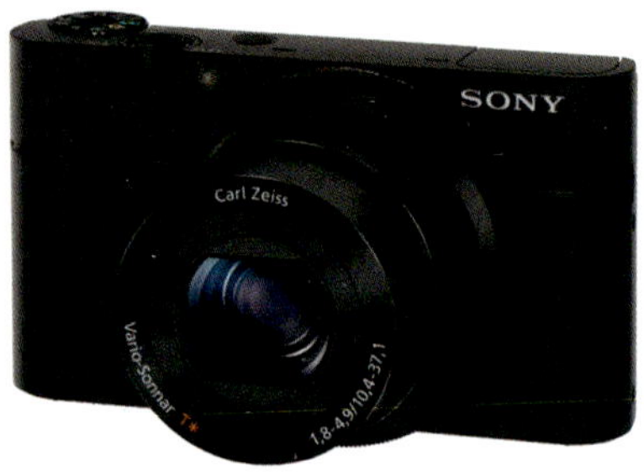

Oben: Die Sony Cyper-Shot RX-100 ist eine sehr empfehlenswerte Kompaktkamera (© Sony).

Kompaktkameras im weiteren Sinn (Smartphone, Bridgekamera und alles dazwischen) haben gewöhnlich einen kleinen Bildsensor. Obwohl die Technik ständig verbessert wird, leiden sie unter geringem Kontrastumfang (Dynamikumfang) und hohem Bildrauschen. Aufgrund dieser Nachteile ist das Bildergebnis bei schwachem Licht häufig frustrierend. Ungünstig sind auch die nur begrenzt wählbaren Verschlusszeiten und feste Voreinstellungen. Zwar verfügen einige Kompaktkameras über einen Blitzschuh, sind aber für Filter und anderes Zubehör kaum eingerichtet.

Kompaktkameras haben andererseits wegen ihres kleineren Bildsensors eine geringe Brennweite, selbst für Fotos mit Teleeffekt. Daher weisen Fotos schon bei mittleren Blendenöffnungen eine große Tiefenschärfe auf. Damit sind Aufnahmen möglich, deren Schärfebereich vom Vorder- bis in den Hintergrund reicht (eine wünschenswerte Eigenschaft für Landschaftsfotos), was bei Kameras mit größerem Bildsensor schwieriger ist. Der Wermutstropfen des kleineren Bildsensors ist jedoch, dass er es fast unmöglich macht, ein Motiv durch selektive Schärfe von der Umgebung abzuheben.

Kompaktkameras lassen sich problemlos überallhin mitnehmen. Die beste Kamera der Welt ist immer die, die man genau im richtigen Moment zur Hand hat. Allein aus diesem Grund sind Kompaktkameras als Back-up sehr empfehlenswert und eignen sich, wenn man die Einschränkungen akzeptiert, sogar als Hauptkamera. Tatsächlich wurden einige Fotos in diesem Buch mit der Kompaktkamera aufgenommen (z. B. das Bild oben). Erkennen Sie, welche?

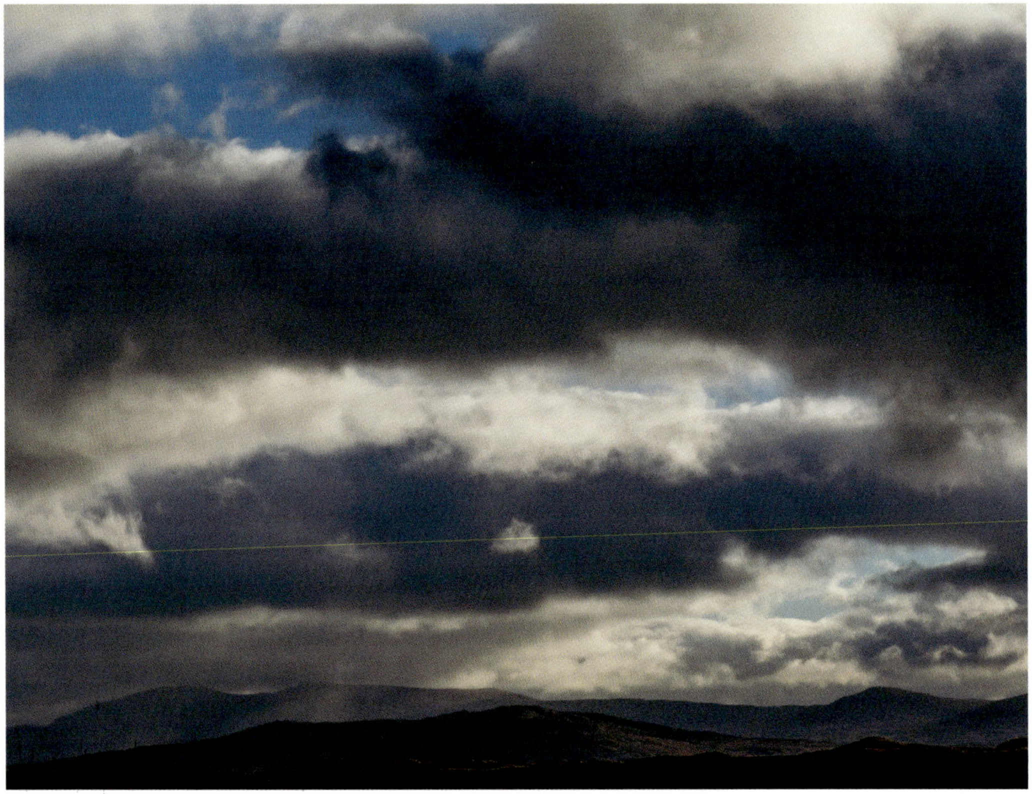

Oben: Eine Kompaktkamera in der Jackentasche oder im Auto ist sofort zur Hand, wenn sich spontan ein gutes Motiv zeigt. Daneben eignen sie sich bestens als „optische Notizbücher", um Ideen für eine Komposition festzuhalten, die später mit einer größeren, besseren Kamera verwirklicht werden soll.

Systemkameras

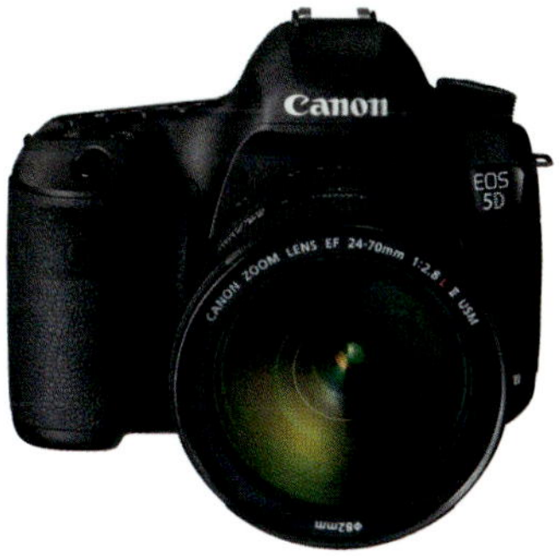

Oben: Die Canon EOS 5D Mk III ist eine digitale Vollformat-Spiegelreflexkamera. Sie ist wegen des aufgerauten, wasserdichten Gehäuses bei Landschaftsfotografen beliebt (© Canon).

Systemkameras erlauben nicht nur den Wechsel von Objektiven, sondern punkten auch mit zusätzlichen Möglichkeiten, wie einem Blitzschuh für ein separates Blitzgerät, Filter und anderem mehr. Systemkameras sind flexibel und lassen sich je nach Anforderung mit Zubehör erweitern.

Spiegelreflex- bzw. digitale Spiegelreflexkameras sind der am weitesten verbreitete Typ. Die Lichtstrahlen werden durch das Objektiv über einen schräg stehenden Spiegel und ein Dachkant-Prisma in den optischen Sucher geleitet. In dieser Position blockiert der Spiegel den Bildsensor. Bei der Aufnahme wird der Spiegel nach oben geklappt, und das Licht fällt für die Dauer der Belichtungszeit auf den Sensor. In Kameras mit Live-View-Modus bleibt der Spiegel in der geklappten Position, bis der Modus deaktiviert wird.

Im Sucher einer Spiegelreflexkamera sieht der Fotograf exakt den Bildausschnitt, der auf dem Bildsensor abgebildet wird. Der Nachteil ist, dass das Motiv während der Belichtung aufgrund des hochgeklappten Spiegels nicht im Sucher zu sehen ist. Um eine Veränderung zu sehen, muss der Fotograf bei Langzeitbelichtungen das Motiv also direkt beobachten. Nikon und Canon sind die Schwergewichte auf dem Spiegelreflex-Markt, gefolgt von der Traditionsfirma Pentax sowie Sony (basierend auf dem Minolta-Standard, der in den 1980er-Jahren entwickelt wurde).

Der technische Fortschritt der letzten Jahre hat neben den Spiegelreflexkameras ein neues System etabliert: die digitalen Systemkameras. Sie verzichten auf den Spiegel und leiten die Bildinformation live auf einen LCD-Monitor (auf der Rückwand der Kamera) oder in einen elektronischen Sucher. Zurzeit reicht die Bildqualität von Monitor und elektronischem Sucher nicht ganz an optische Sucher heran, aber die Technik wird ständig verbessert.

Digitale Systemkameras haben im Verhältnis zur Spiegelreflexkamera den Vorteil der geringeren Größe und des leichteren Gewichts, was für Landschaftsfotografen, die ihre Ausrüstung über weite Strecken transportieren müssen, eine spürbare Erleichterung ist.

Die meisten hochwertigen digitalen Systemkameras basieren auf dem Micro-Four-Thirds-Standard, der gemeinsam von Kamera- und Objektivherstellern entwickelt wurde (vor allem Olympus und Panasonic, daneben Sigma, Tokina und Voigtländer). Darüber hinaus sind weitere spiegellose Systeme im Handel, wie die Fuji-Objektive der X-Serie, die Alpha-SLT-Objektive von Sony und das NEX-System.

Sensorgröße

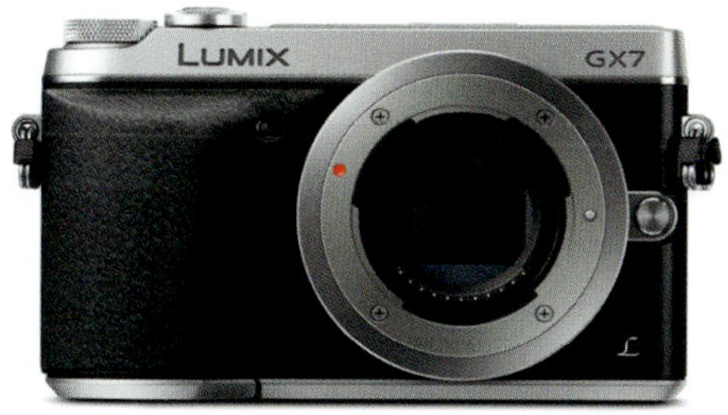

Oben: Die Panasonic Lumix GX7 ist eine Micro-Four-Thirds-Kamera mit nützlichem elektronischen Sucher (© Panasonic).

Der entscheidende Qualitätsfaktor einer digitalen Kamera ist der Bildsensor, vor allem seine Größe. Auf einen größeren Sensor passen größere Fotodioden, die während der Aufnahme mehr Licht sammeln. Große Bildsensoren haben einen weiteren positiven Nebeneffekt: Der Kontrastumfang ist größer, und die Bilder sind klarer, mit geringerem Rauschen als bei kleinen Sensoren.

In der Praxis werden Bildsensoren in drei Größen angeboten (in abnehmender Reihenfolge): Vollformat, APS-C und Micro Four Thirds. Die Vollformat-Sensoren entsprechen der Größe eines Kleinbildnegativs (35-mm-Film, 36 x 24 mm). Der APS-C-Sensor ist etwa 30 % (ca. 24 x 16 mm) und der Micro Four Thirds 50 % (17,3 x 13 mm) kleiner als der Vollformat-Sensor. Kameras mit kleineren Sensoren sind gewöhnlich kleiner, leichter und preiswerter als Modelle mit größerem Sensor.

Objektive

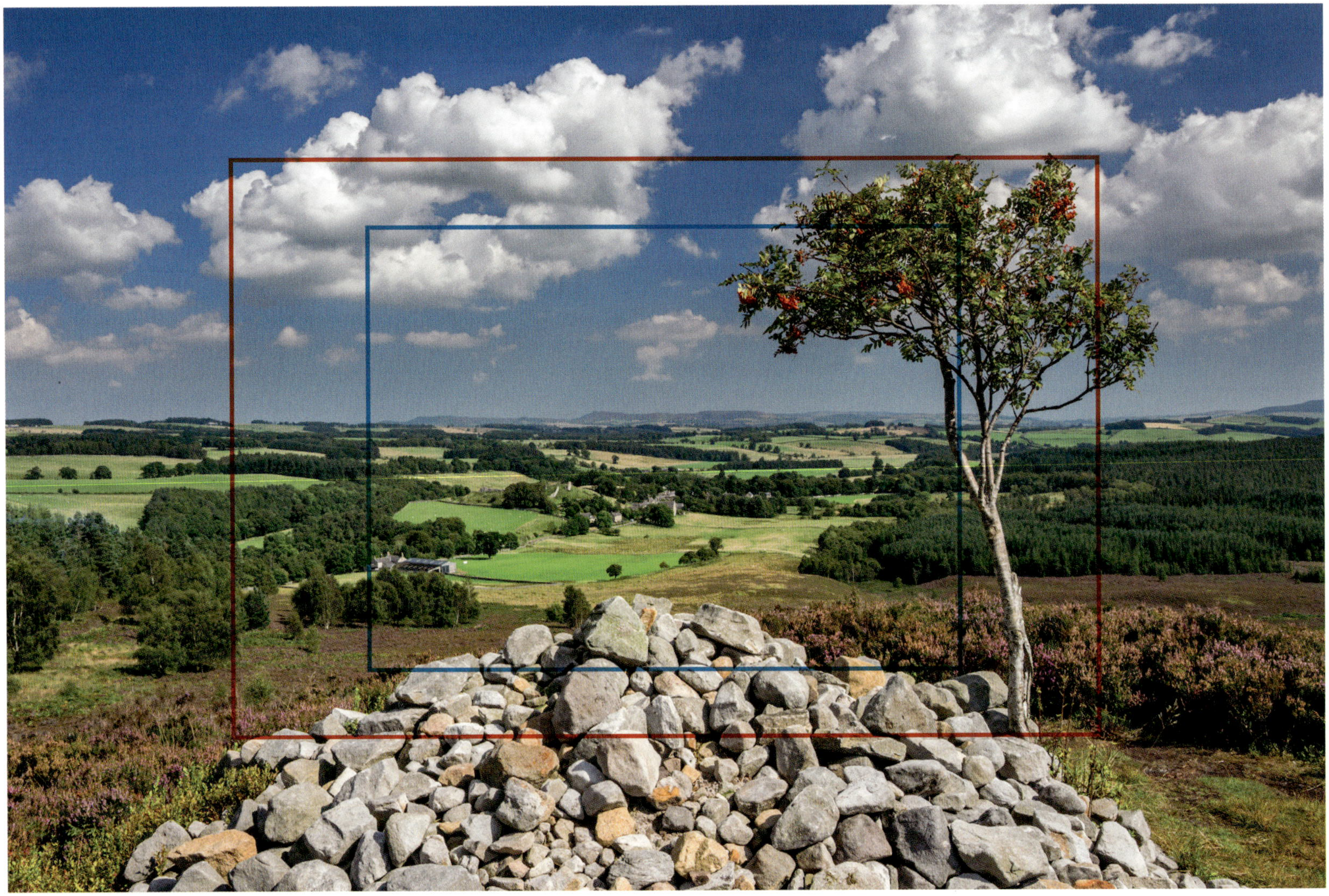

Es gibt gute Argumente dafür, dass Objektive wichtiger sind als die Kamera selbst. Während digitale Kameras relativ schnell durch neue Modelle mit verbesserter Technik ersetzt werden, behält ein gutes Objektiv seinen Wert ein Leben lang. Aus diesem Grund erzielen gebrauchte Objektive höhere Wiederverkaufswerte (im Vergleich zum Kaufpreis) als digitale Kameras.

Brennweiten

Objektive sind durch ihre Brennweite charakterisiert, die – Fokus auf „Unendlich" – dem Abstand von der optischen Hauptebene des Objektivs bis zur Bildebene entspricht. Objektive sind entweder mit definierter, fester Brennweite oder als Zoomobjektive mit variablen Brennweiten erhältlich.

Oben: Das Foto zeigt den Bildwinkel einer Vollformatkamera mit 28-mm-Objektiv. Eine APS-C-Kamera bildet den Ausschnitt im roten, eine Micro-Four-Thirds-Kamera den im blauen Rahmen ab, beide ebenfalls mit einem 28-mm-Objektiv.

Unabhängig von der Art des Objektivs wirkt sich die Brennweite auf mehrere Faktoren aus. Besonders augenfällig ist der Bildwinkel. Er entspricht dem Ausschnitt des Motivs, der von der Linse auf den Bildsensor projiziert wird. Je kürzer die Brennweite, desto größer wird der Bildwinkel.

Der Bildwinkel ist aber auch von der Größe des Bildsensors abhängig. Das 28-mm-Objektiv einer Vollformatkamera bildet einen Ausschnitt von 75° ab, bei einer APS-C-Kamera mit einem Objektiv derselben Brennweite sind es wegen des kleineren Sensors nur 54°. Der Ausschnitt lässt sich also nicht unmittelbar an der Brennweite ablesen. Um denselben Bildwinkel wie eine Vollformatkamera mit 28-mm-Objektiv abzubilden, wäre bei einer APS-C-Kamera ein 18-mm-Objektiv erforderlich.

Zur Verdeutlichung: Die Tiefenschärfe eines bestimmten Objektivs bleibt unabhängig von der Größe des Sensors bei einer gegebenen Blendenöffnung stets gleich.

Weitwinkelobjektive

Weitwinkelobjektive eignen sich am ehesten für die Landschaftsfotografie. Wie der Name sagt, bilden sie einen relativ großen Bildwinkel ab. Bis vor nicht allzu langer Zeit galten Objektive mit 28 mm Brennweite (etwa 18 mm bei einer APS-C; 14 mm bei einer Micro Four Thirds) als Grenze der Weitwinkelfotografie, heute sind 24 mm die Norm.

Weitwinkelobjektive haben die merkwürdige Eigenschaft, den Abstand naher und entfernter Objekte zu übersteigern – je kleiner die Brenn-

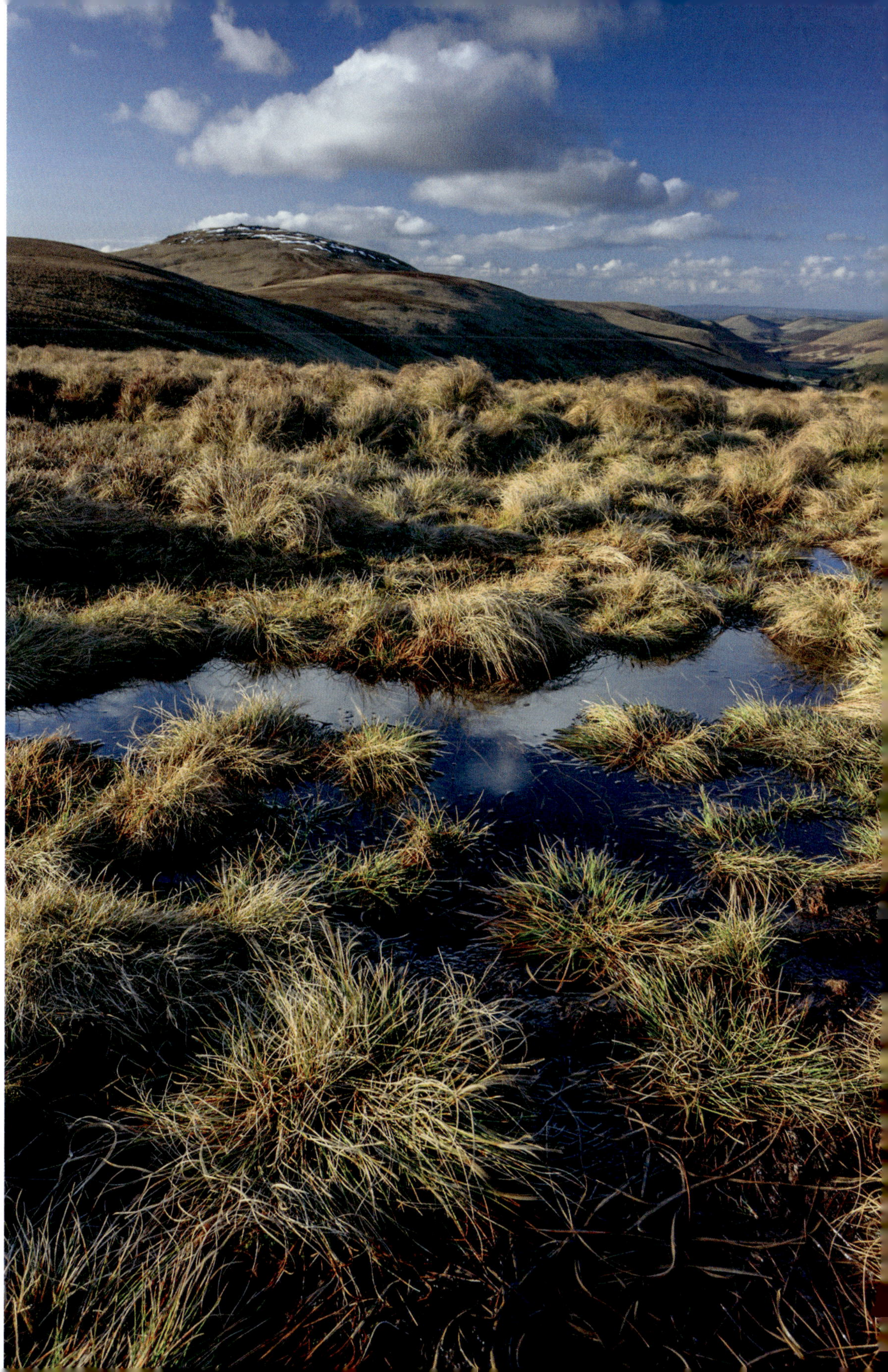

Rechts: Weitwinkelobjektive erzeugen den Eindruck weiter, offener Flächen. Um einen guten Vordergrund zu schaffen, sollte der Kamerastandpunkt daher bodennah sein.

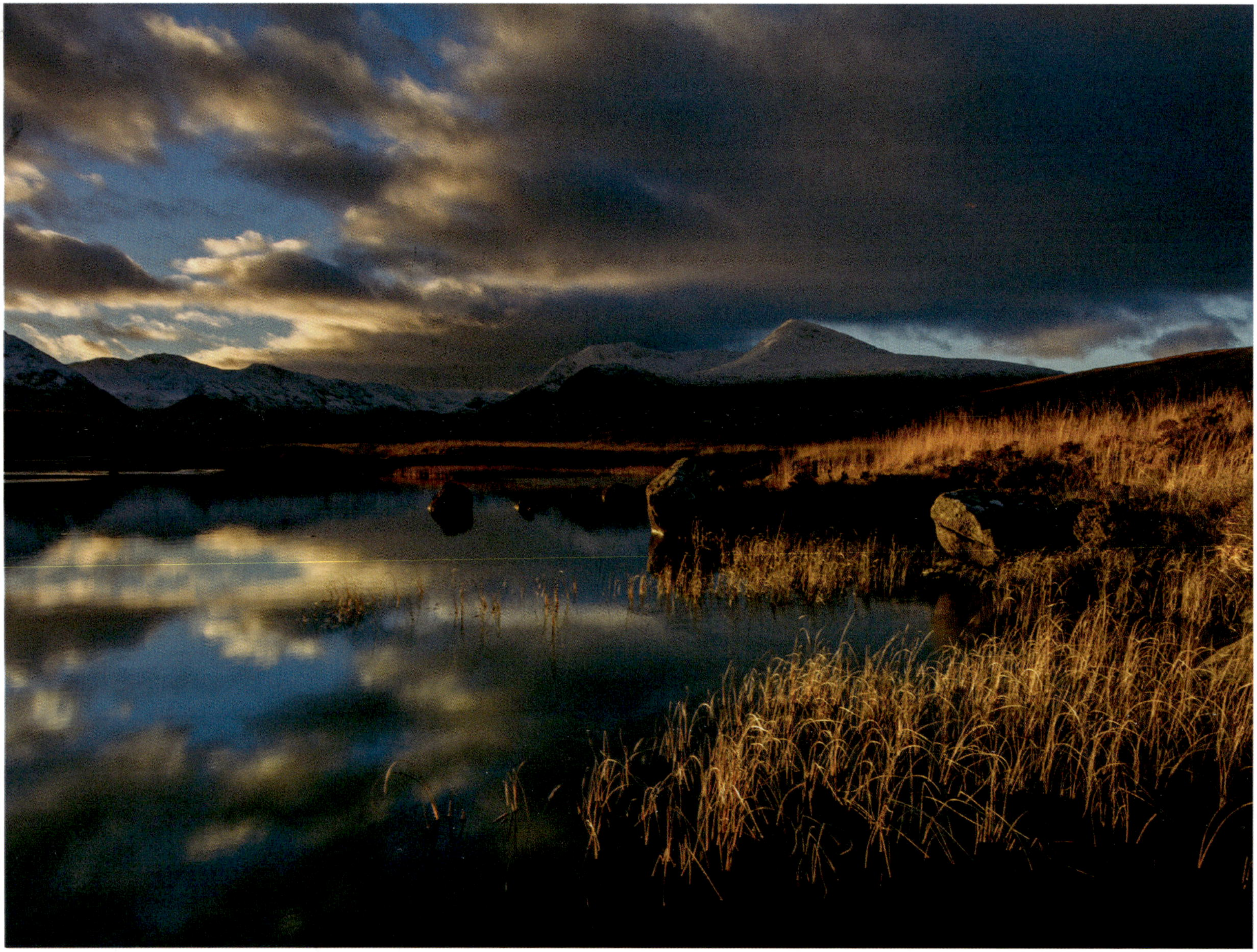

weite, desto ausgeprägter der Effekt. Daher kann die Bildkomposition bei extremen Weitwinkelobjektiven zum Problem werden. Die Fotos zeigen dann einzelne Bildelemente in „leeren" Landschaften, deren realer Abstand voneinander nicht mehr ersichtlich ist.

Ausschlaggebend für eine gute Weitwinkelaufnahme ist ein sorgfältig geplanter Vordergrund, der das Foto interessanter gestaltet. Häufig lohnt es sich, näher an ein Objekt heranzugehen, um den Vordergrund zu füllen.

Charakteristisch für Weitwinkelobjektive ist außerdem eine im Vergleich mit größeren Brennweiten (bei gleicher Blendenöffnung) höhere Tiefenschärfe. Damit ist es deutlich einfacher, den Vorder- bis zum Hintergrund zufriedenstellend scharf abzubilden (mehr über Tiefenschärfe in Kapitel 2).

Oben: Die Aufnahme entstand mit einer APS-C-Kamera mit Zoomobjektiv (eingestellt auf 13 mm Brennweite) und einer moderaten Blendenöffnung von f/11 – Vorder- bis Hintergrund sind gleichermaßen scharf abgebildet.

Normalobjektive

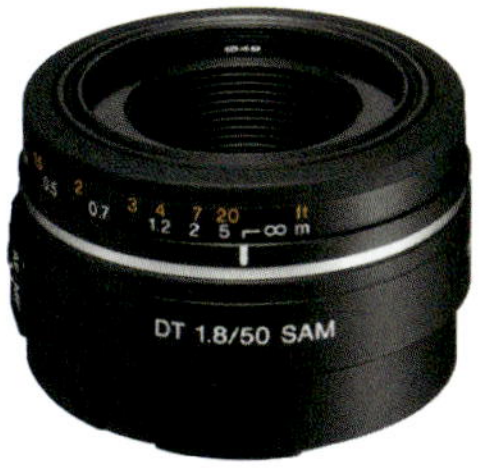

Oben: Das Sony DT 50 mm f/1,8 ist ein kleines, leichtes Objektiv mit hoher Lichtstärke (© Sony).

Normalobjektive werden über die Brennweite definiert, sie entspricht der Diagonale des Bildsensors. Die Brennweite eines Normalobjektivs für eine Vollformatkamera beträgt 50 mm (eigentlich wären 43 mm näher an der Sensordiagonale). Für APS-C-Kameras liegt die Brennweite eines Normalobjektivs zwischen 28 und 35 mm (je nach Sensordiagonale), für Micro-Four-Thirds-Kameras bei 24 mm.

„Normal“ bedeutet, dass mit Normalobjektiv aufgenommene Fotos der Sichtweise, wie wir unsere Umwelt wahrnehmen, sehr nahekommen. Leider werden Normalobjektive dennoch häufig vernachlässigt, weil sich mit Weitwinkel- oder Teleobjektiven spannendere optische Wirkungen erzielen lassen. Wer jedoch einen möglichst unverfälschten dokumentarischen Ansatz in der Landschaftsfotografie schätzt, liegt mit Normalobjektiven genau richtig.

Feste Brennweite oder Zoom?

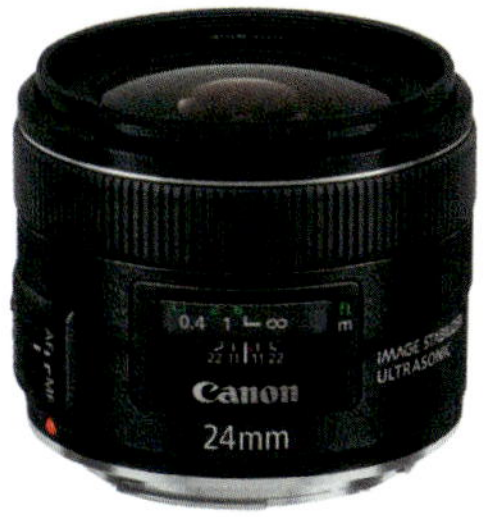

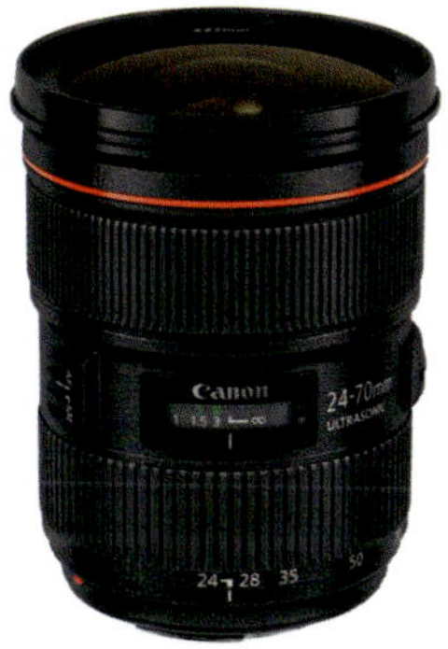

Oben: Das Canon 24 mm f/2,8 mit fester Brennweite und das Zoomobjektiv 24–70 mm f/4 sind Weitwinkelobjektive für eine Vollformatkamera und ideal für die Landschaftsfotografie (© Canon).

Das Zoomobjektiv ist nicht ohne Grund der am häufigsten gekaufte Objektivtyp: Da die Brennweite ohne Objektivwechsel verändert werden kann, ist es im Alltagsgebrauch besonders praktisch.

Allerdings haben in der Landschaftsfotografie Objektive mit fester Brennweite mehrere Vorteile. Früher war die optische Qualität der Zoomobjektive schlechter als bei festen Brennweiten. Dieser Qualitätsunterschied hat sich in modernen Zoomobjektiven merklich verringert, ist aber dennoch vorhanden.

Gewöhnlich haben Objektive mit fester Brennweite eine weitere Blendenöffnung (höhere Lichtstärke). Da Landschaftsaufnahmen wegen der Tiefenschärfe oft mit kleinen Blendenöffnungen arbeiten, scheint dieser Unterschied nicht relevant zu sein. Da jedoch durch die größere Blendenöffnung mehr Licht in den Sucher gelangt, fällt das Fokussieren (manuell oder mit einem Autofokus) im Schwachlicht leichter.

Objektive mit fester Brennweite haben zwangsläufig den Nachteil, dass man drei bis vier Objektive braucht, um die Brennweitenspanne eines einzigen Zoomobjektivs abzudecken. Es kommt also darauf an, die Auswahl genau zu überlegen. Für die Landschaftsfotografie sind die „klassischen“ Weitwinkelobjektive mit 28 und 35 mm die erste Wahl. Auch ein Normalobjektiv für die natürliche Perspektive ist ein nützliches Zubehör. Alle übrigen Brennweiten richten sich nach den Vorlieben des Fotografen.

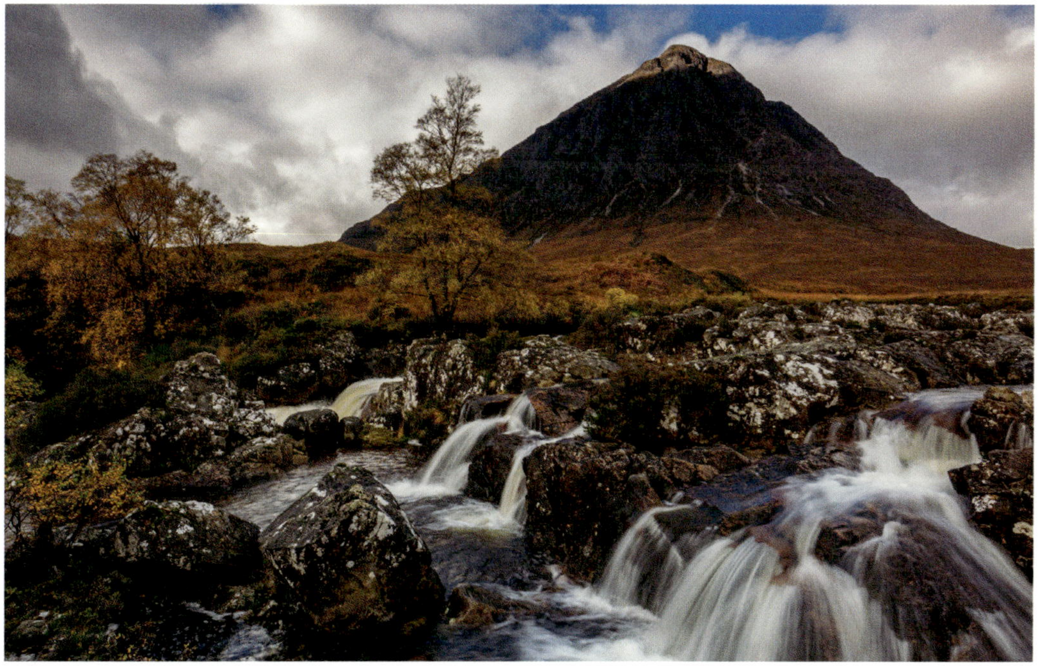

Rechts: Mit einem 20-mm-Objektiv konnte ich den Vordergrund formatfüllend aufnehmen. Im Unterschied zur „natürlichen“ Wahrnehmung erscheint der Berg im Hintergrund allerdings weniger dominant.

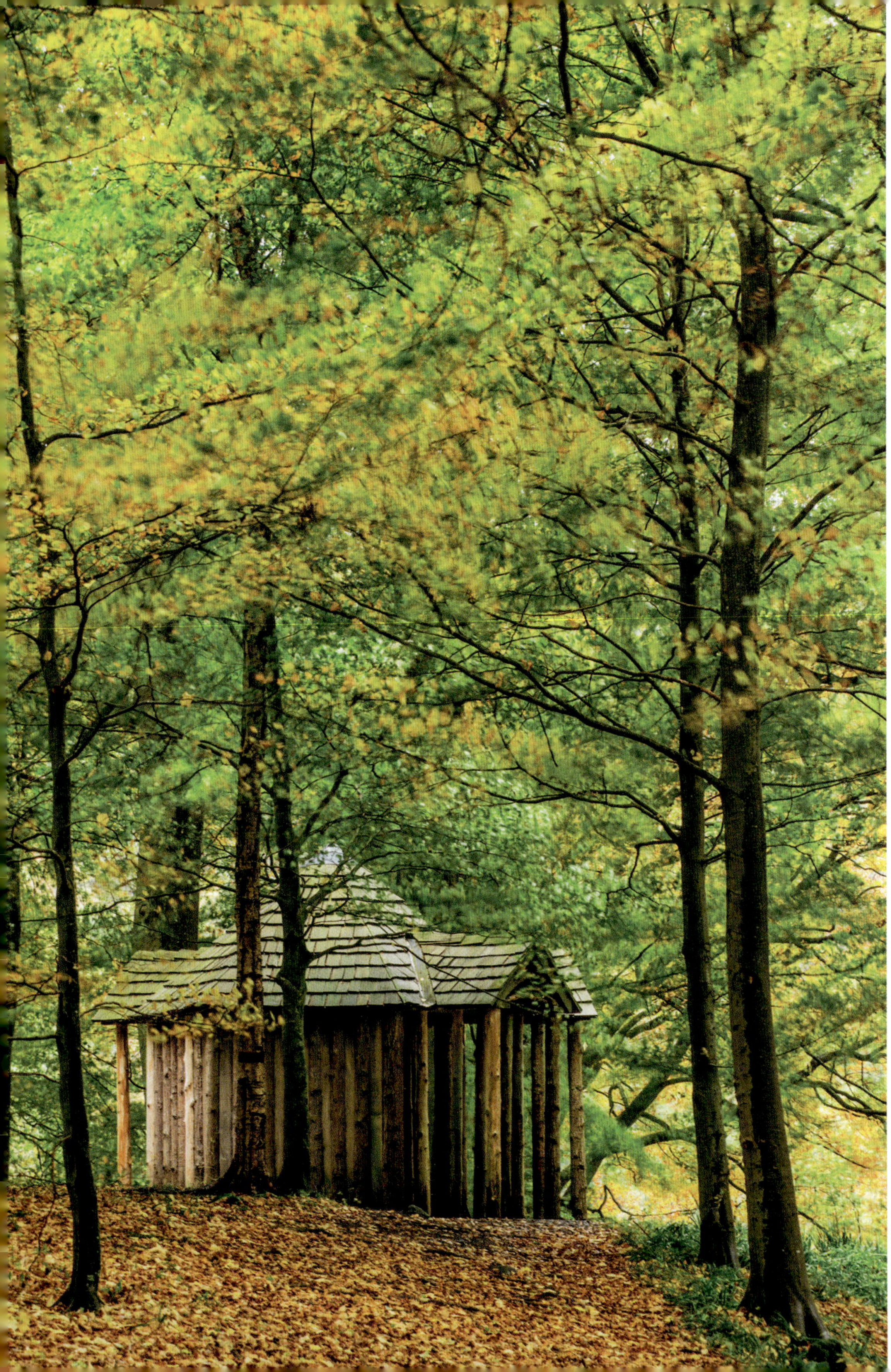

Teleobjektive

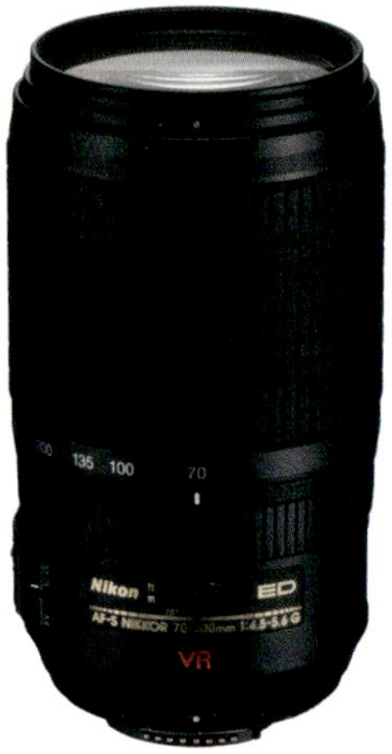

Oben: Zoomobjektive wie das Nikon 70–300 mm f/4,5-5,6 bilden entfernte Objekte formatfüllend ab (© Nikon).

Als Teleobjektive gelten alle Objektive mit höherer Brennweite als „normal". Bei einer Vollformatkamera wären das Objektive mit einer Brennweite ab 70 mm und mehr.

Vielfach gelten Teleobjektive als ideale Brennweiten für Natur-, nicht für Landschaftsaufnahmen. Da Teleobjektive das Motiv größer auf dem Bildsensor abbilden als in der Realität, erscheinen entfernte Objekte größer. Gleichzeitig wird der Bildwinkel verkleinert. Trotzdem gehören auch Teleobjektive in die Kameratasche eines Landschaftsfotografen, denn sie heben durch den kleinen Bildwinkel einzelne Details stärker von der Umgebung ab. Außerdem sind sie ideal für die Bildgestaltung mit selektiver Schärfe (siehe Kapitel 2).

Links: Teleobjektive erzeugen eine flachere Perspektive, ideal für Architekturelemente in einer Landschaft. Die größere Entfernung verhindert auch das Auftreten stürzender Linien.

Stative

Stative sind unverzichtbar für Landschaftsaufnahmen. Manche Aufnahmen lassen sich zwar auch aus der Hand belichten, aber in der Regel reicht das nicht aus. Bei der Auswahl des richtigen Stativs spielen drei Faktoren eine Rolle: Gewicht, Stabilität und Kosten. Welcher dieser Faktoren die Kaufentscheidung bestimmt, ist eine sehr persönliche Entscheidung.

Ein schweres Stativ ist stabiler, wird auf längeren Wanderungen aber zur Belastung. Andererseits sind die leichtesten (und billigsten) Stative meist aus Plastik und stehen, außer bei sehr kleinen Kameras, nicht stabil genug. Metallstative sind deutlich stabiler, aber auch viel schwerer. Sie sind meist aus Aluminium und ihren Preis wert. Beim Fotografieren im Winter ist das Metall allerdings sehr kalt! Stative aus Carbon gehören zu den teuersten Modellen, sie sind außerordentlich stabil bei geringerem Gewicht als Metallstative.

Unabhängig vom Material muss ein Stativ (ohne ausgezogene Mittelsäule) den Sucher bis in Augenhöhe anheben. Mehr Höhe bedeutet aber auch mehr Gewicht, was zu berücksichtigen ist.

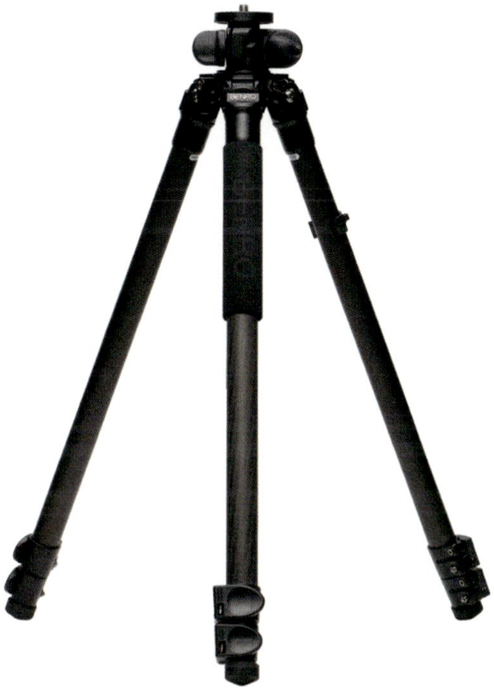

Oben: „Benro Versatile C2970F"-Stativ (© Benro)

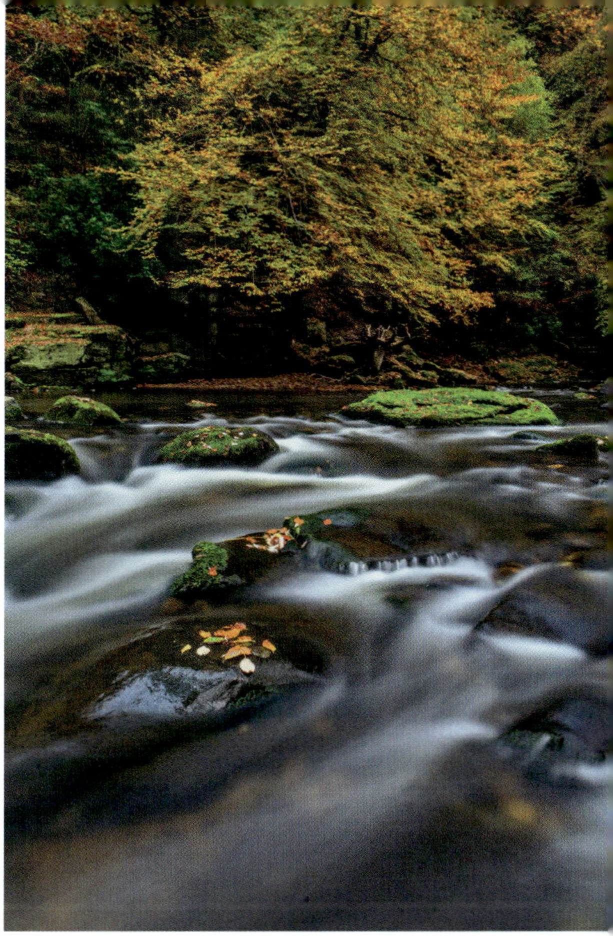

Oben: Die wichtigste Aufgabe eines Stativs ist, die Kamera ruhig zu halten, wenn das schwache Licht nicht ausreicht, um ohne Verwackeln aus der Hand zu belichten. Im Wald ist es vor allem an trüben Tagen dunkler als vermutet, weil die Blätter der Bäume den Lichteinfall reduzieren.

Stativköpfe

Bei manchen Stativen ist der Kopf fest integriert, bei anderen wird ein separater Stativkopf aufgeschraubt. Letztere sind teurer, was die Kaufentscheidung noch komplizierter macht. Dafür sind sie flexibler und ermöglichen eine individuell abgestimmte Kombination von Stativ und Kopf.

Die drei gängigsten Stativköpfe sind 3-Wege-Neiger, Kugelköpfe und Getriebe-Neiger. Beim 3-Wege-Neiger werden die drei Raumrichtungen unabhängig voneinander eingestellt und jeweils separat fixiert. Beim Kugelkopf sitzt die Kugel in einem Gelenk, wird in die gewünschte Position gedreht und mit einer Feststellvorrichtung fixiert. Kugelköpfe sind leicht und dennoch stabil, die Feineinstellung ist allerdings nicht sehr sensibel.

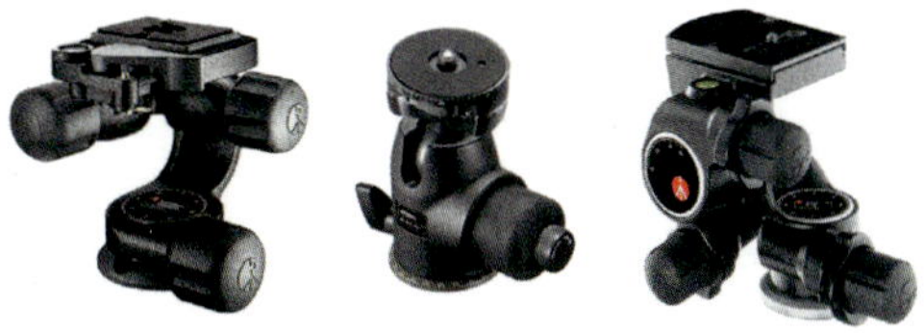

Oben: Links: 3-Wege-Neiger, Mitte: Kugelkopf, rechts: Getriebe-Neiger (© Manfrotto)

Der Getriebe-Neiger entspricht dem 3-Wege-Neiger, die Raumrichtungen werden wie dort über drei Stellschrauben bis zur gewünschten Position eingestellt, dabei aber gleichzeitig fixiert. Der Getriebe-Neiger ermöglicht die beste Kontrolle über die Kameraposition, doch die Köpfe sind schwerer und teurer als die beiden anderen.

HINWEIS:
Eine Schnellwechselplatte ist ein wertvolles Zubehörteil, um die Kamera rasch auf dem Kopf zu fixieren und wieder zu lösen. Die Platte spart Zeit und Mühe, wenn die Ausrüstung auf- und abgebaut wird.

Nützliches Zubehör

Das hier vorgestellte Zubehör hat zwar keinen Einfluss auf die Qualität der Landschaftsaufnahmen, erleichtert aber die Arbeit in der Natur.

Kameratasche

Wie beim Stativ hängt auch die Wahl der Kameratasche von persönlichen Vorlieben ab. Die Größe der Tasche richtet sich nach der vorhandenen (oder für später geplanten) Kameraausrüstung, die Sie transportieren müssen. Die bequemste Lösung ist ein Kamerarucksack, denn die beiden Schultergurte verteilen das Gewicht besser als der einzelne Riemen einer Schultertasche.

Taschen mit gepolsterten Gurten sind bequemer als ungepolsterte; auch ein Hüftgurt erleichtert das Tragen. Der straff angezogene Hüftgurt entlastet die Schultern und verbessert die Haltung, was das Tragen bei längeren Wanderungen spürbar leichter macht.

Da die Kameratasche die Ausrüstung vor jeder Witterung schützen soll, ist ein wasserdichtes Modell sehr empfehlenswert. Bei guten Fabrikaten sind die Reißverschlüsse unter Laschen angebracht, sodass kein Wasser eindringen kann.

Die Inneneinteilung sollte variabel sein, damit Sie sie an Ihre Ausrüstung anpassen können. Achten Sie beim Einpassen der Teile auf eine gleichmäßige Gewichtsverteilung und platzieren Sie z. B. ein schweres Teleobjektiv möglichst mittig.

Betrachten Sie die Kameratasche oder den Rucksack wie eine Werkzeugtasche, in der jedes Teil seinen Stammplatz hat. So sparen Sie lästiges Suchen und wertvolle Zeit, wenn Sie rasch ein Fotomotiv erwischen wollen.

Tipp:

Die Selbstauslösefunktion der Kamera kann den Fernauslöser zwar teilweise ersetzen, die Auslösung zu einem präzisen Zeitpunkt wird damit allerdings unmöglich.

Fernauslöser

Der oft unterschätzte Fernauslöser erlaubt Ihnen, die Kamera ohne physischen Kontakt auszulösen. So vermeiden Sie, die Kameraposition aus Versehen zu verrücken oder durch leichtes Anstoßen das Foto zu verwackeln und damit die Aufnahme zu ruinieren. Es gibt zwei Typen von Fernauslösern: mit Kabel und kabellos.

Kabellose Fernauslöser sind über Infrarot mit der Kamera verbunden. Leider ist die Reichweite häufig beschränkt und das Auslösen kann lästig sein, wenn der Infrarotsensor an einer ungünstigen Stelle sitzt. Manche Kameras lassen sich über eine WLAN-Funktion mit dem Smartphone verbinden. Mit der passenden App erscheint das Bild live auf dem Monitor, wird über das Smartphone fokussiert und der Verschluss ausgelöst; das fertige Bild wird auf dem Smartphone angezeigt.

Fernauslöser mit Kabel werden in die Kamera eingestöpselt. Bei den einfachsten Modellen wird der Anschluss in ein Gewinde des Auslösers geschraubt und mechanisch durch Druck ausgelöst. Bis auf Kameras von Fujifilm, Leica und das Retromodell Df von Nikon werden sie heute aber kaum noch genutzt.

Bei den meisten Modellen wird der Verschluss elektronisch ausgelöst. Einfache Fernauslöser haben einen einzigen Auslöseknopf, ausgereifte Modelle verfügen über eine Timer-Funktion, also die Möglichkeit einer gezielten Zeitvoreinstellung. Timer sind eine sinnvolle Hilfe, um eine Bilderserie über einen längeren Zeitraum zu schießen, z. B. für Zeitrafferfilme oder Sternenspuren. Achten Sie auch darauf, dass der Fernauslöser über eine Verriegelung verfügt, die bei einer Langzeitbelichtung (B) den Verschluss offen hält.

HINWEISE:

Schieben Sie bei der Aufnahme von Meeresmotiven eine Wasserwaage in den Blitzschuh, um die Kamera waagrecht auszurichten, damit der Horizont nicht kippt.

Ersatzbatterien sind ein sehr nützliches Zubehör, vor allem im Winter, wenn die Batterieleistung bei Kälte abnimmt.

Packen Sie immer genügend Speicherchips ein, damit Ihnen während einer Fotosession nicht der Speicherplatz ausgeht. Mehrere kleine sind besser als ein großer Speicherchip. Damit verlieren Sie nicht die gesamte Fotoausbeute, wenn Sie einen Chip verlieren oder der Chip beschädigt ist. Heben Sie leere und belichtete Chips getrennt voneinander auf, damit Sie nicht aus Versehen einen Chip formatieren, bevor die Aufnahmen im Computer gespeichert sind.

Kamerapflege

Um Landschaften zu fotografieren, muss die Kamera natürlich aus der schützenden Tasche genommen werden und ist damit allen möglichen Umwelt- und Witterungseinflüssen ausgesetzt, die die Kamera beschädigen können:

Sand wirkt wie Schmirgelpapier und greift die beweglichen Teile der Ausrüstung an (das knirschende Geräusch von Sand im Zoomring eines Objektivs will kein Fotograf hören). Auch Wasser kann zum Problem werden: Salzwasser korrodiert die Metallteile der Ausrüstung, wenn sie nicht rechtzeitig gereinigt werden.

Andererseits, was nützt eine Kamera, die nicht benutzt wird? Letztlich ist die Kamera ein Werkzeug, das wie jedes andere beschädigt werden kann. Man sollte nur, damit man sich beim Fotografieren keine Sorgen um das Equipment machen muss, potenzielle Risiken erkennen und vermeiden. Denn vor allem kommt es darauf an, dass die Landschaftsfotografie Spaß macht.

Wasser

Viele Hersteller werben damit, dass ihre Kameras wasserdicht sind. Gummiringe und Dichtungen um Einstellringe, Knöpfe und Klappen sollen zwar verhindern, dass Wasser ins Kameragehäuse eindringt, machen die Kamera aber nicht wasserdicht; Unterwasserfotos sind nicht möglich. Immerhin sind sie für kurze Zeit im Regen oder Nebel geschützt. Der größte Schwachpunkt sind die Objektivbajonette; bei einigen Objektiven (meist die teuersten Modelle) verhindern Gummidichtungen auch hier das Eindringen von Wasser ins Gehäuse.

Für Aufnahmen in feuchter oder nasser Umgebung lohnt sich eine Kameratasche, um Kamera und Objektive zu schützen. Nehmen Sie ein weiches Tuch mit, um die Kamera bei Bedarf zu trocknen. Vergessen Sie aber nicht, das Tuch zu Hause aus der Fototasche wieder herauszunehmen und zu trocknen! Salzwasser auf der Kamera bitte mit einem angefeuchteten Tuch abwischen und trocknen lassen. Der feine, oft kaum wahrnehmbare Salznebel am Meer ist für die Technik besonders unangenehm. Stecken Sie ein Päckchen Silica-Gel in die Kameratasche – es zieht die Feuchtigkeit an, muss aber regelmäßig trocknen oder ausgewechselt werden.

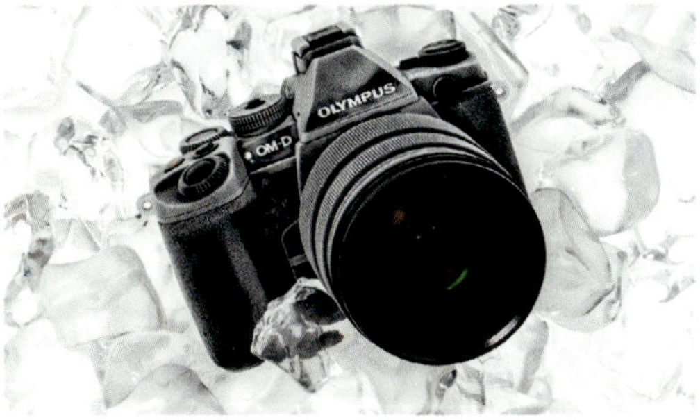

Oben: Die Olympus OM-D E-M1 wurde als robuste, wetterfeste Kamera für die Arbeit in der Natur beworben (© Olympus).

Staub

Eine sinnvolle Verbesserung der letzten Jahre waren Kameras mit automatischer Sensorreinigung (nicht nötig bei Kameras mit fest montiertem Objektiv). Damit war es nicht mehr erforderlich, den Staub vom Sensor zu pusten. Bei der Selbstreinigung wird der Anti-Aliasing-Filter vor dem Sensor in Vibration versetzt und der Staub abgeschüttelt.

Leider ist auch diese Lösung nicht perfekt. Feuchte, klebrige Partikel wie Pollenkörner haften an der Sensoroberfläche und lassen sich auch durch wiederholte Vibration nicht abschütteln. Hier hilft nur die mechanische Reinigung des Sensors. Die gebräuchlichste Methode (die ich bevorzuge) ist, ein Ohrstäbchen mit Reinigungsflüssigkeit zu tränken und damit den Sensor abzuwischen. Reinigungsflüssigkeiten sind gewöhnlich alkoholische Lösungen, die ohne Rückstände verdunsten. Hartnäckigen Flecken rückt man mit einer Detergenzien-Lösung zu Leibe. Die Reinigung ist zwar etwas aufwendig, aber nicht schwierig. Damit sparen Sie wertvolle Zeit bei der Nachbearbeitung Ihrer Fotos, weil das Entfernen unerwünschter Flecken auf dem Bild entfällt.

Wie immer ist Vorbeugen die beste Lösung. Wechseln Sie die Objektive so selten wie möglich (was wieder für ein Zoomobjektiv spricht), damit Staub oder Sand nicht eindringen können. Wenn ein Objektivwechsel unbedingt erforderlich ist, schützen Sie die Kamera vor Wind.

Da die Tiefenschärfe bei kleinen Blendenöffnungen zunimmt, fallen Staubteilchen eher auf als bei weit geöffneter Blende. Versuchen Sie, mit der größtmöglichen Blendenöffnung zu arbeiten, die für die geplante Tiefenschärfe noch ausreicht.

Oben: Moderne Kameras mit eingebauter Sensorreinigung sind äußerst effektiv. Dieses Bild entstand mit einer Kamera ohne ein solches System. Ich hatte keine Lust, das Foto nachzubehandeln und alle Staubkörner aus dem Bild zu entfernen.

Kapitel 2

Belichtung

In der Fotografie wird der Begriff „Belichtung“ in doppeltem Sinn gebraucht. Einerseits das rein physikalische Phänomen, eine lichtempfindliche Fläche (entweder einen Film oder heute meist einen digitalen Bildsensor) dem Licht auszusetzen. In diesem Kapitel geht es aber um den erweiterten Begriff: Wie bestimmt man die genaue Lichtmenge, die für ein gutes Bild erforderlich ist? Anders als früher nehmen moderne Kameras dem Fotografen einen Großteil der Arbeit automatisch ab. Das bedeutet aber nicht, alles der Kamera zu überlassen. Die „richtige“ Belichtung gehört ebenso zum kreativen Bereich der Fotografie wie die Auswahl einer ansprechenden Komposition. Wer die manuelle Kontrolle über die Belichtung behält, wird die Landschaftsfotografie als befriedigender und lohnender erleben.

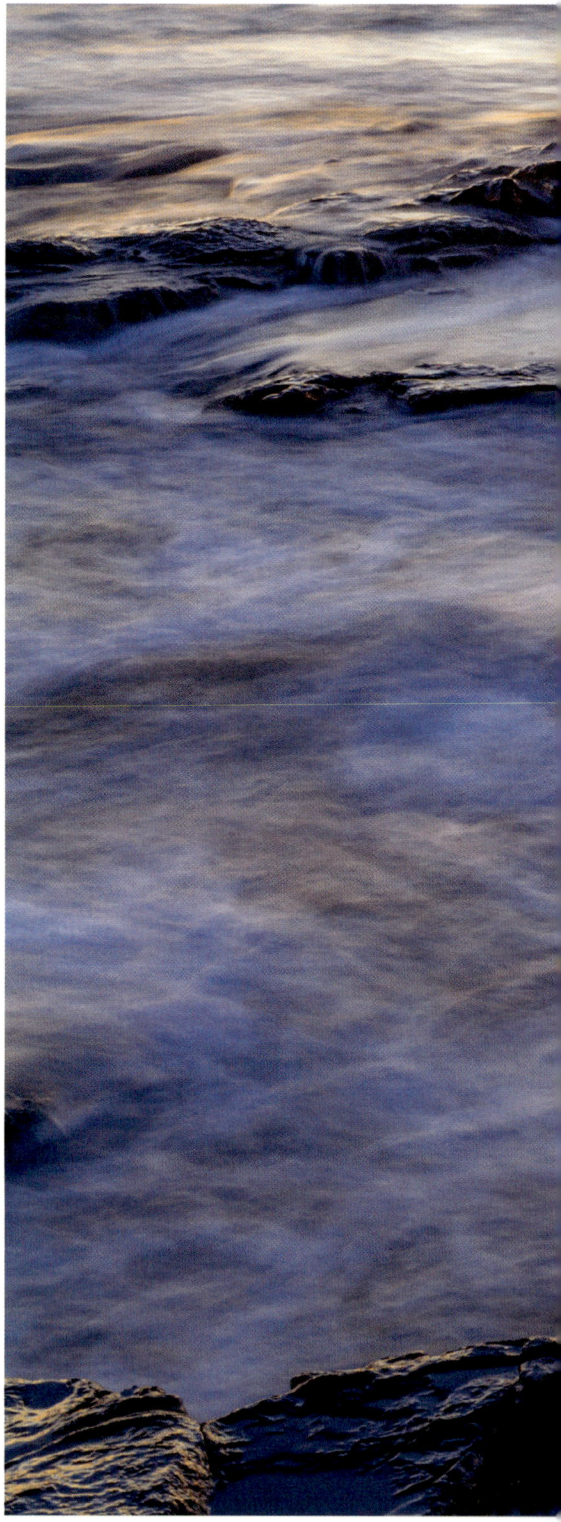

Rechts: Es gehört zu den Grundregeln der Fotografie, dass eine Kamera – analog zu Film oder digital – Helligkeiten nicht so abgestuft wahrnimmt wie das menschliche Auge. Daher ist jede Belichtung ein Kompromiss. Bei diesem Foto im Gegenlicht wurde die Belichtung so gewählt, dass die Highlights durchgezeichnet sind und die Details vom Schatten geschluckt werden.

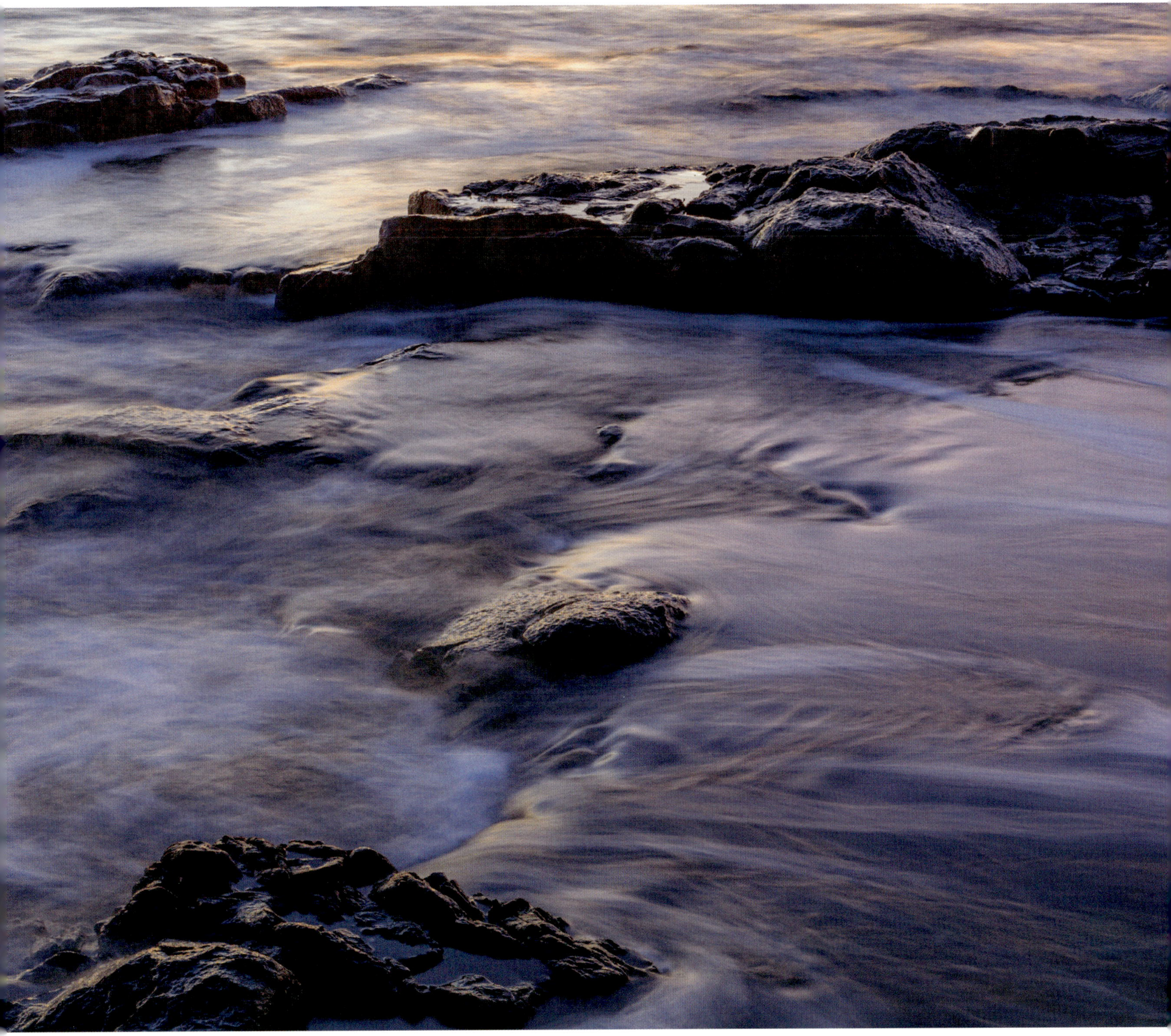

Grundlagen

Die Lochkamera ist der einfachste Kameratyp. Sie besteht aus einem Kasten mit einem winzigen Loch, durch das Licht ins Innere des Kastens fällt. Eine lichtempfindliche Schicht gegenüber dem Loch zeichnet ein überraschend scharfes Bild auf. Lochkameras kommen ohne Objektiv aus, da das Loch die Lichtstrahlen fokussiert. Natürlich ist das nicht alles, denn ein Bild entsteht nur dann, wenn eine bestimmte Lichtmenge auf die lichtempfindliche Fläche (Film oder digitaler Bildsensor) fällt. Bei zu geringer Lichtmenge wird das Foto dunkel und verwaschen – es ist unterbelichtet. Fällt zu viel Licht darauf, wird das Foto zu hell – es ist überbelichtet.

Wie viel Licht für eine erfolgreiche Belichtung nötig ist, hängt vom ISO-Wert ab. Je höher dieser Wert, desto weniger Licht ist für eine akzeptable Belichtung erforderlich.

Linsenkameras steuern den Lichteinfall über zwei Mechanismen: Der Verschluss öffnet sich für eine definierte Zeit, um Licht durchzulassen – die Verschlusszeit. Der zweite Mechanismus ist die Blendenöffnung. Die Irisblende im Objektiv kann sich unterschiedlich weit öffnen und viel oder weniger Licht durchlassen. Die Kombination von Verschlusszeit und Blendenöffnung bestimmt die Lichtmenge, die auf den Bildsensor fällt. Diese Kontrolle der Lichtmenge, um ein Foto zu erzeugen, wird „Belichtung einstellen" genannt.

Wie lange der Verschluss geöffnet bleibt oder wie weit die Blende geöffnet wird, hängt von den herrschenden Lichtverhältnissen ab. Die erforderliche Lichtmenge wird mit einem Belichtungsmesser bestimmt.

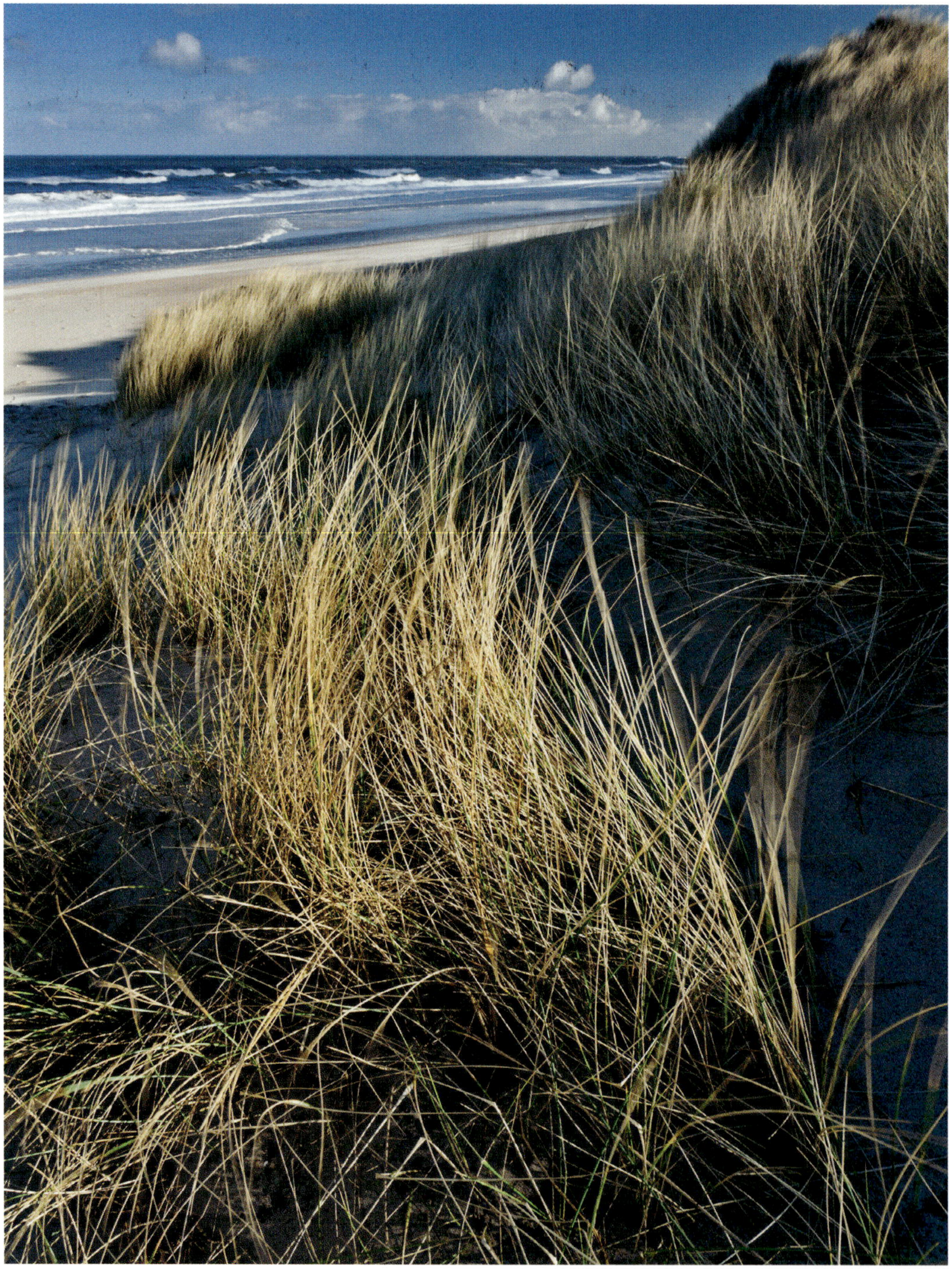

Rechts: Verschlusszeit, Blendenöffnung und ISO-Wert wirken zusammen. Wird einer der Werte verändert, müssen die anderen für dieselbe Belichtung entsprechend angepasst werden. Das Foto wurde mit einer Verschlusszeit von 1/15 Sek., Blende f/16 und ISO 100 aufgenommen. Hätte ich die Verschlusszeit auf 1/30 Sek. verkürzt, hätte ich die Blende auf f/11 schließen oder den ISO-Wert auf 200 erhöhen müssen.

Belichtungsmessung

Es gibt zwei Formen der Belichtungsmessung: Bei der Lichtmessung wird mit einem Handbelichtungsmesser die Lichtmenge gemessen, die auf ein Objekt fällt. Bei der Objektmessung wird durch den in der Kamera eingebauten Belichtungsmesser die Lichtmenge gemessen, die ein Objekt reflektiert. Der Unterschied ist sehr wichtig!

Bei der Objektmessung geht der Belichtungsmesser davon aus, dass der gesamte Bildausschnitt einen durchschnittlichen Anteil der Lichtmenge reflektiert: etwa 18 % des einfallenden Lichts, was einem mittleren Grauton entspricht. Ein durchschnittliches Motiv, das weder helle Lichter noch tiefe Schatten aufweist, wird bei der Objektmessung also korrekt gemessen. Probleme treten erst auf, wenn das Motiv mehr oder weniger als die durchschnittliche Lichtmenge reflektiert. Und genau das tritt in der Landschaftsfotografie häufiger auf, als man glaubt. Bei der Objektmessung von vorwiegend hellen Landschaften , wie Schnee oder heller Strand, tendiert der Belichtungsmesser zur Unterbelichtung. Das liegt daran, dass die hellen Töne rechnerisch abgedunkelt werden, um sie dem mittleren Grauton anzugleichen. Bei vorwiegend dunklen Motiven tritt das Gegenteil ein.

Sofern die Aufnahmen im RAW-Modus gespeichert werden, ist das keine Katastrophe, denn die Bildbearbeitung kann den Fehler ausgleichen. Ausnahmen sind „ausgebrannte“ Highlights oder tiefschwarze Schatten; extreme Anpassungen sollten ohnehin möglichst vermieden werden. Bei der Speicherung der Daten als JPEGs oder bei höheren ISO-Werten ist der Spielraum geringer; hier ist es wichtig, die Belichtung schon bei der Aufnahme zu korrigieren. Für die Wahl der richtigen Belichtung ist ein Histogramm auf dem Kameradisplay eine Hilfe.

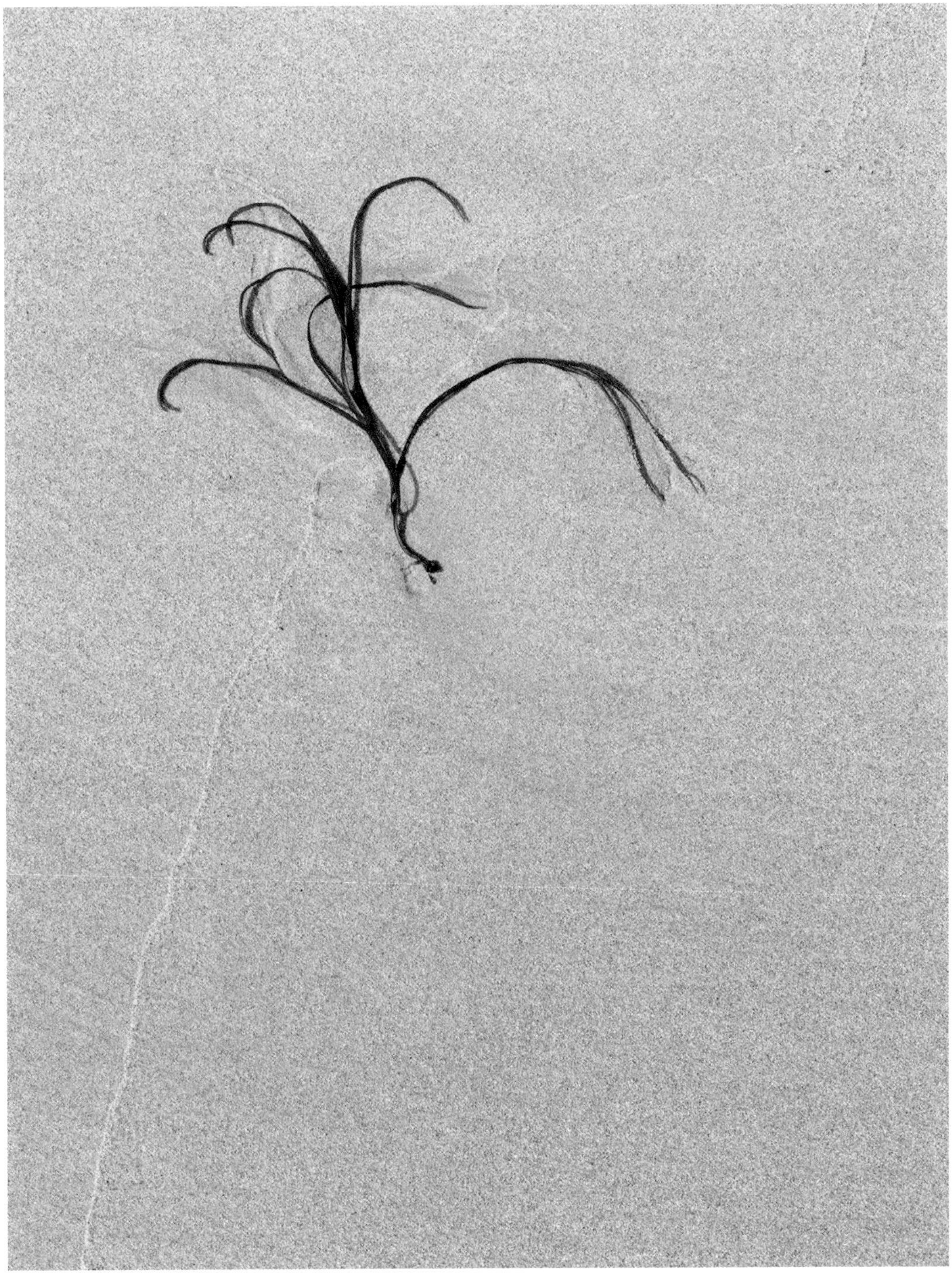

Rechts: Solche Motive täuschen Belichtungsmesser mit Objektmessung – eine Lichtmessung wäre nicht betroffen. Der Belichtungsmesser meiner Kamera wählte wegen der hellen Sandtöne eine Unterbelichtung, daher musste ich für die korrekte Belichtung um 1,5 Stufen aufblenden.

Messmethoden

Die meisten Kameras verfügen über drei Messmethoden: Obwohl der integrierte Belichtungsmesser in allen drei das reflektierte Licht misst, unterscheiden sich die Ergebnisse je nach Motiv erheblich. In jedem Fall lohnt es sich, mit den drei Methoden zu experimentieren, um die jeweiligen Vor- und Nachteile herauszufinden.

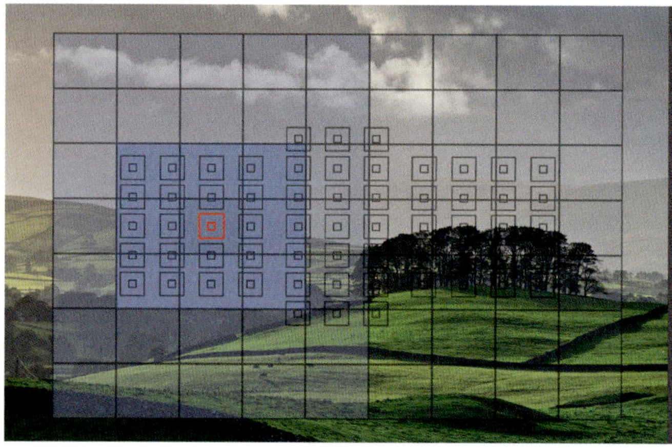

Die **Mehrfeld- oder Matrixmessung** ist die Standardmessmethode der meisten Kameras und bei automatischen Programmen auch die einzige verfügbare Methode. Bei dieser Methode wird das Bild durch ein Gitter (Zonen) unterteilt, und die Zonen werden separat gemessen. Dann integriert das Programm der Kamera die Einzelwerte zu einem Durchschnitt mit Gewichtung auf dem scharf gestellten Hauptmotiv. Kameras mit der geheimnisvollen Funktion „Scene Recognition" arbeiten mit der Verteilung von Helligkeiten: Ein heller Streifen oben und ein dunkler unten deuten auf Landschaft hin, ein rundlicher heller Fleck auf ein Gesicht und so weiter. Die Mehrfeldmessung arbeitet gewöhnlich genau, wenn auch nicht narrensicher. Sollte der Schärfepunkt heller oder dunkler sein als der Bilddurchschnitt oder Grauverlauf- und andere Filter verwendet werden, zeigt sie falsche Werte an.

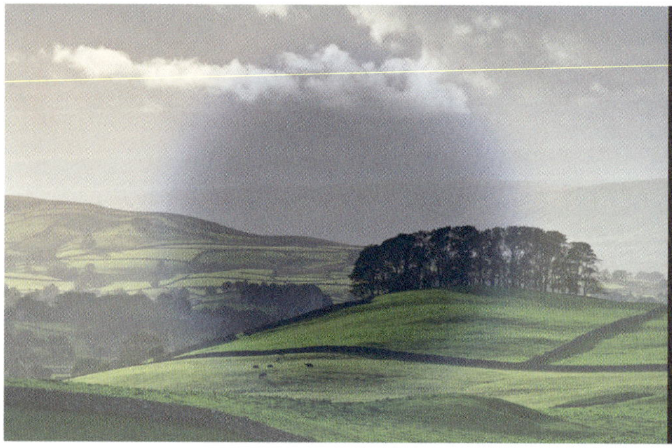

Die **mittenbetonte Integralmessung** wurde zwar weitgehend von der Mehrfeldmessung verdrängt, ist aber auf den meisten Kameras noch wählbar. Bei dieser Methode werden das gesamte Bildfeld gemessen, die Werte im Mittelfeld jedoch höher bewertet. Das genaue Verhältnis ist vom Hersteller abhängig, dürfte aber bei rund 60 % liegen. Obwohl die Methode weniger „intelligent" ist als die Mehrfeldmessung, hat sie den Vorteil, unabhängig vom Schärfepunkt zu messen.

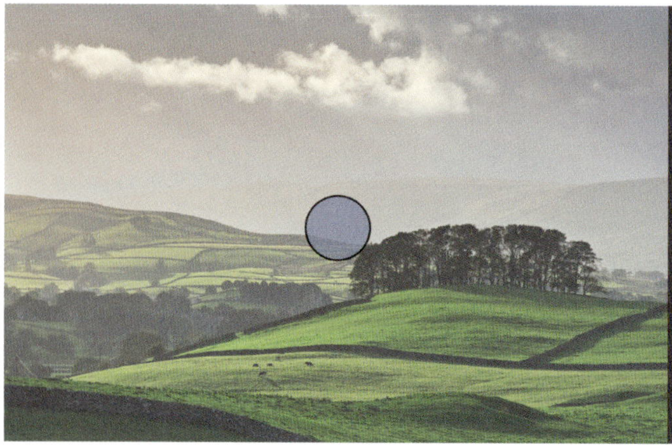

Bei der **Spotmessung** schließlich wird die Helligkeit nur auf einer sehr kleinen Fläche („Punkt") gemessen, die typischerweise 1–5 % des Bildfeldes einnimmt. Gewöhnlich liegt dieser Punkt in der Bildmitte, kann jedoch bei einigen Kameras auf den Schärfepunkt gelegt werden. Die Spotmessung bietet dem Fotografen eine bessere Kontrolle über die Belichtung als Mehrfeld- oder mittenbetonte Integralmessung, da er den Messbereich selbst bestimmen kann. Er kann dunklere oder hellere Abschnitte, die die Messung verfälschen würden, ausschalten und nur das Licht messen, das von Steinen, Gras oder blauem Himmel reflektiert wird.

Belichtungsprogramme

Fast alle Kameras bieten die Möglichkeit, zwischen verschiedenen Belichtungsprogrammen zu wählen, die sich im Ausmaß der Automatisierung unterscheiden. Bei vollautomatischen Programmen muss der Fotograf nur das Motiv wählen und auf den Auslöser drücken – die Kamera stellt Verschlusszeit, Blendenöffnung und ISO-Wert automatisch ein. Bei solchen Programmen steht die Spontaneität im Vordergrund, die kreative Gestaltung mehr hintan. Wer jedoch mehr aus seiner Kamera herausholen möchte, sollte sich für die weniger automatisierten Programme entscheiden.

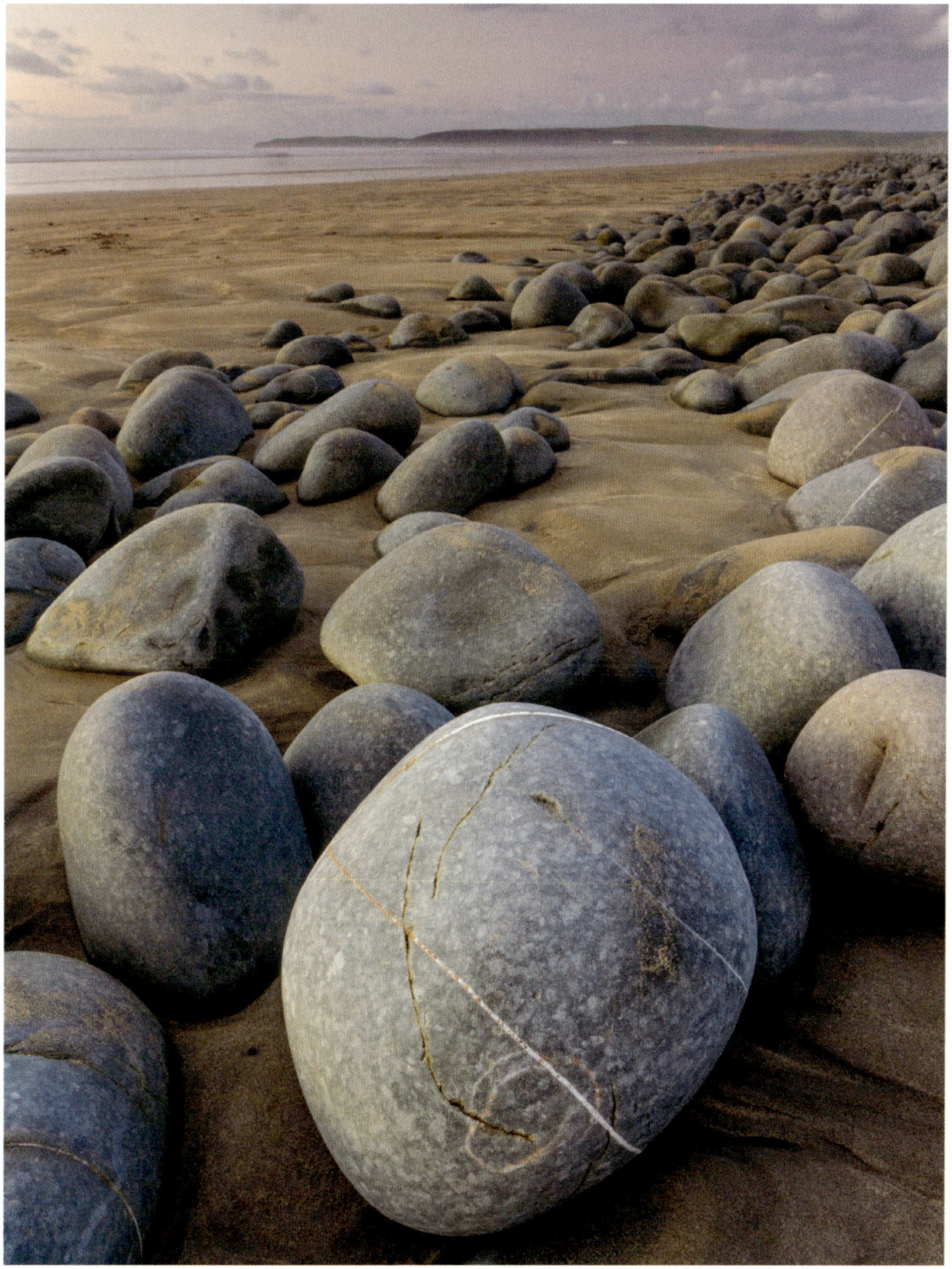

HINWEIS:
Auf den meisten modernen Kameras ist die Motivvorwahl „Landschaft" wählbar. Diese Option mag verführerisch klingen, ist aber nicht empfehlenswert, da der Fotograf die Belichtung nicht beeinflussen kann (er kann weder Bewegung noch Tiefenschärfe berücksichtigen). Typischerweise sorgen diese Programme für mehr Sättigung in den Grün- und Blautönen und schärfen die Konturen. Außerdem werden die Bilder oft nicht als RAW abgespeichert, sodass für die Bildbearbeitung nur wenige Optionen zur Verfügung stehen.

Rechts: Bei vielen Landschaftsaufnahmen kommt es wesentlich auf den Tiefenschärfebereich an, damit das Motiv durchgängig scharf abgebildet wird. Mit Blendenvorwahl und manueller Einstellung behält der Fotograf die beste Kontrolle über den Bildaufbau.

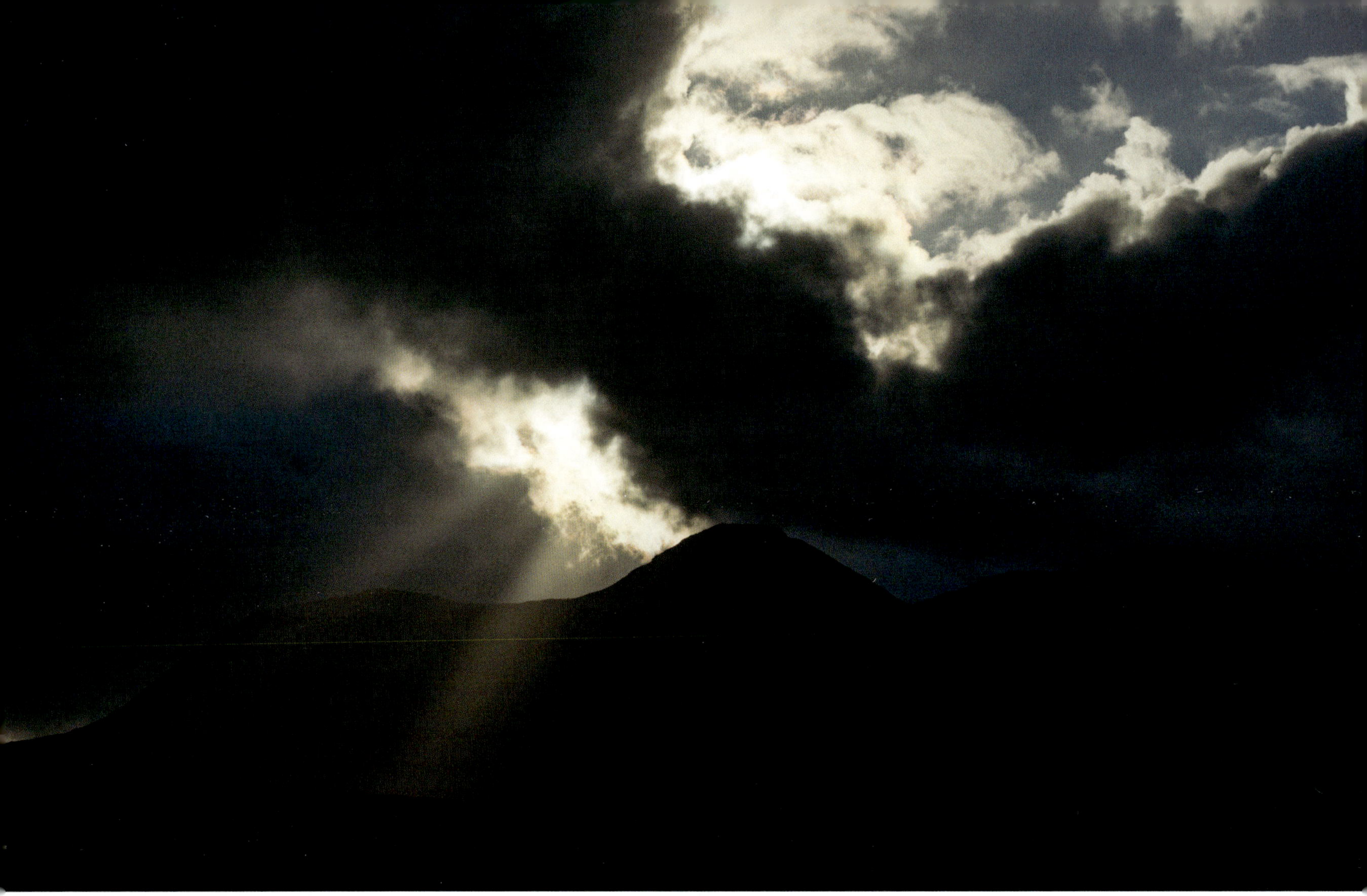

Bei der **Programmautomatik** (**P**; keine Vollautomatik) wählt die Kamera automatisch sowohl die Blendenöffnung als auch die Verschlusszeit. Immerhin ist es bei dieser Einstellung noch möglich, bestimmte Werte anzupassen, beispielsweise Weißabgleich, Belichtungskorrektur (Verschluss- und Blendenkombination) und andere; die möglichen Korrekturen sind modellabhängig. Im **P**-Modus kann auch der ISO-Wert geändert werden.

Die Einstellung **P** ist eine sinnvolle Erleichterung, allerdings „vergisst" die Kamera nach einiger Zeit die vorgenommenen Korrekturen, was zu unerwünschten Ergebnissen führt, wenn die Werte nicht zuvor kontrolliert werden.

Blendenautomatik (**Tv** oder S) ist ein halbautomatischer Modus, bei dem die Verschlusszeit an der Kamera eingestellt wird; die passende Blendenöffnung wird automatisch angepasst. **Tv** ist dann sinnvoll, wenn bewegliche Motive fotografiert werden.

Verschlusszeitautomatik (**Av** oder A) ist ebenfalls ein halbautomatischer Modus. Hier wird die Blende vorgewählt, und die Kamera passt die Verschlusszeit an. Der Nachteil dieser Einstellung zeigt sich in schwachem Licht, da die Automatik dann eine lange Verschlusszeit wählt. Solange man sich dessen bewusst ist und mit einem Stativ arbeitet, ist **Av** die Einstellung der Wahl in der Landschaftsfotografie.

Oben: Die Belichtungsreihenautomatik ist hilfreich bei schwierigen Lichtverhältnissen, wenn die korrekte Belichtung nicht unmittelbar ersichtlich ist.

Bei der **manuellen Belichtung** (**M**) behält der Fotograf die volle Kontrolle über die Belichtung: Blende und Verschlusszeit werden manuell eingestellt, der Belichtungsmesser der Kamera dient als Messinstrument. Ein Nachteil ist, dass die Einstellungen so lange unverändert bleiben, bis sie manuell geändert werden. Falls sich die Lichtverhältnisse ändern oder ein Licht schluckender Filter verwendet wird, entstehen falsch belichtete Fotos.

HINWEISE:

Belichtungskorrektur:
Wenn der Belichtungsmesser der Kamera im P-, Tv- oder Av-Modus eine falsche Belichtung wählt, kann der Fehler mithilfe der Belichtungskorrektur ausgeglichen werden. Bei den meisten Kameras ist ein Korrekturwert gewöhnlich um drei Stufen auf- und abwärts möglich (meist in 1/2- oder 1/3-Schritten). Ist das Bild zu dunkel, werden die Korrekturstufen nach Plus (+), ist es zu hell, nach Minus (–) korrigiert. Im Live-View-Modus kann man die Veränderung direkt auf dem Display kontrollieren, allerdings reicht das Bild auf dem Display für eine Bewertung nicht aus.

Belichtungsreihe:
Ein weiteres Sicherheitsnetz bei der Belichtung ist die Belichtungsreihe (AEB für *Automatic Exposure Bracketing*, Belichtungsreihenautomatik). Dabei löst die Kamera automatisch eine Reihe von Aufnahmen mit jeweils unterschiedlicher Belichtung aus. In der Regel wird eine Aufnahme mit der Standardbelichtung gemacht und je eine über- bzw. unterbelichtet. Bei manchen Kameras können die Sequenz und/oder die Stufen in +/- 3 Stufen in 1/2- oder 1/3-Schritten eingestellt werden.

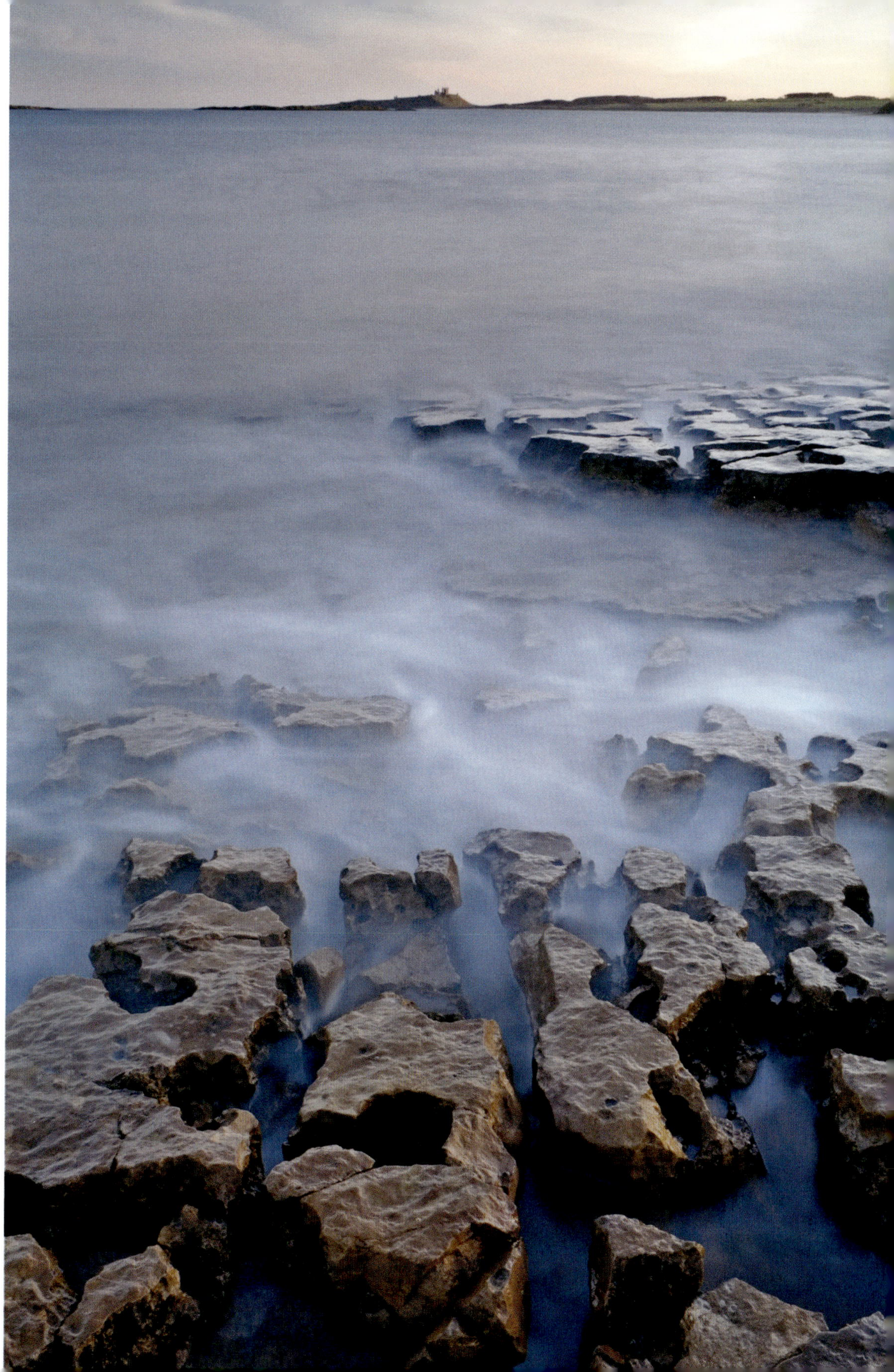

Rechts: Leider gibt es keinen Königsweg zur richtigen Belichtungsautomatik; die Wahl richtet sich nach dem Motiv und persönlichen Vorlieben. Meine Präferenz in der Landschaftsfotografie ist die Verschlusszeitautomatik (Av), weil ich dabei die Blende für optimale Tiefenschärfe einstellen kann. Wenn die Bilder lebendiger erscheinen sollen, entscheide ich mich für die Blendenautomatik (Tv).

Blende

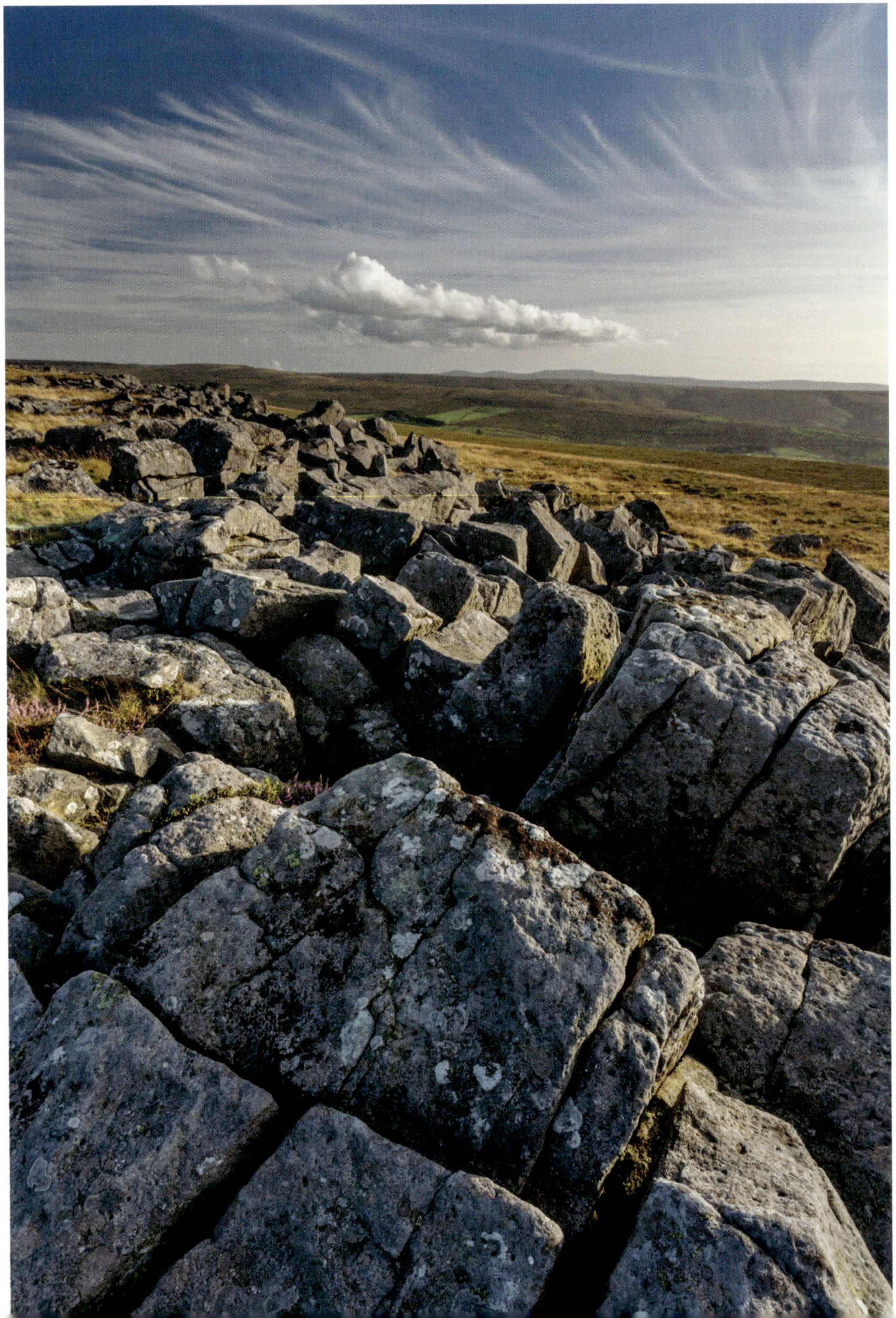

Die Größe der Blendenöffnung wird in Stufen angegeben (f/+ eine Kennzahl). Die Zahl der möglichen Blenden ist vom Objektiv abhängig, doch in der Regel haben Objektive mit Festbrennweite eine größere Blendenreihe als Zoomobjektive und sind damit „schneller". Entsprechend sind Objektive mit kleiner Blendenreihe „langsamer".

Der f-Wert gibt die Blendenöffnung als Anteil der Brennweite f an: In einem 100-mm-Objektiv wäre die Blende bei f/4 somit 25 mm weit geöffnet; f/8 entspräche einer Blendenöffnung von 12,5 mm usw.

Eine typische Blendenreihe wäre f/2,8, f/4, f/5,6, f/8, f/11, f/16 und f/22. Dabei entspricht f/2,8 der größten, f/22 der kleinsten Blendenöffnung. Von links nach rechts gelesen, wird die Lichtmenge, die durch das Objektiv auf den Sensor fällt, von Blendenstufe zu Blendenstufe jeweils halbiert. Von rechts nach links wird die einfallende Lichtmenge entsprechend pro Blendenstufe jeweils verdoppelt.

Die Blendenwerte werden entweder, wie bei Nikon-D- und Fuji-X-Mount-Objektiven (feste Brennweiten), an einem Objektivring oder (in den meisten Fällen) unabhängig vom Objektiv an einem Einstellring der Kamera eingestellt.

Links: Um den gesamten Bildausschnitt scharf abzubilden, sind häufig kleine Blendenöffnungen erforderlich. Hier sorgt eine Blende von f/16 für Tiefenschärfe von 1 m bis unendlich.

Tiefenschärfe prüfen

Bei den meisten Kameras bleibt die Blende während der Einstellung maximal offen und wird erst bei der Aufnahme auf den eingestellten Wert geschlossen. Auf diese Weise ist das Bild im Sucher hell, und der Autofokus kann optimal arbeiten. Der Nachteil ist jedoch, dass die Tiefenschärfe nicht direkt kontrolliert werden kann.

Um diesen Nachteil auszugleichen, verfügen manche Kameras über eine Taste zur Prüfung der Tiefenschärfe. Wird sie gedrückt, schließt sich die Blende auf den vorgewählten Wert, und die Tiefenschärfe kann im Sucher kontrolliert werden. Als Nebeneffekt verdunkelt sich das Sucherbild deutlich (sehr stark bei kleiner Blendenöffnung), sodass man seine Augen ein paar Sekunden an die verminderte Helligkeit anpassen muss.

Ein ähnlicher Effekt tritt im Live-View-Modus ein. Da der Kameracomputer die Helligkeit auf dem Display in etwa konstant hält, wird das Bild nicht dunkler. Nur wenn die Kamera bewegt wird, wird das Bild körnig und baut sich langsamer wieder auf, weil der Kameracomputer das schwache Lichtsignal so lange verstärkt, bis es im Display wieder hell erscheint. Trotz dieses Nachteils ist bei Schwachlicht die Bildkontrolle (Taste zur Prüfung der Tiefenschärfe drücken) im Live-View-Modus besser möglich als beim Blick durch den Sucher.

Tiefenschärfe verringern

Bei der Bildgestaltung hat der Fotograf zwei Alternativen: Er kann die Tiefenschärfe verringern oder sie erhöhen, um das Motiv vom Vorder- bis in den Hintergrund scharf darzustellen. Wie so oft in der Fotografie, gibt es keine richtige oder falsche Antwort, denn die Entscheidung ist vom Motiv abhängig.

Eine geringe Tiefenschärfe hebt ein Objekt von der Umgebung ab. Unser Auge tendiert dazu, unscharfe Bereiche zu ignorieren, daher konzentrieren wir unseren Blick auf die scharfen Bereiche eines Fotos. Damit lenkt der Fotograf den Blick des Betrachters auf das gewünschte Objekt. Ein weiterer Aspekt ist die Übersichtlichkeit: Wenn ein ablenkender Hintergrund im Unscharfen bleibt, ist das Bild leichter zu „lesen".

Die beste Möglichkeit, den Tiefenschärfebereich zu minimieren, ist der Einsatz von Teleobjektiven (Weitwinkelobjektive sind dazu ungeeignet). Die Blendenöffnung wird so weit wie möglich geöffnet („schnelle" Objektive haben geringere Tiefenschärfe) und auf das Objekt fokussiert (auch als „selektive Fokussierung" bezeichnet). Je geringer der Abstand zwischen Kamera und Objekt, desto unschärfer werden die übrigen Bereiche.

Tiefenschärfe vergrößern

Mit der kleinsten Blendenöffnung erreicht man die höchste Tiefenschärfe; ironischerweise nimmt die Gesamtschärfe dabei aber ab. Der Grund ist optischer Natur: Objektive bilden im Bereich von 2–3 Stufen unterhalb des höchsten Blendenwerts besonders scharf ab. Wird die Blende noch weiter geschlossen, treten Beugungsunschärfen auf: Wenn Licht durch eine enge Öffnung tritt, wird es am Rand gebeugt. Die Beugungsringe führen dazu, dass die Schärfe sichtbar abnimmt (das Bild wirkt „weicher"). Dieser Effekt nimmt zu, je kleiner die Blendenöffnung ist – trotz zunehmender Tiefenschärfe.

Für eine optimale Bildqualität wäre es also keine gute Idee, die Blende maximal zu schließen, außer es lässt sich nicht vermeiden. Damit stellt sich das Problem, wie gute Tiefenschärfe auch bei größeren Blendenöffnungen erreicht werden kann. Hier kommt zur Rettung das Phänomen der „hyperfokalen Entfernung" ins Spiel.

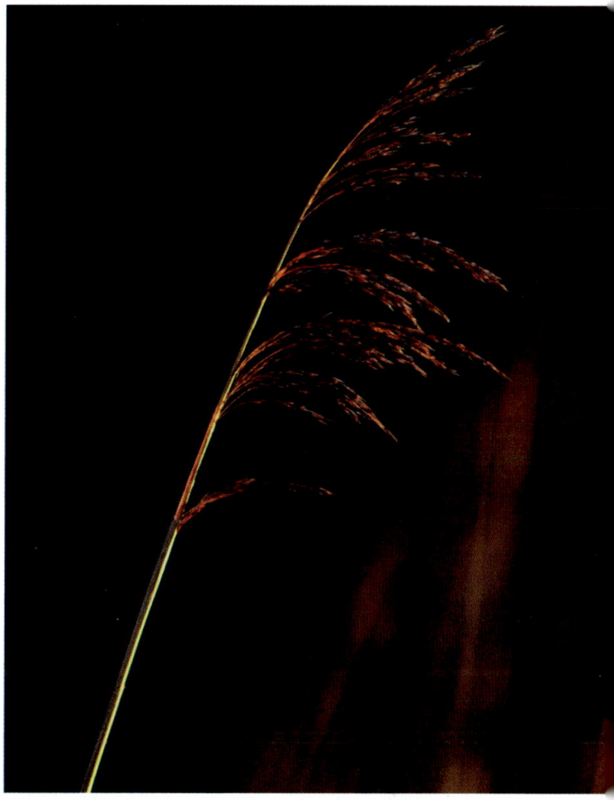

Oben: Selektive Schärfe hebt sehr gut einfache, isolierte Objekte von ihrer Umgebung ab; bei komplexen Motiven ist sie weniger geeignet. Wie die unscharfen Highlights im Hintergrund visuell dargestellt werden, hängt von den optischen Eigenschaften des Objektivs ab.

HINWEIS:
Die Blende kann auch in Bruchteilen der Blendenreihe eingestellt werden (meist in Schritten von 1/2 oder 1/3), beispielsweise in 1/3-Schritten zwischen f/4 und f/5,6 – f/4,5 und f/5.

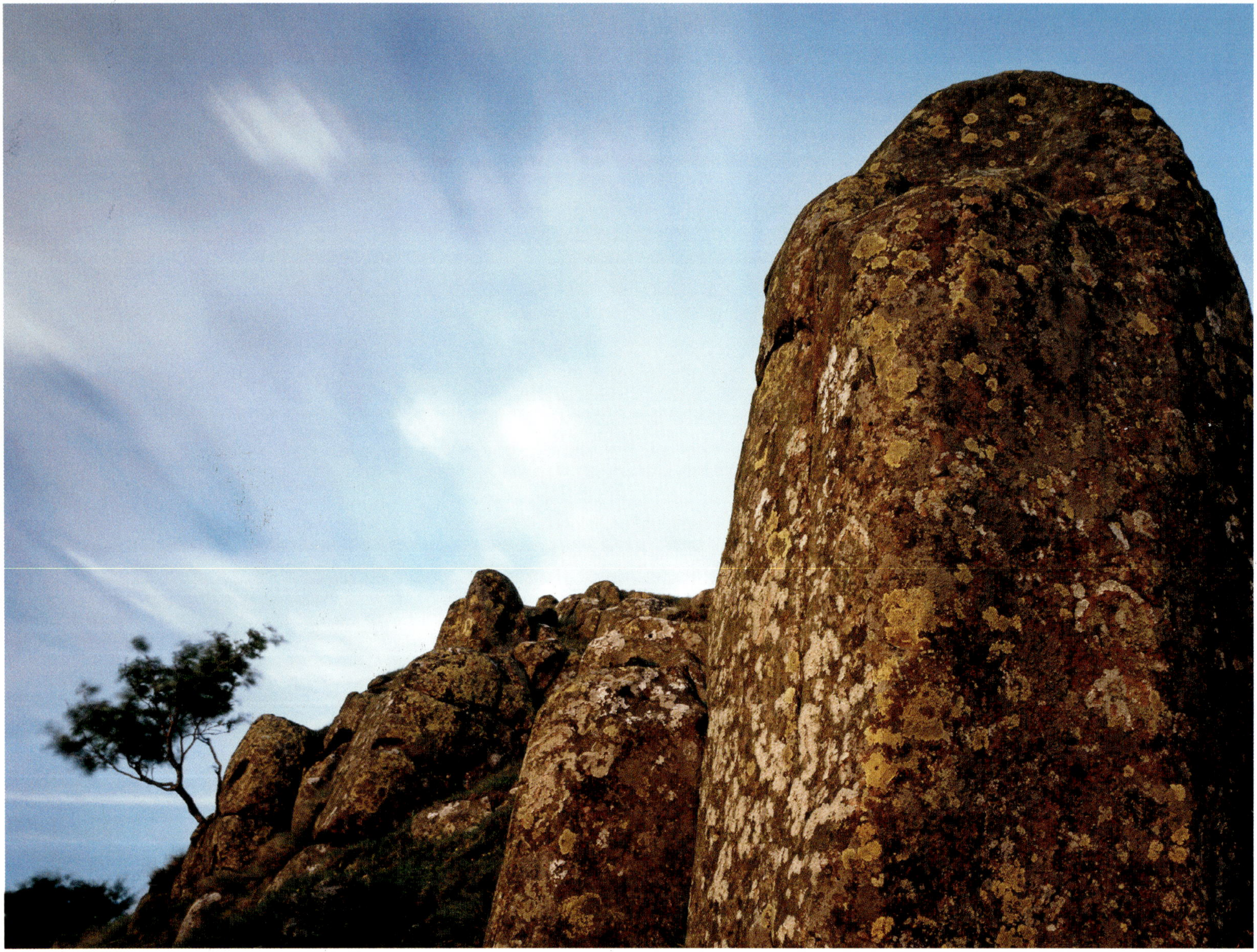

Wenn der Fokus auf die hypofokale Entfernung eingestellt wird, ist das Foto ab diesem Punkt bis „unendlich" scharf. Mit der größten Blendenöffnung und der hyperfokalen Entfernung erreicht man die erwünschte Tiefenschärfe bei minimaler Beugung.

Objektive mit fester Brennweite haben häufig eine Einstellskala, in der die hypofokale Entfernung angegeben ist. Zunächst wird die gewünschte Blende eingestellt und der Entfernungsring so positioniert, dass das ∞-Zeichen und die eingestellte Blende einander gegenüberstehen (bei Nikon-Objektiven auf der linken, bei Canon am rechten Rand der Skala). Nun liegt der Fokus auf der hyperfokalen Entfernung. Das muss nicht unbedingt der Bereich sein, den Sie als Hauptmotiv vorgesehen haben. Das ist kein Problem: Wenn Sie jetzt die Tiefenschärfe-Taste drücken, sollte das Motiv im Schärfebereich liegen.

Oben: Bei Motiven mit starker Raumwirkung müssen Blende und Entfernung besonders sorgfältig eingestellt werden.

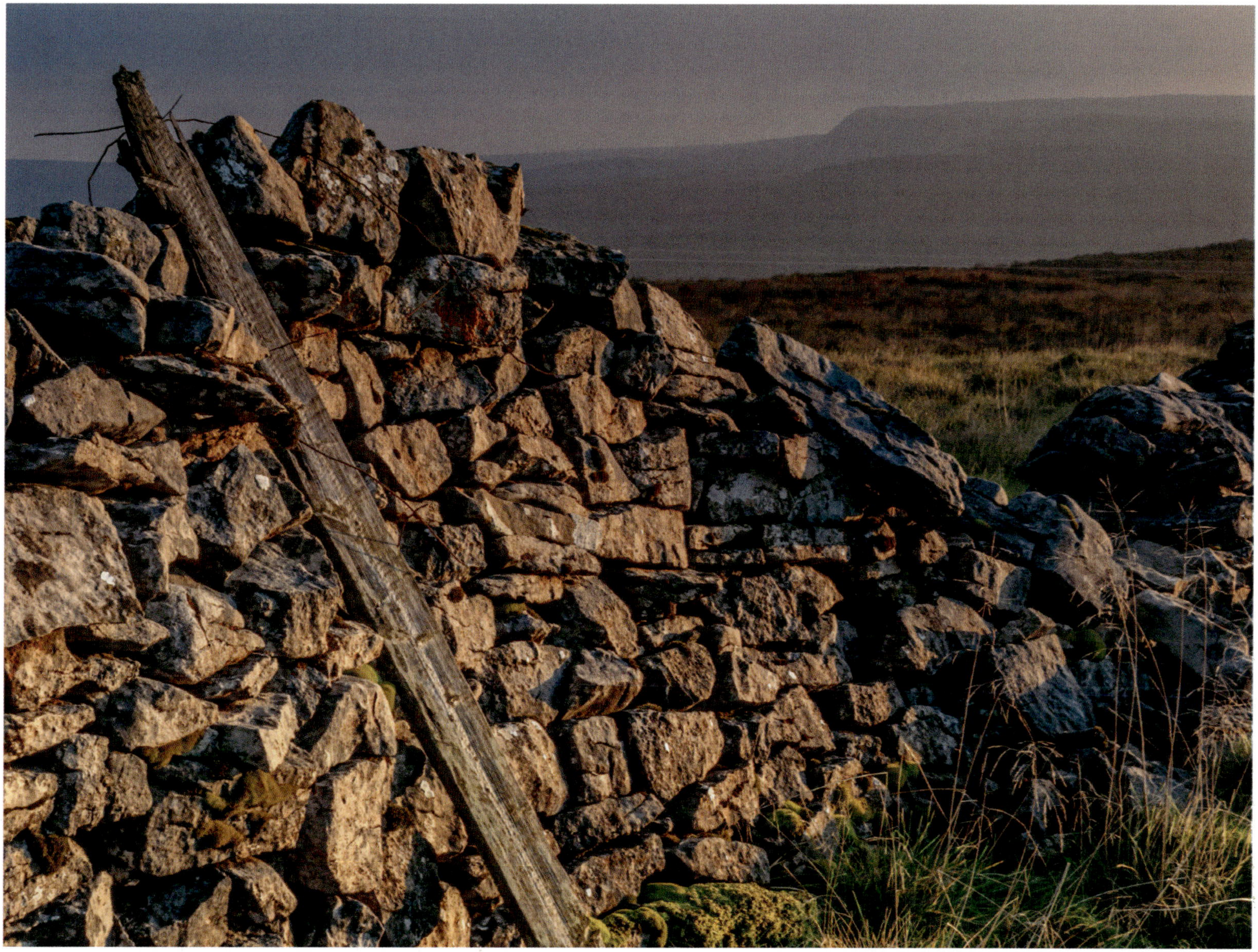

Den meisten Zoomobjektiven fehlt die Tiefenschärfe-Skala, und die hyperfokale Entfernung (HD) ist schwer zu ermitteln. Mithilfe der folgenden Tabellen können Sie sie bestimmen: Stellen Sie die gewünschte Brennweite im Zoomobjektiv ein und schalten Sie auf manuellen Modus um. Drehen Sie den Entfernungsring auf den HD-Wert und stellen die Blende ein. Jetzt reicht die Tiefenschärfe vom angegebenen Nahpunkt bis unendlich (∞).

Oben: In Kompaktkameras mit kleinerem Bildsensor ist die Gefahr der Beugungsringe größer als in Systemkameras. Wegen der geringeren Brennweite der Objektive muss die Blende zum Glück aber nicht völlig geschlossen werden, um Tiefenschärfe über den gesamten Bildausschnitt zu erreichen. Dieses Foto entstand mit einer Canon PowerShot. Für die maximale Tiefenschärfe reichte eine Blendenöffnung von f/7,1 aus.

Hyperfokale Entfernung (in Meter): APS-C-Bildsensor

14 mm Brennweite											
f/2.8		f/4		f/5.6		f/8		f/11		f/16	
Nahpunkt	HD	Nahpunkt	HD	Nahpunkt	HD	Nahpunkt	HD	Nahpunkt	HD	Nahpunkt	HD
1.83	3.66	1.3	2.59	0.92	1.84	0.65	1.3	0.29	0.57	0.2	0.41
18 mm Brennweite											
f/2.8		f/4		f/5.6		f/8		f/11		f/16	
Nahpunkt	HD	Nahpunkt	HD	Nahpunkt	HD	Nahpunkt	HD	Nahpunkt	HD	Nahpunkt	HD
3.05	6.09	2.13	4.26	1.52	3.05	1.07	2.13	0.78	1.55	0.53	1.07
24 mm Brennweite											
f/2.8		f/4		f/5.6		f/8		f/11		f/16	
Nahpunkt	HD	Nahpunkt	HD	Nahpunkt	HD	Nahpunkt	HD	Nahpunkt	HD	Nahpunkt	HD
5.41	10.8	3.79	7.58	2.71	5.41	1.89	3.79	1.38	2.76	0.95	1.89
35 mm Brennweite											
f/2.8		f/4		f/5.6		f/8		f/11		f/16	
Nahpunkt	HD	Nahpunkt	HD	Nahpunkt	HD	Nahpunkt	HD	Nahpunkt	HD	Nahpunkt	HD
11.5	23	8.06	16.1	5.76	11.5	4	8	2.9	5.9	4	2
50 mm Brennweite											
f/2.8		f/4		f/5.6		f/8		f/11		f/16	
Nahpunkt	HD	Nahpunkt	HD	Nahpunkt	HD	Nahpunkt	HD	Nahpunkt	HD	Nahpunkt	HD
23.5	47	16.4	32.8	11.7	23.5	8.2	16.4	6	12	4.1	8.2
85 mm Brennweite											
f/2.8		f/4		f/5.6		f/8		f/11		f/16	
Nahpunkt	HD	Nahpunkt	HD	Nahpunkt	HD	Nahpunkt	HD	Nahpunkt	HD	Nahpunkt	HD
68	135	48	95	34	68	24	48	17	35	12	24
135 mm Brennweite											
f/2.8		f/4		f/5.6		f/8		f/11		f/16	
Nahpunkt	HD	Nahpunkt	HD	Nahpunkt	HD	Nahpunkt	HD	Nahpunkt	HD	Nahpunkt	HD
171	340	120	240	85	171	60	120	43	87	30	60

Hyperfokale Entfernung (in Meter): Vollformatsensor

21 mm Brennweite											
f/2.8		f/4		f/5.6		f/8		f/11		f/16	
Nahpunkt	HD	Nahpunkt	HD	Nahpunkt	HD	Nahpunkt	HD	Nahpunkt	HD	Nahpunkt	HD
2.6	5.2	1.8	3.6	13.	2.6	0.9	1.8	0.67	1.3	0.45	0.9
24 mm Brennweite											
f/2.8		f/4		f/5.6		f/8		f/11		f/16	
Nahpunkt	HD	Nahpunkt	HD	Nahpunkt	HD	Nahpunkt	HD	Nahpunkt	HD	Nahpunkt	HD
3.4	6.9	2.4	4.8	1.7	3.4	1.2	2.4	0.9	1.7	0.6	1.2
28 mm Brennweite											
f/2.8		f/4		f/5.6		f/8		f/11		f/16	
Nahpunkt	HD	Nahpunkt	HD	Nahpunkt	HD	Nahpunkt	HD	Nahpunkt	HD	Nahpunkt	HD
4.63	9.27	3.28	6.58	2.32	4.65	1.65	3.29	1.17	2.34	0.83	1.66
35 mm Brennweite											
f/2.8		f/4		f/5.6		f/8		f/11		f/16	
Nahpunkt	HD	Nahpunkt	HD	Nahpunkt	HD	Nahpunkt	HD	Nahpunkt	HD	Nahpunkt	HD
7.3	14.6	5.1	10.2	3.6	7.3	2.5	5.1	1.9	3.7	1.3	2.5
50 mm Brennweite											
f/2.8		f/4		f/5.6		f/8		f/11		f/16	
Nahpunkt	HD	Nahpunkt	HD	Nahpunkt	HD	Nahpunkt	HD	Nahpunkt	HD	Nahpunkt	HD
14.9	29.8	10.4	20.8	7.4	14.9	5.2	10.4	3.8	7.6	2.6	5.2
85 mm Brennweite											
f/2.8		f/4		f/5.6		f/8		f/11		f/16	
Nahpunkt	HD	Nahpunkt	HD	Nahpunkt	HD	Nahpunkt	HD	Nahpunkt	HD	Nahpunkt	HD
42.6	85.2	30.1	60.3	21.3	42.7	15.1	30.2	10.7	21.4	7.56	15.1
150 mm Brennweite											
f/2.8		f/4		f/5.6		f/8		f/11		f/16	
Nahpunkt	HD	Nahpunkt	HD	Nahpunkt	HD	Nahpunkt	HD	Nahpunkt	HD	Nahpunkt	HD
132.7	265.3	93.8	187.7	66.4	132.7	47	93.9	33.2	66.4	23.5	47

Verschlusszeit

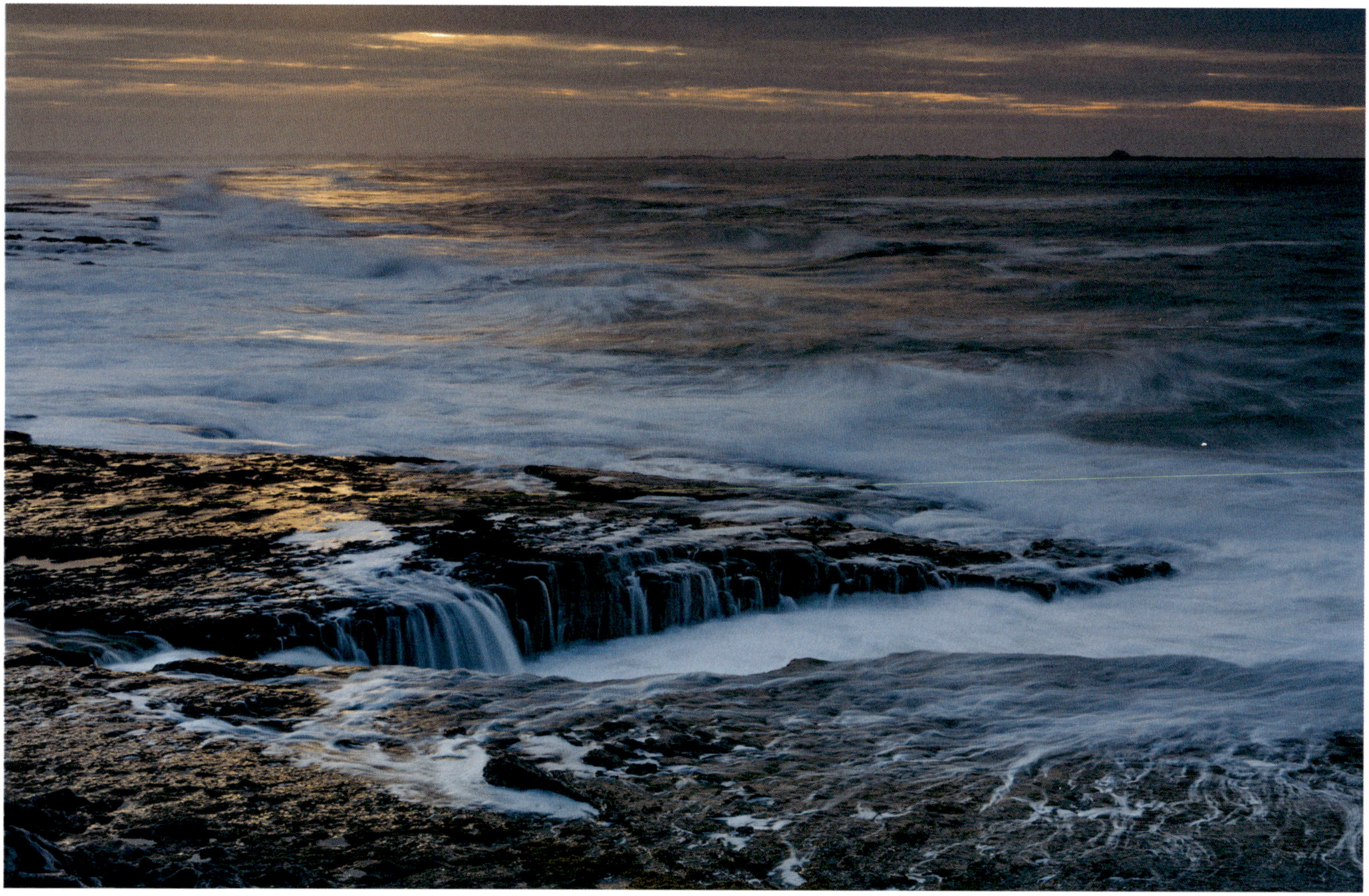

Die wählbaren Verschlusszeiten sind abhängig vom Kameramodell, doch die meisten digitalen Spiegelreflexkameras bieten eine Bandbreite von 1/4000 bis 30 Sekunden an (bei den meisten Kompaktkameras ist die Bandbreite auf beiden Seiten eingeschränkt). Zusätzlich ist die Einstellung B (Bulb) möglich. Dabei bleibt der Verschluss permanent offen, solange die Batterien durchhalten.

Zwischen den Extremwerten sind die Verschlusszeiten in festen Stufen wählbar: 1/2000, 1/1000, 1/500 Sekunden usw. Wird die Verschlusszeit um eine Stufe verkürzt (beispielsweise von 1/1000 Sek. auf 1/2000 Sek.), fällt die Hälfte der Lichtmenge auf den Bildsensor. Entsprechend verdoppelt sich die Lichtmenge bei Verlängerung der Verschlusszeit um eine Stufe (von 1/1000 auf 1/500 Sek.).

Bei statischen, also unbewegten Motiven ist die Verschlusszeit relativ unwichtig. Bei bewegten Szenen bestimmt die Verschlusszeit

Oben: Die Wahl der Verschlusszeit richtet sich danach, wie die Bewegung auf dem Foto erscheinen soll. Dabei sind Kompromisse oft unvermeidlich. Für dieses Küstenbild musste ich einen Graufilter einsetzen, um mit einer längeren Verschlusszeit arbeiten zu können, andernfalls hätte ich die Blende maximal schließen müssen.

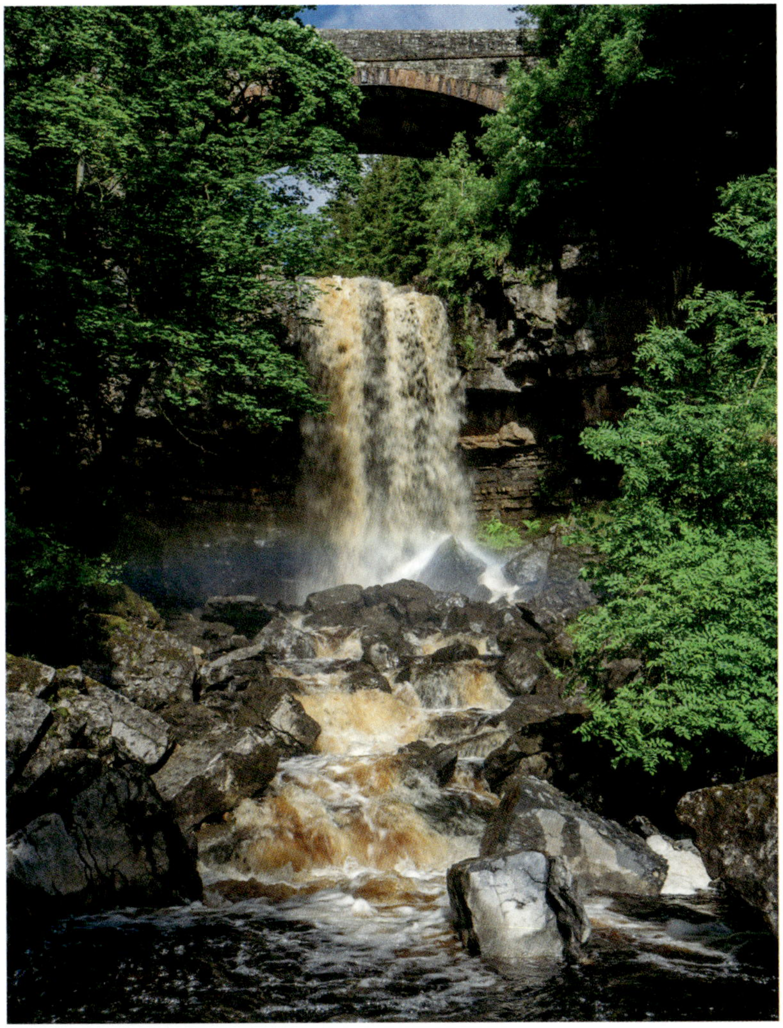

Oben: Bei diesem Foto eines Wasserfalls hatte ich mich für 1/50 Sek. entschieden. Bei der Größe des Motivs und der Geschwindigkeit des fallenden Wassers war diese Verschlusszeit eine Art Weder-Noch: Da das Wasser weder „eingefroren“ noch stark verwischt erscheint, entsteht ein etwas beliebiger Eindruck.

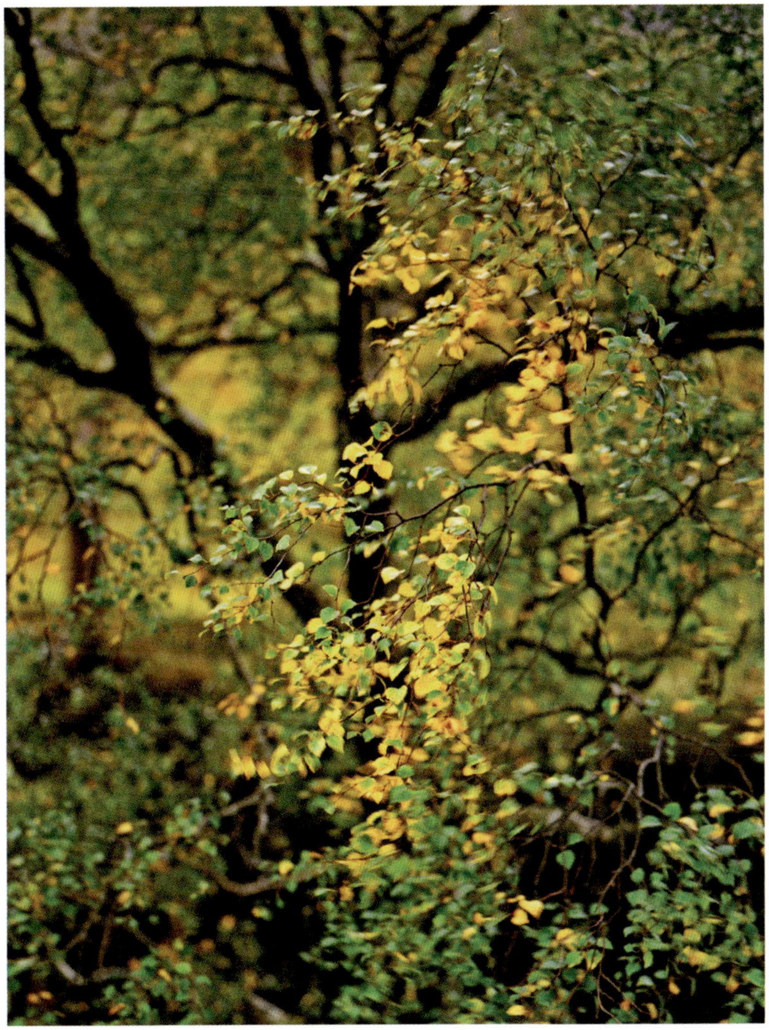

Oben: Wenn eine kürzere Verschlusszeit nötig ist – hier sollten die im Wind bewegten Blätter scharf abgebildet werden –, kann man den ISO-Wert erhöhen (mehr Rauschen) oder die Blende weiter öffnen (geringere Tiefenschärfe). Ich habe mich für die zweite Option entschieden.

darüber, wie die Bewegung im Foto dargestellt wird. Je kürzer die Verschlusszeit, desto stärker wird eine Bewegung „eingefroren“ (je näher ein bewegtes Motiven der Kamera ist, desto mehr muss die Verschlusszeit verkürzt werden, um die Bewegung einzufrieren). Umgekehrt gilt, dass eine Bewegung mit zunehmender Verschlusszeit immer stärker verwischt erscheint. Bei sehr langen Verschlusszeiten kann ein bewegtes Objekt sogar völlig aus dem Foto verschwinden.

HINWEIS:

In der Regel sind bei der Verschlusszeit 1/2 oder 1/3 große Zwischenstufen möglich. Bei 1/3-Stufen sind das zwischen 1/500 Sek. und 1/1000 Sek. die Stufen 1/640 Sek. und 1/800 Sek.

ISO-Werte

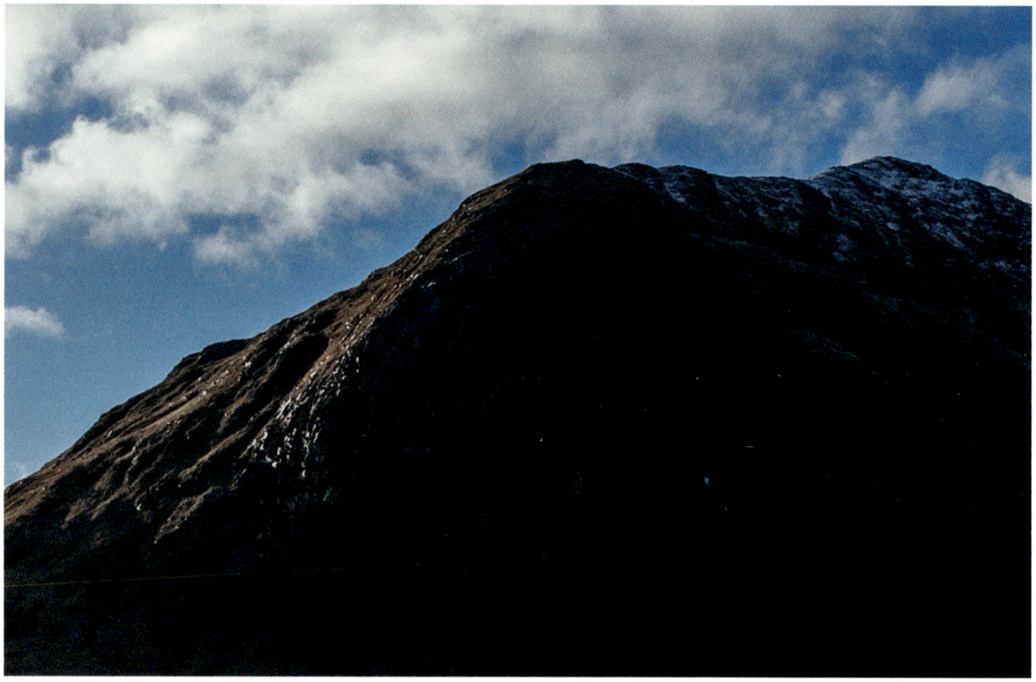

Links: Durch die Bildbearbeitung eines unterbelichteten Fotos nimmt das Rauschen in den dunklen Bereichen zu. Das liegt daran, dass der ISO-Wert nachträglich und nicht schon während der Aufnahme erhöht wird.

Während Blendenöffnung und Verschlusszeit die Lichtmenge regeln, die auf den Bildsensor fällt, ist der ISO-Wert ein Maß dafür, welche Lichtmenge der Sensor braucht, um ein Bild zu generieren. Jedes digitale Kameramodell hat einen minimalen ISO-Wert (Basiswert), bei dem der Bildsensor die geringste Lichtempfindlichkeit aufweist (einige Kameramodelle verfügen außerdem über einen „Lo"-Modus; siehe Kasten). Wird der ISO-Wert erhöht, nimmt die Empfindlichkeit des Sensors zu, d. h., man benötigt eine geringere Lichtmenge, um ein korrekt belichtetes Foto zu machen. Damit sind Aufnahmen mit kürzerer Verschlusszeit und/oder kleinerer Blendenöffnung möglich. Andererseits nimmt mit höheren ISO-Werten das Bildrauschen zu.

Jedes digitale Foto zeigt ein gewisses Maß an Bildrauschen. Es äußert sich in Form von Pixeln in anderer Farbe oder Helligkeit und verschlechtert die Detailauflösung des Bildes. Digitales Rauschen tritt entweder als Helligkeits- (Luminanz) oder Farbrauschen (Chrominanz) auf. Das weniger störende Helligkeitsrauschen gleicht dem körnigen Eindruck von analogen Filmen, ist aber weniger zufallsverteilt. Das Farbrauschen ist unangenehmer, denn es äußert sich in lästigen Farbflecken, die sich durch Bildbearbeitung nur schwer ausgleichen lassen. Zum Glück hat die Entwicklung der Sensortechnologie die Entstehung von Bildrauschen weitgehend eindämmen können – bis auf sehr hohe ISO-Werte. Tatsächlich sind große Bildsensoren weniger anfällig für Bildrauschen als kleinere Sensoren.

Trotz der technischen Verbesserungen garantiert der kleinste ISO-Wert immer noch die höchste Bildqualität und beste Darstellung der feinen Details. Die dafür erforderliche Verlängerung der Verschlusszeit macht den Gebrauch eines Stativs erforderlich – einer der Gründe, warum das Stativ unverzichtbar ist. Schließlich hat ein kleiner ISO-Wert noch den weiteren Vorteil, dass der Spielraum bei der Bildbearbeitung größer ist.

HINWEISE:

Bei manchen Kameras lässt sich der ISO-Wert tiefer als die angegebene Basis einstellen („L" oder „Lo"). Die Möglichkeit scheint attraktiv zu sein, lässt sie doch längere Belichtungszeiten oder größere Blendenöffnungen ohne Graufilter zu. Da in dieser Einstellung der Kontrastumfang abnimmt, werden in der Praxis die Highlights von kontrastreichen Motiven verschluckt, deutlicher als mit Basis-ISO-Wert und Graufilter. In gewissen Fällen mag dieses Feature sinnvoll sein, in der Regel lohnt sich „Lo" aber nicht, da es mehr Probleme macht als nützt.

Eine typische ISO-Reihe ist 100, 200, 400, 800, 1600 usw. Bei jedem Sprung nimmt die Lichtempfindlichkeit auf das Doppelte zu, d. h., es ist nur die Hälfte der Lichtmenge erforderlich, um ein Bild zu belichten (entsprechend nimmt die Empfindlichkeit von rechts nach links jeweils um die Hälfte ab). Bei den meisten Kameratypen sind 1/2- oder 1/3-Schritte vorgesehen, also ISO 125 und ISO 160 zwischen ISO 100 und ISO 200.

Mit einem hohen ISO-Wert aufgenommene Fotos sind weniger flexibel, da ihre Qualität bei stärkeren Eingriffen häufig inakzeptabel abnimmt.

Bei vielen Kameras wird der ISO-Wert automatisch an die Helligkeit angepasst. Diese Option lohnt sich nur bei Aufnahmen aus der Hand. Bei Stativaufnahmen oder mit vorgesetztem Filter ist sie weniger empfehlenswert. Bei Filtern, die Licht schlucken, hebt die Kameraautomatik den ISO-Wert an, sodass der Filtereffekt aufgehoben wird.

Rauschen bei Langzeitbelichtung

Ähnlich wie bei höheren ISO-Werten nimmt das Bildrauschen auch bei langen Verschlusszeiten zu. Je länger der Bildsensor belichtet wird, desto stärker erwärmt er sich, und die Gefahr von Bildrauschen nimmt zu. In vielen Kameras kann bei Verschlusszeiten über 1 Sekunde das Bildrauschen elektronisch abgeschwächt werden. Allerdings dauert die Rauschreduzierung etwa so lange wie die Verschlusszeit (1 Sek. Belichtung plus 1 Sek.; 2 Sek. Belichtung plus 2 Sek. Rauschreduzierung usw.). Um beim Fotografieren in schwachem Licht Batterie zu sparen und spätere Enttäuschung zu vermeiden, empfehle ich, die Rauschreduzierung abzuschalten. Es ist besser, seine Fotos ohne Unterbrechung zu schießen und das Bildrauschen erst während der Bildbearbeitung zu reduzieren.

HINWEIS:
Die meisten guten Bildbearbeitungsprogramme verfügen über die Möglichkeit der Rauschreduzierung. So verlockend es auch sein mag, sie auf Maximum zu regulieren, Sie schaden damit der Bildaussage: Bei zu starker Rauschreduzierung wirken die Fotos unnatürlich glatt, da die feinen Bilddetails geglättet werden.

Oben: Bildrauschen macht sich am ehesten in homogenen Farbflächen bemerkbar, wie Himmel oder Schatten. Das gilt auch für Langzeitbelichtungen in der Nacht, wenn der Himmel der dunkelste Teil des Bildes ist.

Lichtwerte

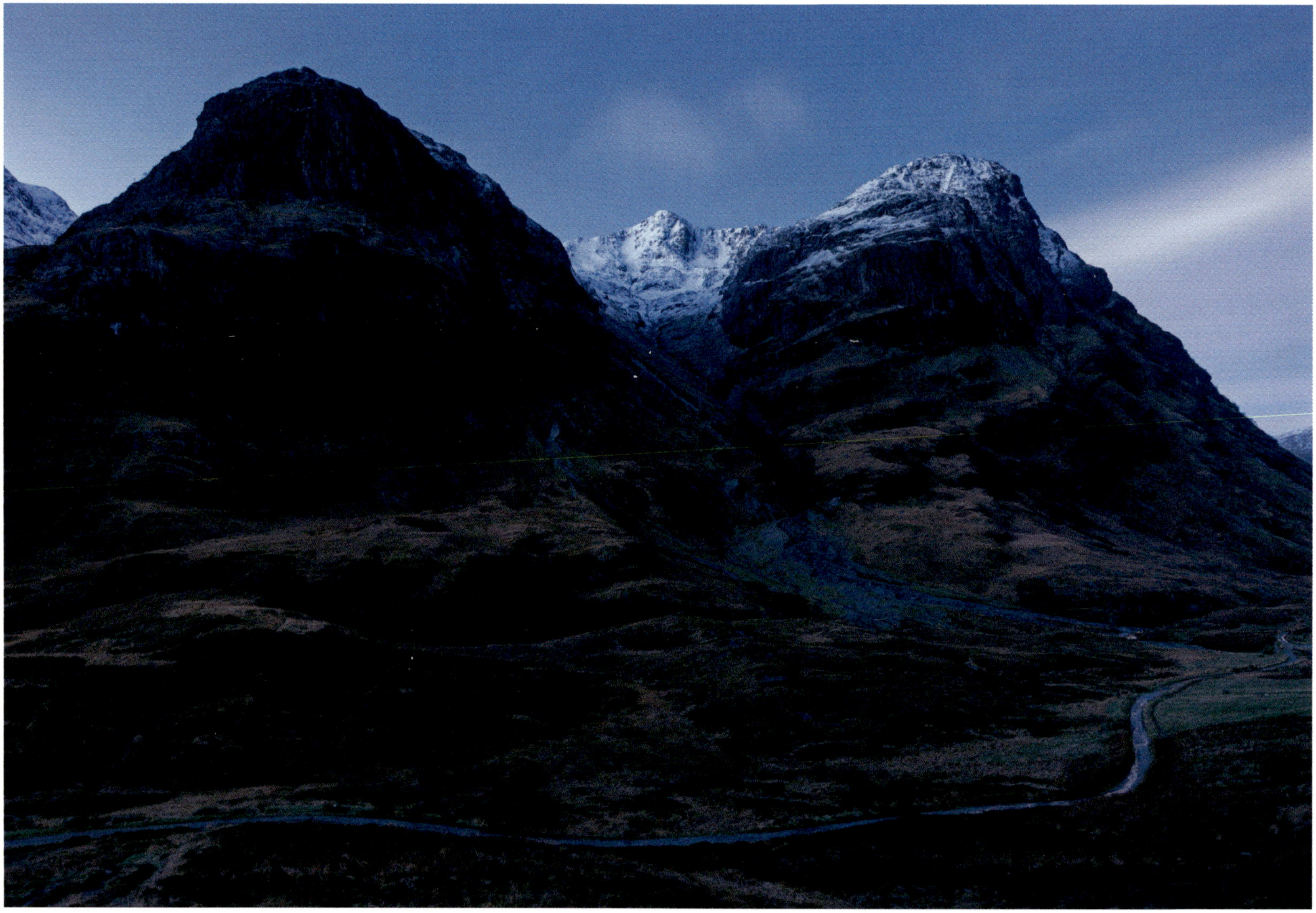

Obwohl Belichtungsmesser die Fotografie automatisieren und erleichtern, sind akzeptable Aufnahmen auch ohne Belichtungsmesser möglich. Hintergrund ist die Idee, dass die Helligkeit unter bestimmten Bedingungen stets gleich ist. Ein typisches Beispiel ist die „Sonne 16"-Regel. Sie besagt, dass ein Foto an einem sonnigen Tag mit Blende f/16, Verschlusszeit auf 1/100 Sek. und ISO 100 korrekt belichtet wird. Daraus lässt sich wiederum ableiten, wie sich die Verschlusszeit ändert, wenn die Blende oder der ISO-Wert verändert werden.

Der Grundgedanke, dass unter bestimmten Bedingungen stets dieselbe Helligkeit herrscht, lässt sich auch auf andere Situationen übertragen. Zur Erleichterung wurde der sogenannte Licht-

Oben: Ich hatte den Lichtwert dieser Landschaft im Mondlicht auf etwa LW -2 eingeschätzt. Damit war bei ISO 100 eine Belichtung mit f/8 und 4 Minuten erforderlich. Mit ISO 200 konnte ich die Belichtungszeit auf 2 Minuten reduzieren.

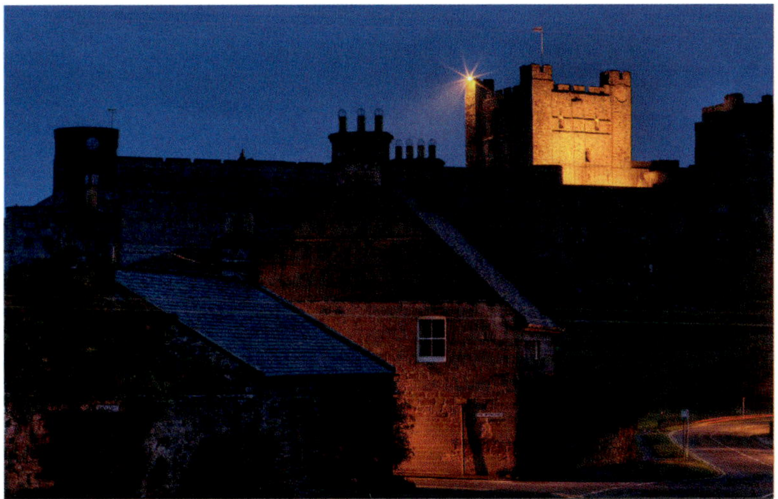

EV 4 (f/11 @ 8 Sek.)

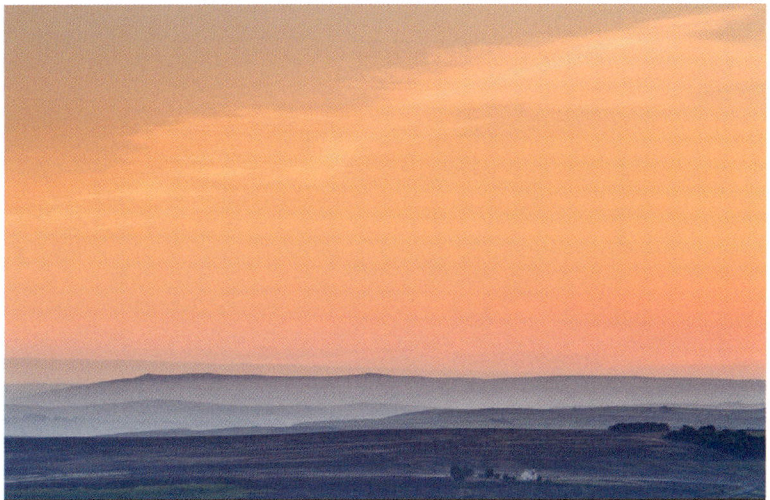

EV 9 (f/11 @ 1/4 Sek.)

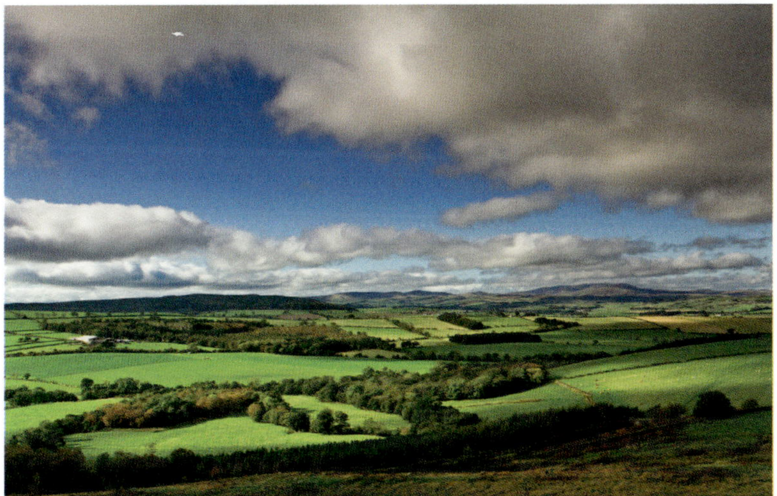

EV 14 (f/8 @ 1/250 Sek.)

Oben + Links: Man braucht etwas Übung, um den Lichtwert einer Szene mit den Werten der Tabelle abzugleichen. Am einfachsten geht dies, wenn Sie die Metadaten einer Aufnahme nachträglich mit den Tabellenwerten vergleichen. Diese Aufnahmen dienen als Beispiel.

wert (LW) eingeführt und für unterschiedliche Situationen bestimmt. Der Lichtwert ist ein Maß für die Kombination von Verschlusszeit und Blende, um ein Foto unter entsprechenden Bedingungen korrekt zu belichten. Die nachfolgende Tabelle stellt die Lichtwerte von –5 bis +17 vor. Damit ist ein breites Spektrum von Situationen abgedeckt, von den Nordlichtern in fast völliger Dunkelheit bis zu sehr intensivem Kunstlicht. Suchen Sie in der Spalte nach der passenden Situation, setzen Sie den ISO-Wert auf 100 und stellen Sie Blende und passende Verschlusszeit wie angegeben manuell an der Kamera ein.

HINWEIS:

Um die Belichtung anhand der Lichtwerttabelle festzulegen, müssen Sie die Verlängerungsfaktoren von Filtern einbeziehen: bei einem Polarisationsfilter zwei Stufen. Suchen Sie zunächst den Lichtwert für die vorhandene Situation und ziehen Sie zwei davon ab. Beispiel: Der Lichtwert eines hellen Tages mit bedecktem Himmel beträgt LW 13, mit einem Polarisationsfilter sucht man die entsprechenden Werte bei LW 11.

Lichtwerte bei ISO 100:

EV	f/2.8	f/4	f/5.6	f/8	f/11	f/16	
–5	4 Min.	8 Min.	16 Min.	32 Min.	64 Min.	128 Min.	Nord-/Südlichter (mittelhell); Mondlicht (Viertelmond)
–4	2 Min.	4 Min.	8 Min.	16 Min.	32 Min.	64 Min.	Nord-/Südlichter (hell); Mondlicht (Dreiviertelmond)
–3	1 Min.	2 Min.	4 Min.	8 Min.	16 Min.	32 Min.	Landschaft im Mondlicht – nachts (Vollmond)
–2	30 Sek.	1 Min.	2 Min.	4 Min.	8 Min.	16 Min.	Landschaft im Mondlicht (Vollmond)
–1	15 Sek.	30 Sek.	1 Min.	2 Min.	4 Min.	8 Min.	Innenraum bei schwachem Kunstlicht
0	8 Sek.	15 Sek.	30 Sek.	1 Min.	2 Min.	4 Min.	Innenraum bei Kunstlicht
1	4 Sek.	8 Sek.	15 Sek.	30 Sek.	1 Min.	2 Min.	nächtliche Stadtlandschaft
2	2 Sek.	4 Sek.	8 Sek.	15 Sek.	30 Sek.	1 Min.	Mondfinsternis; Blitze
3	1 Sek.	2 Sek.	4 Sek.	8 Sek.	15 Sek.	30 Sek.	Feuerwerk; Straßenbeleuchtung
4	1/2 Sek.	1 Sek.	2 Sek.	4 Sek.	8 Sek.	15 Sek.	Kerzenlicht; Gebäude im Flutlicht
5	1/4 Sek.	1/2 Sek.	1 Sek.	2 Sek.	4 Sek.	8 Sek.	nächtlicher Verkehr
6	1/8 Sek.	1/4 Sek.	1/2 Sek.	1 Sek.	2 Sek.	4 Sek.	–
7	1/15 Sek.	1/8 Sek.	1/4 Sek.	1/2 Sek.	1 Sek.	2 Sek.	dichter Wald
8	1/30 Sek.	1/15 Sek.	1/8 Sek.	1/4 Sek.	1/2 Sek.	1 Sek.	städtische Szene im hellen Neonlicht; Lagerfeuer
9	1/60 Sek.	1/30 Sek.	1/15 Sek.	1/8 Sek.	1/4 Sek.	1/2 Sek.	zehn Minuten vor Sonnenaufgang oder nach Sonnenuntergang
10	1/125 Sek.	1/60 Sek.	1/30 Sek.	1/15 Sek.	1/8 Sek.	1/4 Sek.	unmittelbar vor Sonnenaufgang oder nach Sonnenuntergang
11	1/250 Sek.	1/125 Sek.	1/60 Sek.	1/30 Sek.	1/15 Sek.	1/8 Sek.	Sonnenuntergang; tiefer Schatten (kein Schlagschatten)
12	1/500 Sek.	1/250 Sek.	1/125 Sek.	1/60 Sek.	1/30 Sek.	1/15 Sek.	Tageslicht, starke Bewölkung; lichter Schatten (kein Schlagschatten)
13	1/1000 Sek.	1/500 Sek.	1/250 Sek.	1/125 Sek.	1/60 Sek.	1/30 Sek.	helles Tageslicht, Bewölkung (eben sichtbarer Schlagschatten)
14	1/2000 Sek.	1/1000 Sek.	1/500 Sek.	1/250 Sek.	1/125 Sek.	1/60 Sek.	schwaches Sonnenlicht; Vollmond (sehr weicher Schatten)
15	1/4000 Sek.	1/2000 Sek.	1/1000 Sek.	1/500 Sek.	1/250 Sek.	1/125 Sek.	helles oder nebliges Sonnenlicht (deutliche Schlagschatten)
16	1/8000 Sek.	1/4000 Sek.	1/2000 Sek.	1/1000 Sek.	1/500 Sek.	1/250 Sek.	hell beleuchteter Sand oder Schnee (dunkle, harte Schlagschatten)
17	1/16000 Sek.	1/8000 Sek.	1/4000 Sek.	1/2000 Sek.	1/1000 Sek.	1/500 Sek.	sehr helles Kunstlicht (sehr dunkle, harte Schlagschatten)

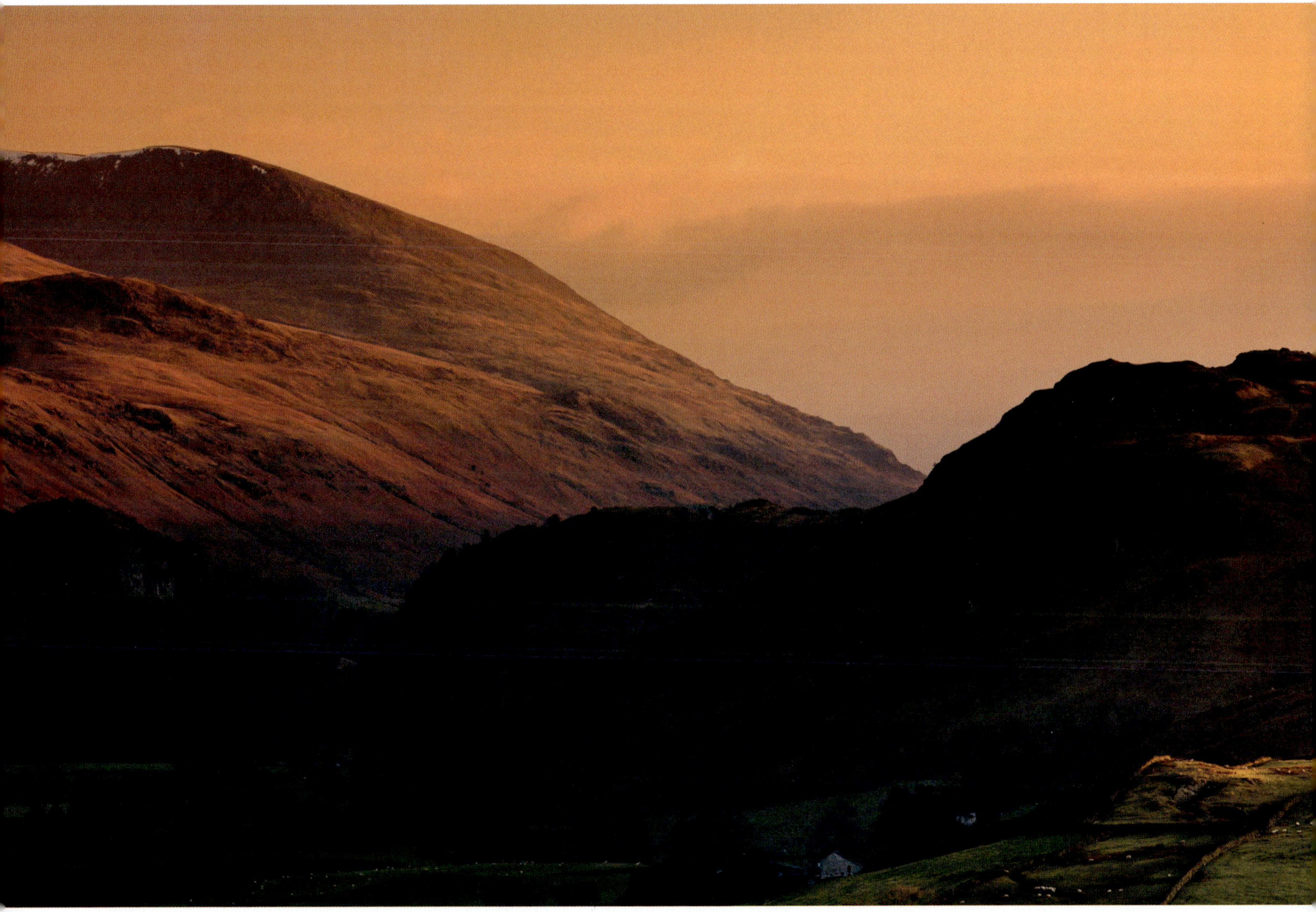

Oben: Das Foto entstand im Winter, unmittelbar vor Sonnenuntergang. Der „korrekte“ LW wäre 10 gewesen; da ein Polarisationsfilter eingesetzt wurde, habe ich LW 8 gewählt. Das Foto wurde mit ½ Sek., Blende f/11 und ISO 100 belichtet.

Kontrastumfang

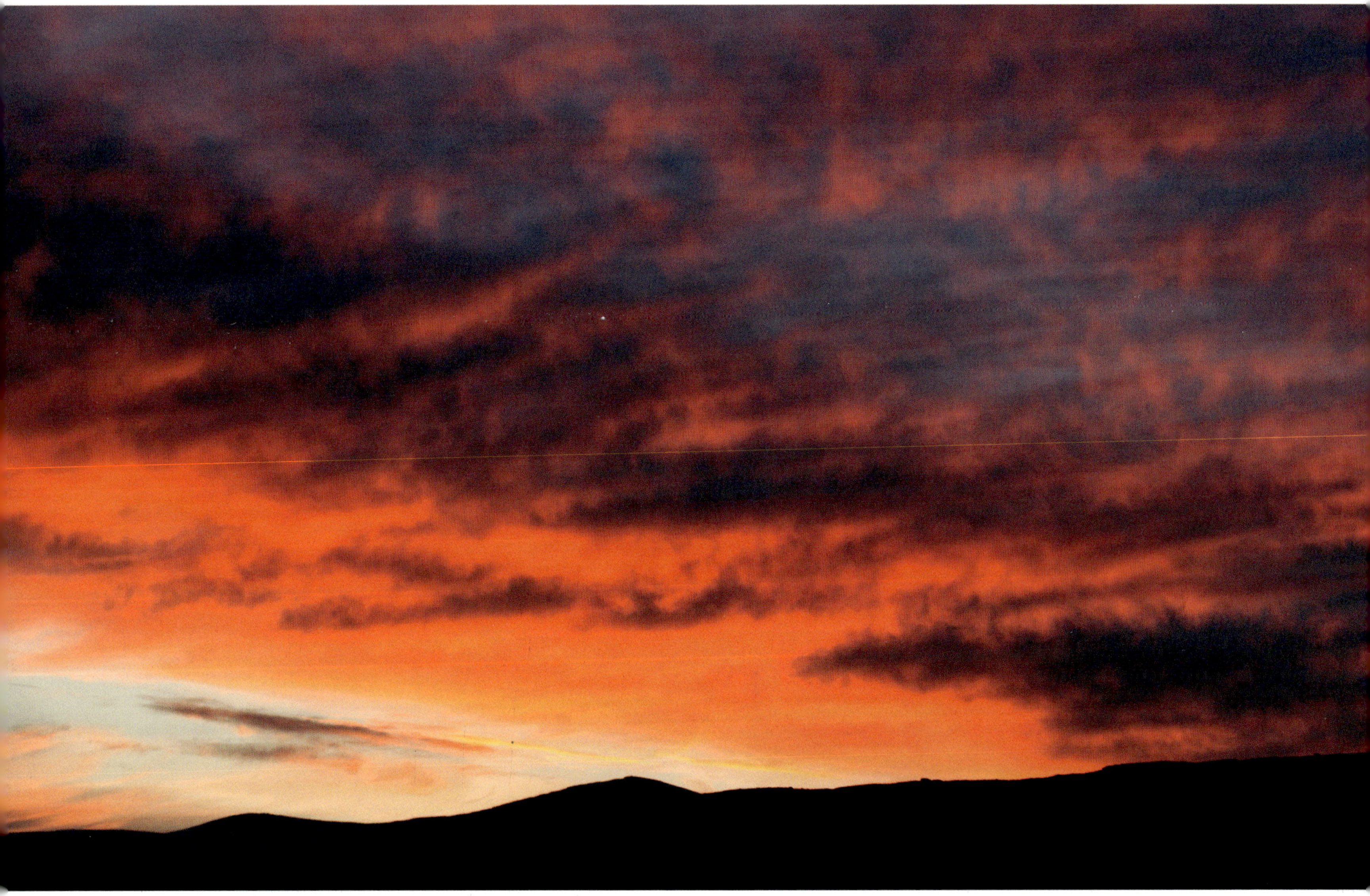

Keine Kamera registriert denselben Kontrastumfang wie unsere Augen. Bei Motiven mit starken Kontrasten bedeutet das, entweder auf die Highlights zu belichten – mit Verlust der Details im Schatten – oder mit entsprechendem Ergebnis auf den Schatten. Das Spektrum der Helligkeitsstufen, das der Bildsensor registrieren kann, wird als Kontrast- oder Dynamikumfang bezeichnet. Obwohl sich mit der verbesserten Sensortechnologie auch der Kontrastumfang verbessert hat, reicht bis heute kein Sensor an die Fähigkeit des menschlichen Auges heran.

Der Kontrastumfang ist vom Bildsensor abhängig: je kleiner der Sensor, desto geringer der

Oben: Bei Aufnahmen direkt ins Licht entstehen starke Kontrastunterschiede. Bei einfachen Motiven (wie hier) belichtet man auf die Highlights. Dann erscheinen die dunklen Zonen als Silhouette.

Kontrastumfang. Aus diesem Grund bevorzugen Landschaftsfotografen Vollformatkameras, obwohl sie teurer sind als Kompaktkameras mit kleinerem Bildsensor.

Ein erfahrener Fotograf hat gelernt, ein Motiv „wie die Kamera zu sehen" und wie sie zu erkennen, wann ein Kontrastunterschied zum Problem werden kann. Eine Lösung wäre, den Kontrast durch Filter oder Reflektoren zu vermindern, eine andere, es später, zu einem günstigeren Zeitpunkt unter optimalen Bedingungen erneut zu probieren.

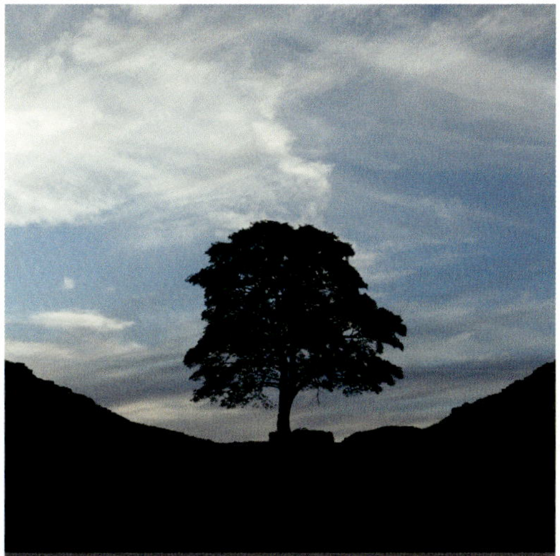

Um den Kontrastumfang einer Kamera zu testen, fotografiert man eine Silhouette (Kameraeinstellung RAW) und belichtet so, dass sich die Details in den Highlights abzeichnen.

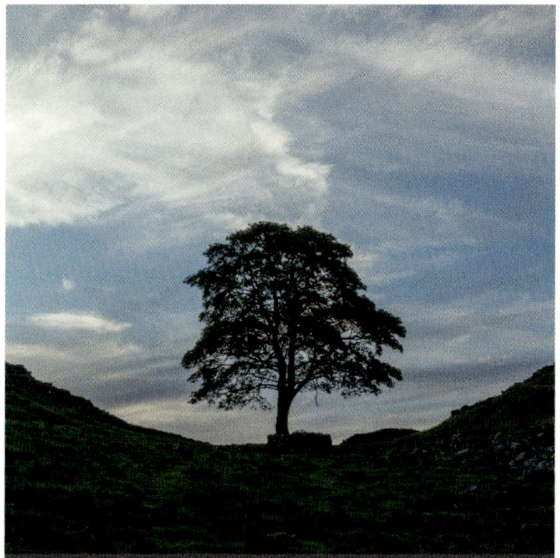

In der Bildbearbeitung werden die dunklen Stellen des Bildes aufgehellt, ohne die Highlights zu verändern.

HINWEIS:
Viele Kameras verfügen über eine Überbelichtungswarnung – dann blinken die Highlights, wenn das Foto im Display kontrolliert wird. Die Methode ist effektiv, wenn auch nicht so genau wie ein Histogramm.

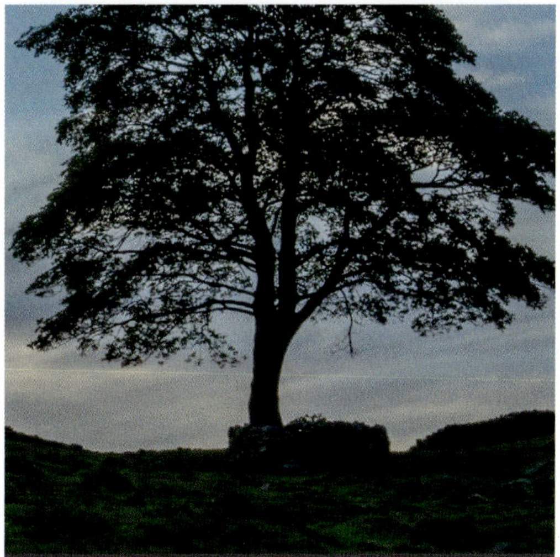

Je größer der Kontrastumfang einer Kamera, desto stärker kann der Schatten aufgehellt werden, ohne dass lästiges Bildrauschen entsteht. Bei einigen Vollformatkameras lässt sich der Schatten so stark aufhellen, dass viele Details sichtbar werden.

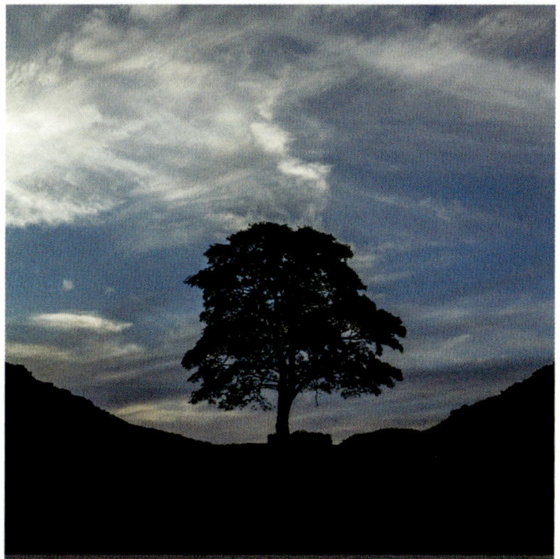

Schatten muss man nicht um jeden Preis aufhellen, selbst wenn es möglich ist, da durch die Bildbearbeitung Kontrast verloren geht und die Bildaussage leidet. In solchen Fällen erhöhe ich den Kontrast und erhalte einen kräftig durchgezeichneten Himmel auf Kosten von Details im Schatten.

Histogramme

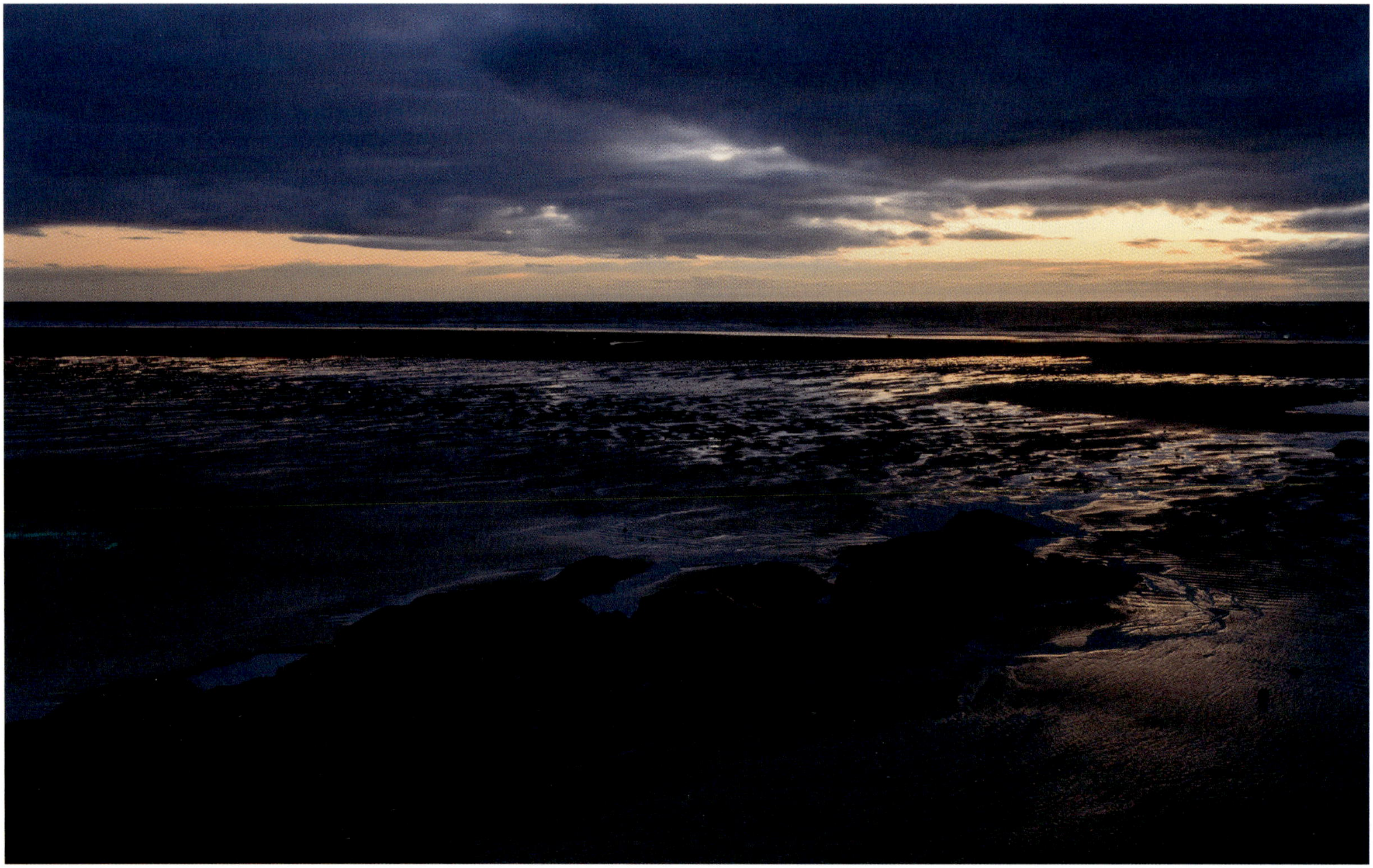

Zusätzlich zum eingebauten Belichtungsmesser bietet die Kamera eine weitere Möglichkeit, die Qualität einer Aufnahme darzustellen: als Histogramm. Ein Histogramm ist die grafische Darstellung der Helligkeiten als Rechtecke, von Schwarz (links; die Schatten im Foto) bis Weiß (rechts; die Highlights). Die Mitteltöne nehmen den Raum dazwischen ein. Bei einem korrekt belichteten Motiv mittlerer Helligkeit liegt der Gipfel des Histogramms in der Mitte. Die Höhe der Rechtecke entspricht der Anzahl der Pixel in der jeweiligen Helligkeit.

Histogramme haben keine Normgröße; sie geben lediglich an, wie die Helligkeiten im Bild verteilt sind. Im Idealfall fallen die rechte und linke Flanke des Histogramms bis auf die Grundlinie ab. Bei einem „abgeschnittenen" Histogramm haben die Rechtecke (Helligkeitswerte) links und/oder rechts noch eine gewisse Höhe: Dann enthält das Foto pechschwarze (links) oder reinweiße Pixel (rechts) ohne auflösbare Details.

Fotos mit „abgeschnittenen" Flanken im Histogramm werden nach Belichtungskorrektur noch

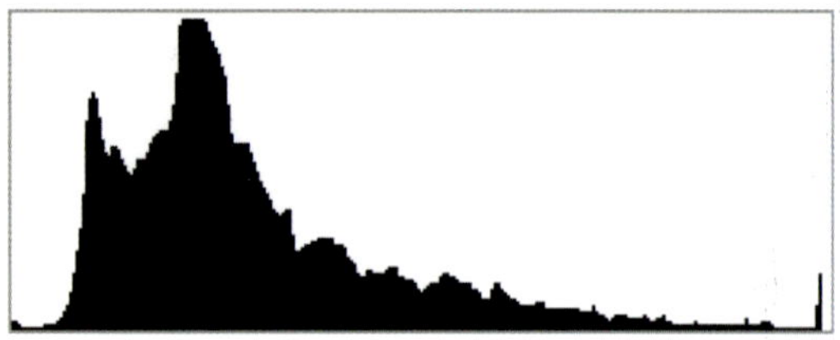

Oben: Das Histogramm dieses Bildes ist im linken Bereich stark überhöht. Dennoch ist das Foto korrekt belichtet; das Histogramm zeigt nur an, dass die Helligkeitswerte stark ins Dunkle verschoben sind.

einmal korrekt belichtet. Manchmal sind die Kontraste jedoch so ausgeprägt, dass sich ein abgeschnittenes Histogramm weder mit Filtern noch mit zusätzlichen Lichtquellen/Reflektoren korrigieren lässt. Dann muss der Fotograf entscheiden, ob er die hellen oder die dunklen Bereiche „opfert“. In der Regel sehen Bilder natürlicher aus, wenn die Details der Highlights erkennbar bleiben. Da wir erwarten, dass Schatten dunkel sind, akzeptieren wir dort auch den Verlust von Details (links: „abgeschnittenes“ Histogramm).

HINWEISE:

In der Regel kann man die Histogramme erst nach der Aufnahme aufrufen, doch einige Kameramodelle bieten Histogramme im Live-View-Modus an. Damit lässt sich der Einfluss von Filtern bequem abschätzen.

Helle Lichtquellen, wie die Sonne oder Straßenlaternen, „schneiden“ das Histogramm rechts ab.

Unten: Auch dieses Bild ist korrekt belichtet. Obwohl das Histogramm stark nach rechts verschoben scheint, gibt es nur wieder, dass die hellen Bereiche in diesem Motiv überwiegen.

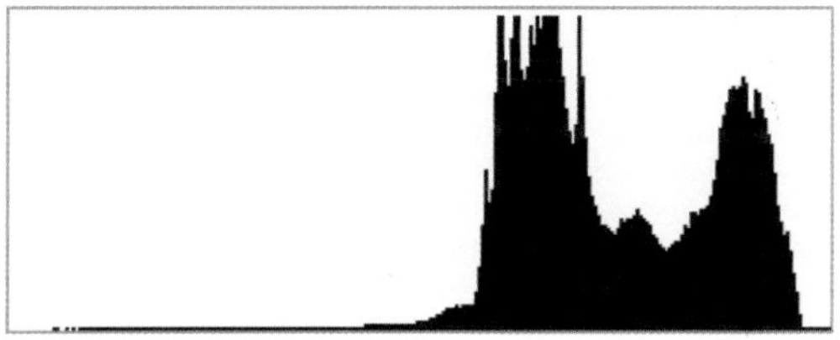

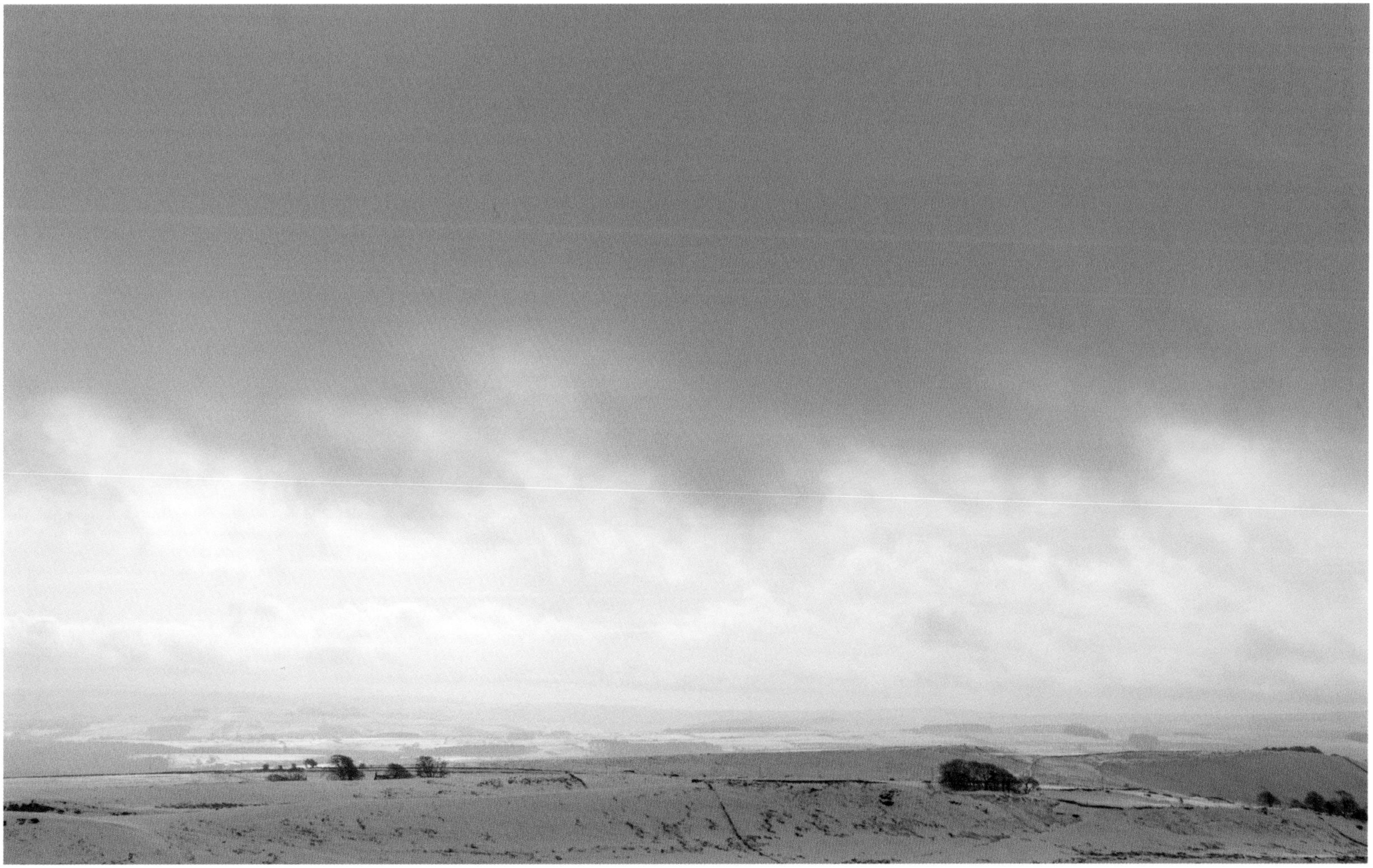

ETTR

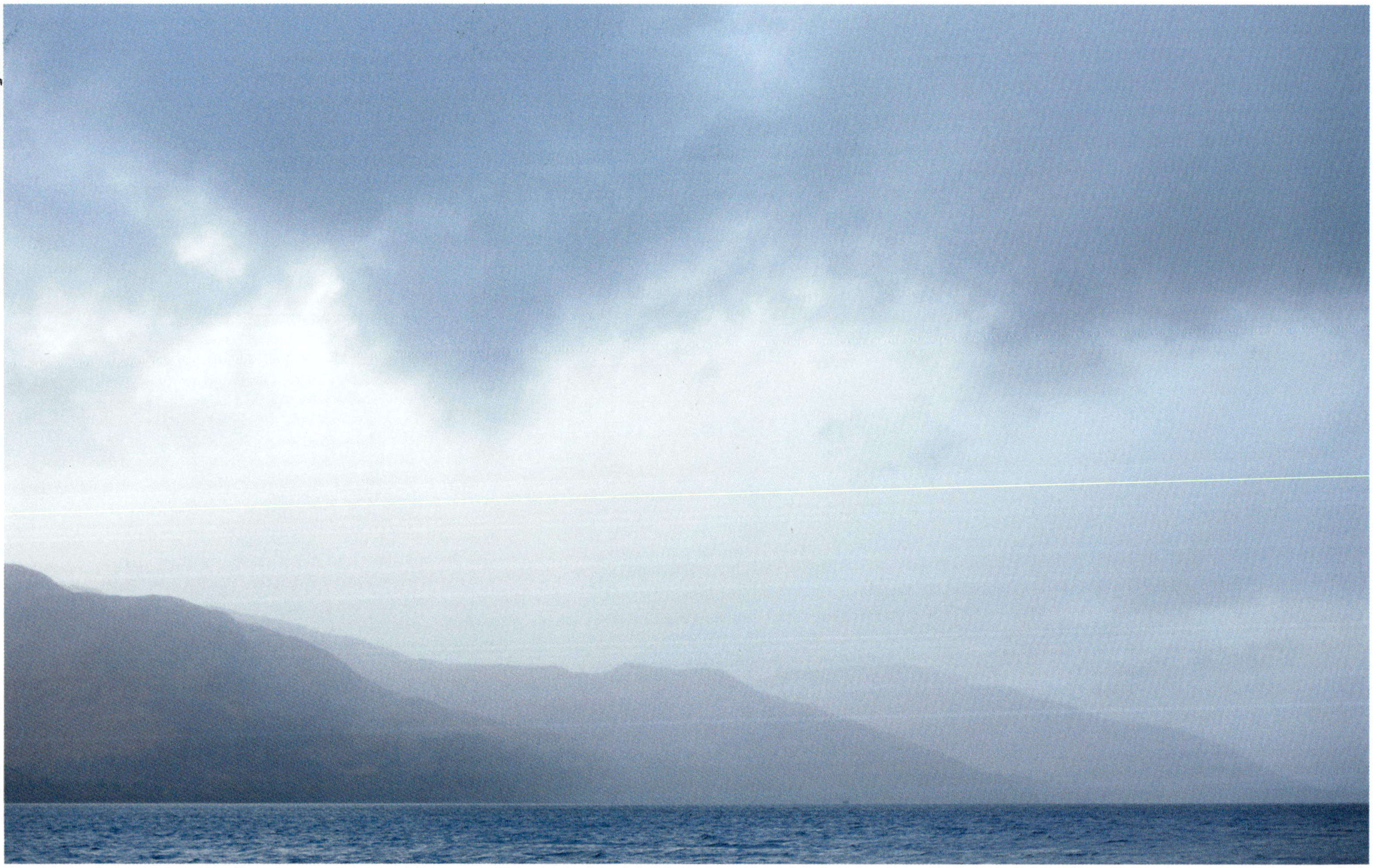

Die digitalen Bildsensoren registrieren in den hellen Bereichen gewöhnlich mehr Bildinformationen als im Schatten. Daher geht das Aufhellen der Schatten mit einer Zunahme des Rauschens einher, außer in Kameras mit besonders hohem Kontrastumfang.

Eine mögliche Lösung des Problems ist die sogenannte ETTR-Technik (*exposing to the right*). Dabei wird das Bild im RAW-Modus so belichtet, dass das Histogramm so weit wie möglich nach rechts verschoben wird, ohne jedoch abgeschnitten zu werden.

Die Aufnahme wird also nicht notwendigerweise „korrekt" belichtet, sondern enthält im Schatten noch so viele Details wie möglich.

Entscheidend für das Gelingen ist der Kontrast des Motivs. Sind die Kontraste zu stark, besteht die Gefahr, dass das Histogramm rechts in den Highlights abgeschnitten wird.

Im Display der Kamera wirken ETTR-Aufnahmen blass und verwaschen, doch das ist genau der Sinn dieser Technik: Kontrast und Details werden erst während der Bildbearbeitung der RAW-Files sichtbar.

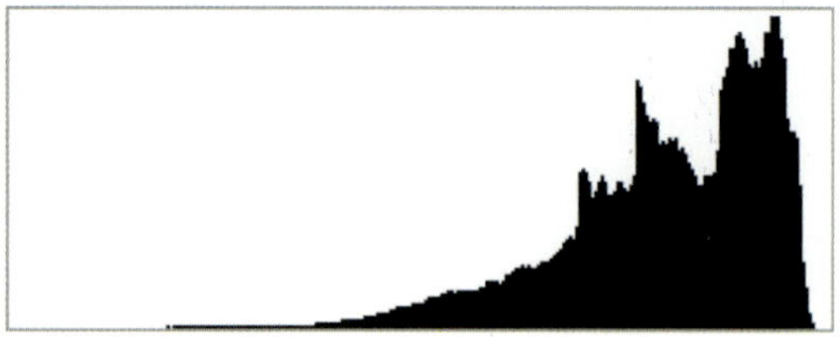

Oben: Dieses Foto wurde mit der ETTR-Technik aufgenommen. Auf dem Display der Kamera sah es nicht besonders eindrucksvoll aus, doch darum geht es nicht. Das Histogramm ist nach rechts verschoben und fällt bis zur Grundlinie ab.

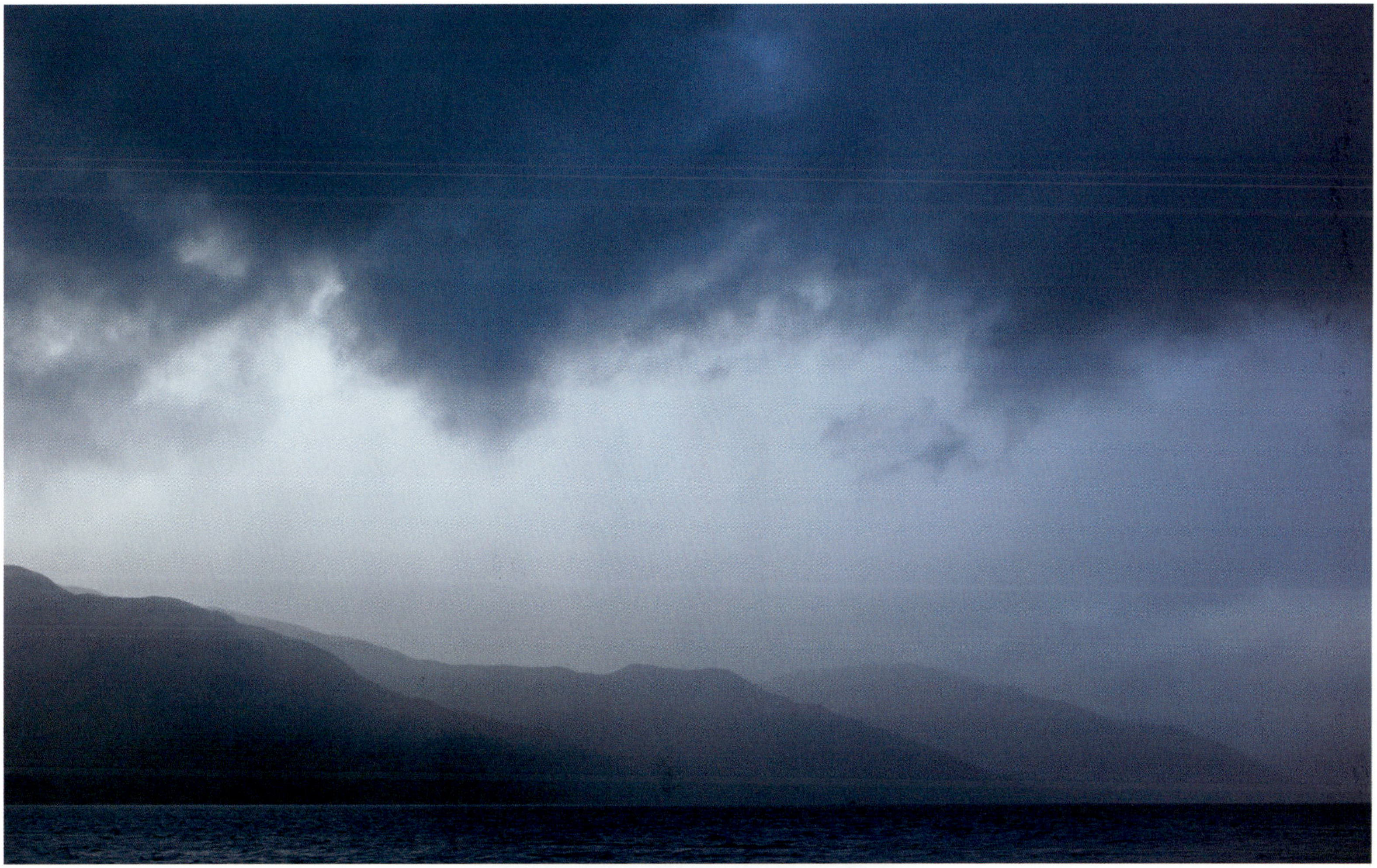

Zurzeit gibt es keine Kameras, die man auf eine ETTR-Automatik umschalten könnte. Also muss man entweder manuell belichten oder die Belichtungskorrektur positiver einstellen. In der Praxis ist es günstiger, im Live-View-Modus zu arbeiten und sich nach dem Histogramm auf dem Display zu richten.

HINWEISE:
ETTR ist nur möglich, wenn die Aufnahme als RAW-File gespeichert wird; JPEGs sind dafür nicht geeignet.

Setzen Sie bei Aufnahmen mit der ETTR-Technik keine Bildstil-Vorwahl (vgl. S. 86) mit hohem Kontrast ein. Wählen Sie, falls möglich, stattdessen eine Vorwahl mit geringem Kontrast und geringer Sättigung.

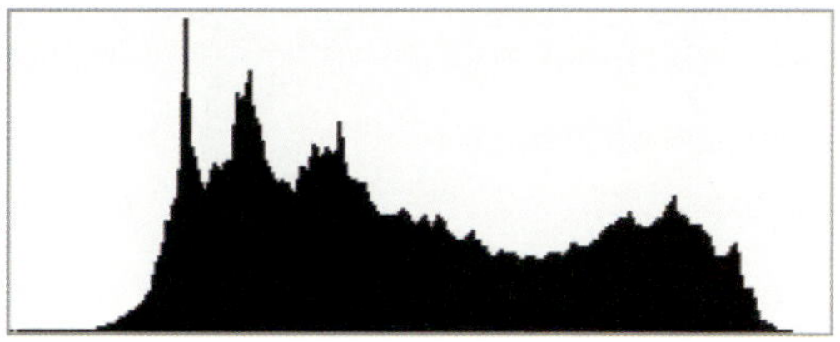

Oben: Eine spezielle Software korrigiert das RAW-File auf die gewünschte Helligkeit und den Kontrast. Beachten Sie, wie sich das Histogramm im Vergleich zum Originalfoto verändert hat.

Bildgestaltung mit Kontrasten

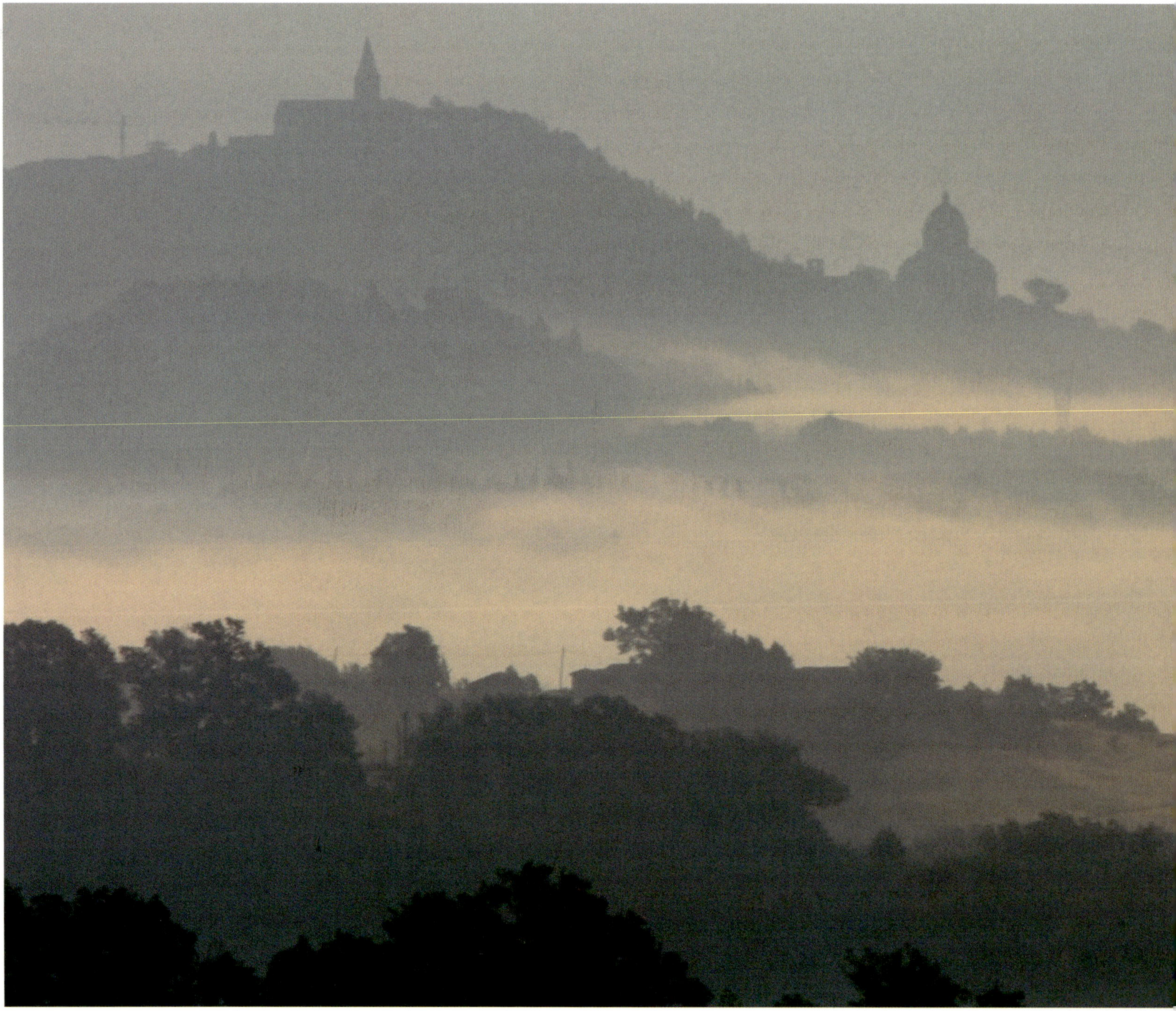

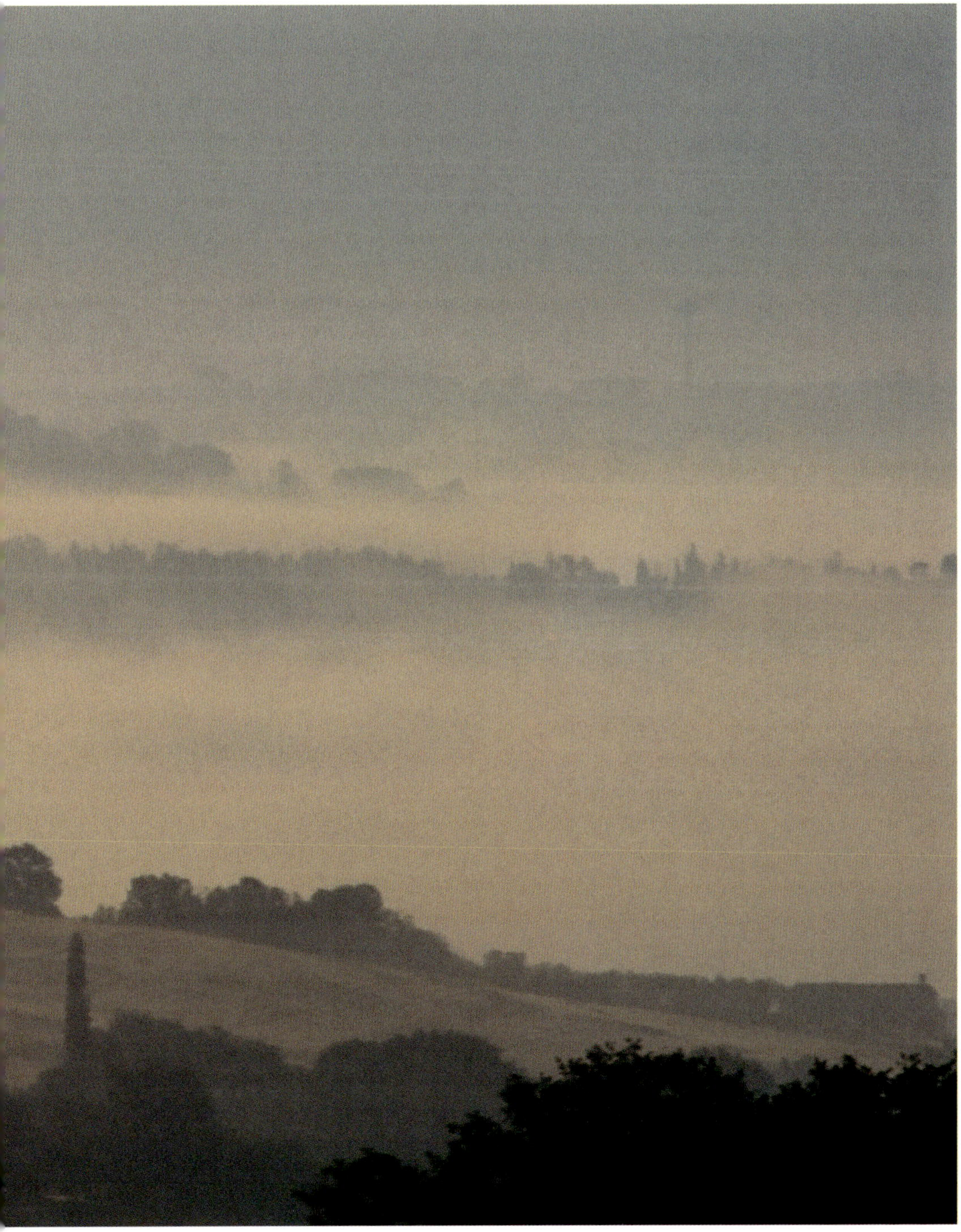

Der Bildkontrast hängt davon ab, wie hart oder weich das Licht ist (siehe Kapitel 4). Bei geringem Kontrast sind die Helligkeitsunterschiede zwischen den hellsten und dunkelsten Bereichen eines Motivs gering. So sind beispielsweise an nebligen Tagen die Kontraste, also die Unterschiede zwischen Schatten und Highlights, sehr gering. Natürlich ist Nebel sehr stimmungsvoll, aber die Szenen wirken nur selten dramatisch.

In einem Motiv mit starkem Kontrast sind die Helligkeitsunterschiede zwischen Schatten und Highlights besonders ausgeprägt (im Extremfall ein reines Schwarz-Weiß-Motiv, das allerdings in der Landschaftsfotografie so gut wie nie auftritt). Motive mit starkem Kontrast wirken dramatisch und ermöglichen eindrucksvolle, grafisch wirksame Bilder.

In der Bildbearbeitung ist es grundsätzlich einfacher, schwache Kontraste zu erhöhen, als starke Kontraste abzuschwächen. In der Praxis bedeutet das, starke Kontraste möglichst schon während der Aufnahme zu reduzieren. Bei Details ist das recht einfach: Schattige Bereiche werden mit einem Reflektor aufgehellt und helle Bereiche abgeschattet (wenn der Reflektor groß genug ist). Auch der Körperschatten kann einen hellen Bereich abschatten, was allerdings nur funktioniert, wenn die Kamera auf einem Stativ steht.

Bei größeren Ausschnitten wären Reflektoren keine gute Idee; hier helfen nur Wolken, die das Sonnenlicht abschatten. Einige natürliche Kontraste, wie der Unterschied zwischen Himmel und Erde, können auch mithilfe von Filtern beeinflusst werden (siehe Kapitel 7).

Links: An nebligen Tagen sind die Kontraste gering. Die Histogramme solcher Aufnahmen haben meist einen Gipfel in der Mitte, wie eine typische Glockenkurve. Wird der Kontrast in der Bildbearbeitung erhöht, nimmt der Unterschied zwischen den hellsten und dunkelsten Bereichen zu. In diesem Foto wurde der Kontrast in der Nachbearbeitung so lange erhöht, bis das Bild nicht mehr so „fahl“ wirkte.

Kapitel 3

Licht

Licht ist generell erforderlich, um ein Foto aufzunehmen. Allerdings ist Licht nicht gleich Licht. Die jeweils herrschende Lichtqualität bestimmt die ästhetische Qualität eines Bildes. Wie eine Redewendung besagt: „Es gibt kein schlechtes Licht, sondern nur schlechte Fotografie." Das bedeutet, dass nicht jedes Licht für jedes Motiv geeignet ist. Ein Landschaftsfotograf muss vor Ort erkennen, ob das herrschende Licht ideal für das gewählte Motiv ist. Ist dies nicht der Fall, stellt sich die Frage, ob er auf die eine oder andere Art das Licht für seine Aufnahmen modifizieren kann. Meist ist es aber besser, das Motiv an einem anderen Tag bei besseren Lichtverhältnissen zu fotografieren und sich für diesmal ein anderes Motiv zu suchen.

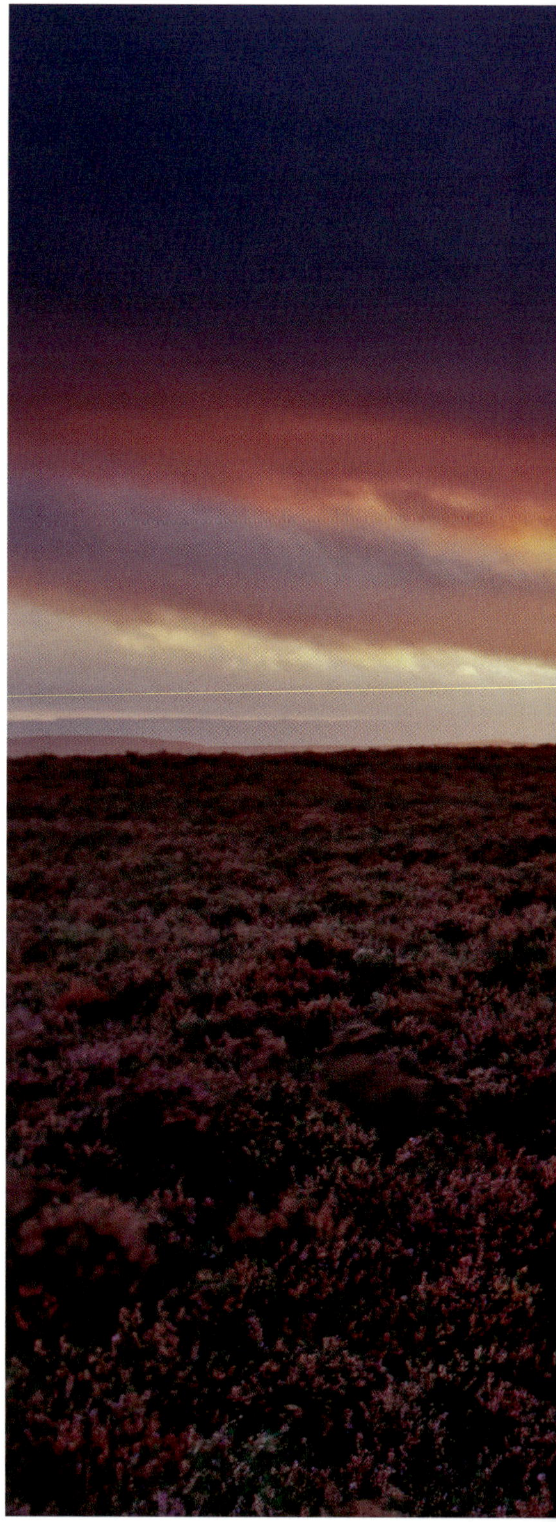

Rechts: Die Farbe des Sonnenlichts wird von vielen Faktoren beeinflusst. Die Wolkenbedeckung bei Sonnenaufgang oder -untergang muss für eine spektakuläre Wirkung genau die richtige Dichte haben.

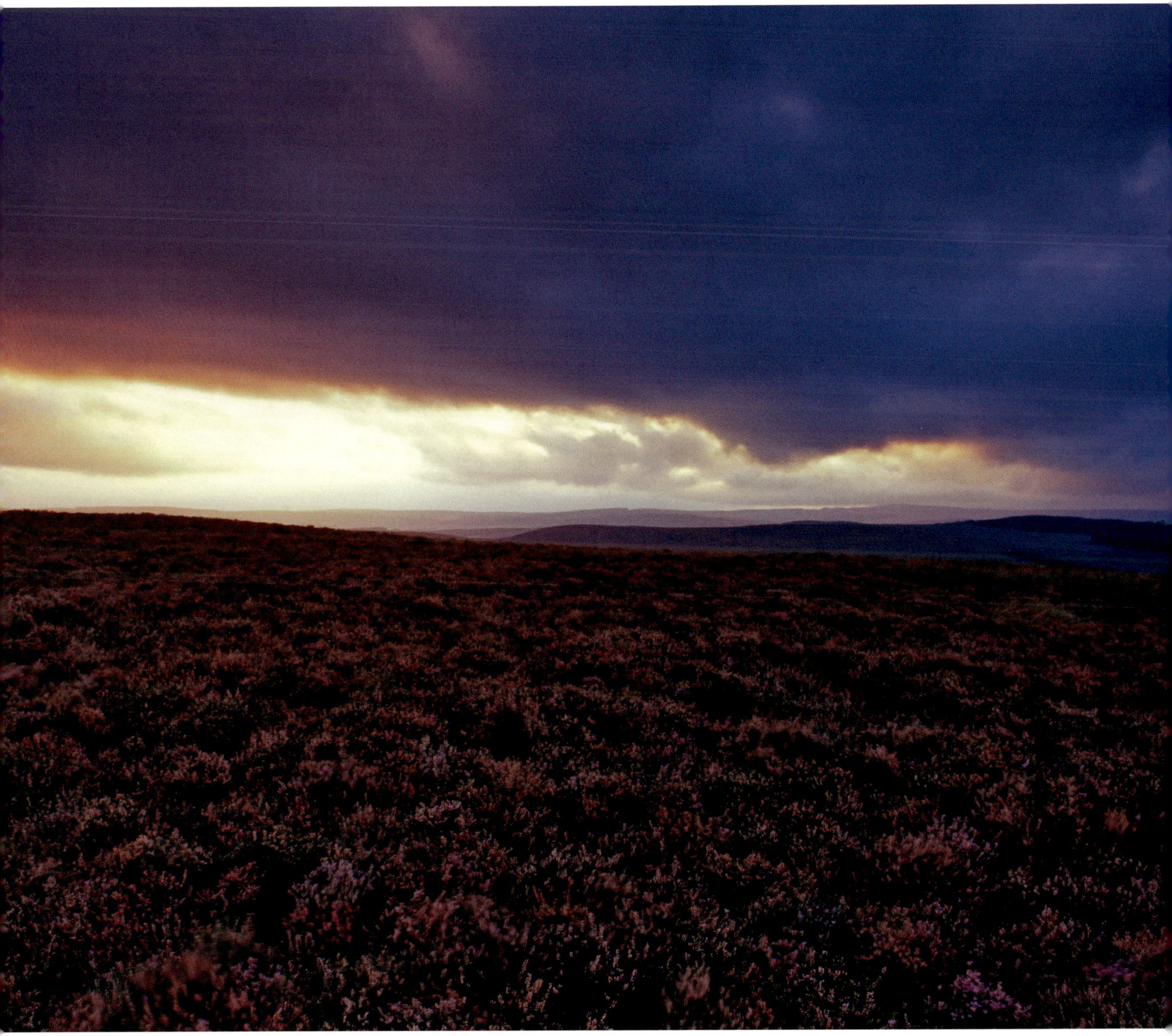

Was ist Licht?

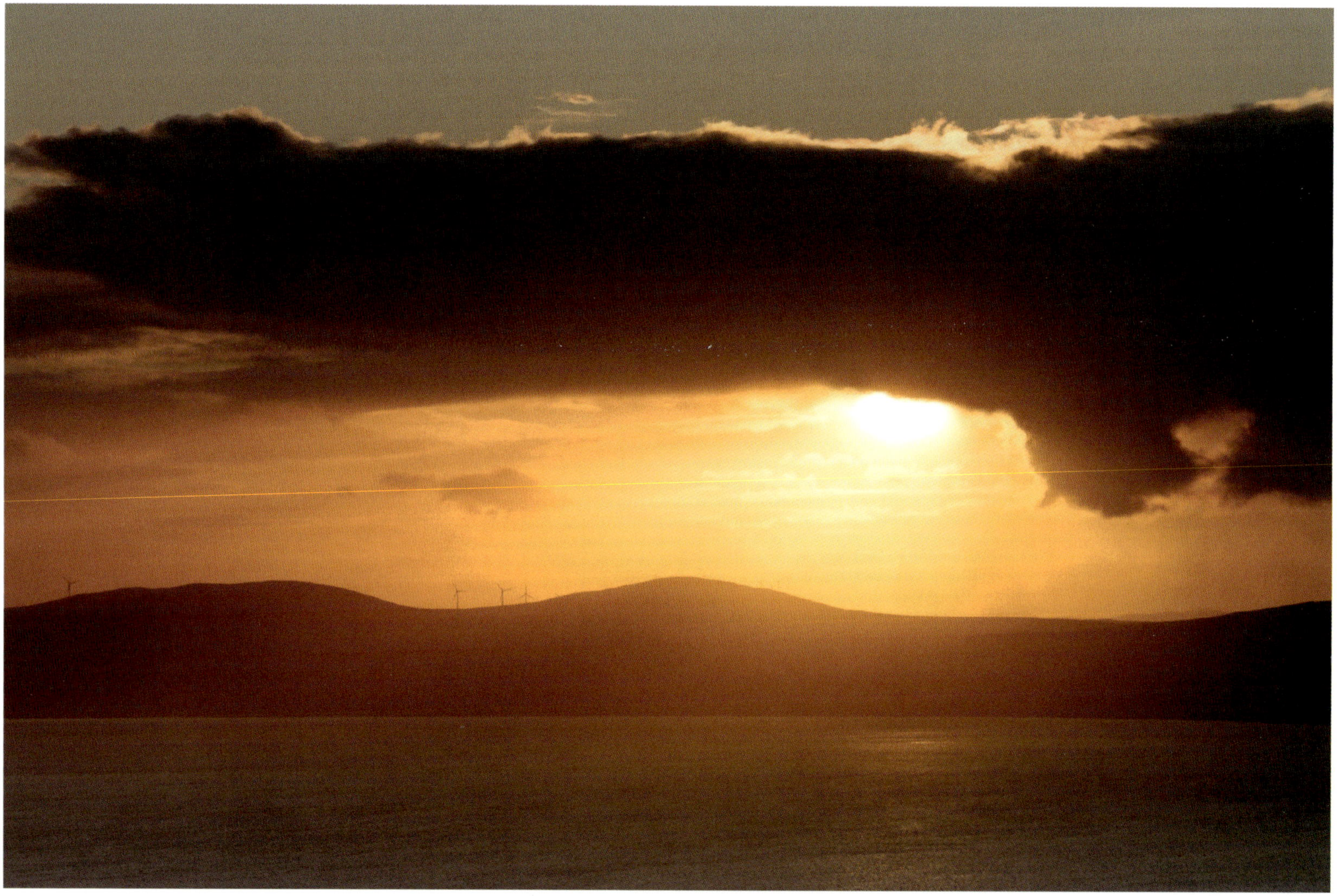

Licht ist der Anteil aus dem Spektrum elektromagnetischer Strahlung, dessen Wellenlängen vom menschlichen Auge wahrgenommen werden. Das sichtbare Spektrum beginnt bei 700 Nanometer (nm) und reicht bis etwa 390 nm (Tiere, insbesondere Insekten, sehen auch jenseits dieses Spektrums). Wird Licht durch ein Prisma geleitet, werden die Wellenlängen des Spektrums in ihre Farbanteile aufgefächert. Das Licht mit der größten Wellenlänge (700 nm) nehmen wir als Rot wahr. Die übrigen Farben des sichtbaren Lichts, mit abnehmenden Wellenlängen, sind: Orange, Gelb, Grün, Blau und Indigo bis Violett (am Ende des sichtbaren Spektrums).

Die Erdatmosphäre ist nicht völlig transparent, sondern enthält Staub und andere Partikel, die kürzere Wellenlängen streuen oder abblocken. Bei tief stehender Sonne am Horizont, also Sonnenaufgang oder -untergang, ist dieser Effekt besonders ausgeprägt, da fast alle Blauanteile von der Erdatmosphäre „verschluckt“ (absorbiert) werden, bis nur noch die Rotanteile sichtbar sind, die die Sonne rot-orange färben.

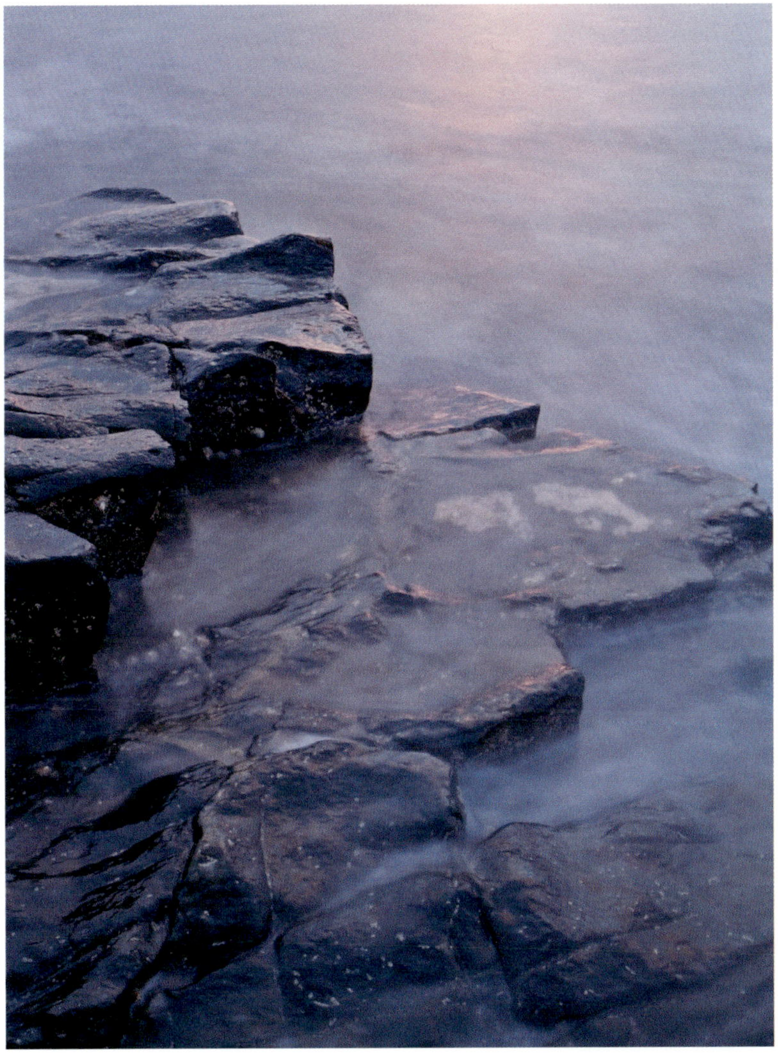

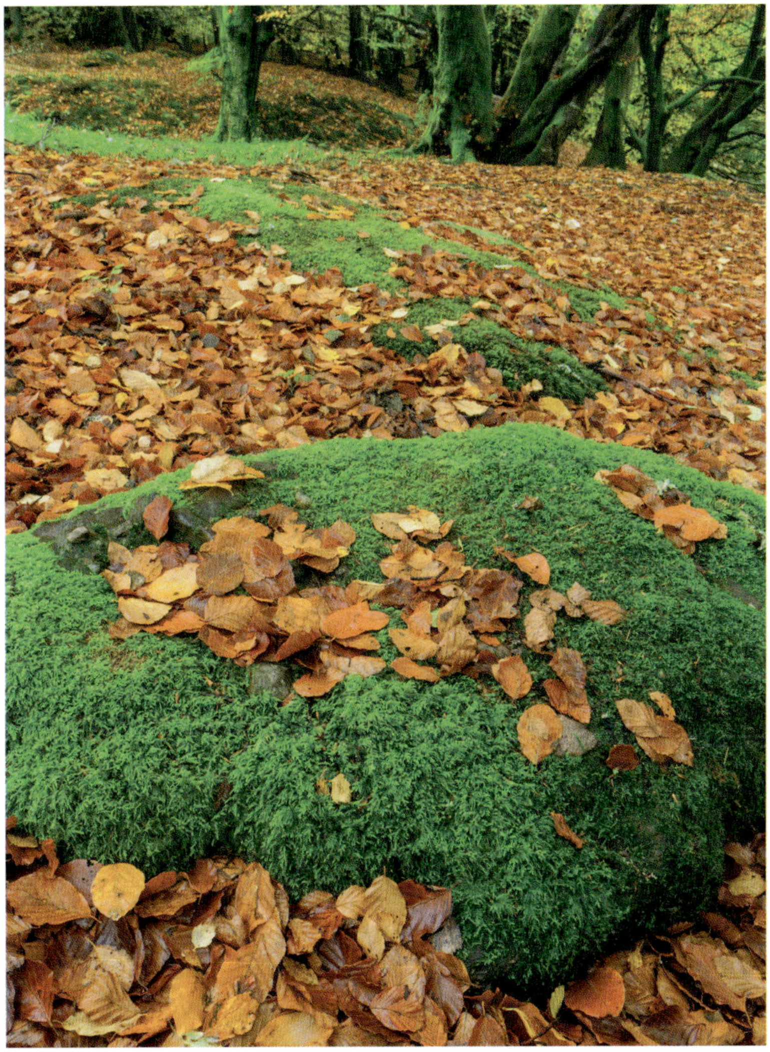

Oben: Wenn Licht auf ein Objekt trifft, werden Teile des Spektrums absorbiert, andere reflektiert. Das Verhältnis ist von der Oberfläche des Objekts abhängig. Je glatter und glänzender eine Oberfläche, desto mehr Licht wird reflektiert. Stehende Gewässer reflektieren das Licht beispielsweise viel stärker als feuchte Felsen, die unterhalb des Wasserfilms stärker aufgeraut sind. Die Felsen auf dem Foto reflektieren das warme Licht der aufgehenden Sonne.

Links: Je tiefer die Sonne steht, desto stärker wird das sichtbare Lichtspektrum nach Rot-Orange verschoben. Der Effekt kann durch Faktoren wie Staub oder Luftverschmutzung noch intensiviert werden.

Oben: Die Farbe eines Objekts richtet sich danach, welche Anteile des Spektrums absorbiert und welche reflektiert werden. Grüne Objekte absorbieren alle Wellenlängen bis auf die Grünanteile. Das grüne Licht wird reflektiert, von unseren Augen wahrgenommen und vom Gehirn als „Grün“ erkannt.

Lichtqualität

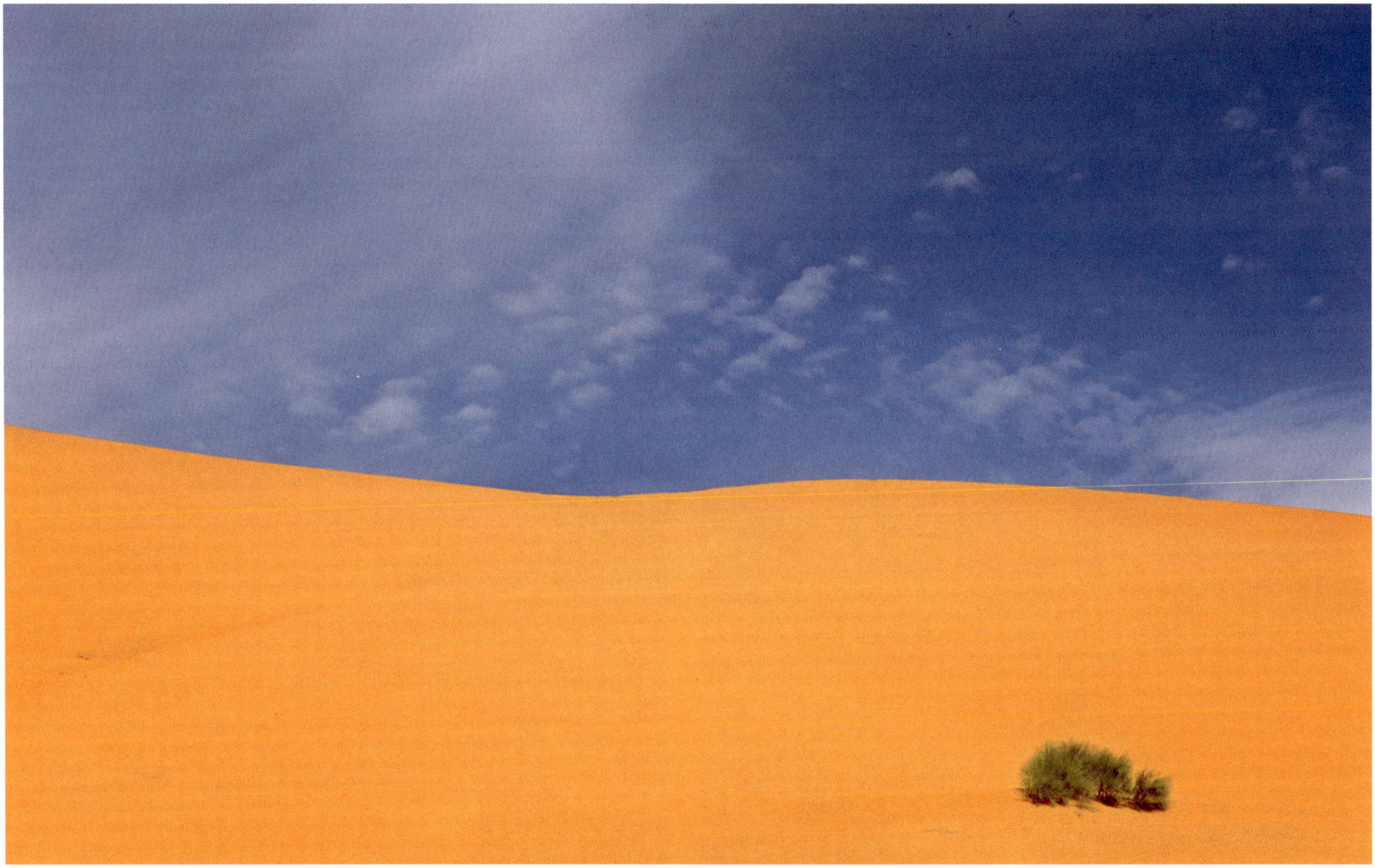

Licht hat unterschiedliche Qualitäten, wie Richtung und Härte. Bei Aufnahmen im Studio kann die Lichtqualität durch die Position der Lampen, Diffusionsfolien, Reflektoren usw. gezielt beeinflusst werden.

Sonnenlicht lässt sich nicht so leicht modifizieren. Die Lichtrichtung hängt von der Jahres- und Tageszeit ab, während hartes oder weiches Licht vom Wetter abhängig ist. Der Schlüssel zur erfolgreichen Landschaftsfotografie ist die Berücksichtigung der herrschenden Bedingungen.

HINWEIS:
Blendenflecken *(lens flares)* entstehen bei punktförmigen, direkt ins Objektiv scheinenden Lichtquellen (wie bei Sonne) durch Reflexion der Linsen im Objektiv. Derselbe Effekt kann auch bei Seitenlicht auftreten.

Oben: In frontal beleuchteten Motiven verschwinden die Details. Mit Frontallicht lassen sich daher wirkungsvolle Fotos mit grafischer Wirkung schießen.

Lichtrichtung

Das Licht kann, relativ zur Kameraposition, grundsätzlich aus vier Richtungen auf ein Landschaftsmotiv fallen: frontal von vorn, von der Seite, von oben und als Gegenlicht.

Bei **Frontallicht** beleuchtet eine Lichtquelle hinter der Kamera die Szene davor. Vor allem bei Verwendung eines Weitwinkelobjektivs fällt möglicherweise der eigene Schatten ins Bild. Ein weiteres Problem sind die Schatten, die bei frontalem Licht nicht zu sehen sind. Schatten sind aber wichtig, um Formen hervorzuheben. Aus diesem Grund sehen Landschaften im Frontallicht flach und wenig strukturiert aus. Der große Vorteil dieser Lichtrichtung ist andererseits, dass die korrekte Belichtung leicht zu messen ist.

Seitenlicht fällt etwa im Winkel von 90° relativ zur Kameraposition ein. Seitenlicht ist am ehesten morgens oder abends zu erwarten, wenn die Sonne tief am Horizont steht. Seitenlicht ist die ideale Lichtrichtung in der Landschaftsfotografie. Es hebt Strukturen und Formen hervor und lässt durch die Schatten ein Landschaftsbild dreidimensional erscheinen (je tiefer die Sonne, desto länger die Schatten). Problematisch am Seitenlicht ist der starke Kontrast, der das Fotografieren an wolkenlosen Tagen schwierig macht.

Rechts: Bei Sonnenaufgang oder -untergang bieten sich die besten Chancen, Silhouetten zu fotografieren. Auch wenn die Lichtstärke bei tief stehender Sonne geringer ist, sollte man niemals durch den Sucher direkt in die Sonne blicken.

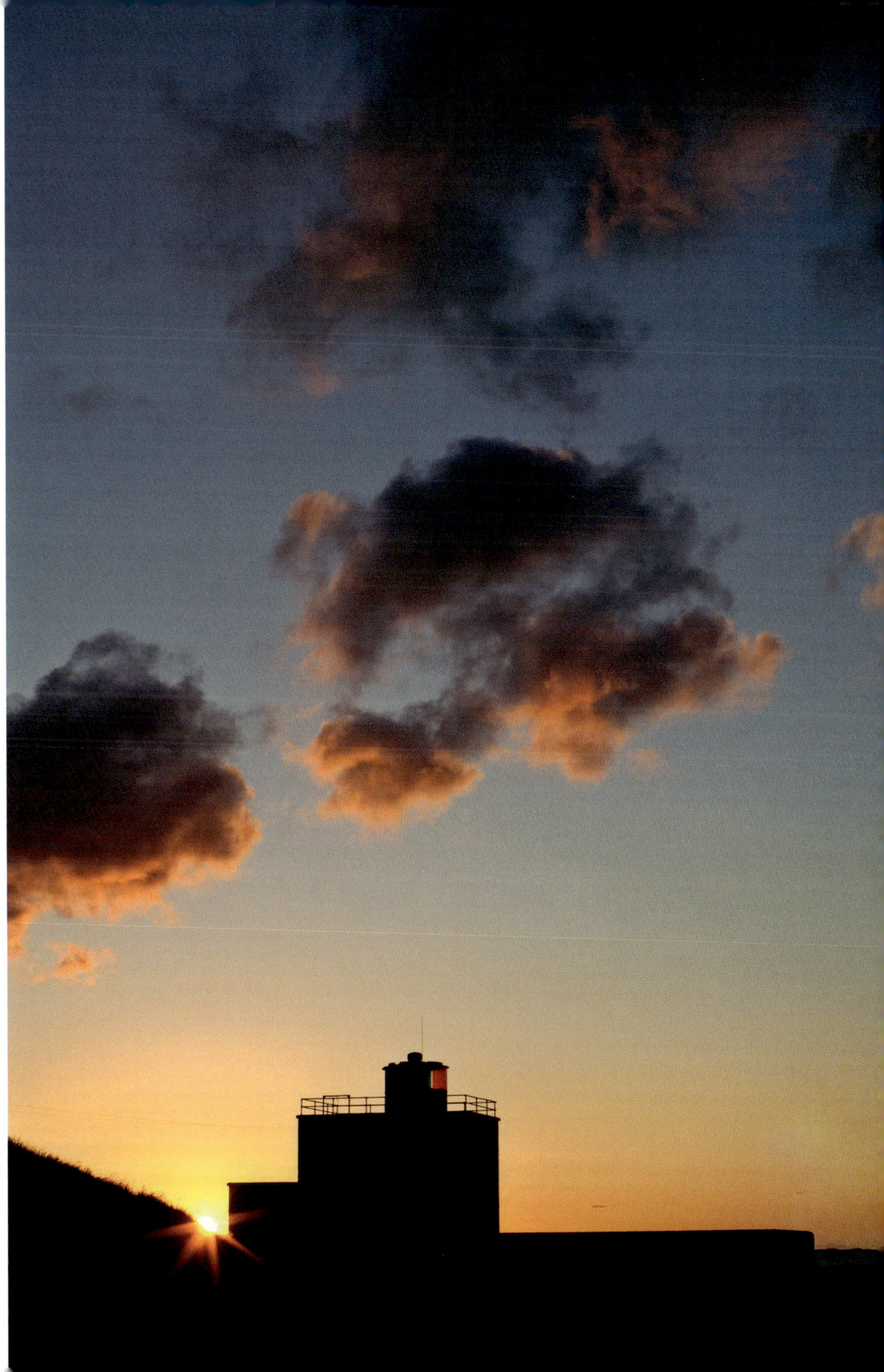

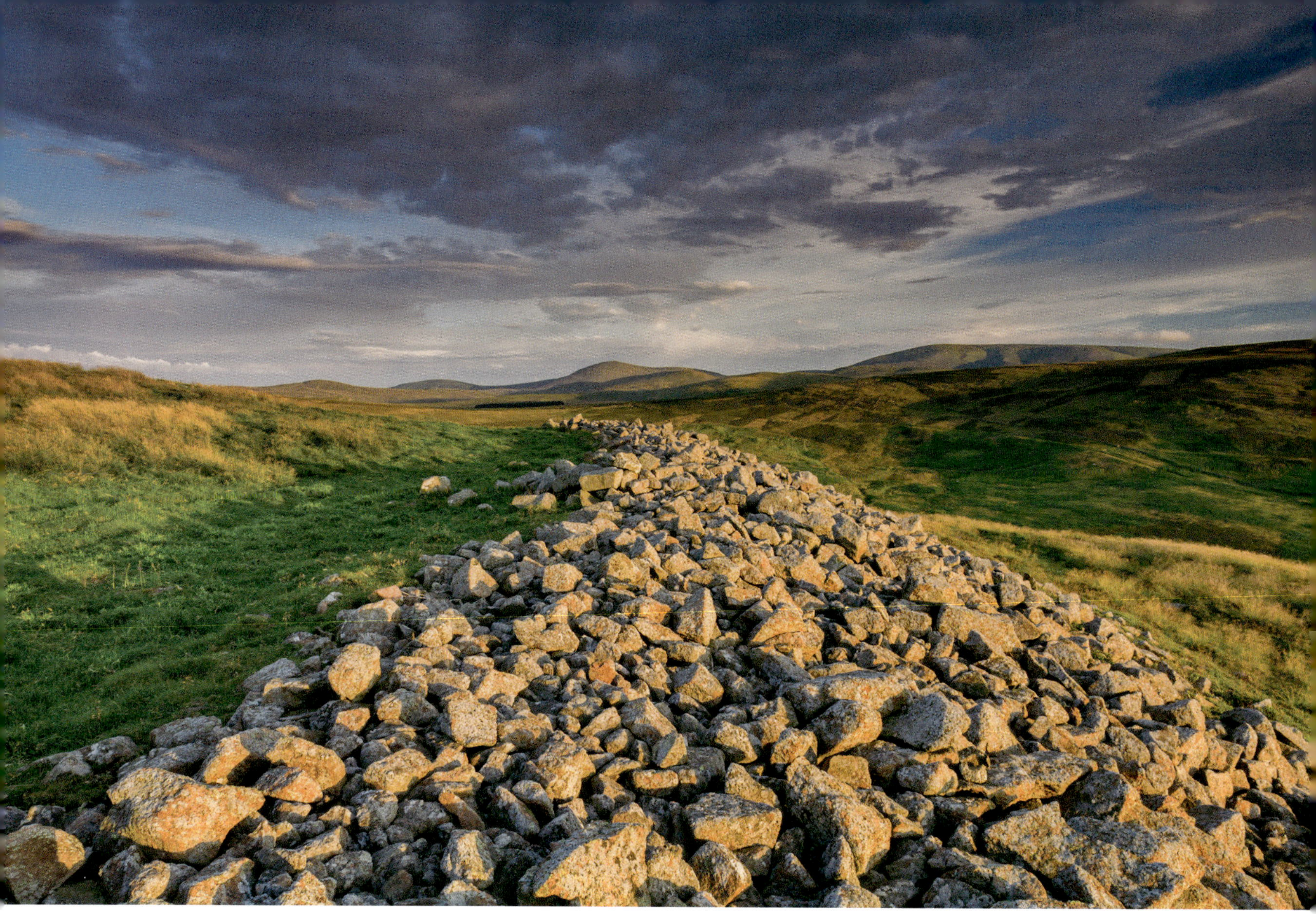

Licht von oben ist gewissermaßen auch ein Seitenlicht. Allerdings trägt es nicht zu einer stärkeren Raumwirkung bei, weil die Schatten unter dem Objekt „verschwinden", statt wie bei echtem Seitenlicht zur Seite geworfen zu werden. Typisches Oberlicht herrscht an Sommertagen um die Mittagszeit, wenn die Sonne hoch am Himmel steht. Aufnahmen bei dieser Lichtrichtung sehen nicht besonders attraktiv aus und sollten möglichst vermieden werden.

Bei **Gegenlicht** sitzt die Lichtquelle hinter dem Objekt und ist auf die Kamera gerichtet. Dadurch entstehen sehr starke Kontraste, weil Motive ohne zusätzliche Lichtquellen als Silhouetten abgebildet werden. Wird auf die Silhouette belichtet, wird der Hintergrund deutlich überbelichtet.

Bei geeignetem Motiv wirken Silhouetten aber sehr attraktiv. Sie funktionieren am besten bei eindeutig erkennbaren Formen, wie einzelnen Bäumen oder markanten geologischen Formationen. Ist das Motiv dagegen komplexer aufgebaut oder überlagert, ist es schwer zu „lesen" und wirkt auf dem Foto verwirrend.

Oben: In hartem Seitenlicht werden Motive häufig zu kontrastreich. Dieses Foto entstand bei weicherem Licht, als die Wolken das letzte Tageslicht auf die Schatten reflektierten.

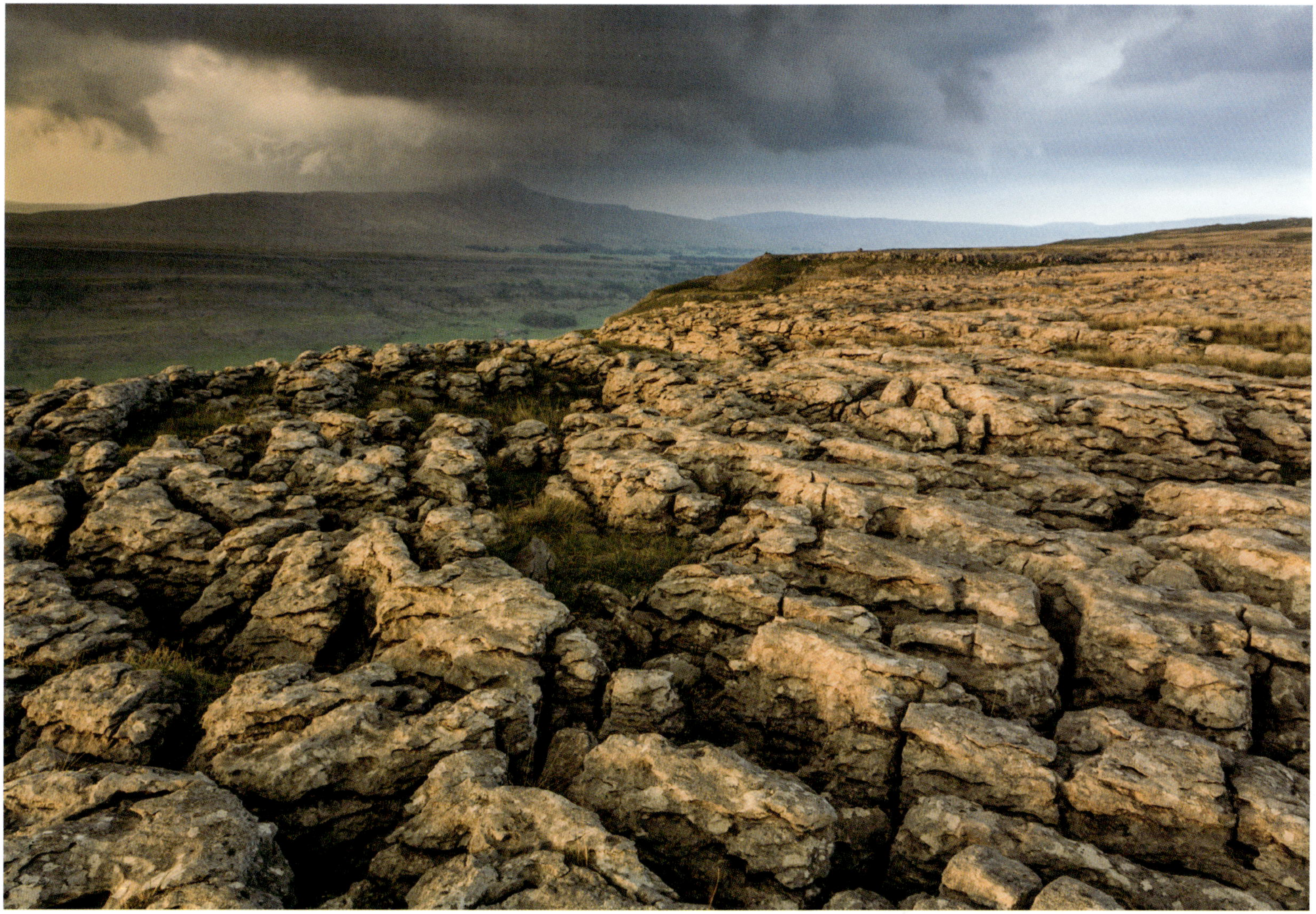

Hartes oder weiches Licht

Für die Bildkomposition spielt es eine große Rolle, ob das Licht weich oder hart ist. Von einer punktförmigen Lichtquelle ausgehendes Licht ist exakt ausgerichtet und daher hart. Punktförmiges Licht liegt vor, wenn die Lichtquelle kleiner ist als das beleuchtete Objekt. In der Tat ist auch die Sonne an einem wolkenlosen Tag eine punktförmige Quelle, weil sie ungeachtet ihrer tatsächlichen riesigen Größe gegenüber den Landschaftselementen optisch relativ klein ist.

Hartes Licht ist kontrastreich. Es verursacht scharfe Übergänge zwischen Licht und Schatten und setzt auf glänzenden Objekten intensive Highlights. In der Natur sind glänzende Oberflächen zwar selten, kommen bei Blättern aber durchaus vor. Die Reflexionen auf Efeublättern wirken beispielsweise bei hartem, direktem Licht störend.

Sehr hartes Licht ist auf Landschaftsfotos unerwünscht, weil weiche, organische Formen dabei nicht so gut in Szene gesetzt werden wie geome-

Oben: Landschaftsfotografie profitiert vom „goldenen Mittelweg“, wenn das Licht also weder zu hart noch zu weich ist. Wolken dämpfen das harte Licht der Sonne, weil sie die Schatten wie riesige Reflektoren aufhellen. Eine geschlossene Wolkendecke macht das Licht dagegen zu weich, eine geringe Bewölkung zu hart. Aus diesem Grund muss ein Landschaftsfotograf seine Motive oft mehrfach aufsuchen, bis das Licht genau richtig ist.

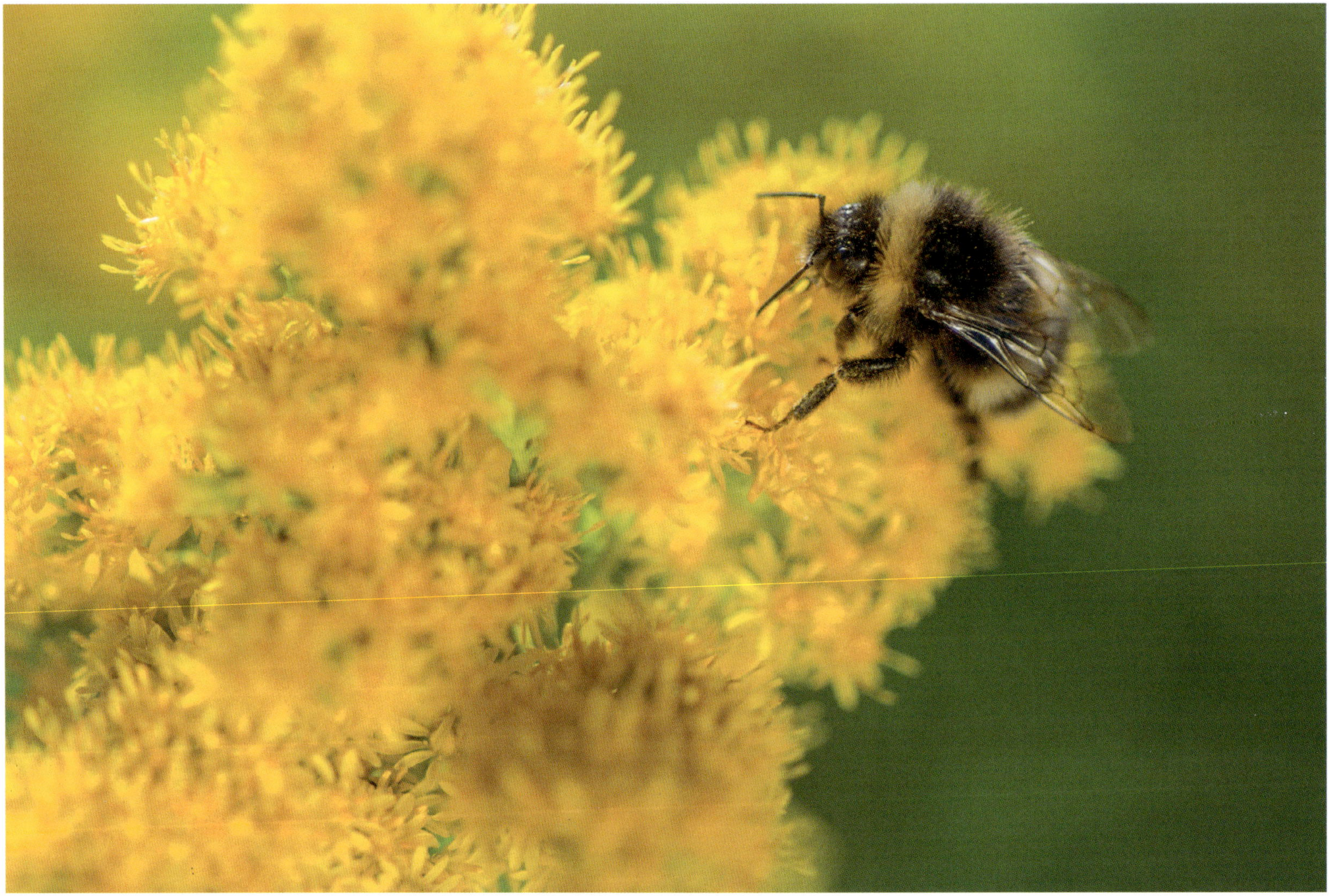

trische Motive. Allerdings kann bei Aufnahmen von Felsformationen oder Architektur hartes Licht durchaus sinnvoll für die Bildgestaltung sein.

Weiches Licht herrscht dann, wenn die Lichtquelle größer ist als das beleuchtete Objekt. Weiches Licht schwächt die Kontraste ab, weil die Schatten nicht so dunkel erscheinen und gedämpfter sind als in hartem Licht. In weichem Licht fehlen die spektakulären Highlights des harten Lichts, dafür erzeugt es sanfte, flächenhafte Reflexionen.

Das weichste Licht, das in der Landschaftsfotografie auftritt, entsteht an Tagen mit dichter Wolkendecke. Da die Wolken das Licht streuen, scheint die Sonne „größer" zu sein als die Objekte in der Landschaft. Dieses Licht ist zwar ideal für die Details innerhalb der Landschaft, in seiner extremen Form aber genauso unerwünscht wie allzu hartes Licht. In sehr weichem Licht wirken die Schatten „matt", und Strukturen und Formen treten weniger prägnant hervor. Die einzige Ausnahme sind Fotos im Wald (siehe Kapitel 5).

Oben: Weiches Licht ist ideal für weiche, organische Motive. Wenn die Sonne zu direkt auftrifft, benutze ich Reflektoren, um die Schatten aufzuhellen, oder beschatte das Motiv, um das Licht weicher zu machen.

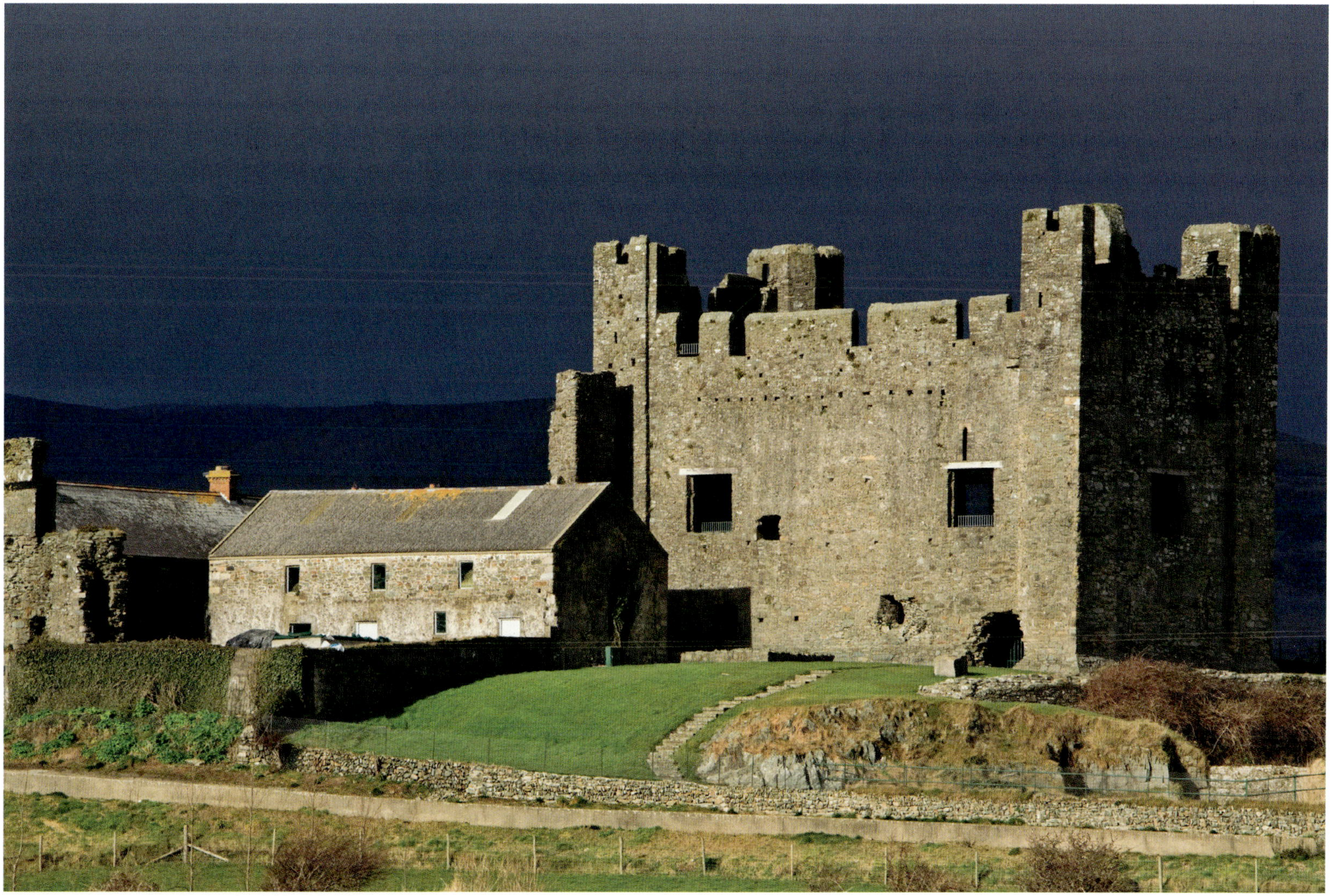

HINWEIS:

An wolkenlosen Tagen ist das Sonnenlicht häufig extrem hart, vor allem in der Tagesmitte und besonders intensiv im Sommer. Daher ist der Sommer die ungünstigste Jahreszeit für die Landschaftsfotografie. Es hilft auch nicht, dass die Sonne früh auf- und spät wieder untergeht. Während man im Winter den ganzen Tag über fotografieren kann, muss man sich im Sommer für den Anfang oder das Ende des Tages entscheiden.

Tipp:

Wenn Sie ein Motiv beschatten, muss der Weißabgleich verändert werden, da das Licht im Schatten eine höhere Farbtemperatur hat.

Oben: Hartes Licht, das am ehesten an wolkenlosen Tagen auftritt, ist ideal für geometrische Motive oder markant strukturierte Oberflächen. Wenn die Sonne früh morgens oder am späten Nachmittag durch die Wolken scheint, setzt sie harte Spotlights.

Farbtemperatur

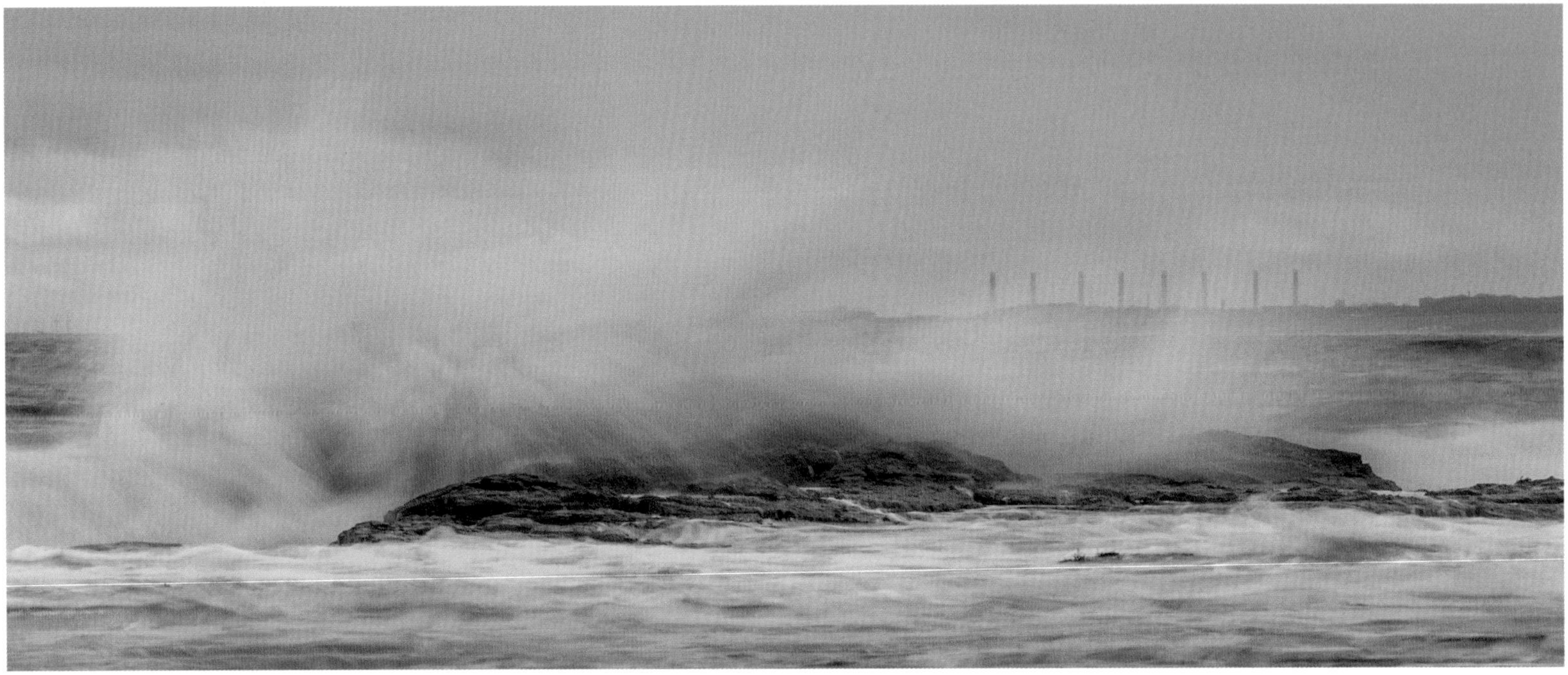

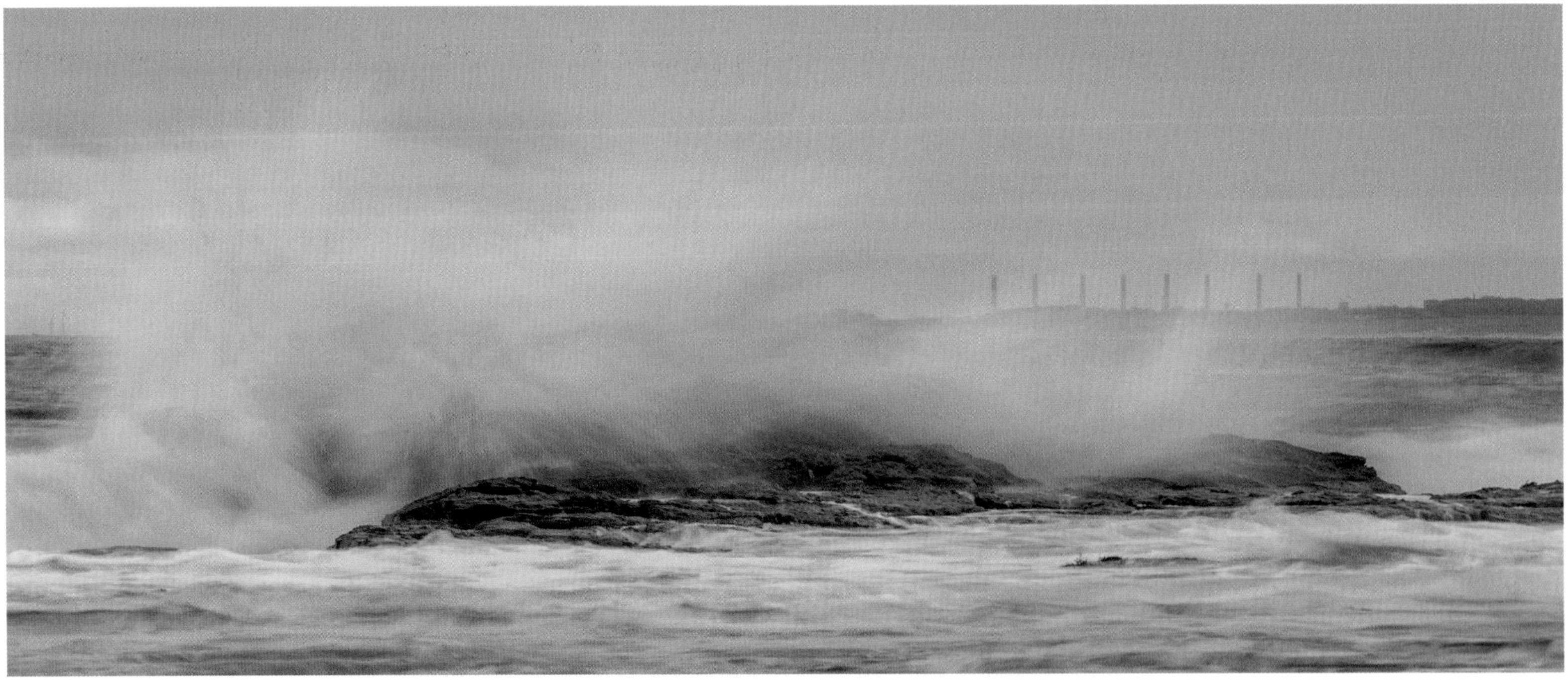

Licht, in dem alle Wellenlängen etwa gleich vertreten sind, wird als neutral definiert. Überwiegt jedoch ein bestimmtes Spektrum an Wellenlängen, verändert das Licht seine Farbe. Licht mit überwiegend roten Tönen empfinden wir als warm, solches mit blauen Tönen als kühl. Diese Einschätzung hat nichts mit der realen Temperatur zu tun, sondern spiegelt unser subjektives Farbempfinden wider – rot-orangefarbenes Licht „fühlt" sich wärmer an als blaues. Die Anteile der Wellenlängen im Licht werden als Farbtemperatur bezeichnet und in Kelvin (K) gemessen.

Flammen (brennendes Holz oder Kerzen) haben eine niedrige Farbtemperatur von 1800 K und gehören zu den wärmsten natürlichen Lichtquellen. Ideales neutrales Licht hat eine Farbtemperatur von etwa 5200 K (das Licht eines Elektronenblitzes oder Sonnenlicht am Mittag). Das Licht an einem bedeckten Tag ist mit etwa 6000–6500 K merklich kühler. Das kälteste Licht herrscht im tiefen Schatten (etwa 7000 K). Die folgende Tabelle zeigt die Farbtemperatur einiger Lichtquellen.

Links oben und links: Die Farbtemperatur beeinflusst merklich, wie wir ein Bild wahrnehmen. Das Foto links entstand an einem sehr bedeckten Tag: Das Licht war deutlich zu den Blauanteilen hin verschoben. Das obere Bild wurde nicht korrigiert und zeigt sich in kühlem Blau. Beim unteren Bild wurde der Weißabgleich auf 5700 K korrigiert. Obwohl die untere Version der tatsächlichen Situation eher entspricht, bevorzuge ich die Kühle und Feuchte, die das obere, nicht korrigierte Bild ausstrahlt, was im unteren Bild fehlt. Den Weißabgleich muss man nicht unbedingt korrigieren, er kann auch kreativ genutzt werden.

FARBTEMPERATUR	
1800–2000 K	*Kerzenlicht*
2500 K	*Taschenlampe*
2800 K	*Zimmerlicht*
3000 K	*Sonnenaufgang/-untergang*
3400 K	*Glühbirne*
3500 K	*Licht am Morgen/Abend*
5200 K	*Licht am Mittag*
5500 K	*Elektronenblitz*
6000–6500 K	*bedeckter Himmel*
7000–8000 K	*Schatten*

Weißabgleich

Das menschliche Gehirn kann sich bemerkenswert gut an unterschiedliche Farbtemperaturen anpassen. Uns fallen nur Lichtquellen mit besonders extremer Farbtemperatur oder die Überlagerung von zwei Lichtquellen mit unterschiedlicher Farbtemperatur auf. Kameras können sich mit dem „Weißabgleich" ähnlich genau an unterschiedliche Farbtemperaturen anpassen.

Man kann den Weißabgleich der Kameraautomatik (AWB) überlassen, ihn auf vorgegebene Werte einstellen oder manuell korrigieren (Einstellen eines bestimmten Kelvin-Wertes oder Erstellen eines benutzerdefinierten Weißabgleichs).

Beim Weißabgleich wird die Bildinformation um den Farbton verstärkt, der in der Lichtquelle fehlt. Bei einer Lichtquelle mit blauer Farbtemperatur wird beispielsweise mehr Rot hinzugefügt und umgekehrt.

Manueller Weißabgleich

Beim automatischen Weißabgleich korrigiert die Kamera die Farbwerte, um eine Farbdominanz zu neutralisieren. Dieses System arbeitet nicht immer störungsfrei, denn es lässt sich täuschen, wenn das Motiv durch eine Farbe dominiert wird: So wird ein grüner Wald vom automatischen Weißabgleich durch Zufügen von Magenta „korrigiert". Das Problem ist aber nicht entscheidend, solange die Daten als RAWs gespeichert werden; der Weißabgleich kann noch später bei der Bildbearbeitung geändert werden. Bei Aufnahmen im JPEG-Modus muss der Weißabgleich jedoch schon bei der Aufnahme stimmen. Am genauesten arbeitet ein manueller Weißabgleich. Die Technik unterscheidet sich je nach Kameramodell, aber die Grundidee ist gleich: Man fotografiert eine Graukarte in Neutralgrau (im selben Licht wie das Motiv), das die Kamera als Basis zur Bestimmung des Weißabgleichs benutzt. Bei manchen Motiven – im Licht des Sonnenaufgangs – wäre eine Korrektur der Farbtemperatur unerwünscht, aber an einem bedeckten Tag kann der benutzerdefinierte Weißabgleich sehr hilfreich sein.

Weißabgleich – Voreinstellungen

Der Weißabgleich der Kamera wird vor der Aufnahme auf die Farbtemperatur eingestellt, die der vorhandenen Beleuchtung entspricht. Dabei hat „neutrales“ Licht eine Farbtemperatur von etwa 5200 K, was dem Sonnenlicht um die Mittagszeit entspricht.

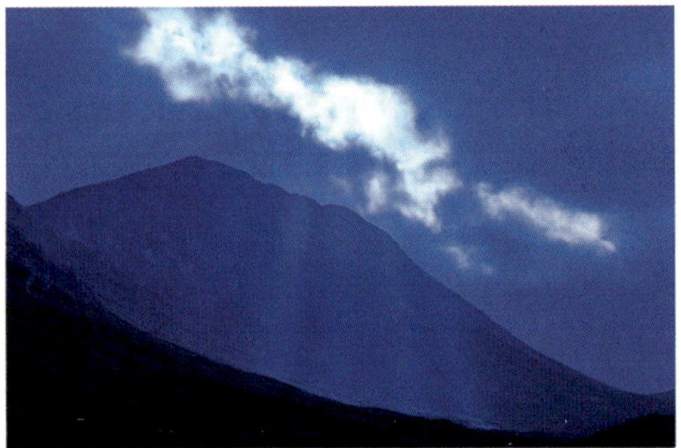

2000 K

In der Regel die niedrigste Voreinstellung der Kamera. Mit Ausnahme von ausgeprägt rot-orangefarbenem Licht entstehen Aufnahmen in tiefblauen Tönen.

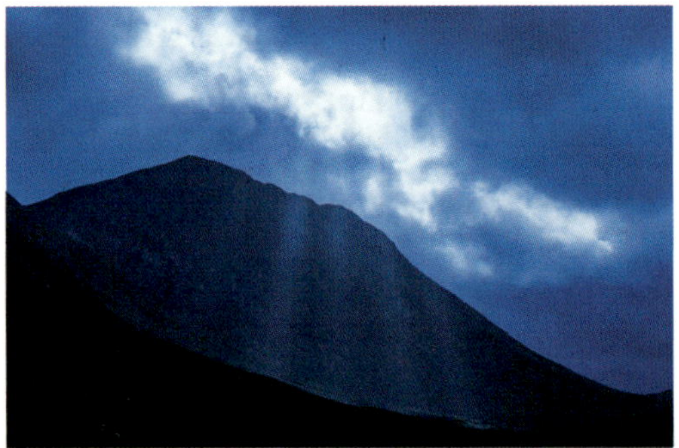

GLÜHBIRNEN

Mit dieser Einstellung wird das orange getönte Glühbirnenlicht korrigiert. Die Aufnahmen zeigen reiche blaue Töne, die bei Landschaften stimmungsvoll wirken können.

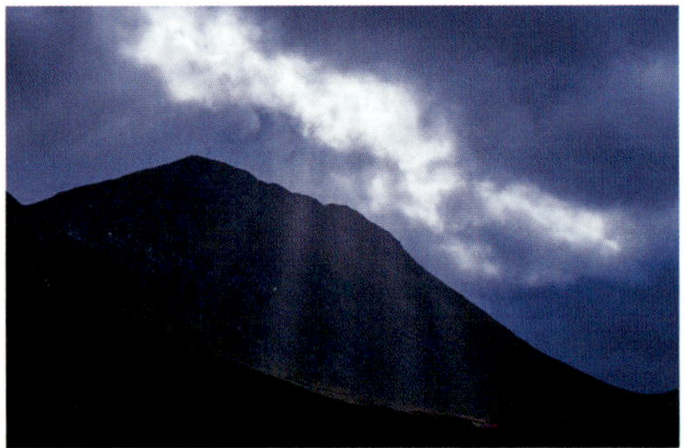

NEONLICHT

Das Gas der Leuchtröhren leuchtet kühler als Glühbirnen; die rot-orange Korrektur fällt schwächer aus, dafür wird der leichte Grünton durch Magenta ausgeglichen.

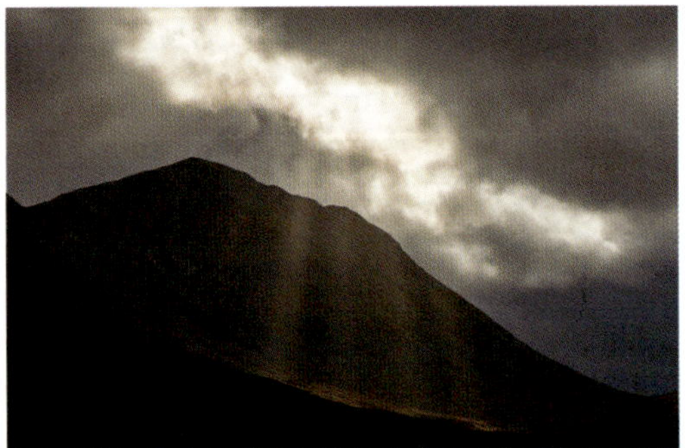

BLITZLICHT

Blitzlicht gleicht sehr dem neutralen Licht (ohne Farbverschiebung). Es ist sehr nah an der Neutralstellung und muss nicht unbedingt korrigiert werden.

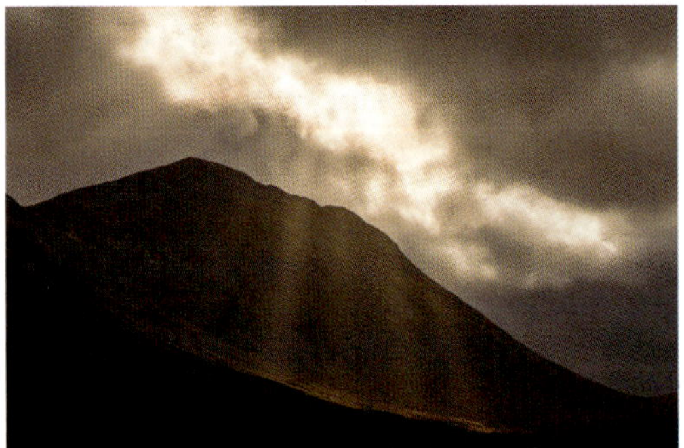

WOLKEN

Die Lichttönung unter einer dichten Wolkendecke ist deutlich kühler als das Sonnenlicht. Beim Weißabgleich wird Rot-Orange hinzugefügt, um das Licht wärmer zu machen.

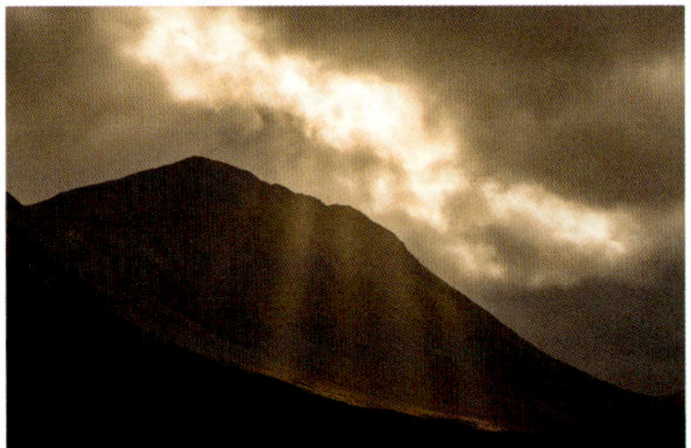

SCHATTEN

Im offenen Schatten ist das Licht noch kühler als unter Wolken; das wird beim Weißabgleich berücksichtigt. Bei normalem Tageslicht entstehen durch unnatürlich aussehende intensive Farben.

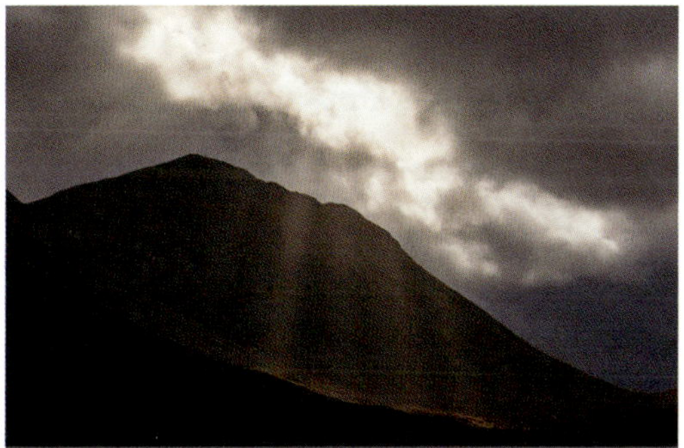

TAGESLICHT ☀

Diese Einstellung ☀ gilt für mittags an einem wolkenlosen Tag. In der Regel eignet sie sich als guter Start in die Bildbearbeitung des Weißabgleichs.

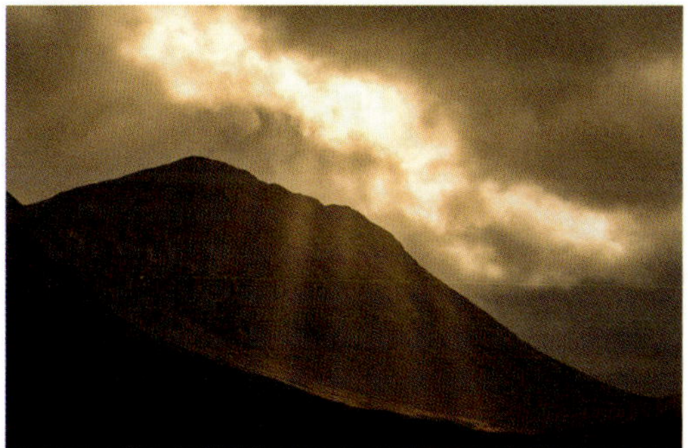

10 000 K

ist in vielen Kameras der höchste wählbare Wert für die Farbtemperatur; sie eignen sich nur zum Weißabgleich von Aufnahmen mit sehr blauem Licht, etwa indirektes Licht vor Sonnenaufgang oder nach Sonnenuntergang. Hier sehen nicht korrigierte Fotos meist besser aus.

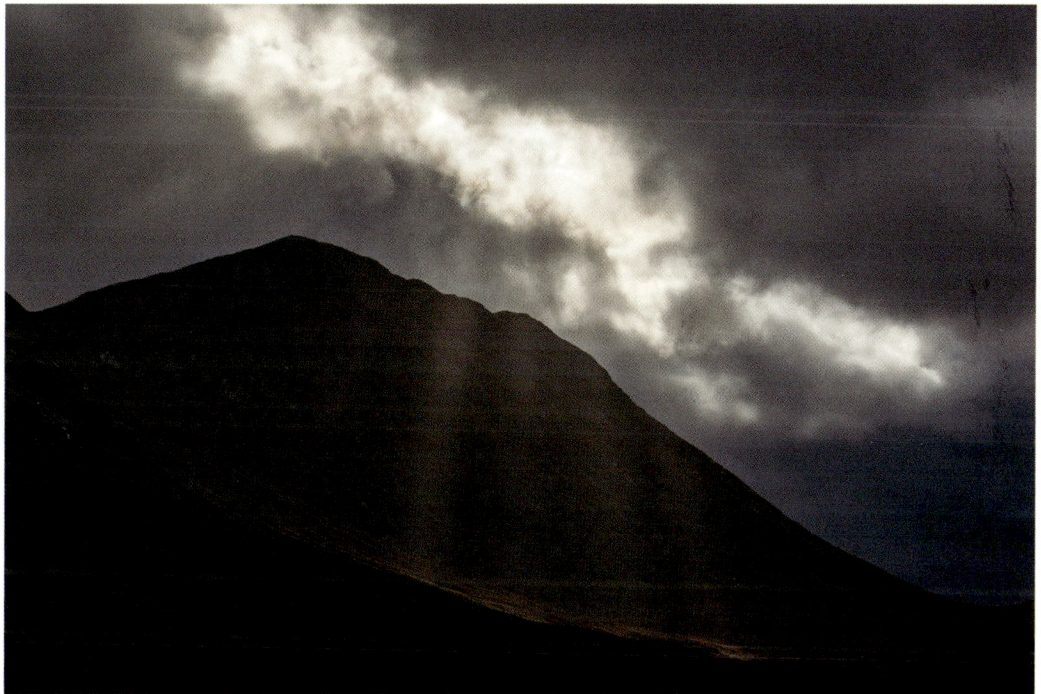

MANUELLER WEISSABGLEICH

Mit dem manuellen Weißabgleich der Kamera behält man die beste Kontrolle über die Lichtqualität. Damit ist es möglich, den Weißabgleich für eine bestimmte Lichtsituation vor der Aufnahme festzulegen. Bei diesem Foto wurden 5000 K (ohne Grün/Magenta-Korrektur) eingestellt.

Tageszeit

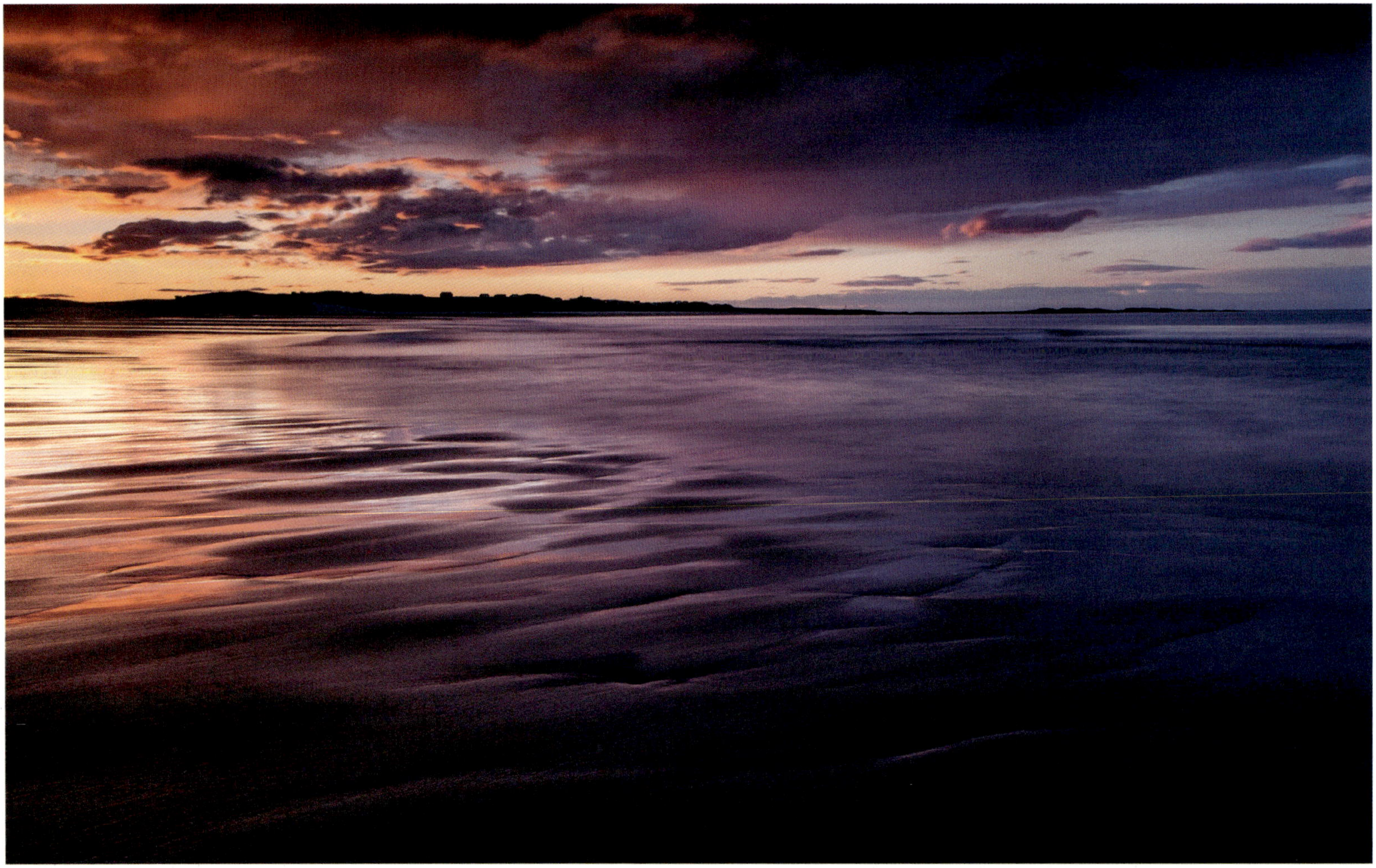

Bei Sonnenaufgang und -untergang wird die Farbe des Sonnenlichts in den roten Bereich verschoben (Farbtemperatur um 3000 K). Bei tief stehender Sonne werden die Blauanteile stärker von der Atmosphäre absorbiert und gestreut als die rot-orangen Wellenlängen. Außerdem ist das Licht weicher und nicht so intensiv wie am Tag.

Wenn die Sonne höher steigt, wird die Farbtemperatur neutraler, die Anteile der Wellenlängen werden ausgeglichener. Um die Mittagszeit, beim Höchststand der Sonne, ist das Licht dem Neutralpunkt am nächsten (Ausnahme ist der Winter, wenn das Licht der tiefer stehenden Sonne den ganzen Tag über wärmer ist). Um die Mittagszeit erreicht die Sonne ihre höchste Intensität. Dann sind die Kontraste bei wolkenlosem Himmel sehr hoch.

Am Nachmittag sinkt die Sonne wieder, und die Farbtemperatur nimmt ab, bis das Licht nach und nach wieder rot-orange strahlt.

Oben: Vor Sonnenaufgang und nach Sonnenuntergang ist das Sonnenlicht am wärmsten. Allerdings fällt das warme Licht nicht direkt auf die Landschaft, sondern ist nur zu sehen, wenn es von den Wolken reflektiert wird.

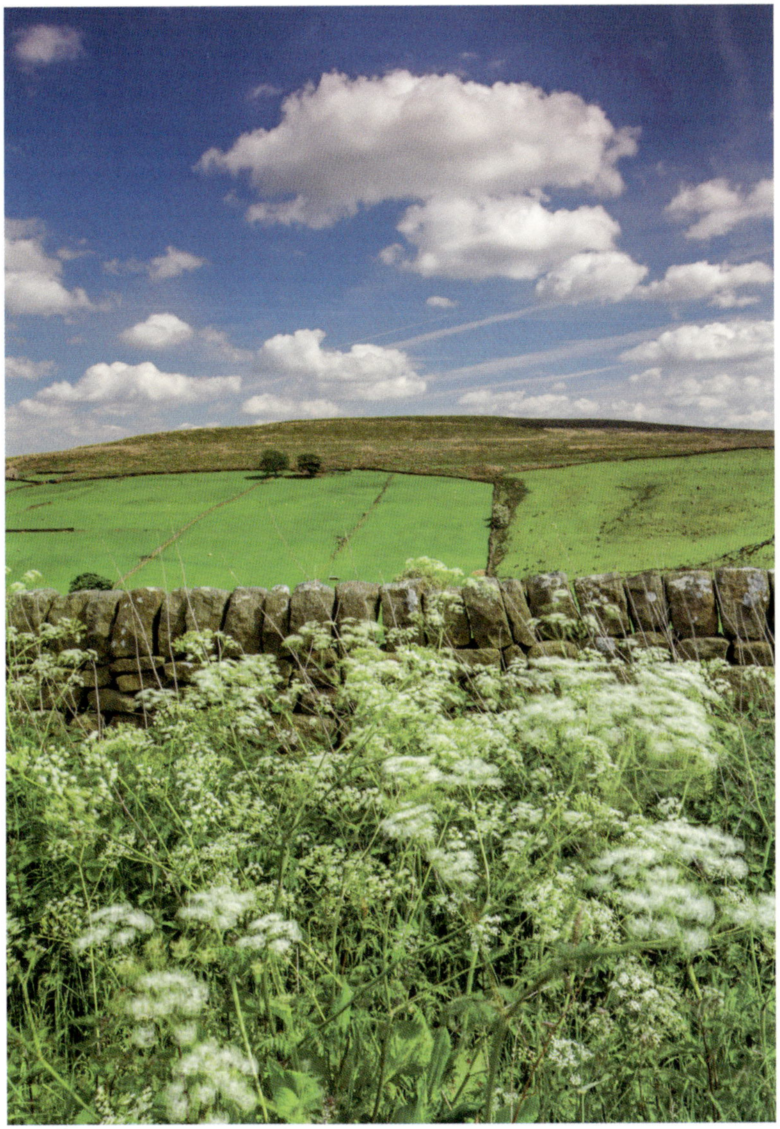

Oben: In den Sommermonaten strahlt das Sonnenlicht fast den ganzen Tag über mit neutraler Farbtemperatur. Dieses Foto entstand am Nachmittag bei Licht mit neutraler Farbtemperatur.

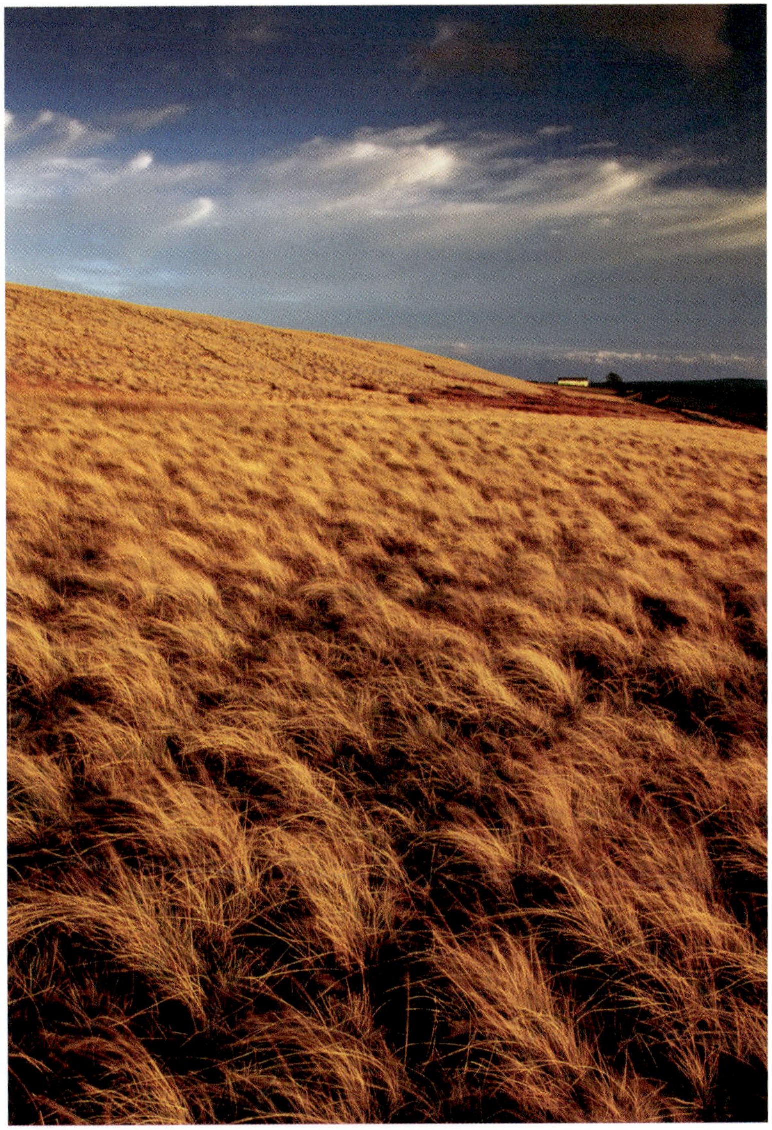

Oben: Im Winter behält das Licht den ganzen Tag über seine warme Farbtemperatur bei (seltsamerweise bei kühlen bis kalten Temperaturen). Dieses Foto entstand 30 Minuten vor Sonnenuntergang; die Intensität der Farben war nahe am Maximum.

HINWEIS:
Während der „goldenen Stunde" – eine Stunde vor Sonnenuntergang bzw. nach Sonnenaufgang – ist das Sonnenlicht am wärmsten. Im Sommer ist die „Stunde" allerdings kürzer als im Winter.

Wetter & Licht

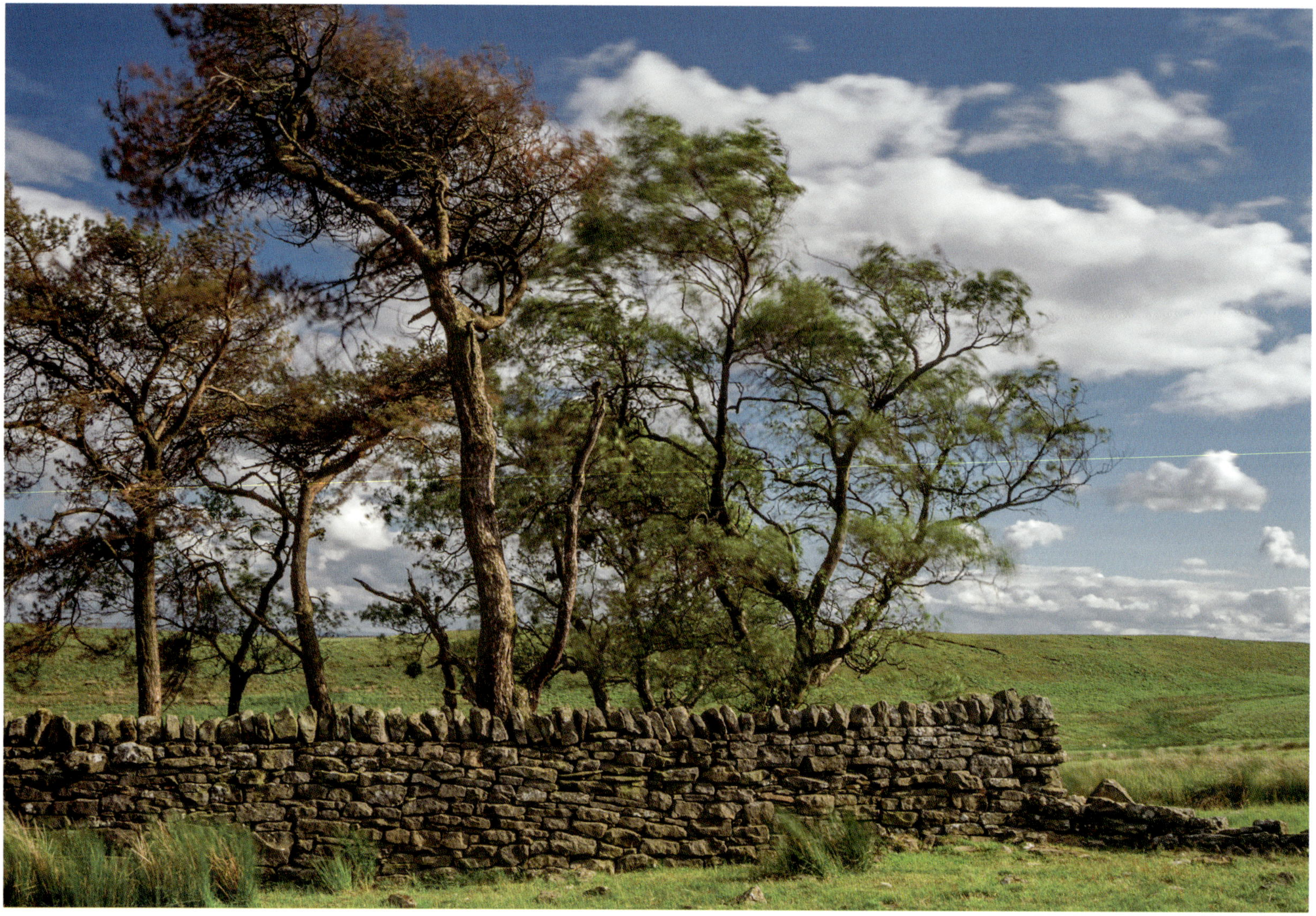

Die Lichtqualität wird stark vom Wetter beeinflusst. Wolken machen das Licht weicher, weil sie die Sonne bedecken oder Licht in die Schattenflächen reflektieren; einen ähnlichen Effekt hat dunstiges Wetter. Bei beständigem Wetter über mehrere Tage reichert sich Dunst in der Luft an, besonders im Sommer, wenn ein Hochdruckgebiet keinen Austausch von Staub und Luftverschmutzung erlaubt. Nach einigen Tagen hat sich ein dichter, unschöner Dunst aufgebaut, der die klare Sicht merklich herabsetzt.

Erst wenn Regen fällt und die Luft sauber „wäscht", klart die Sicht wieder auf. Dennoch ist Dunst nicht grundsätzlich ein Nachteil, denn er bringt oft spektakuläre Sonnenuntergänge hervor. Voraussetzung ist allerdings, dass der dichte Dunst die Sonne nicht gänzlich „verschluckt".

Oben: Unbeständiges Wetter geht oft mit kräftigem Wind einher. Dann wird es schwierig, die Kamera auf dem Stativ ruhig zu halten. Abhilfe schafft ein tiefer Kamerastandpunkt.

Stabile Wetterlagen, also sowohl längere Regenperioden als auch mehrere Sonnentage hintereinander, sind für die Landschaftsfotografie eher ungünstig.

Wechselhafte Wetterlagen sind dagegen besonders interessant und lohnend. Das Licht kann unter diesen Bedingungen sehr rasch wechseln: Die Sonne blitzt kurzfristig hervor und sprenkelt Lichtpunkte über die Landschaft, die so schnell verschwinden, wie sie kamen. Gerade diese Ungewissheit, wie sich ein Motiv verändern könnte, macht den Reiz solcher Wetterlagen aus. Man sollte sich daher der jeweiligen Situation anpassen, um spontan reagieren zu können, und gerne auch in Kauf nehmen, dass man einmal nass wird. Das Ergebnis belohnt oft jede Unbequemlichkeit.

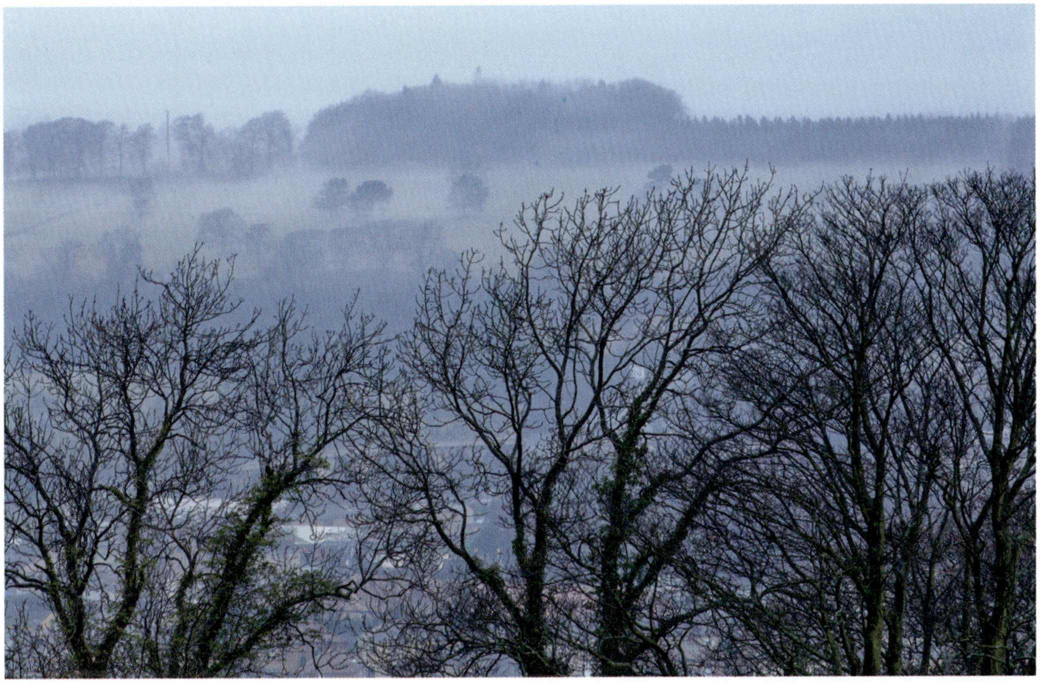

Rechts: Nebel und tief hängende Wolken zeichnen die Landschaft weicher. Da die Sonne verdeckt wird, verschiebt sich die Farbtemperatur gegen Blau.

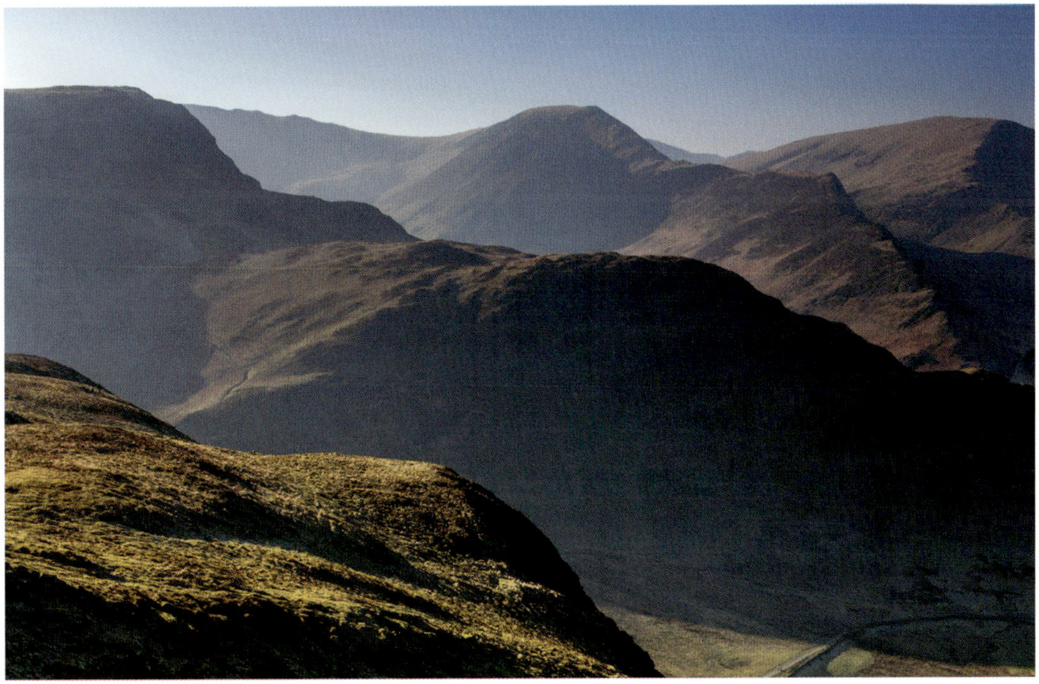

Rechts: An wolkenlosen Tagen nehmen die Kontraste zu, was sich bei manchen Motiven als Vorteil erweist. Die harten Schatten heben Umrisse und Struktur dieser Hügellandschaft hervor, obwohl der Dunst die Konturen etwas weicher zeichnet.

Kapitel 4

Vorbereitung

Eine gute Vorbereitung ist der Schlüssel zur erfolgreichen Landschaftsfotografie. Wer ein bestimmtes Motiv zur falschen Tages- oder Jahreszeit fotografiert, wird vom Ergebnis garantiert enttäuscht sein. Eine gute Vorplanung löst potenzielle Probleme schon im Vorfeld. Zum Glück werden Landschaftsfotografen mit Websites und Apps, die hierzu nützliche Informationen liefern, geradezu überschwemmt. Mit ihnen lassen sich genaue Sonnenauf- und -untergangszeiten, die Tiden, Mondphasen und vieles andere schon im Vorfeld abfragen. Wer vorausschauend plant und möglichst viele Informationen einbezieht, verbessert seine Chancen auf Erfolg. Und die Freude über ein tolles Foto aufgrund einer völlig unerwarteten Situation wird dadurch sicher nicht geschmälert.

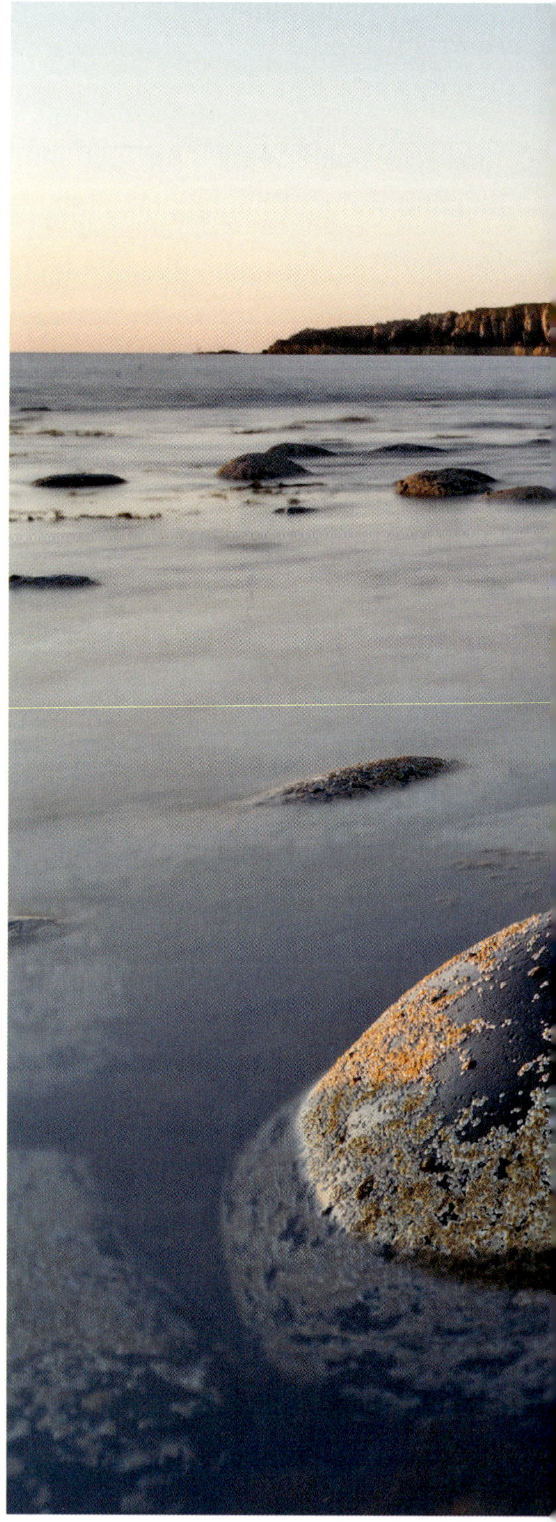

Rechts: Zeitpunkt und Ort des Sonnenaufgangs sind wichtig für die Planung einer Fotosession, wie dieses Foto belegt. Auch der Zeitpunkt für Hoch- und Tiefstand der Gezeiten war entscheidend. Dieses Foto entstand im Sommer, als die Sonne im Nordosten aufging und auf den nach Norden gerichteten Strand schien.

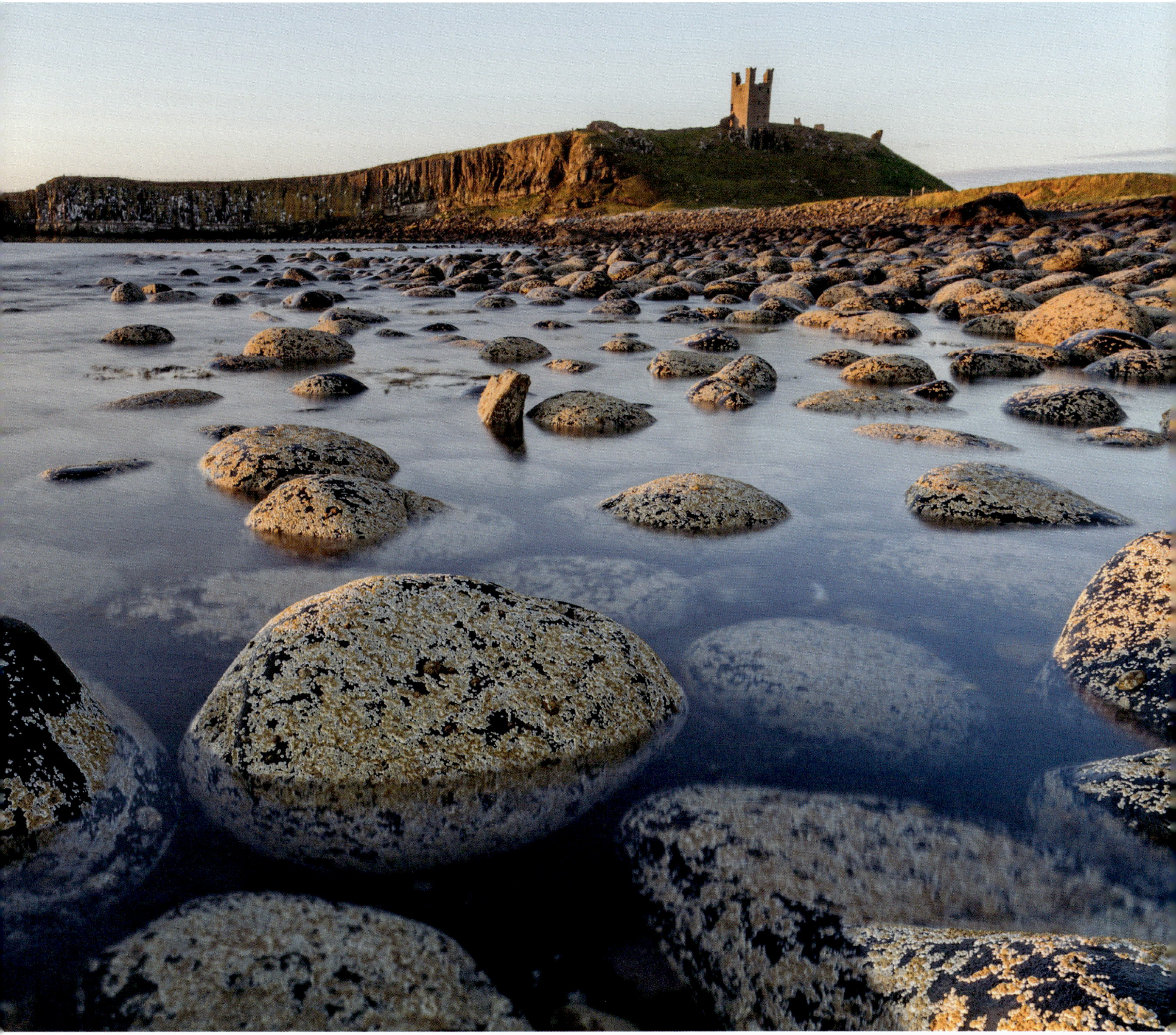

Die Sonne

Es lohnt sich, früh am Morgen und am späten Nachmittag aufzubrechen, um eine Landschaft zu fotografieren. Das liegt vor allem an der besonderen Lichtqualität dieser „goldenen Stunden“: kurz nach Sonnenaufgang und vor Sonnenuntergang, wenn das Sonnenlicht alles in warme Farben taucht. Diese beiden Eckpunkte liefern den Rahmen für eine geplante Fotosession in einem bestimmten Gebiet. Das ist aber noch nicht alles. Zu beachten ist auch, an welcher Stelle die Sonne über dem Gelände auf- oder untergeht, denn das bestimmt den Lichteinfall auf die Landschaft.

Jahreszeitliche Veränderungen

Mit zunehmender geografischer Breite vom Äquator – nach Norden und Süden – nimmt auch die jahreszeitliche Veränderung des Sonnenstands zu. Der Breitengrad bestimmt darüber, wann die Sonne auf- und untergeht, in welche Richtung sie wandert und welche maximale Höhe sie zu Mittag erreicht. Die geografische Breite beeinflusst auch das Wetter, das zusammen mit anderen Faktoren darüber bestimmt, wie warm, kalt, trocken oder nass es in einem Ort im Laufe des Jahres ist.

Die Äquinoktien (Zeitpunkt der weltweiten Tagundnachtgleiche) der Jahre 2020/21 fallen auf den März und den September.

Auf der Nordhalbkugel fällt die Sommersonnenwende (längster Tag des Jahres) der Jahre 2020/21 in den Juni. Um diesen Zeitpunkt herum geht die Sonne nördlich des Polarkreises nicht mehr unter. Am selben Tag ist auf der Südhalbkugel Wintersonnenwende mit dem kürzesten Tag des Jahres (um diesen Zeitpunkt herum steigt die Sonne südlich des Polarkreises den ganzen Tag lang nicht über den Horizont).

Im Dezember 2020/21 kehrt sich die Situation um: Dann ist Wintersonnenwende auf der Nord- und Sommersonnenwende auf der Südhalbkugel.

Wo die Sonne auf- und untergeht, ist nicht so

HIMMELSRICHTUNG DES SONNENAUFGANGS/-UNTERGANGS

Breitengrad	*nächste Stadt (Nord-/Südhalbkugel)*	*lokale Sommersonnenwende*		*lokale Wintersonnenwende*	
		Sonnenaufgang	*Sonnenuntergang*	*Sonnenaufgang*	*Sonnenuntergang*
70°	*Tromsø/–*	*–*	*–*	*–*	*–*
60°	*Oslo/–*	*35°*	*325°*	*140°*	*220°*
50°	*London/Puntas Arenas*	*49°*	*311°*	*128°*	*228°*
40°	*New York/Valdivia*	*58°*	*302°*	*120°*	*240°*
30°	*Austin/Porto Alegre*	*62°*	*298°*	*117°*	*243°*
20°	*Querétaro/Iquique*	*65°*	*295°*	*115°*	*244°*
10°	*Limon/Palmas*	*66°*	*293°*	*114°*	*246°*
0°	*Singapur/Quito*	*67°*	*293°*	*113°*	*247°*

HÖCHSTSTAND DER SONNE

Breitengrad	*nächste Stadt (Nord-/Südhalbkugel)*	*Juni*		*Dezember*	
		Nordhalbkugel	*Südhalbkugel*	*Nordhalbkugel*	*Südhalbkugel*
70°	*Tromsø/–*	*43°*	*–*	*–*	*43°*
60°	*Oslo/–*	*53°*	*7°*	*7°*	*53°*
50°	*London/Puntas Arenas*	*63°*	*16°*	*16°*	*63°*
40°	*New York/Valdivia*	*73°*	*27°*	*27°*	*73°*
30°	*Austin/Porto Alegre*	*83°*	*37°*	*36°*	*83°*
20°	*Querétaro/Iquique*	*86°*	*47°*	*47°*	*86°*
10°	*Limon/Palmas*	*77°*	*57°*	*57°*	*77°*
0°	*Singapur/Quito*	*67°*	*67°*	*67°*	*67°*

HINWEIS:
Am Äquator sind die jahreszeitlichen Änderungen nur gering. Die Tage sind etwa so lang wie die Nächte, und die Sonne geht ganzjährig nahezu im Osten auf und im Westen unter.

einfach zu bestimmen. Zum Zeitpunkt der Äquinoktien geht die Sonne fast genau im Osten auf und im Westen unter.

Ab dem März-Äquinoktium bis zum Juni wandern Sonnenaufgang und -untergang zunehmend Richtung Norden: Am 21. Juni ist der nördlichste Punkt erreicht. Danach nähern sich Auf- und Untergang wieder dem Osten bzw. Westen an.

Ab dem September-Äquinoktium bis zum März wandern Sonnenaufgang und -untergang zunehmend Richtung Süden: Am 21. Dezember ist der südlichste Punkt erreicht. Das Maß der Abweichung ist von der geografischen Breite abhängig. Je weiter man sich in nördlicher oder südlicher Richtung vom Äquator entfernt, desto größer wird im Verlauf eines Jahres die Abweichung nach Norden bzw. Süden.

Auch die Höhe des Sonnenstands um die Mittagszeit verändert sich im Lauf des Jahres. Am Tag der Sommersonnenwende steht die Sonne am höchsten am Himmel, während sie zur Wintersonnenwende mittags viel tiefer steht. Mit Annäherung an die Pole steht die Sonne immer tiefer; jenseits des nördlichen und südlichen Polarkreises steigt sie nicht über den Horizont.

Wie wir wissen, wird das Licht immer wärmer, je tiefer die Sonne am Himmel steht. Daher ist der Winter eine besonders gute Zeit, um Landschaften zu fotografieren. Da die Sonne nicht so hoch steigt, bleiben die Farben den ganzen Tag über relativ weich. Im Sommer ist die warme Farbtemperatur dagegen auf den frühen Morgen und den relativ späten Nachmittag beschränkt.

Rechts: Im Idealfall sollte man 30 Minuten vor dem geplanten Termin an seinem Standort ankommen. So bleibt genügend Zeit, den besten Bildausschnitt zu suchen und sich die Vorgehensweise zu überlegen. Wenn man ein bestimmtes Ereignis (z. B. Sonnenaufgang oder -untergang) im Sinn hat, rechnet man die Zeit zurück, um den Standort zu erreichen und seine Ausrüstung vorzubereiten. In diesem Fall hatte ich die Anfahrtszeit unterschätzt, sodass ich viel hektischer und nervöser war, als ich hätte sein sollen.

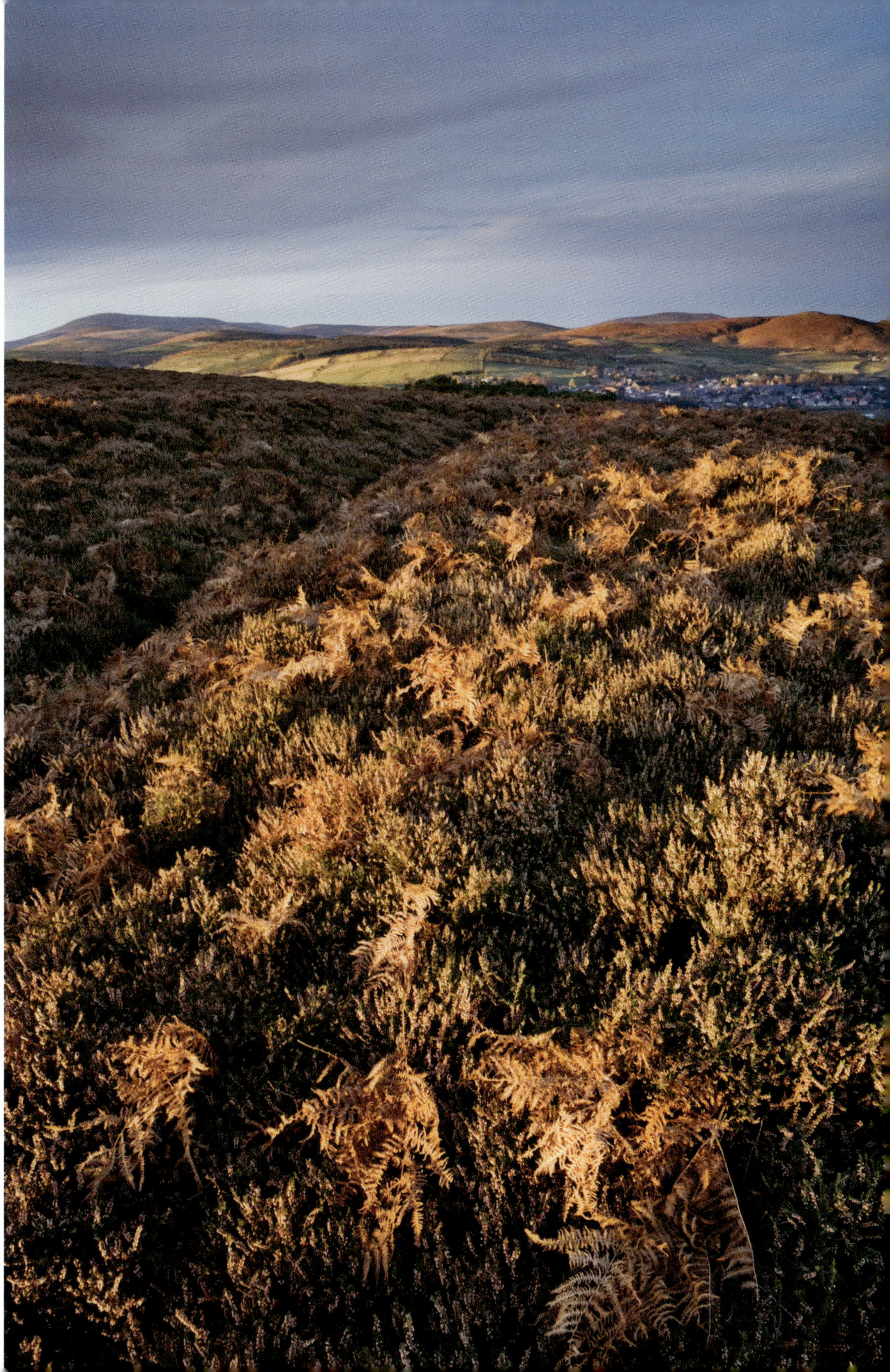

Der Standort

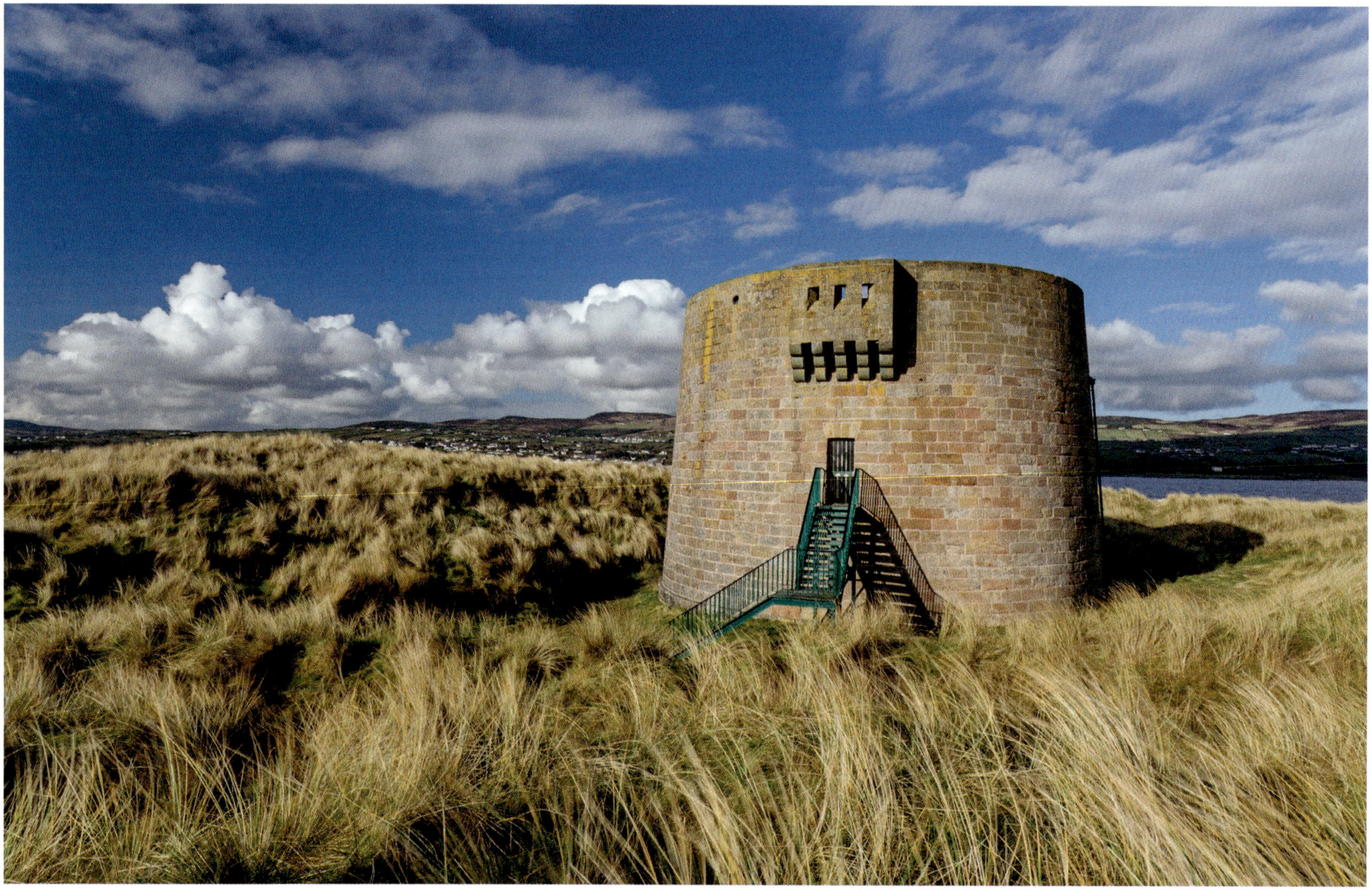

Um den passenden Standort für Landschaftsfotos zu finden, muss man nicht immer in die Ferne schweifen, es gibt in der Nähe des eigenen Wohnortes ganz sicher gute Motive. Ortsnahe Standorte sind einfacher und auch spontan immer wieder zu erreichen, und sie sind keineswegs langweilig. Die Veränderungen über die Jahreszeiten und wechselnde Wetterbedingungen lassen auch vertraute Orte bei jedem Besuch etwas anders aussehen. Ortsnahe Standorte sind auch deswegen interessant, weil sie die Veränderung einer Landschaft im Lauf der Zeit zeigen. Eines sollte man allerdings nicht tun: Das gleiche Bild immer wieder fotografieren. Suchen Sie an Ihnen bekannten Plätzen nach immer wieder neuen Aspekten, und nutzen Sie dies, um Ihr Auge für Bildgestaltung zu schulen. Weil man mit den Bedingungen vertraut ist, lassen sich Ausflüge in die nähere Umgebung besser planen als Reisen zu einem entfernten Standort. Reisen zu Fotomotiven in größerer

Oben: Das Bild entstand während einer zweiwöchigen Foto-Tour nach Nordirland. Ich hatte mir zur Vorbereitung Karten gekauft und nützliche Broschüren von den Websites der lokalen Touristeninformationen heruntergeladen. Vor der Fahrt hatte ich mir eine Wunschliste interessanter Orte zusammengestellt und vermerkt, zu welchen Tageszeiten sie besonders attraktiv sein würden.

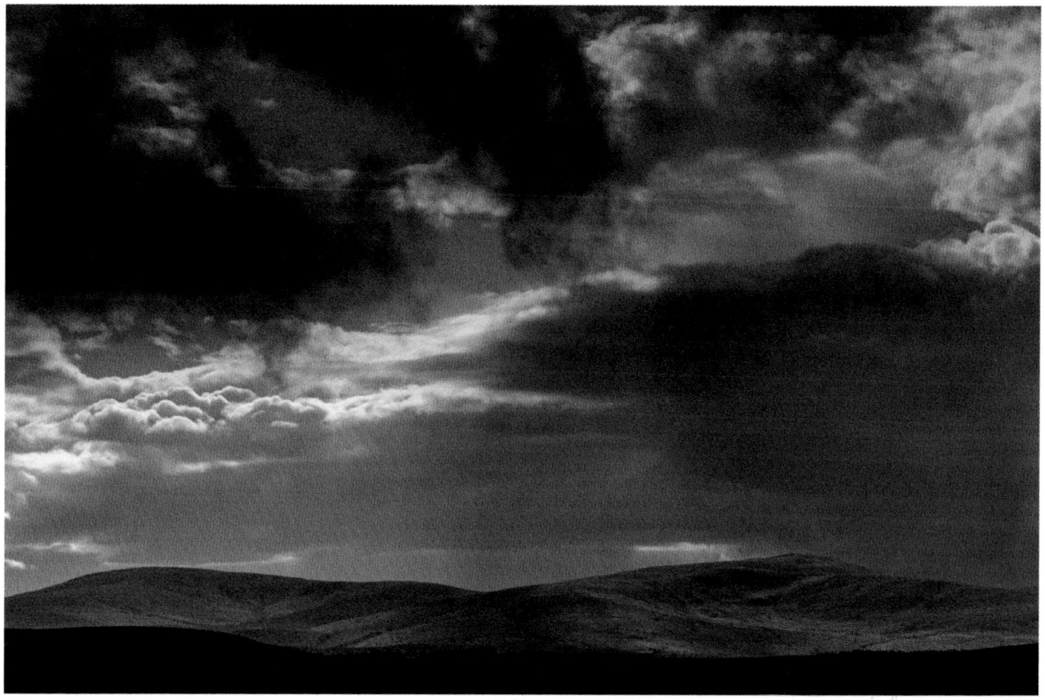

Links: Selbst der spektakulärste Wetterumschwung ist es nicht wert, mit der falschen Kleidung kalt erwischt zu werden.

Tipps:

Manche Zielmotive sind zur geplanten Uhrzeit nur zu erreichen, wenn Sie eine Nacht vor Ort verbringen. Das kompliziert die Planung natürlich etwas, denn Sie brauchen (je nach Komfortwunsch) eine Übernachtungsmöglichkeit oder einen Platz zum Campen. Wenn Sie im Hotel übernachten, sorgen Sie dafür, dass Sie für Aufnahmen des Sonnenaufgangs früh genug aufbrechen können. Nichts ist frustrierender, als im Hotel warten zu müssen, bis Ihnen jemand die Tür aufschließt.

Nehmen Sie reichlich Wasser mit und trinken Sie regelmäßig, nicht erst, wenn Sie durstig sind.

Entfernung werden erst durch intensive Vorbereitung zum Erfolg. Dank Internet ist es viel einfacher geworden, potenzielle Landschaftsmotive aufzuspüren, aber auch traditionelle Informationsquellen haben noch ihre Berechtigung.

Landkarten ermöglichen eine Übersicht über Konturen und Formen einer Landschaft – eine wichtige Information, falls man nach guten Standorten für Sonnenauf- und -untergänge sucht. Niemand möchte erst am geplanten Standort feststellen, dass ein Hügel die Sicht verdeckt.

Sicherheit beachten

Landschaftsfotografie ist nicht per se gefährlich, aber draußen in der freien Natur kann es immer Risiken und Unannehmlichkeiten geben. Durch vorausschauende Planung und adäquates Handeln lassen sie sich jedoch auf ein Minimum reduzieren.

Kaltes Wetter

Geeignete Outdoor-Kleidung gehört unbedingt ins Gepäck. Da das Wetter im Gebirge selbst im Sommer schnell umschlagen kann, braucht man mehrere Lagen warme, regen- und winddichte Kleidung. Manchmal ist es erforderlich, längere Zeit auf das richtige Licht für die Aufnahme zu warten. Selbst wenn man sich bei der Ankunft noch gut fühlt, wird es während der Wartezeit oft empfindlich kalt. Dann sind mehrere Lagen dünner Kleidungsstücke besser als ein oder zwei dicke Teile. Auf diese Weise lässt sich durch An- oder Ausziehen die Körpertemperatur besser regulieren. Auch die Investition in feste Schuhe mit guter Unterstützung der Knöchel lohnt sich. An der Küste sind dagegen Gummistiefel günstiger; sie sind wasserdicht und unempfindlich gegen Salzwasser.

Die Hände werden bei kaltem Wetter zum Problem. Mit dicken Handschuhen kann man die Regler und Knöpfe der Kamera nicht bedienen, doch die Handschuhe zum Einstellen und Auslösen auszuziehen, ist keine gute Idee. Besser geeignet sind dünne, flexible Handschuhe, aber sie halten die Hände nicht warm genug. Die Lösung sind zwei Paar Handschuhe übereinander: Zur Bedienung der Kamera ziehen Sie die dicken Handschuhe aus, so bleiben die Hände immer noch geschützt.

Heißes Wetter

Bei Hitze sind Wassermangel und Sonnenbrand die größten Probleme. Gehen Sie nicht in der heißen Mittagszeit fotografieren; dann herrscht ohnehin das flachste Licht, das nur unbefriedigende Ergebnisse bringt. Zu Anfang und am Ende des Tages ist das Licht meist besser und die

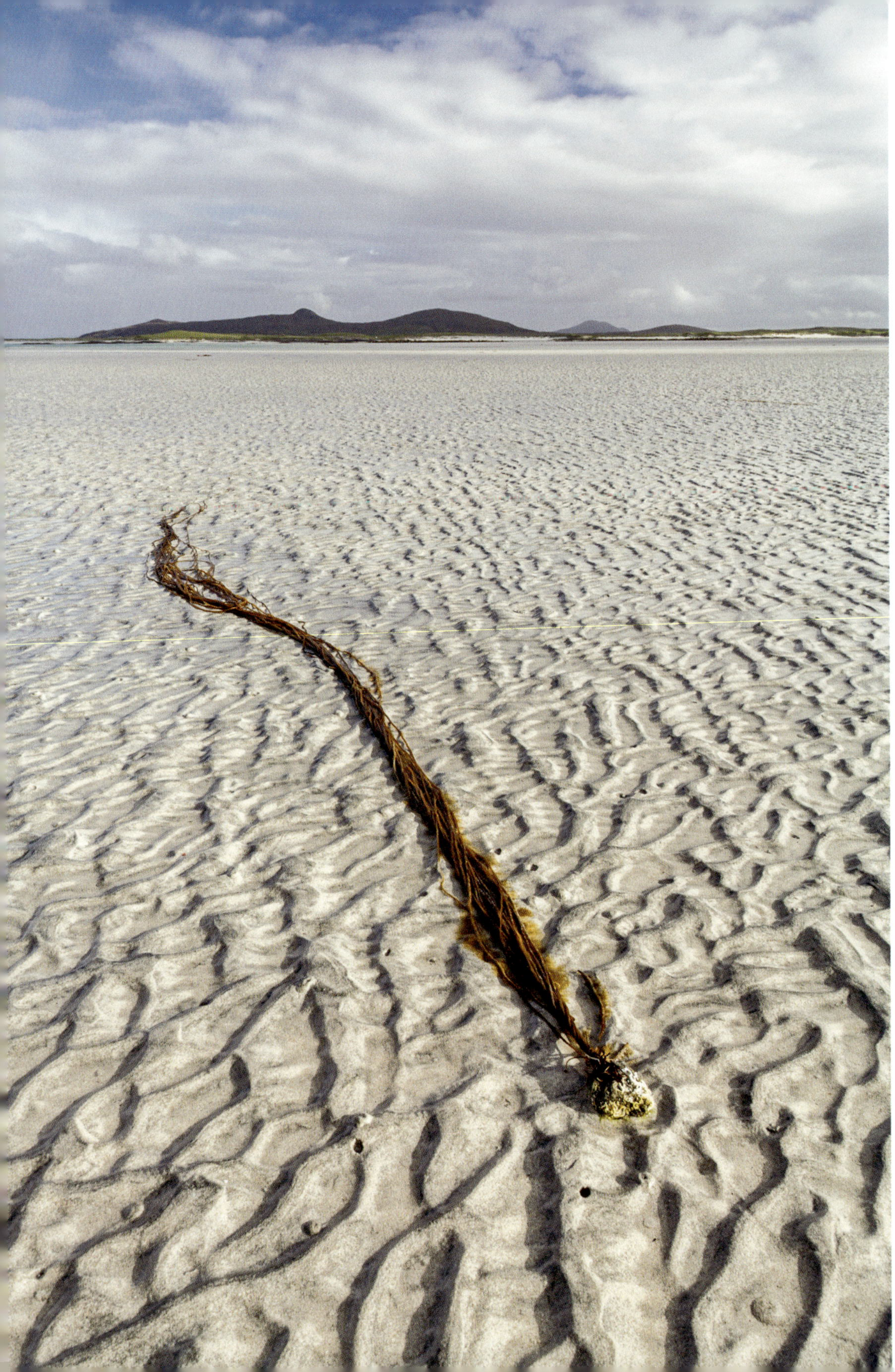

Links: Im Watt finden sich großartige Motive, wie strukturreiche Oberflächen oder Details. Informieren Sie sich vorab über die lokalen Gezeiten, denn die Flut kommt schnell und kann gefährlich werden. Gehen Sie nicht bei auflaufender Flut hinaus.

Temperaturen sind niedriger. Falls sich die Sonnenhitze nicht vermeiden lässt, halten Sie sich mit Ihrer Kamera so oft wie möglich im Schatten auf. Tragen Sie leichte, lockere Kleidung, halten Sie Arme und Beine bedeckt. Ein breitkrempiger Hut und Sonnencreme schützen vor Sonnenbrand.

Allgemeine Sicherheit

Wenn Sie eine Strecke bis zum geplanten Standort laufen müssen, erkundigen Sie sich vorher über die Route und teilen Sie jemandem Ihre Pläne mit. Kündigen Sie an, um welche Zeit Sie zurück sein werden. Handys oder Smartphones sind bei Notfällen sehr nützlich, aber man sollte sich nicht darauf verlassen; in bergigen Regionen kann es Funklöcher geben. Ein gutes Hilfsmittel ist eine Trillerpfeife (z. B. in England wird bei Notfällen sechsmal ein kurzes Signal gegeben, dann folgt eine Pause. Das Notsignal wird so lange wiederholt, bis Hilfe kommt).

Packen Sie aktuelles Kartenmaterial und einen Kompass in die Kameratasche (und üben Sie vorher den Umgang damit!). Auch ein GPS-System ist nützlich, aber die Geräte sind ähnlich anfällig wie Smartphones, und im entscheidenden Moment könnten auch die Akkus leer sein, wodurch das Gerät nutzlos wäre.

Vor allem für Aufnahmen vor Sonnenaufgang und nach Sonnenuntergang lohnt sich eine Stirnlampe. So bleiben die Hände frei, wenn Sie die Karte lesen oder über Felsen klettern müssen.

Rechts oben: Dieses Bild entstand am späten Nachmittag in Marokko. Die Temperatur war kühler als am Mittag, und die längeren Schatten gaben dem Motiv mehr Kontur.

Rechts unten: Die beste Zeit für Aufnahmen am Meer ist die Hochflut, wenn Wellen ans Ufer klatschen und das Wetter interessant ist. Um zum richtigen Zeitpunkt vor Ort zu sein, sollte man jede Information nutzen, die man bekommen kann.

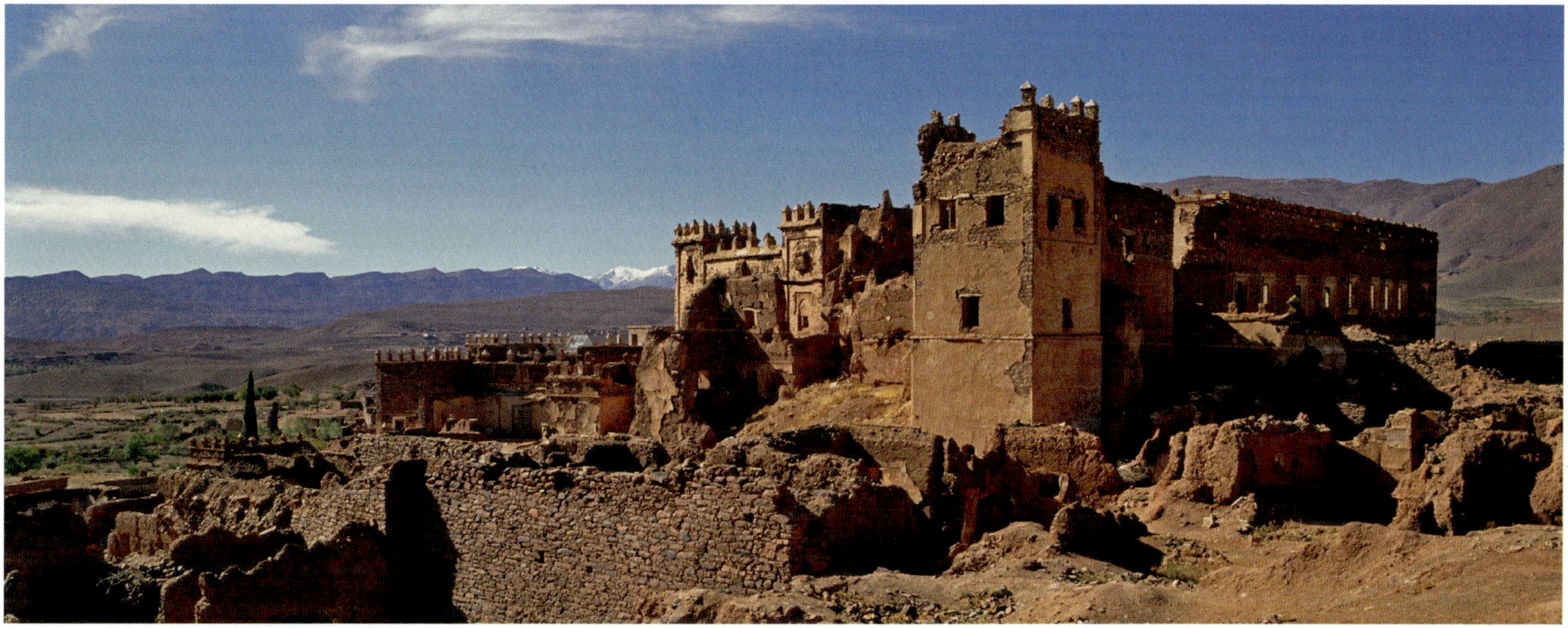

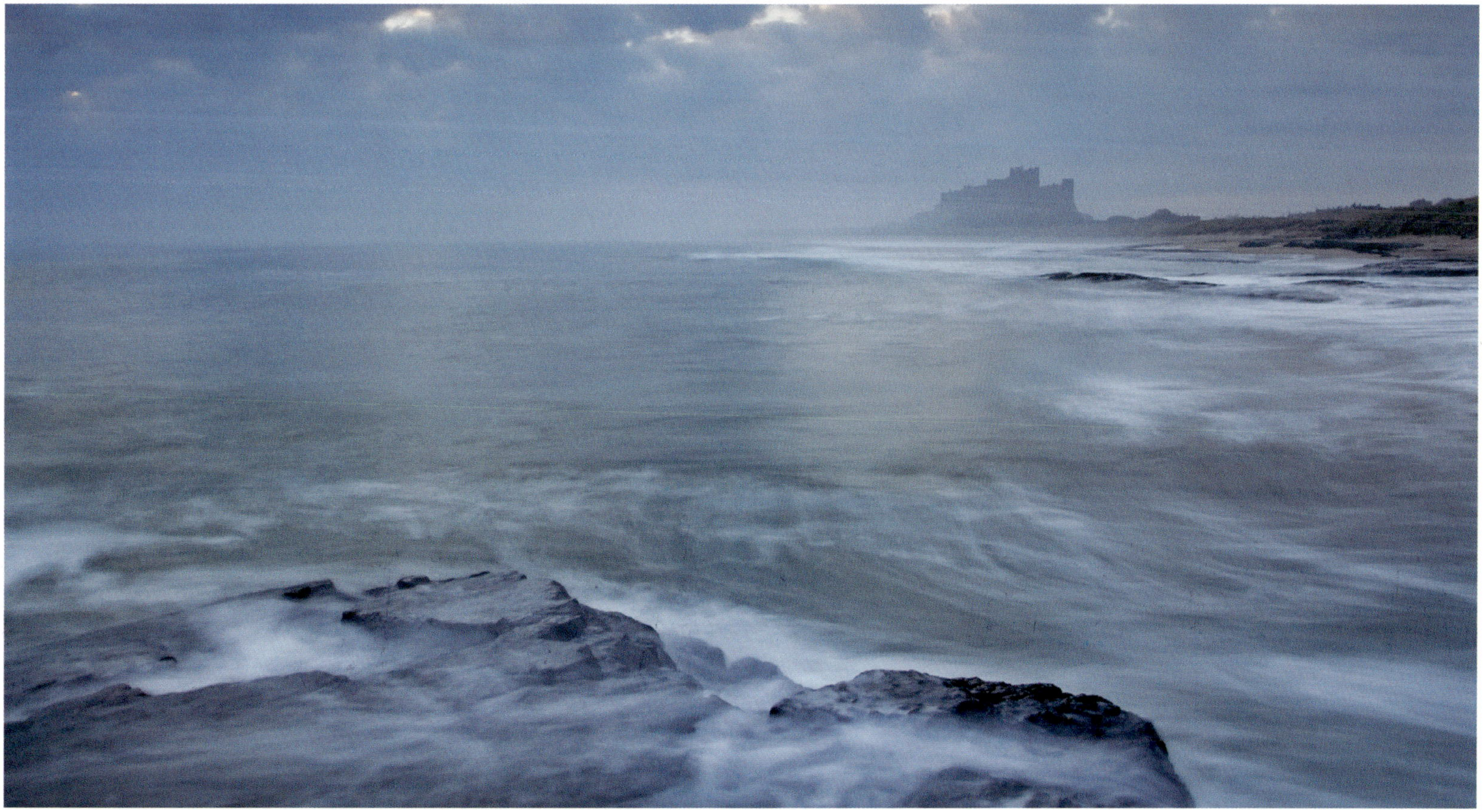

Was gehört in die Kameratasche?

Es ist zwar verlockend, zur Sicherheit seine gesamte Ausrüstung in die Kameratasche zu packen, doch Sie sollten gut überlegen, was Sie für die geplanten Aufnahmen unbedingt brauchen. Nehmen Sie nur das Nötige mit. Damit verringert sich auch die Gefahr, eins der nicht benötigten Teile zu beschädigen oder zu verlieren.

Auch die persönliche Belastung spielt eine Rolle. Manchmal muss man eine Weile gehen, um den geplanten Standort zu erreichen. Es lohnt sich also, Gewicht durch Weglassen zu sparen. Falls man eine Zeitlang draußen verbringen möchte, muss man neben der Kameraausrüstung auch noch Verpflegung, Wasser und möglicherweise ein Zelt mitnehmen.

PACKLISTE

Tagestour:	***Für zwei Tage und mehr:***
Kameragehäuse	*Akku-Ladegerät*
benötigte Objektive	*Handy-/Smartphone-Ladegerät*
Stativ	*Laptop (oder anderes Speichermedium)*
Filter (Grauverlaufsfilter/Polarisationsfilter)	*Wasserflasche (Plastik)*
Filterhalterung	*Wecker*
Linsentücher	*Zelt/Schlafsack*
Fernauslöser	*Ersatzkleidung*
Ersatzbatterien	
Ersatzspeicherchips	
Notizblock und Stift	
Karte, Kompass, GPS-Gerät	
Stirnlampe	
Erste-Hilfe-Set	
Handy/Smartphone	
Reflektor	

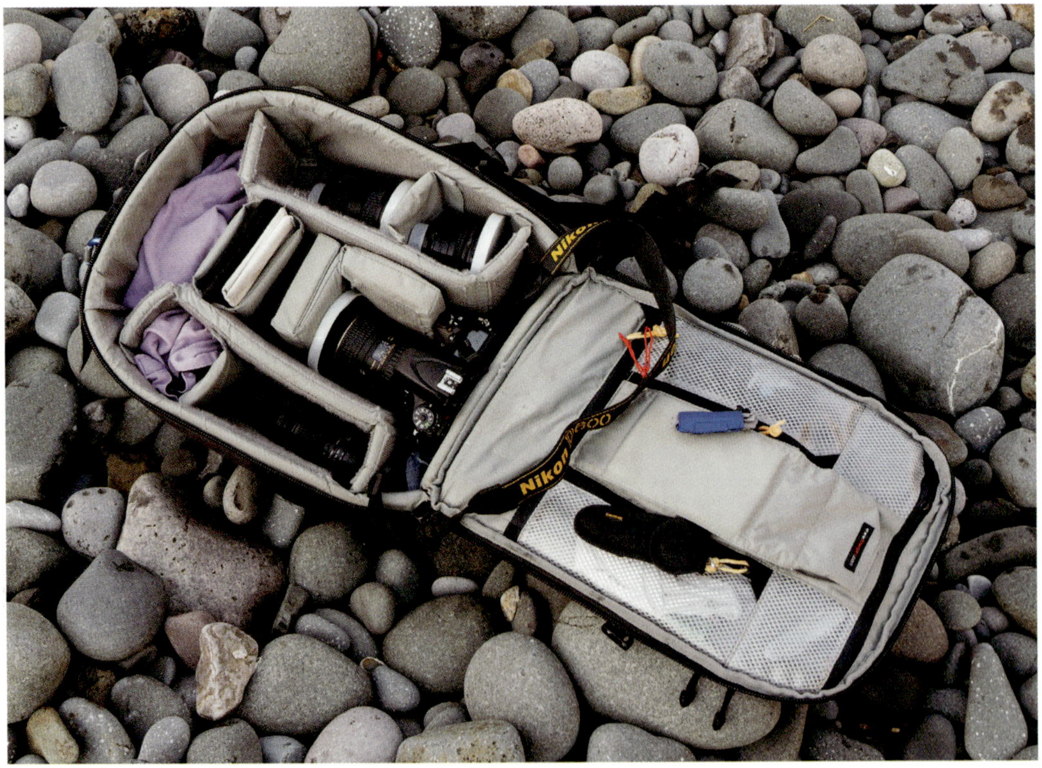

Rechts: Die Kameratasche gleicht der Werkzeugkiste eines Handwerkers. Räumen Sie das Zubehör sinnvoll ein, damit Sie jederzeit alles sofort griffbereit haben.

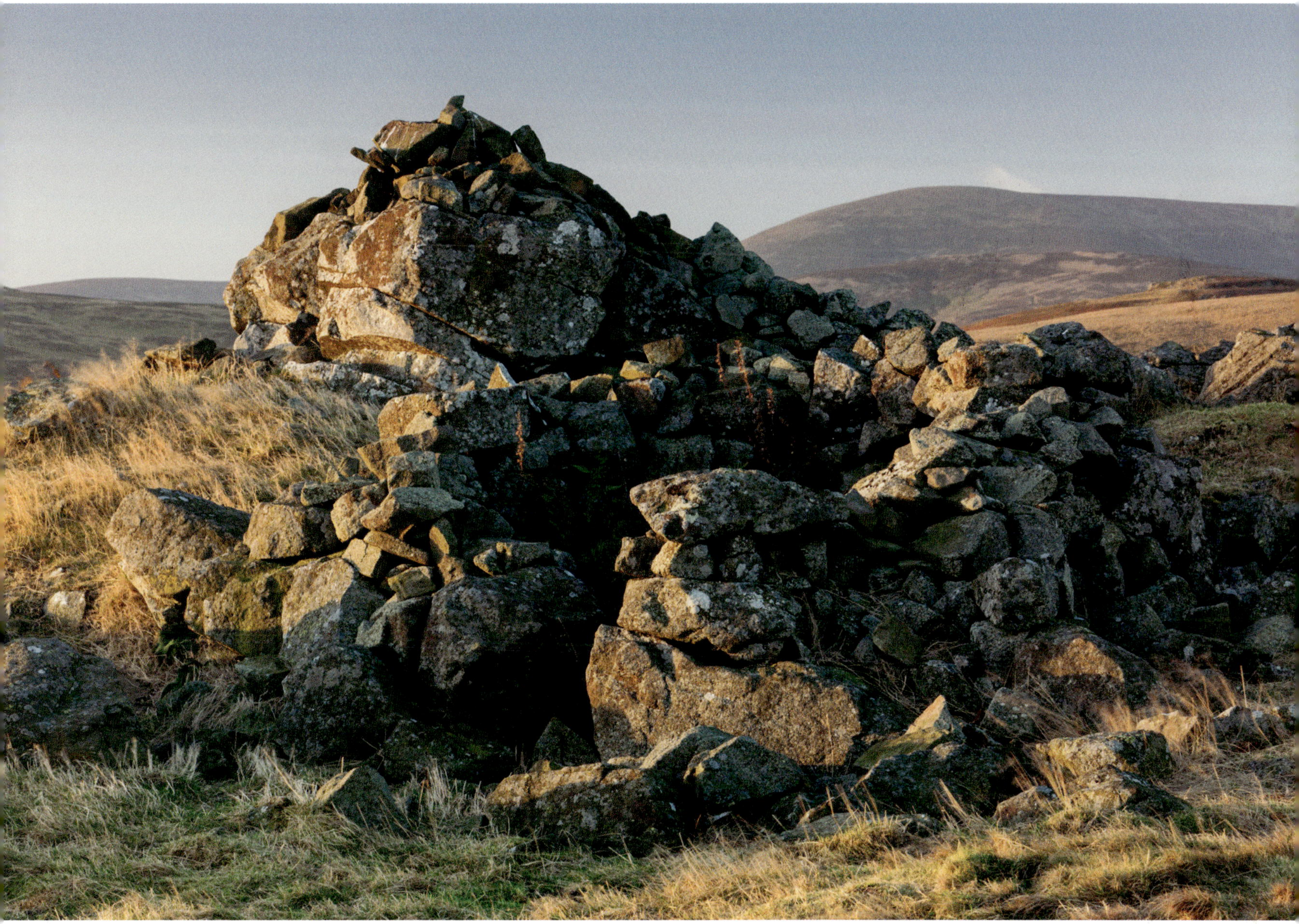

Oben: Wenn ich eine größere Strecke bis zu einem Standort gehen muss, lasse ich mein Teleobjektiv zu Hause. Es ist schwer, und ich benutze es seltener als andere Objektive. Ich nehme stattdessen ein 100-mm-Objektiv mit; es ist relativ klein und schafft dennoch eine Quasi-Teleobjektiv-Perspektive.

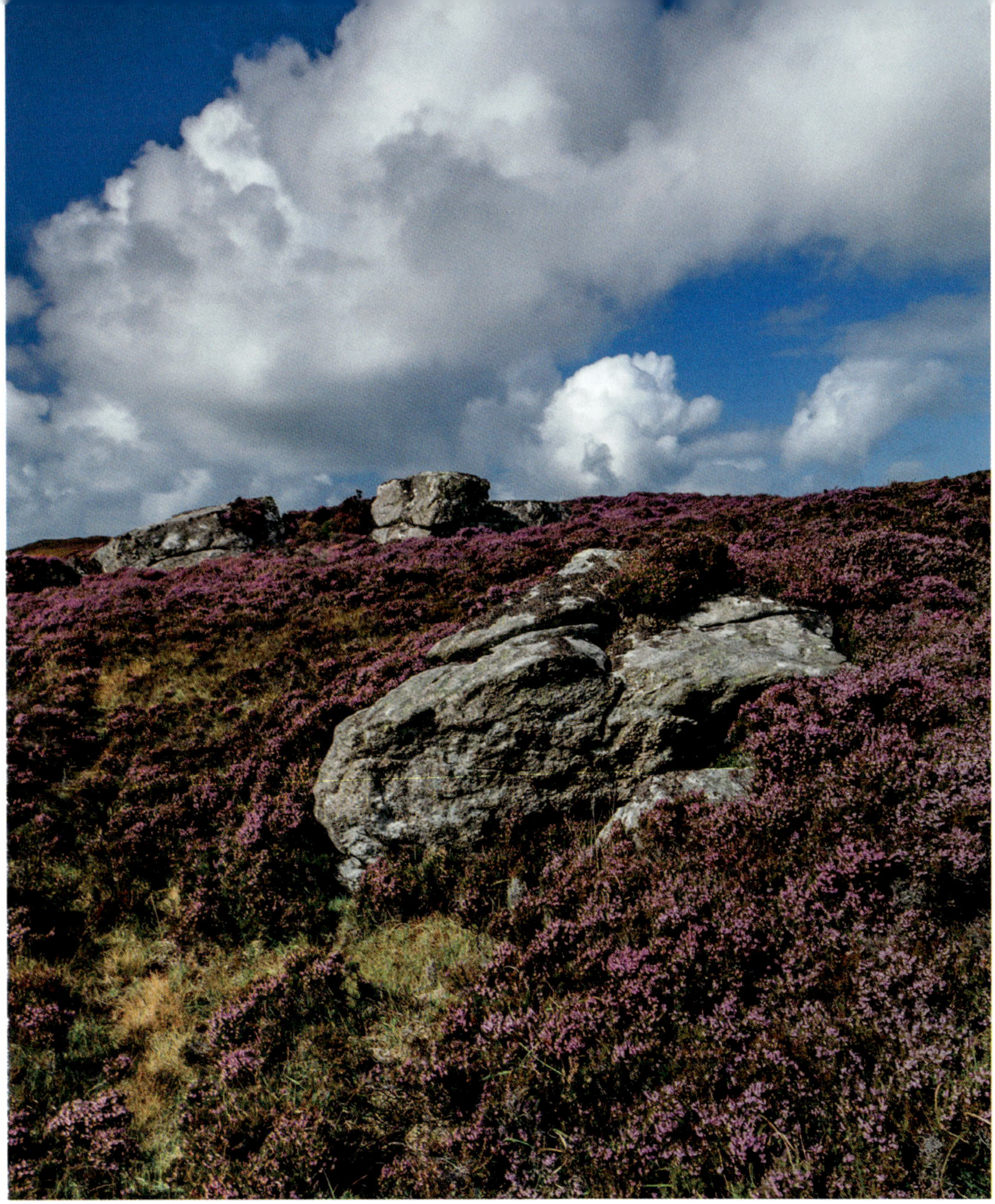

Oben: Auf Heidekraut und anderer dichter Vegetation findet das Stativ schlecht Halt. Bei manchen Stativen können die Gummifüße gegen Stachel ausgetauscht werden, die mehr Standfestigkeit bieten.

Tipp:

Wenn kein Stativ zur Hand ist, sind feste Unterlagen, wie ein Zaunpfahl oder Felsen, eine gute Alternative (für relativ kurze Verschlusszeiten). Legen Sie ein Tuch, besser noch ein Leder- oder Jutesäckchen unter, um die Kamera zu stabilisieren und vor Kratzern zu schützen.

Das Stativ

Es gibt bestimmte Fertigkeiten, die man üben und verbessern sollte; dazu gehört auch der richtige Umgang mit dem Stativ. Ein unscharfes Foto aus der Hand ist enttäuschend, aber doppelt ärgerlich, wenn das Gleiche mit der Kamera auf dem Stativ passiert! Bei richtigem Gebrauch steht das Stativ stabil und hält die Kamera ruhig. Es geschieht aber allzu oft, dass ein Stativ wackelt oder sogar umkippt.

Ziehen Sie die Stativbeine gleichmäßig bis zum maximalen Auszug aus. Die Mittelsäule muss genau senkrecht stehen. Auf unebenem Grund werden die Beine unterschiedlich lang ausgezogen, bis die Säule senkrecht steht. Drücken Sie das Stativ auf weichem Boden so fest wie möglich in die Erde.

Die Mittelsäule wird nur dann ausgezogen, wenn keine andere Möglichkeit bleibt, zusätzliche Höhe zu erreichen. Weil sich der Schwerpunkt des Stativs bei ausgezogener Mittelsäule verlagert, steht es weniger stabil. Es ist daher günstiger, die maximale Länge der Stativbeine zu nutzen, als die Mittelsäule auszuziehen.

Wenn Sie mit einer digitalen Spiegelreflexkamera fotografieren, klappen Sie den Spiegel hoch (falls die Kamera das zulässt). Das Hochklappen des Spiegels, bevor sich der Verschluss öffnet, erzeugt eine leichte Vibration. Das gilt besonders für Vollformatkameras mit größeren Spiegeln. Kameras ohne Spiegel und digitale Spiegelreflexkameras im Live-View-Modus haben dieses Problem nicht.

Ein anderer Auslöser für Bewegungsunschärfen sind Sie selbst. Da man das Stativ allzu leicht aus Versehen anstößt, wenn man den Auslöser drückt, ist es sicherer, den Selbstauslöser oder einen Fernauslöser zu benutzen. Gehen Sie auf Sand oder nachgiebigem Boden nicht umher, damit nicht versehentlich aufgrund der Vibration die Stativbeine einsinken.

Fotos aus der Hand

Landschaftsfotografie und Stativ sind wie füreinander bestimmt. Da die benötigten kleinen Blendenöffnungen – für mehr Tiefenschärfe – längere Verschlusszeiten erfordern, sind Fotos aus der

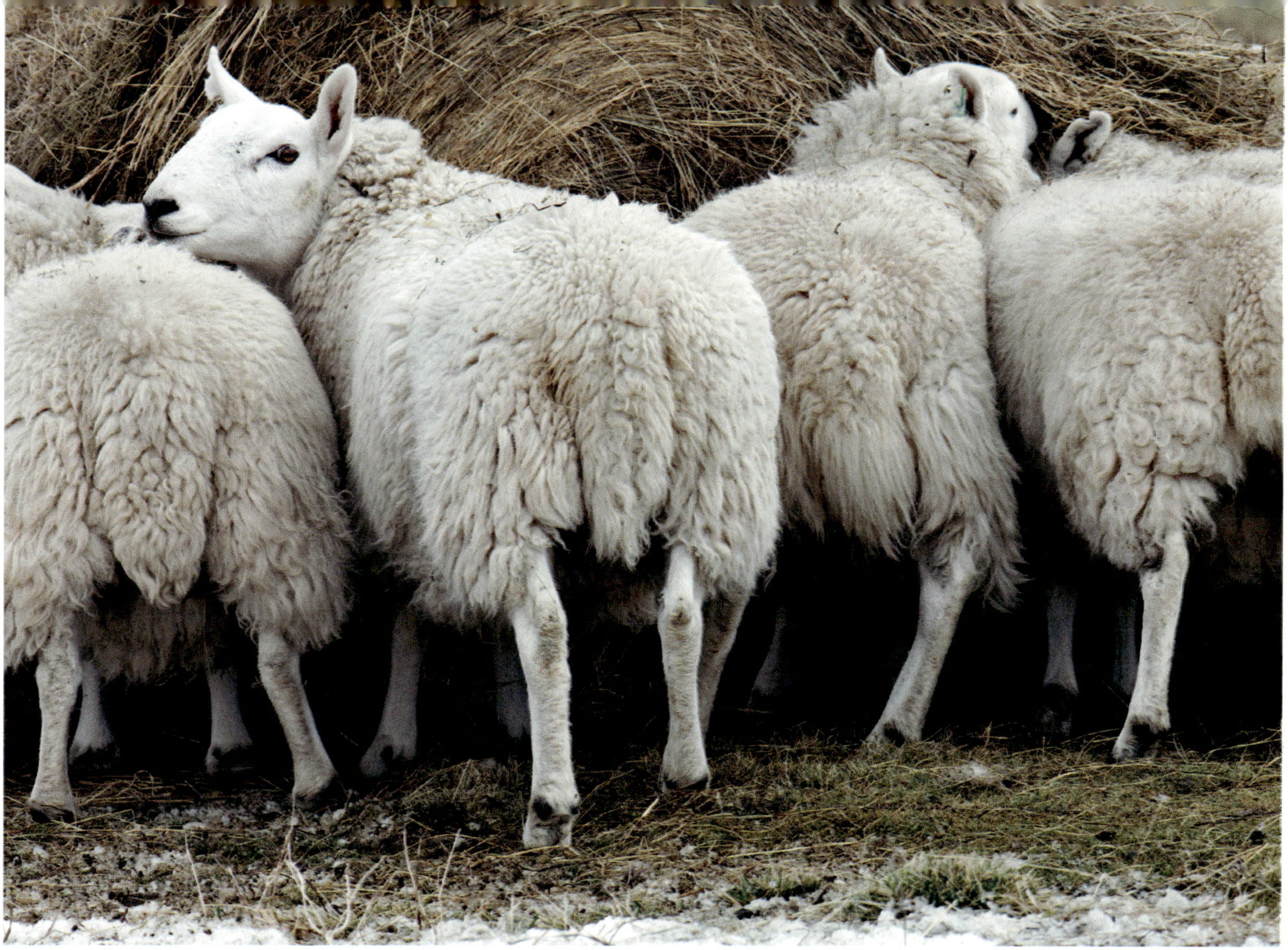

Hand eigentlich keine Option. Es gibt aber Situationen, in denen Stative nicht sinnvoll einsetzbar sind; dann sind auch Landschaftsfotografen auf Aufnahmen aus der Hand angewiesen.

Der größte Nachteil bei Aufnahmen ohne Stativ ist die Gefahr, das Foto zu verwackeln. Testen Sie rechtzeitig, wie ruhig Sie die Kamera halten können: Befestigen Sie eine kleine Taschenlampe an der Kamera, schalten Sie das Raumlicht aus, und richten Sie das Licht der Lampe auf eine Wand. Halten Sie die Kamera wie üblich bei einer Aufnahme, und beobachten Sie den Lichtpunkt auf der Wand: Wenn er hin- und herwackelt, halten Sie die Kamera für Ihre Aufnahmen nicht ruhig genug.

Der Schlüssel zur ruhigen Kamerahaltung ist die richtige Körperhaltung: Stehen Sie so aufrecht wie möglich, die Füße etwa schulterbreit auseinander, und drücken Sie die Ellbogen leicht gegen den Körper. Halten Sie die Kamera mit der rechten Hand fest; die linke unterstützt das Objektiv von unten. Atmen Sie langsam ein und aus und drücken Sie auf den Auslöser, bevor Sie wieder einatmen. Bei Aufnahmen aus kniender Position wird der Oberkörper stabilisiert, wenn Sie den Ellbogen auf einem Knie abstützen.

Oben: Tiere in der Landschaft bewegen sich zu schnell und machen die Arbeit mit dem Stativ unmöglich. Auch beim Fotografieren mit einem Teleobjektiv ist die Verwackelungsgefahr sehr real. In diesen seltenen Fällen schalte ich meine Kamera auf den automatischen ISO-Modus um. Ich kann in meiner Kamera eine längste Verschlusszeit einstellen, die das Verwackeln gerade noch verhindert. Dann stellt die Software bei Aufnahmen aus freier Hand automatisch einen ISO-Wert ein, der an die herrschenden Bedingungen angepasst ist.

Speicherformate

Wenn Sie nicht gerade mit dem Smartphone oder einer einfachen Kompaktkamera fotografieren, bieten alle Kameras die beiden Speicherformate JPEG und RAW an. Beide Formate haben Vor- und Nachteile, doch wer Wert auf anspruchsvolle Landschaftsfotografie legt, kommt nicht an RAW vorbei (möglich ist auch die Speicherung in beiden Formaten, um vom Besten aus beiden zu profitieren).

JPEG

Der Vorteil des JPEG-Formats gegenüber RAW ist, dass es „fertige“ Bilder liefert, die sich sofort downloaden und in alle Programme einfügen lassen, die das Format unterstützen: Textverarbeitungs- und Designprogramme sowie das Internet. Dieser Vorteil ist aber gleichzeitig der Nachteil des Formats, denn Einstellungen wie Weißabgleich, Schärfe und Kontrast werden zum Zeitpunkt der Aufnahme im JPEG-File „eingefroren“. Daher müssen Sie vor der Aufnahme entscheiden, mit welchen Einstellungen Sie arbeiten wollen. Spätere Anpassungen sind nicht mehr möglich, selbst wenn Sie später feststellen, dass die Einstellungen dem Motiv nicht gerecht wurden. Natürlich lassen sich auch JPEGs in gewissem Rahmen nachbearbeiten, aber darunter leiden die Qualität und manche Einstellungen. Manche Voreinstellungen, wie Schwarz und Weiß, sind irreversibel.

Ein gewisser Vorteil besteht darin, dass im JPEG-Format die Bildinformation komprimiert wird – es passen also mehr Fotos auf den Speicherchip als bei der Speicherung von RAWs. Allerdings geht die Komprimierung zulasten der feinen Details. Am besten werden Details dargestellt, wenn bei der JPEG-Vorwahl der geringste Komprimierungsgrad (höchste Qualität) eingestellt wird.

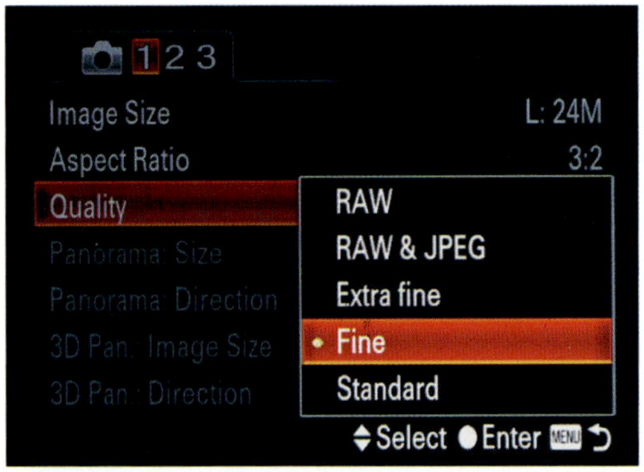

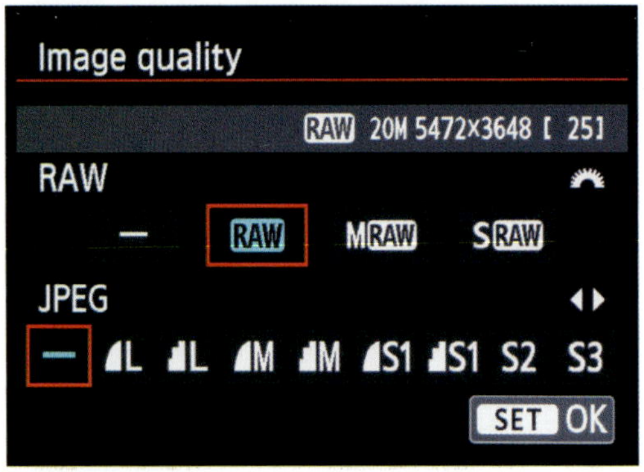

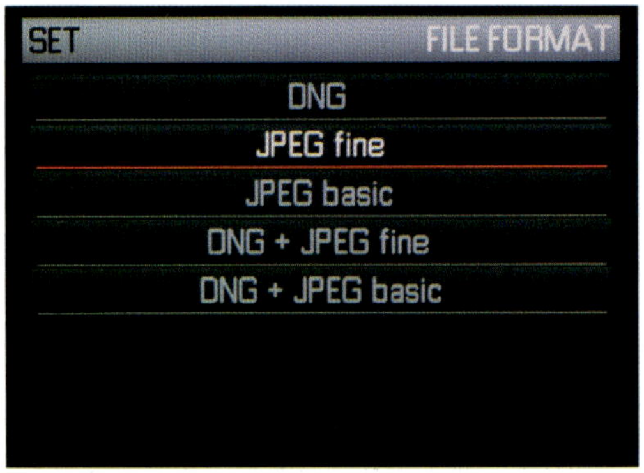

Oben: Es gibt keine standardisierten Bezeichnungen für den Grad der Komprimierung. Fine (fein) bezeichnet gewöhnlich minimale Komprimierung (höchste Bildqualität). *Standard* oder *Normal* maximale Komprimierung (geringster Speicherplatz), manchmal wird auch Basic verwendet.

RAW

Es gibt kein Standardformat für RAW; jeder Kamerahersteller benutzt sein eigenes (NEF bei Nikon, CR2 bei Canon usw.). Einem Standard am nächsten kommt das DNG-Format von Adobe, das als Universal-RAW-Format konzipiert wurde, um das Leben von Fotografen zu erleichtern. Leider wird das DNG-Format nur von einigen Herstellern, wie Leica und Pentax, unterstützt, sodass wir auch weiterhin mit unterschiedlichen Formaten leben müssen.

Unabhängig vom Herstellerformat werden in den RAWs alle Bilddaten des Sensors zur Zeit der Aufnahme gespeichert. Die RAW-Daten werden nicht von der Kamerasoftware bearbeitet (wie bei den JPEGs), sondern unverändert übernommen. Im Zuge der Bildbearbeitung mit einer RAW-kompatiblen Software kann die Bildinformation daher ganz individuell bearbeitet werden. Außerdem wird das originale RAW-File nicht überschrieben, sondern in einer separaten Datei nur die Veränderungen gespeichert. Das RAW-File kann also beliebig oft erneut bearbeitet werden, ohne dass die Qualität leidet.

Natürlich dauert die Bearbeitung eines RAW-Files eine gewisse Zeit, außerdem kostet es Zeit, die Bilder einer Fotosession zu sichten und auszuwerten. Andererseits ist diese Zeit gut genutzt, denn am Ende wartet ein optimales Foto. Erst wenn Sie mit dem Ergebnis zufrieden sind, wird das bearbeitete RAW-File in ein anderes Format konvertiert, wie TIFF oder JPEG, das von anderen Programmen gelesen werden kann.

Auch die RAW-Files werden etwas komprimiert, um Platz auf dem Speicherchip zu sparen, aber das geschieht nicht, wie bei den JPEGs, auf Kosten der Details. RAW-Files brauchen viel mehr Platz auf dem Chip (mindestens doppelt so viel wie JPEGs). Wer regelmäßig RAW-Files speichert, braucht daher schnelle Speicherchips mit größerer Speicherkapazität, denn das Speichern von RAWs dauert länger.

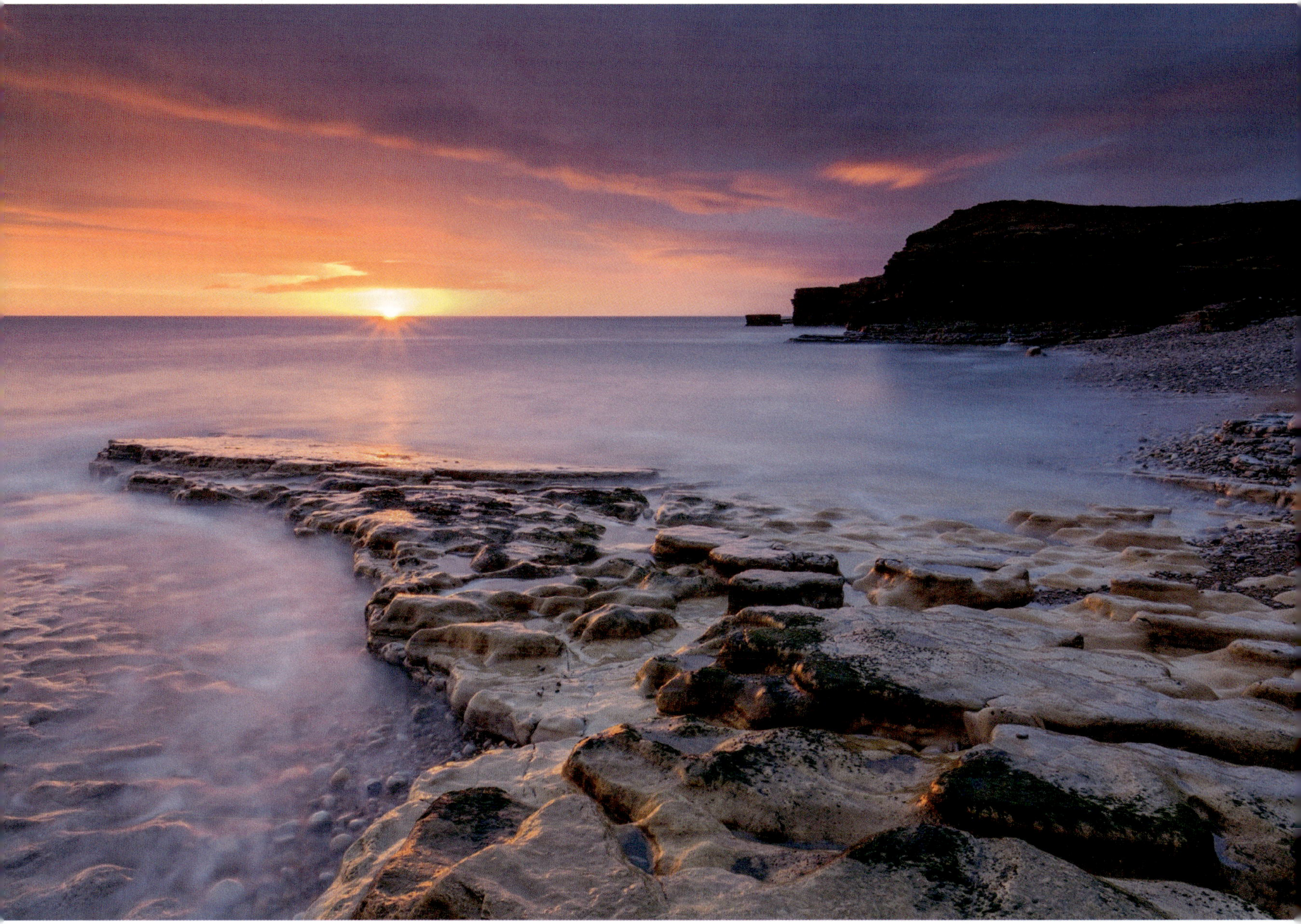

Oben: Bei Fotos, die als JPEG-File gespeichert wurden, besteht keine Möglichkeit, „ausgebrannte" Highlights zu retten. Hier bietet RAW das bessere Sicherheitsnetz. Sofern die Highlights nicht zu stark überbelichtet sind, lassen sie sich durch Bildbearbeitung noch retten. In dieser Aufnahme konnte ich die Details rund um die Sonne mit dem Lightroom Highlight Tool (Adobe) noch sichtbar machen.

Bildparameter

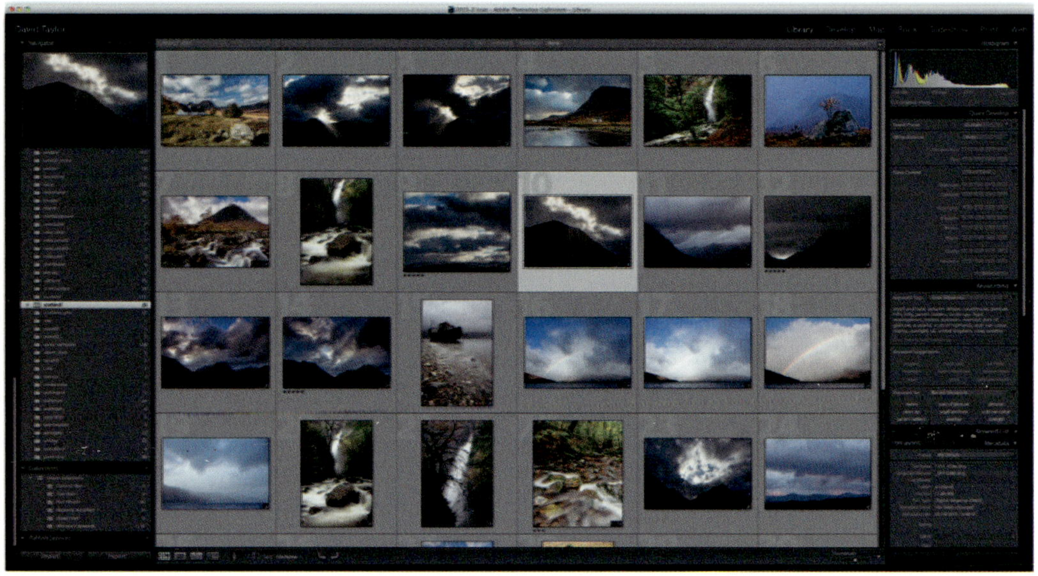

Oben: Die meisten Kameras enthalten Software, um RAWs zu bearbeiten. Dafür gibt es allerdings bessere Alternativen, wie Capture One, Aperture oder Lightroom (im Bild).

Wenn Sie die Fotos nach der Aufnahme betrachten – das gilt sowohl für RAWs als auch für JPEGs – werden sie in dem Modus dargestellt, der zur Zeit der Aufnahme eingestellt war. In die Bildkontrolle gehen Kontrast, Schärfe, Farbsättigung, auch die Umwandlung in monochrome Aufnahmen ein. Weiterhin sind Korrekturfaktoren für bestimmte Objektive und der Farbraum eines Bildes einstellbar.

Solche Voreinstellungen sind unerheblich, wenn das Foto im RAW-Format gespeichert wird, sie können in der Bildbearbeitung verändert werden. Bei Speicherung im JPEG-Format sieht das ganz anders aus, denn die Informationen fließen in das Endergebnis ein. Daher lohnt sich das Experimentieren mit den kameraspezifischen Voreinstellungen, um die gewünschten Einstellungen für die jeweilige Situation abzuspeichern.

EINSTELLUNGEN DER BILDPARAMETER

Beschreibung	***Übliche Optionen***	**Empfohlene Einstellungen**
Farbraum	*sRGB; Adobe RGB*	*Wenn die Fotos ins Internet hochgeladen oder sofort nach der Aufnahme gedruckt werden, ist sRGB die beste Einstellung, ansonsten Adobe RGB.*
Objektivkorrektur	*Vignettierung; Korrektur der chromatischen Aberation*	*Nur für JPEGs erforderlich. Unnötig, solange die Blende nicht zu weit über die größte Öffnungsweite geschlossen wird. Objektive von Fremdfirmen werden nicht immer unterstützt.*
Kontrastumfang	*Aus; Niedrig; Mittel; Stark*	*Nur für JPEGs wichtig. Highlights und Schatten werden auf einen Mittelwert ausgeglichen. Für natürlich wirkende Bilder nicht „Stark" einstellen.*
Motivvorwahl	*Standard; Porträt; Landschaft; Neutral; Natürlich; Monochrom*	*Für Fotos, die nicht nachbehandelt werden. Wer seine JPEG-Files nachbehandeln möchte (nur JPEGs) wählt „Niedrig" bei Kontrast, Schärfe und Sättigung.*

Tipp:

In der Bildbearbeitung lassen sich die Einstellungen Schärfe und Kontrast nur schwer wieder rückgängig machen.

Rechts: Kameras verfügen gewöhnlich über eine Auswahl von Einstellungen, die den Stil eines Fotos bestimmen. Sie unterscheiden sich im Grad der Farbanpassung, im Kontrast und in der Schärfe. Obwohl die Voreinstellung „Landschaft" sicher die beste Option ist, werden die Farben häufig zu gesättigt dargestellt, was bei JPEG-Files kaum rückgängig gemacht werden kann.

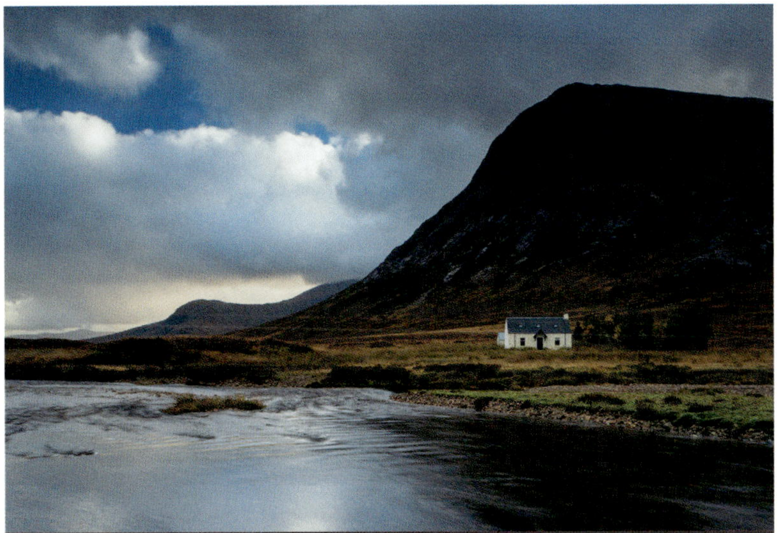

STANDARD
Gewöhnlich die Normaleinstellung; Tendenz für Kontrast und Sättigung: „Natürlich“.

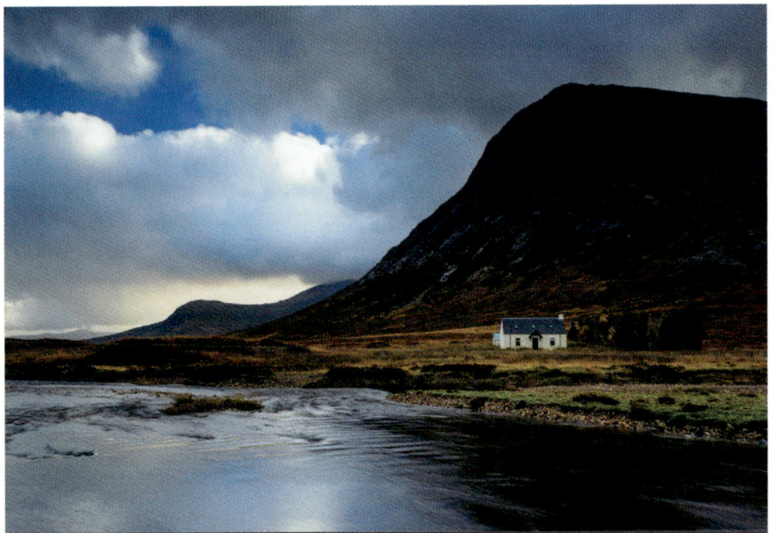

LANDSCHAFT
Blau- und Grüntöne sind stärker gesättigt, Schärfe und Kontrast sind erhöht.

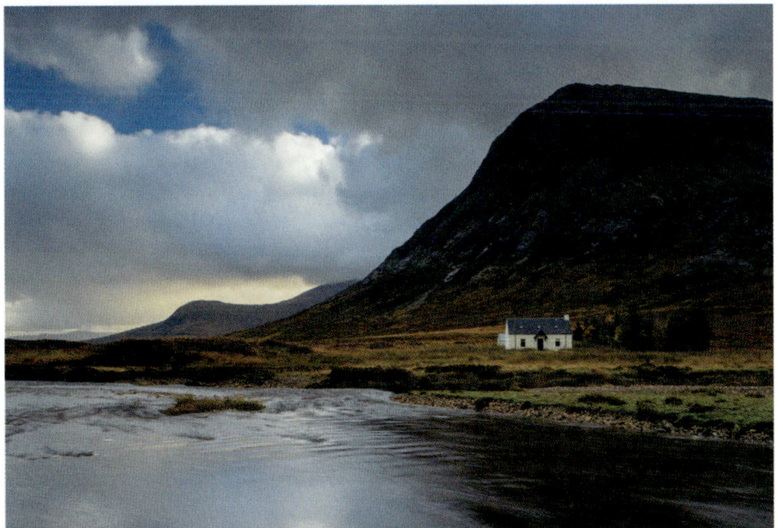

NEUTRAL
Farbsättigung, Kontrast und Schärfe sind geringer als in der Standardeinstellung. Eine gute Wahl bei JPEG-Fotos, die nachbearbeitet werden sollen.

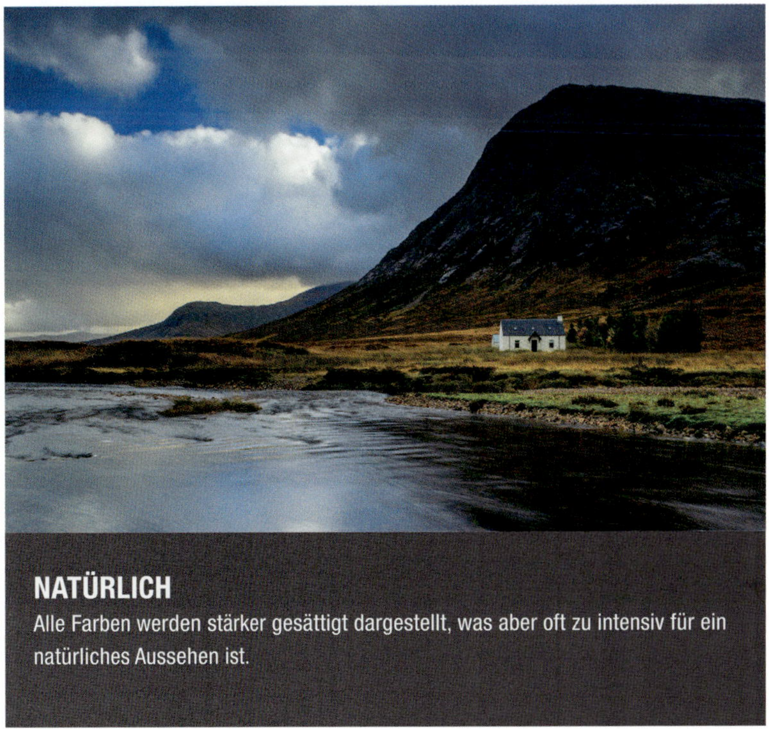

NATÜRLICH
Alle Farben werden stärker gesättigt dargestellt, was aber oft zu intensiv für ein natürliches Aussehen ist.

Kapitel 5

Motive

Der Begriff „Landschaftsfotografie“ lässt sich auf viele Motive anwenden. Selbst manche Makroaufnahmen fallen unter den Begriff „Landschaft“, wenn auch in Miniaturformat. Welche Motive gewählt werden, hängt hauptsächlich vom Wohnort des Fotografen und seinen persönlichen Vorlieben ab. Dieses Kapitel stellt einige der Möglichkeiten vor, die sich daraus ergeben können.

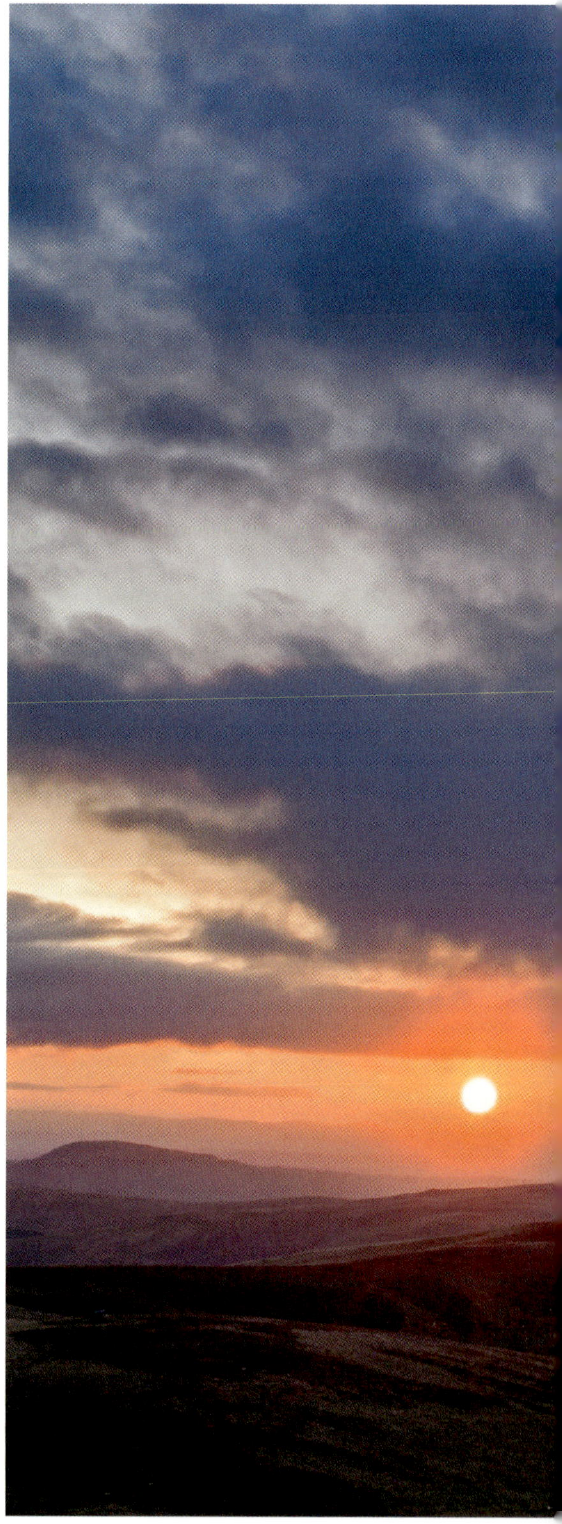

Rechts: Ich wohne in Northumberland, der nordöstlichen Ecke von England. Hier an der engsten Stelle der Insel sind Ost- wie Westküste nicht weit entfernt. Was mich jedoch am stärksten beeindruckt, ist das Hügelland, das sich wie ein Rückgrat durchs Landesinnere zieht. Die Hügel sind im Vergleich zu den Gebirgen der Welt eher niedrig, aber ich finde sie faszinierend und entdecke immer wieder anspruchsvolle Motive.

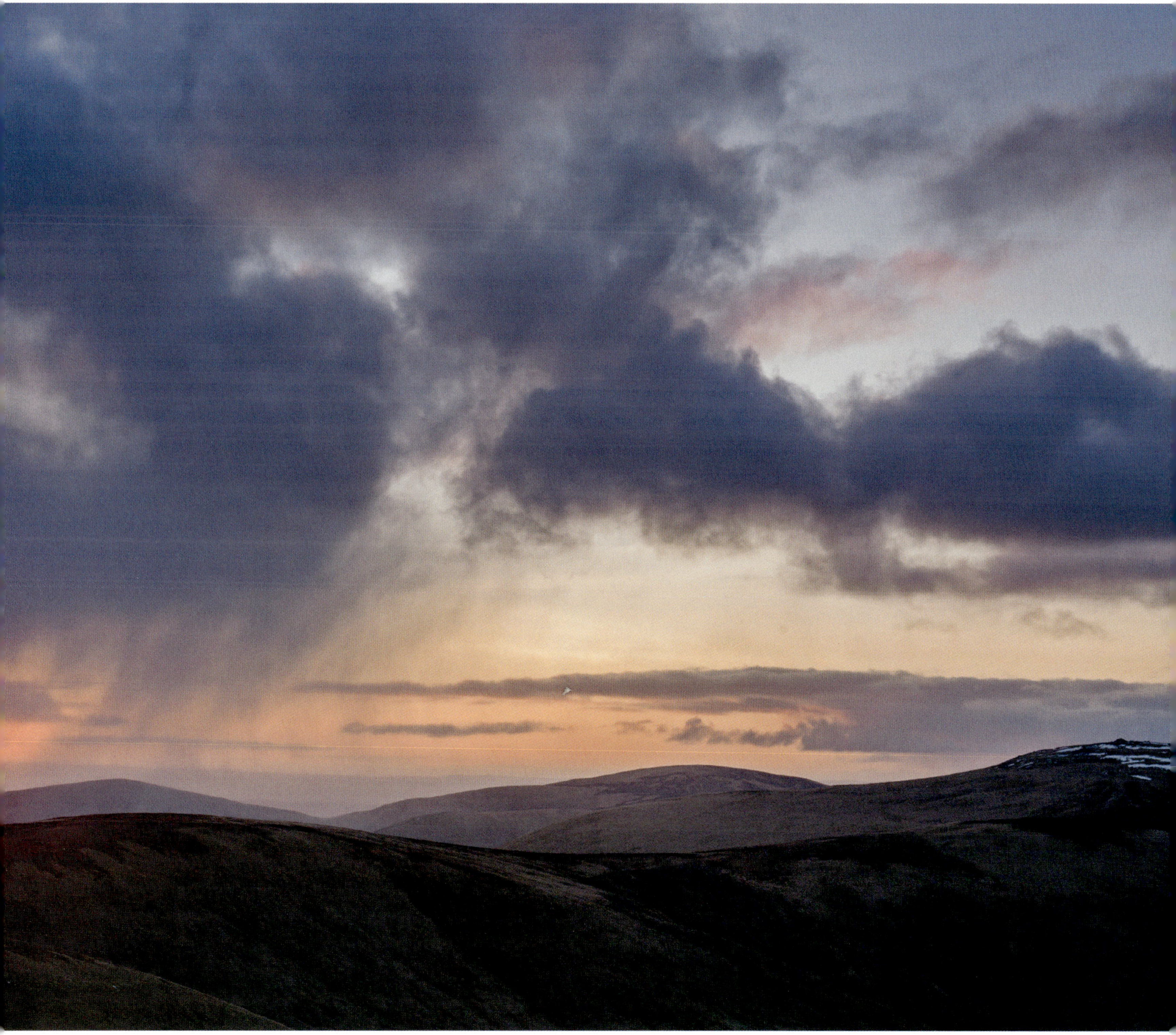

Küste

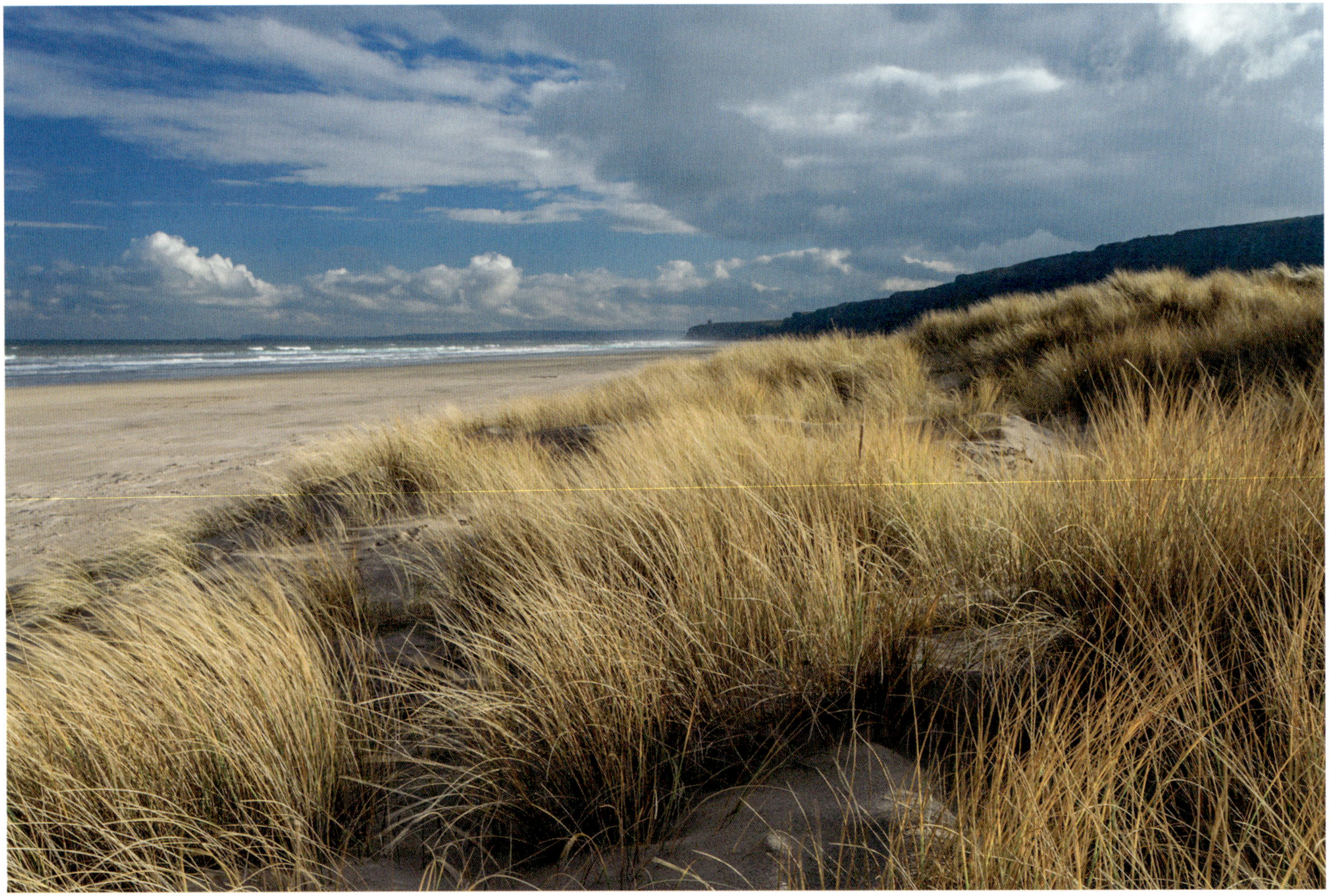

Das Besondere der Küste ist ihr ständiger Wandel. Zweimal täglich wechseln die Gezeiten, spülen Details weg und schwemmen andere an. Der Stand der Gezeiten ändert sich mit der Mondphase und mit dem Wetter draußen auf dem Meer. Selbst wer „seinen“ Strand täglich besucht, findet immer wieder etwas anderes und Neues. Daher ist eine gute Planung das A und O, wenn man einen Fototrip an die Küste in Betracht zieht.

Küste ist ein sehr allgemeiner Ausdruck für ein breites Spektrum an geografischen Erscheinungen. Es gibt Sand- und Felsenküsten, die von Klippen oder Dünen gesäumt sind. Es gibt einsame Buchten und weite Strände, die bis ins Unendliche zu reichen scheinen – kein Wunder, dass Küsten besonders viele Motive bieten.

Oben: Es ist schwierig, den Eindruck von Weite zu erzeugen, wenn man leere Sandstrände fotografiert. Ein Vordergrund, wie diese grasbewachsene Düne, hilft dabei, die wahre Größe eines Strandes zu ermessen.

Planung

Die beste Zeit, an der Küste zu fotografieren, ist der frühe Morgen bei Flut. Das gilt besonders für Sandstrände, die morgens frei von störenden Fußspuren sind. Natürlich muss man auch selbst darauf achten, keine Abdrücke zu hinterlassen. Wenn man schon umhergehen muss, um einen guten Standort zu finden, sollte man im Wasser oder am Ufersaum entlang gehen. Es wäre zwar möglich, Fußspuren bei der Nachbehandlung zu entfernen, aber das ist zeitaufwendig, und man sollte sich diese Arbeit sparen.

Später am Tag dürften Menschen den Strand bevölkern. Damit ergeben sich andere Fotomotive, aber es gibt einen feinen Unterschied zwischen Landschaften mit Menschen und Menschen in einer Landschaft. Menschen ziehen immer die Blicke auf sich und können ein Motiv dominieren, es sei denn, sie werden relativ klein abgebildet.

Rechts: Für dieses Motiv habe ich den klassischen Fehler gemacht, direkt über den Strand statt den Ufersaum entlangzugehen. Als ich meinen Standort für eine gute Komposition gefunden hatte, stellte ich frustriert fest, dass meine Fußspuren im Sand sichtbar waren. Die Arbeit, sie in der Nachbehandlung wieder zu tilgen, hätte ich mir sparen können.

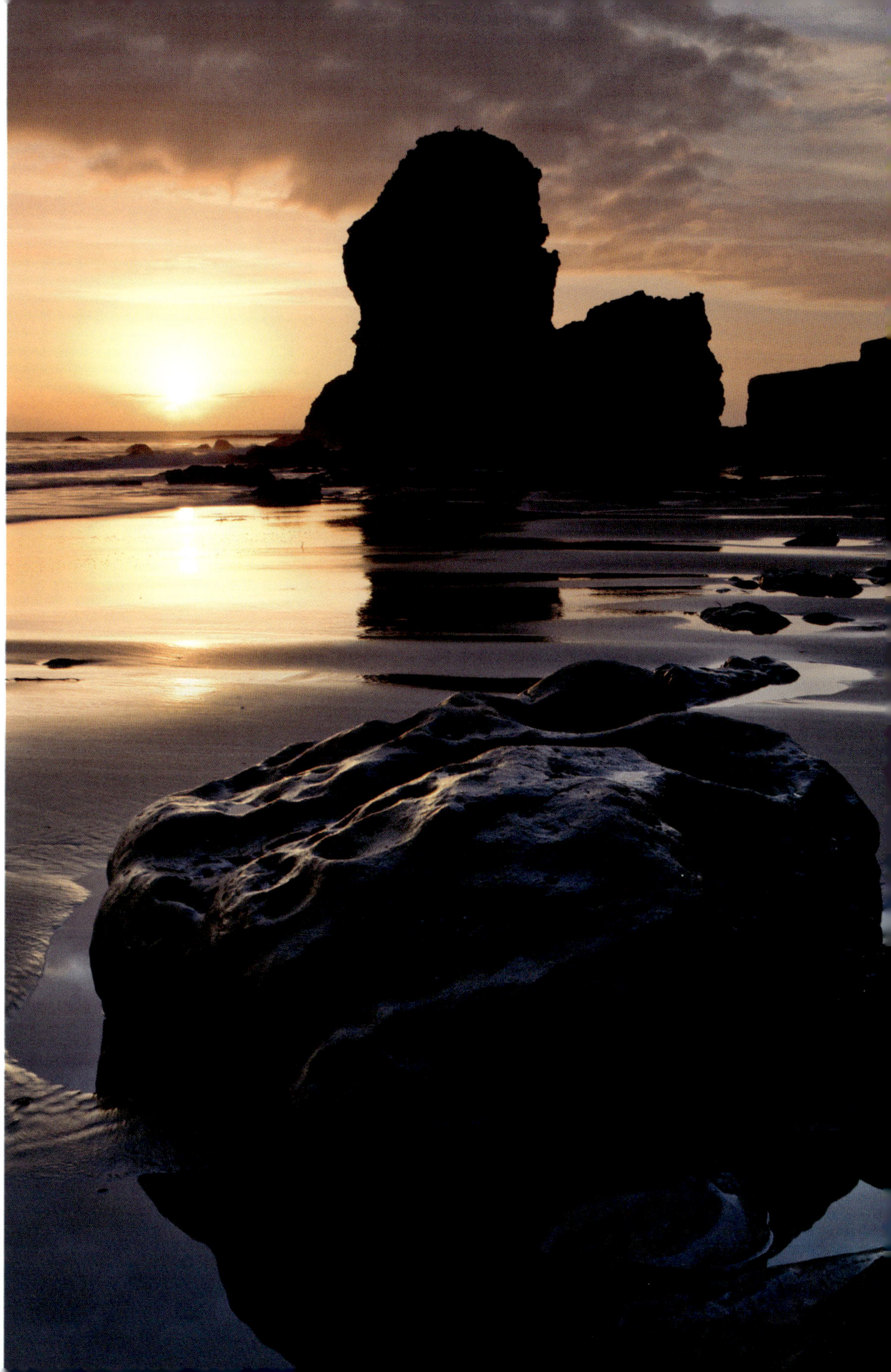

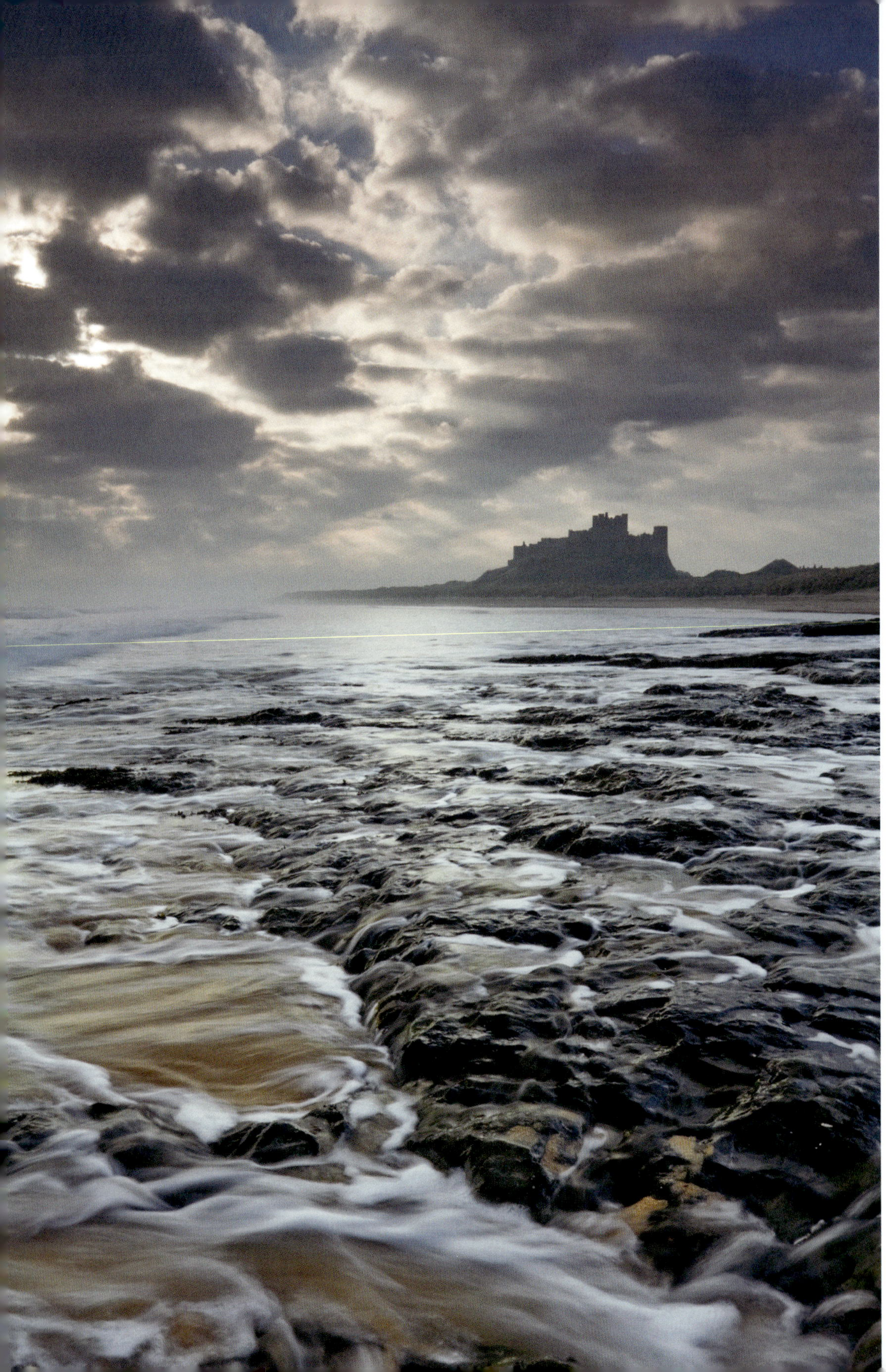

Bewegung

Wie man die Bewegung des Meeres darstellen möchte, ist eine Frage der Ästhetik. Kürzere Verschlusszeiten „frieren" die Bewegung der Wellen ein, was bei schwachem Licht aber nur möglich ist, wenn die Blende weiter geöffnet oder die ISO-Zahl erhöht wird. Andererseits glättet eine längere Verschlusszeit die Wellen – je länger die Belichtung, desto ausgeprägter der Effekt. Bei hellem Licht ist das nur mit dem kleinsten ISO-Wert und einem Graufilter zu erzielen.

Eine ganz und gar nicht erwünschte Bewegung ist das Versinken des Stativs im Sand während der Aufnahme. Das geschieht einerseits, wenn man während der Belichtung auf den Sand tritt, häufiger aber, wenn Wellen auf den Strand spülen. Drücken Sie das Stativ beim Aufstellen fest in den Sand, um dieses Risiko zu minimieren.

Tipps:

Ein Polarisationsfilter unterdrückt die Glanzlichter auf feuchtem Sand. Er wirkt gleichzeitig wie ein Graufilter (ND 0,6).

Überprüfen Sie regelmäßig Objektive und Filter, und entfernen Sie Sprühwasser mit einem sauberen, fusselfreien Lappen.

Links: Die Verschlusszeit von 1/3 Sekunde erzeugt den Eindruck von Bewegung. Die Wellen, die über die Felsen im Vordergrund fließen, erscheinen verwischt. Trotzdem weist das Wasser noch Struktur auf. Es wirkt natürlich und lässt die Energie der Bewegung erahnen.

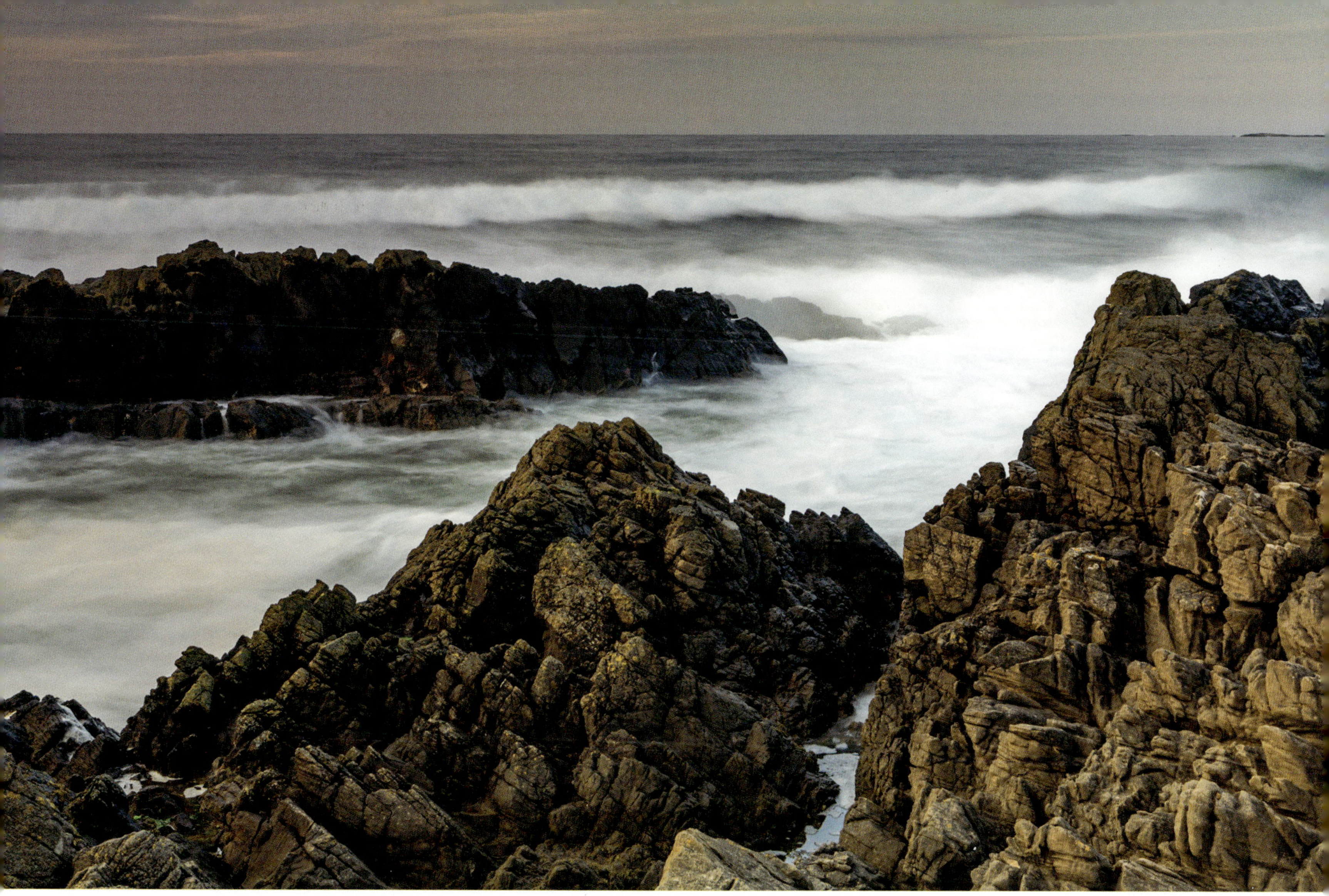

VERSCHLUSSZEITEN, UM WELLEN ZU FOTOGRAFIEREN	
Verschlusszeit	***Art der Darstellung***
1/125 Sek. oder kürzer	*Details eingefroren*
¼ Sek.	*verwischt, mit sichtbaren Strukturen*
1 Sek.	*verwischt, mit kaum sichtbaren Strukturen*
15 Sek.	*milchiges Aussehen*
1–2 Min.	*Wellenform verschwindet*

Oben: Beim Fotografieren am Meer muss die Kamera absolut waagrecht bleiben. Ein schräger Horizont sieht auf dem Foto sehr merkwürdig aus. Eine Wasserwaage hilft dabei, die Kameraposition einzustellen (manche Stativköpfe haben eine eingebaute Libelle, die aber nur funktioniert, wenn der Stativkopf horizontal steht). Es gibt auch Kameras mit eingebauter elektronischer Wasserwaage, die aber regelmäßig kalibriert werden muss.

Wald

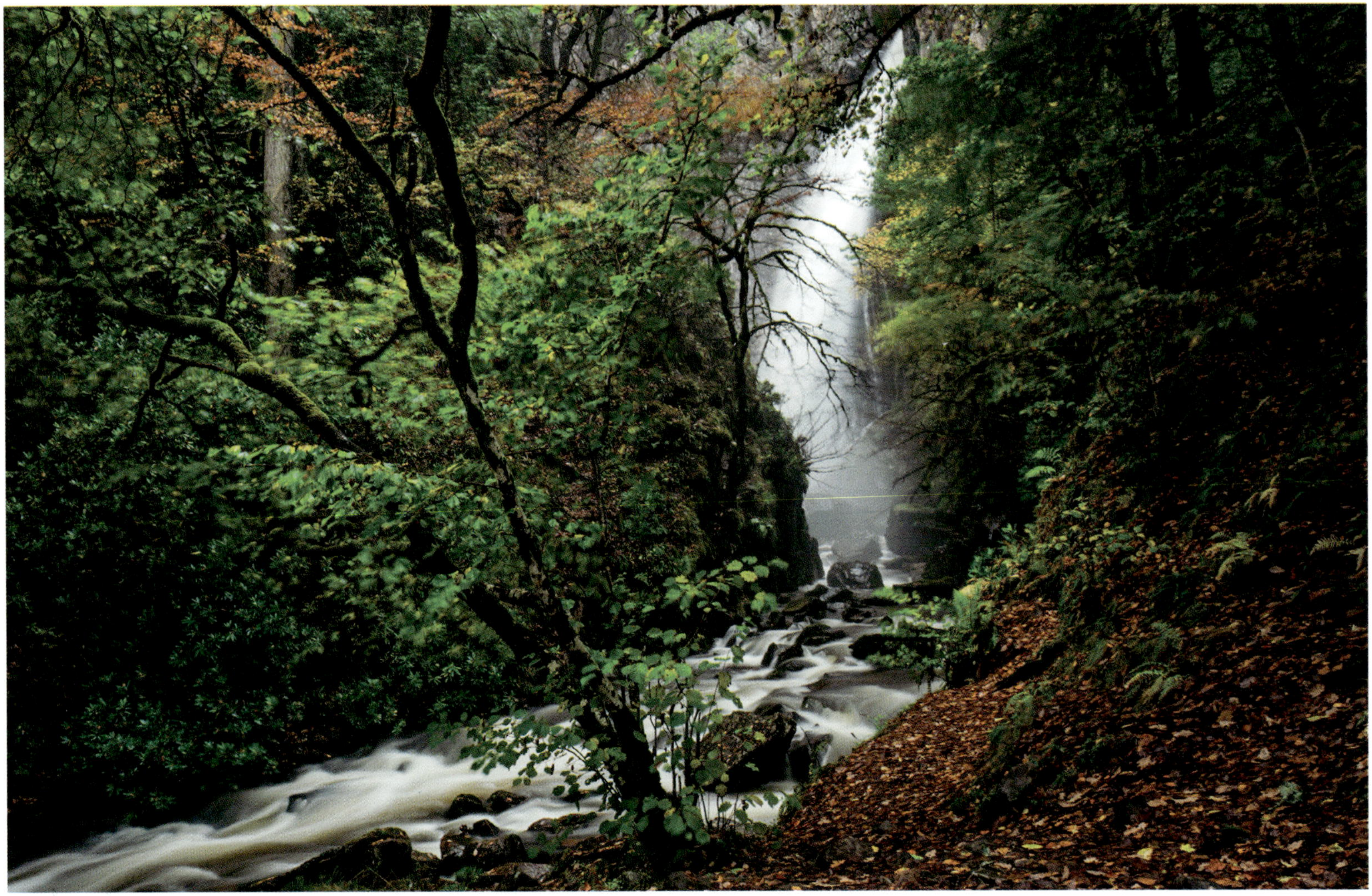

Das Fotografieren im Wald ist eine Herausforderung, denn mit Ausnahme von kommerziell genutztem Wald sind Wälder von Natur aus chaotisch. Das erschwert die Suche nach guten Kompositionen. Andererseits steht man glücklicherweise beim Wald weniger unter Zeitdruck als bei anderen Landschaften. Obwohl das Streiflicht des frühen Morgens und späten Nachmittags interessante Schatten erzeugt, lohnt sich auch das weiche Licht eines Mittags bei bedecktem Himmel. So bleibt genügend Zeit, um ohne Druck und in Ruhe das beste Motiv zu suchen.

Im Wald gibt es viele interessante Details zu entdecken, wie umgestürzte Bäume, Pilze und Wurzeln. Ein Weitwinkelobjektiv und attraktive Details im Vordergrund machen die Komposition relativ einfach. Auch ein Teleobjektiv hat seine Berechtigung. Damit ist es möglich, die Umgebung auszublenden und Motive zu fotografieren, die andernfalls unerreichbar blieben, beispielsweise Blätter im Gegenlicht.

Ein Laubwald verändert sich mit den Jahreszeiten. Die beliebteste Zeit ist sicher der Herbst, wenn sich die Blätter in attraktiven Rot- und Gelbtönen zeigen. Auch die anderen Jahreszeiten bieten lohnende Motive: die grafische Wirkung nackter Zweige im Winter und das frische Grün und Waldblumen im Frühling.

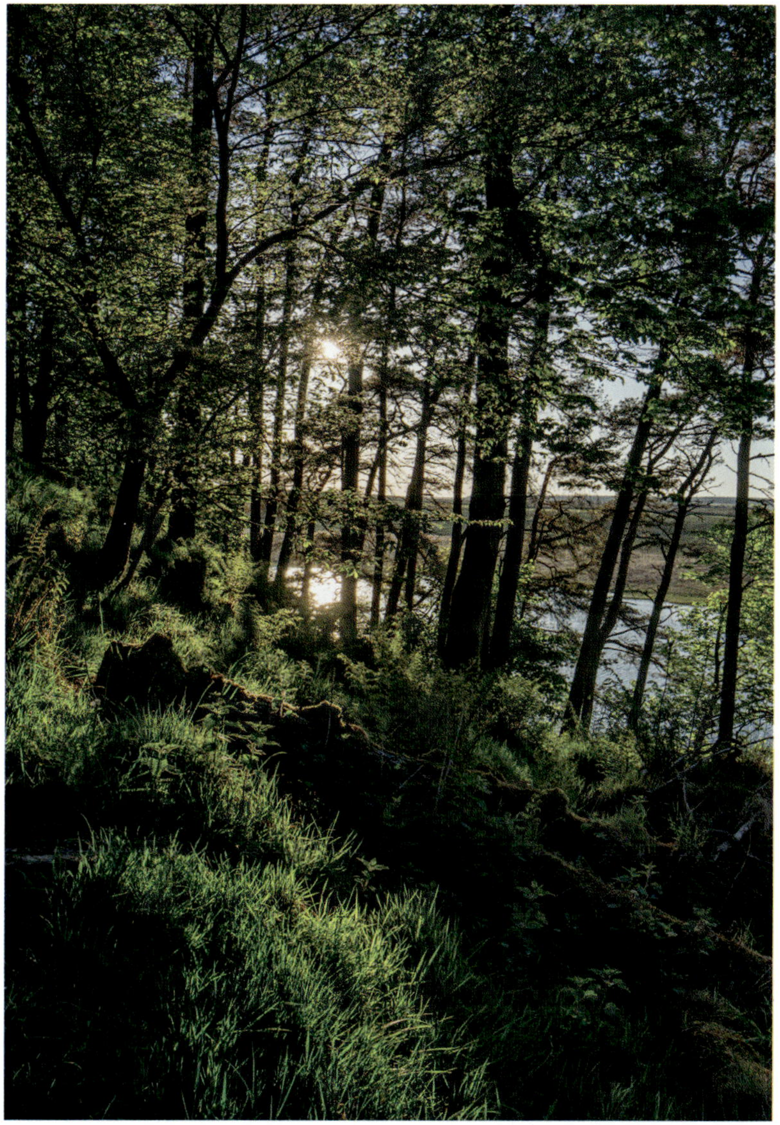

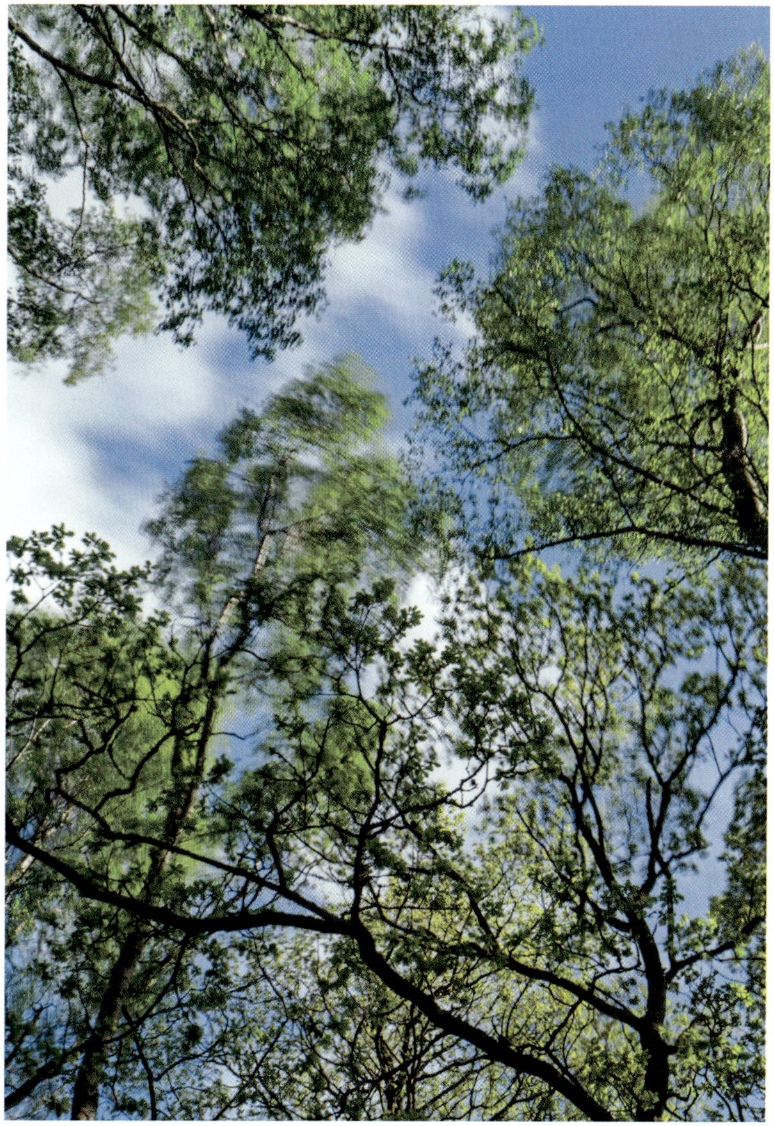

Oben: Eine tief stehende Sonne erzeugt Streiflichter im Gegenlicht. Um Blendenflecken zu vermeiden, sollten Blätter oder Äste die Sonne verdecken.

Oben: Wie bei bewegtem Wasser erzeugen Langzeitbelichtungen auch im Wald den Anschein von Bewegung. Das zeigt sich besonders von Frühling bis Herbst, wenn die Bäume Blätter tragen.

Links: Bei bedecktem Himmel bieten Wälder besonders gute Bedingungen, denn das weiche Licht dämpft die starken Kontraste von Licht und Schatten. Ein Polarisationsfilter lohnt sich aber auch ohne direktes Sonnenlicht, er lässt die störenden Glanzlichter auf den Blättern verschwinden.

Berge & Hügel

In Gebirgen oder im Hügelland zu fotografieren, ist eine Herausforderung. Zunächst muss der passende Standort gefunden werden. Für Aufnahmen bei Sonnenaufgang ist es oftmals günstiger (und nicht so stressig), draußen in der Nähe des geplanten Standorts zu campen. Diese Option fällt aus, wenn schlechtes Wetter droht oder man mit dem Outdoor-Leben nicht vertraut ist. Hütten oder Unterstände sind dann die bessere Alternative, auch wenn man immer noch selbst für Verpflegung, Wasser, Schlafsack und Ersatzkleidung sorgen muss.

Das gleiche Dilemma droht bei Aufnahmen bei Sonnenuntergang. Nachts einen Berg hinabzugehen, ist nur mit einer Taschenlampe und gutem Orientierungsvermögen anzuraten.

Leider erfassen Fotos die Erhabenheit von Bergen und Hügeln oft nur unzureichend. Das liegt meist daran, dass dem Betrachter ein Maßstab für die Größe fehlt (da Felsen in allen möglichen Formen und Dimensionen auftreten, ist ihre Größe im Foto nicht unmittelbar ersichtlich). Hier liefern bekannte Größen wie Menschen oder Bäume einen guten Vergleichsmaßstab.

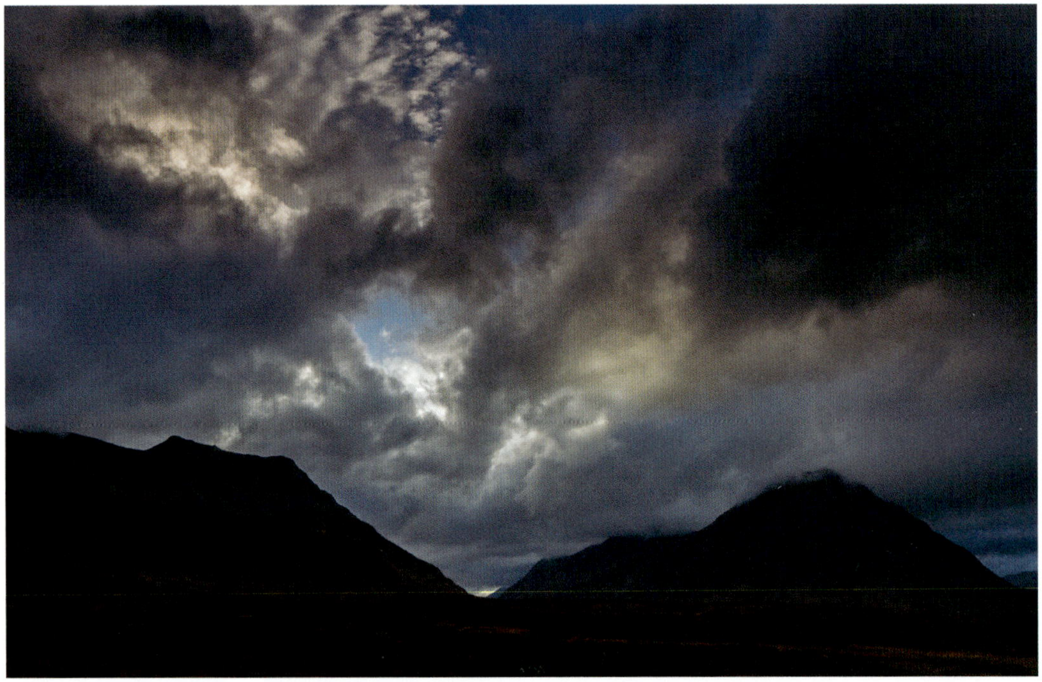

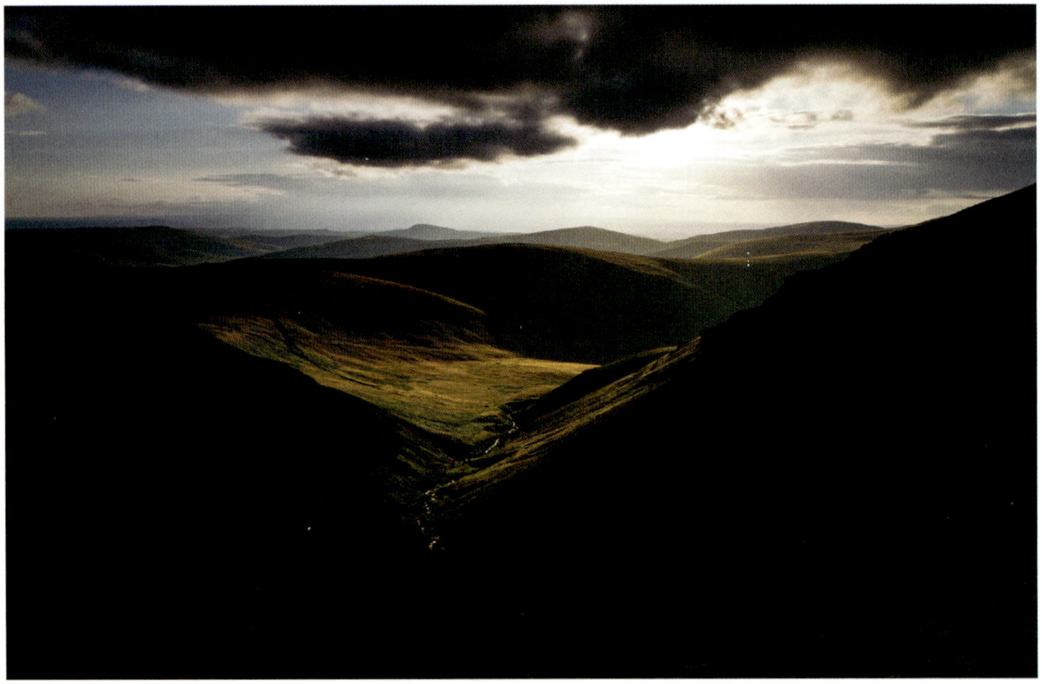

Oben rechts: Wegen des Mikroklimas im Gebirge kann in der Höhe anderes Wetter herrschen als im Tal – für den Landschaftsfotografen Vor- und Nachteil zugleich. Es kann zwar frustrierend sein, wenn ein geplantes Foto unmöglich wird, dafür sind bei günstigem Wetter spektakuläre Aufnahmen möglich.

Rechts: Aufnahmen in Gebirge und Hügelland erfordern zwangsläufig, auf die Berge zu steigen. Lassen Sie sich viel Zeit für den Aufstieg, damit Sie zur geplanten Zeit oben ankommen. Es ist außerdem eine gute Idee, die Fotoausrüstung auf ein Minimum zu beschränken, um Gewicht zu sparen.

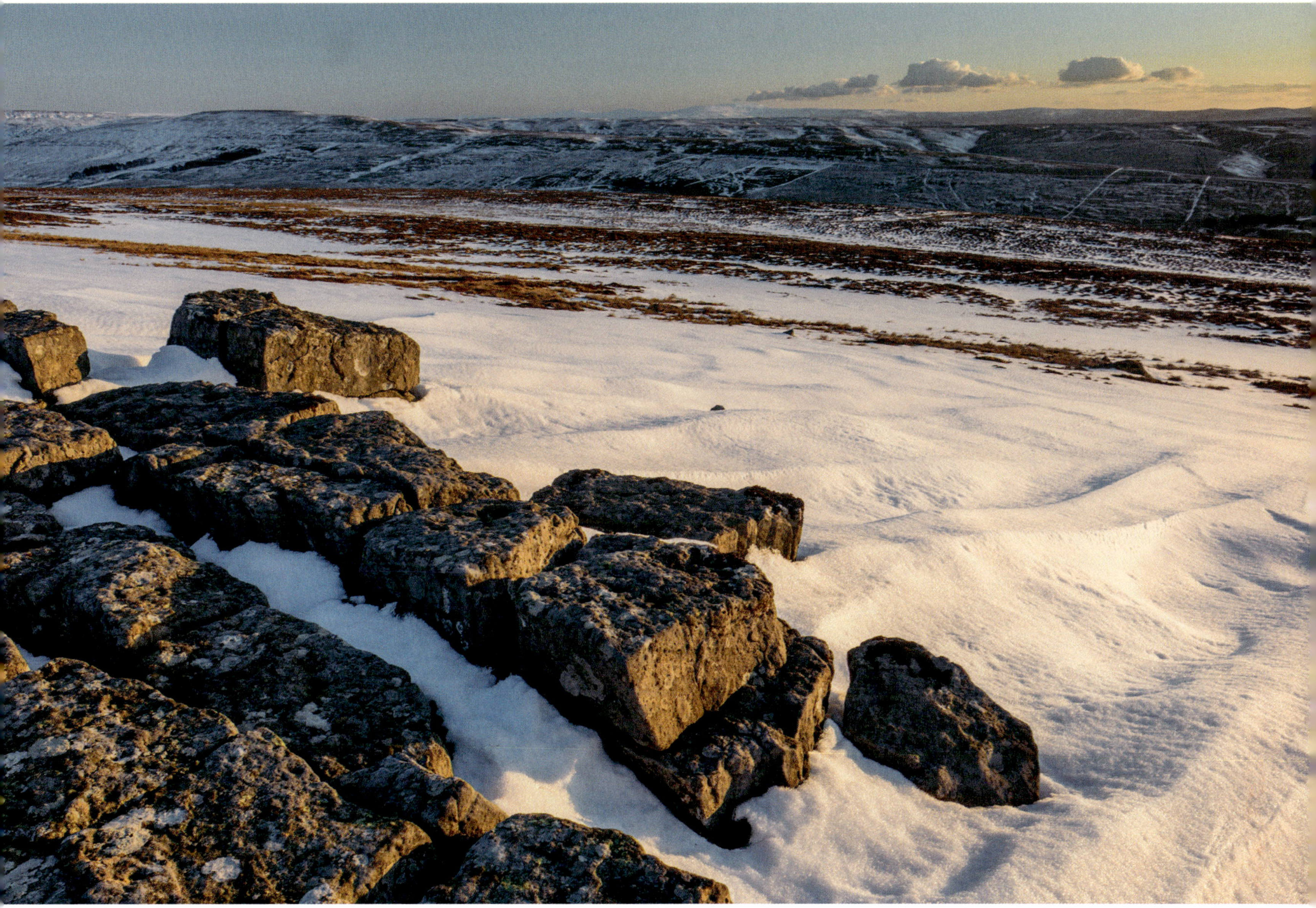

Berge und Hügel sind zu jeder Jahreszeit lohnende Fotomotive. Am dramatischsten sind sie jedoch im Winter, wenn Eis und Schnee die Szene beherrschen. Wie beim Strand gilt es, keine Fußabdrücke in dem Bereich zu hinterlassen, der später zum Motiv werden soll. Das bedeutet aber auch, früh aufzustehen, bevor Wanderer ihre Spuren hinterlassen.

Oben: Schneebedeckung macht die Belichtungsmessung schwierig. Stellen Sie daher den Weißabgleich nach eigener Erfahrung ein. Das ist besonders wichtig, um Blaustich bei Detailaufnahmen von Schnee und Eis zu vermeiden.

Seen, Flüsse & Wasserfälle

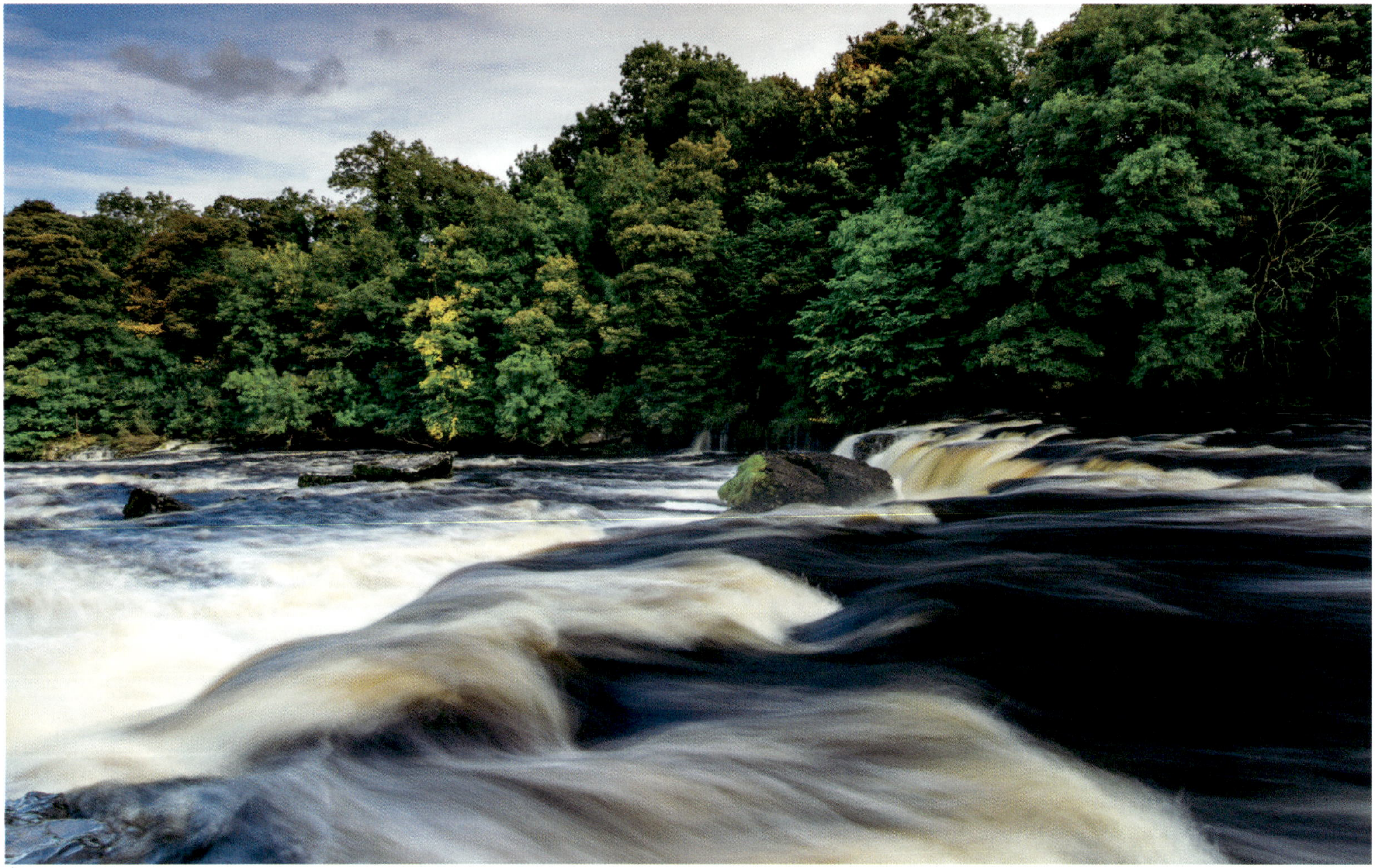

Bei Seen und Wasserfällen stellt sich dieselbe Frage wie am Meer: Wie soll fließendes Wasser im Foto aussehen? Diese Entscheidung muss jeder Fotograf nach seinen Vorlieben treffen, denn danach richtet sich die Verschlusszeit.

Die Verschlusszeit muss aber auch an die Fließgeschwindigkeit eines Flusses oder Wasserfalls angepasst werden. Nach starken Regenfällen schwellen beide an, und das Wasser fließt schneller als üblich. Unter diesen Bedingungen kann eine etwas kürzere Verschlusszeit gewählt werden, um einen verwischten Eindruck zu erzeugen. Es gibt eine Reihe von Gründen, Fließgewässer nach Starkregen zu meiden, vor allem wenn die Ufer überschwemmt wurden. Das Wasser hat Schmutz und Äste mitgeführt, die für Unruhe im Foto sorgen. Außerdem werden nach Starkregen Felsen überspült, die sonst aus dem Wasser ragen und für die Bildkomposition gebraucht werden.

Seen mit glatter, spiegelnder Wasseroberfläche sind besonders interessante Motive. Das erlaubt symmetrische Spiegelbildaufnahmen, die allerdings schon durch einen leisen Windhauch gestört werden. Dann ist das Spiegelbild verzerrt und lenkt zu stark ab. Diese Unruhe lässt sich zwar durch längere Verschlusszeiten ausgleichen, geht aber auf Kosten der Spiegelung. Die besten Bedingungen herrschen nach Sonnenaufgang. Nach einer ruhigen, klaren Nacht bestehen gute Chancen auf Morgennebel, die dem Foto eine ätherische Stimmung verleihen. Kräftige Farben sind als Spiegelbild besonders geeignet, zum Beispiel am Morgen, wenn sich die aufgehende Sonne farbenprächtig im Wasser spiegelt.

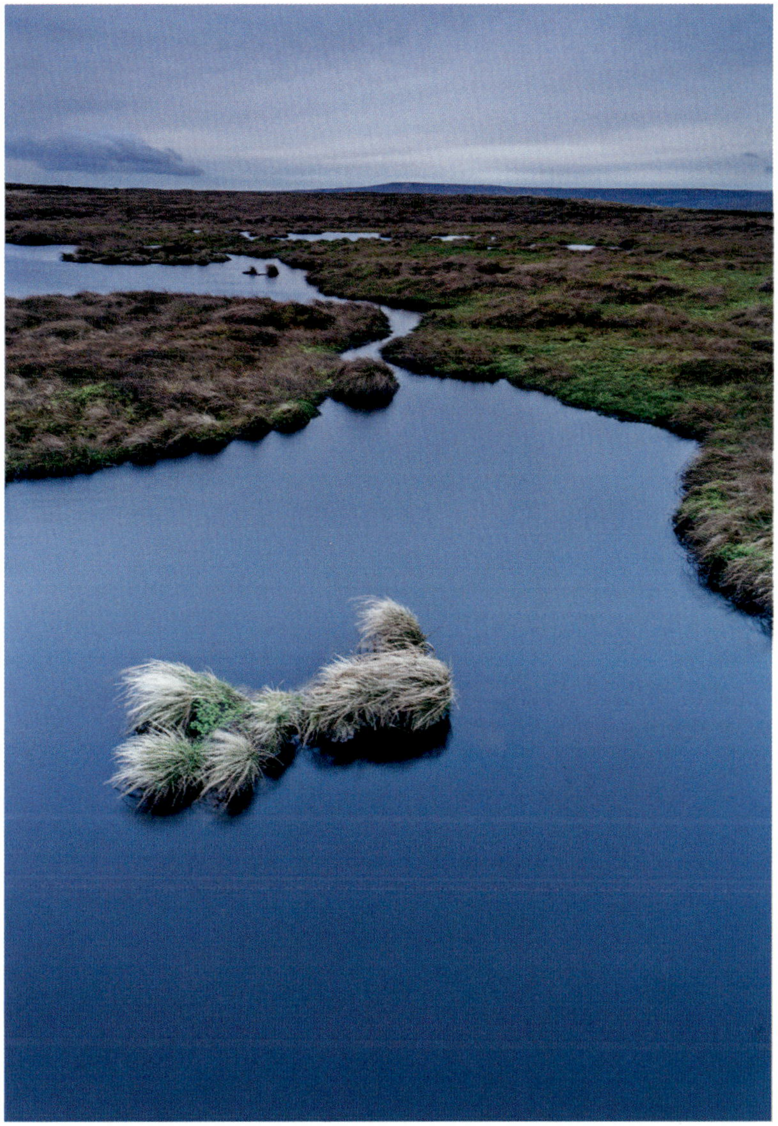

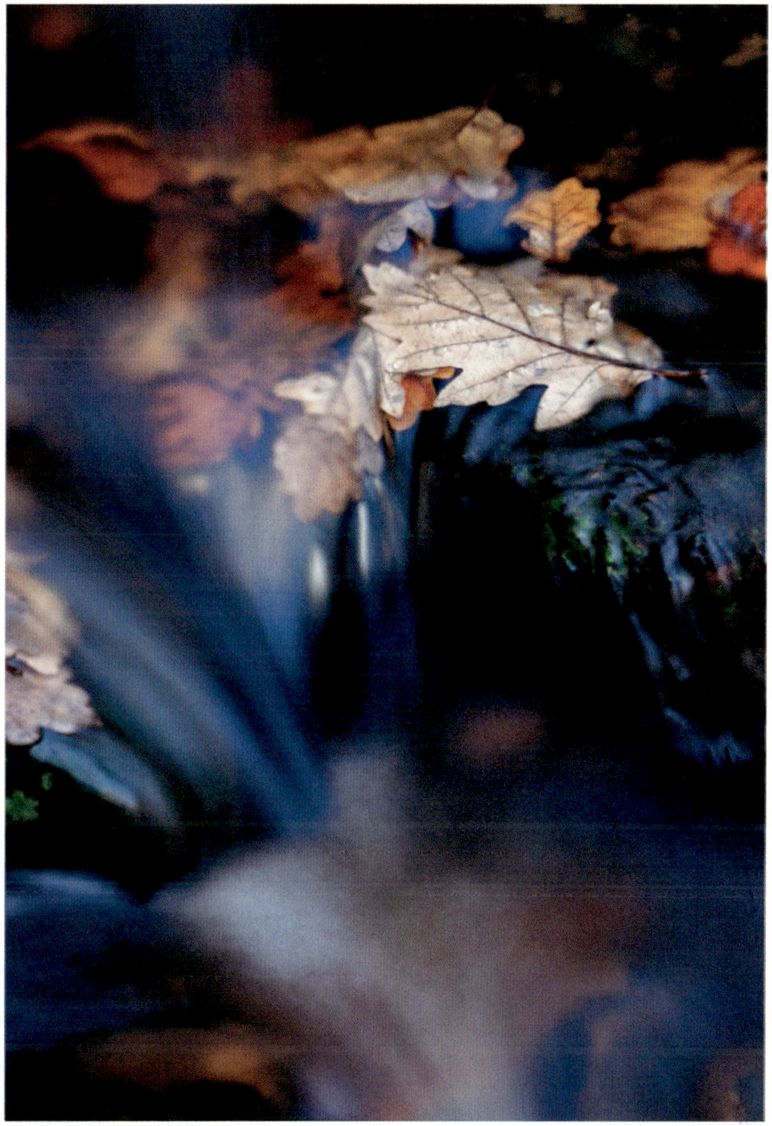

Oben: Wasseroberflächen erscheinen in den Farben des Umgebungslichts. In diesem Fall war es das kühle Blau eines bedeckten Himmels nach Sonnenuntergang. Ein kräftiger Wind hatte Wellen auf der Oberfläche erzeugt, die aber durch die lange Belichtungszeit (6 Sek.) ausgeglichen wurden.

Oben: Im Herbst sammeln sich an kleinen Wasserfällen im Wald bunte Blätter. Sie sorgen für mehr Farbe in der Komposition und wirken interessant.

Links: Lange Belichtungszeiten verwischen das strömende Wasser, allerdings brennt weißer Schaum bei hellem Sonnenschein leicht aus. Aufnahmen bei weichem Licht umgehen dieses Problem.

Menschen & Tiere

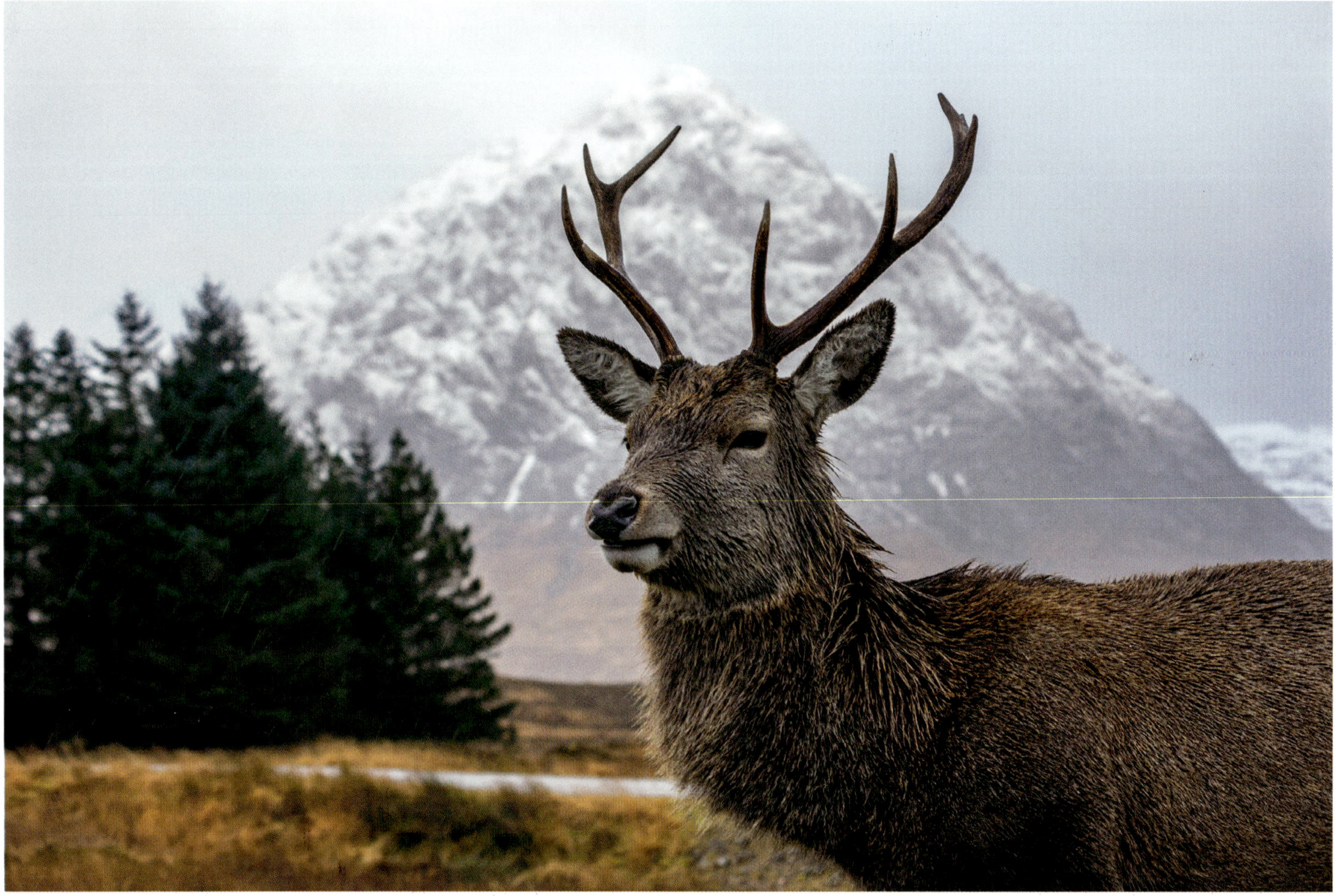

Menschen und Tiere als Maßstab verleihen einer Landschaft mehr Tiefe. Je kleiner das Objekt relativ zu seiner Umgebung ist, desto stärker ist die Raumwirkung. Außerdem erzählen Menschen oder Tiere eine Geschichte im Bild und helfen dabei, den Blick des Betrachters zu lenken. Wir neigen dazu, dem Blick des Menschen oder Tieres in die Landschaft des Bildes zu folgen. Auch die Körpersprache von Menschen hat einen Einfluss darauf, was wir bei der Betrachtung eines Fotos empfinden: Ein aufrecht stehender Mensch, die Hände in die Hüften gestemmt, wirkt positiver als eine geduckte Gestalt, die offenbar von der Umgebung überwältigt ist.

Allerdings ist bei gestellten Posen die Grenze zum Porträt schmal. Häufig ist es besser, Personen agieren zu lassen und erst dann zu fotografieren, wenn er oder sie sich natürlich verhält.

Oben: Tiere helfen dabei, ein Motiv geografisch einzuordnen. Engländer verbinden mit Rothirschen automatisch die schottischen Highlands. Der Hirsch vor gebirgigem Hintergrund verkörpert den Geist dieser Landschaft.

Sonnenaufgang & Sonnenuntergang

Zweifellos sind Sonnenauf- und -untergang die beiden Tageszeiten, die am ehesten mit der Landschaftsfotografie in Verbindung gebracht werden. Dafür gibt es gute Gründe: Die Sonne steht tief am Horizont, das Licht ist wärmer und oft auch weicher als zu anderen Tageszeiten. Tatsächlich sehen Landschaften aber auch im dämmrigen Licht nach Sonnenuntergang und vor Sonnenaufgang attraktiv aus. Aus diesem Grund sollte ein Landschaftsfotograf früh am Ziel ankommen (oder länger bleiben), um das Licht der Sonne optimal zu nutzen.

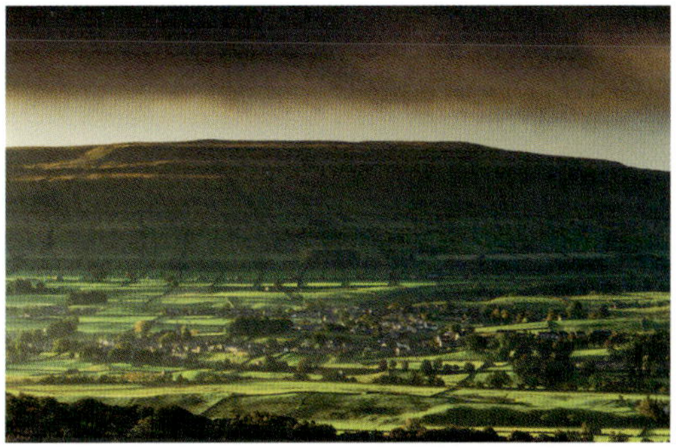

Oben: Das Streiflicht am frühen Morgen oder späten Nachmittag kommt am besten von einem erhöhten Standpunkt aus zur Geltung. Viele Straßen, die aus Tälern auf die Höhen führen, haben Aussichtspunkte mit Blick ins Tal, die oft als Parkplätze auf Karten eingetragen sind. Damit lässt sich im Vorfeld bestimmen, von welcher Seite das Licht (Seiten- oder Gegenlicht) ins Tal scheint.

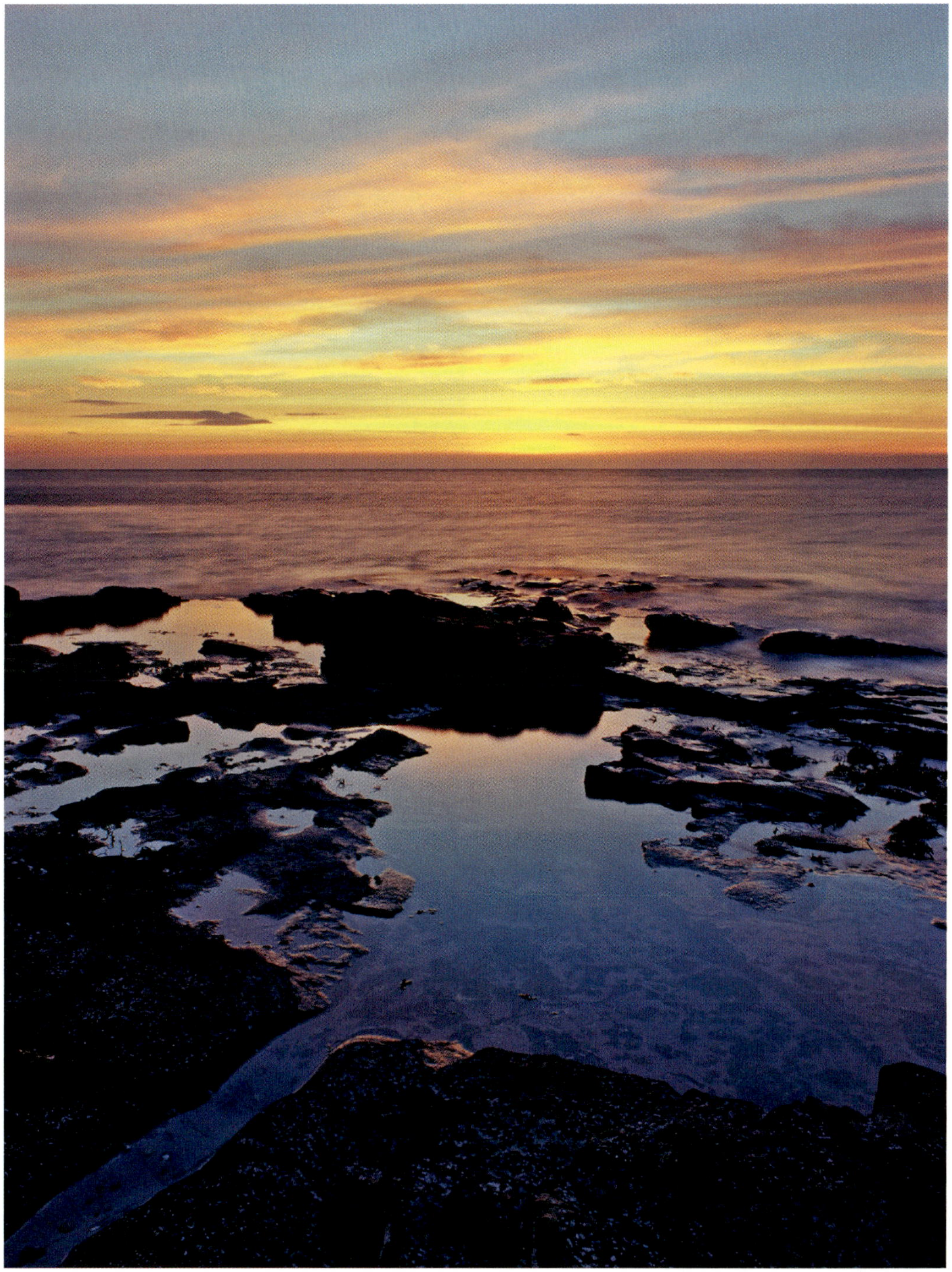

Rechts: Fotos bei Gegenlicht am Morgen oder Abend bedeuten starke Kontraste. Wasser kann hier Abhilfe schaffen, da seine spiegelnde Oberfläche Farbe in den Vordergrund bringt.

Jahreszeiten

Jede Jahreszeit hat Vorteile und stellt den Fotografen vor Herausforderungen. Die größten Veränderungen im Jahresverlauf der Mittelbreiten betreffen die Tageslänge, den Tageslauf und den Höchststand der Sonne am Mittag. Die wechselnden Jahreszeiten haben aber noch mehr zu bieten. Den auffälligsten Unterschied machen die Pflanzen aus. Wie wir wissen, verändern Laubwälder ihren Charakter im Verlauf eines Jahres dramatisch. Doch selbst kleine Pflanzen, wie Gras und Blumen, tragen zur Landschaft bei.

Im Spätfrühling und Frühsommer (etwa April bis Juni) zeigen die Wildblumen ihre größte Vielfalt und setzen sehr fotogene Farbtupfer in eine Landschaft. Um eine blühende Wiese ins Bild zu setzen, isoliert man eine oder zwei Blüten aus der Masse oder füllt mit einem Weitwinkelobjektiv den Vordergrund mit Blüten.

Im Hochsommer sehen Landschaften frisch und häufig monochromatisch grün aus. Erst im Spätsommer sorgen braune Gräser wieder für mehr fotogene Abwechslung. Zu dieser Zeit blühen auch die Heiden.

Wälder sind im Herbst besonders bunt; jetzt ist auch eher mit Nebel zu rechnen. Der Herbst ist außerdem die beste Zeit, um Pilze zu finden.

Im Winter ziehen sich die Pflanzen zurück, und die Landschaft verschwindet unter Schnee und Eis. Immerhin gibt es auch jetzt noch Pflanzen, die ihren Weg durch den Schnee finden, in manchen Regionen beispielsweise Schneeglöckchen oder Krokus. Sie sind willkommene Vorboten des kommenden Frühlings und zeigen, dass der Jahreskreis von Neuem beginnt.

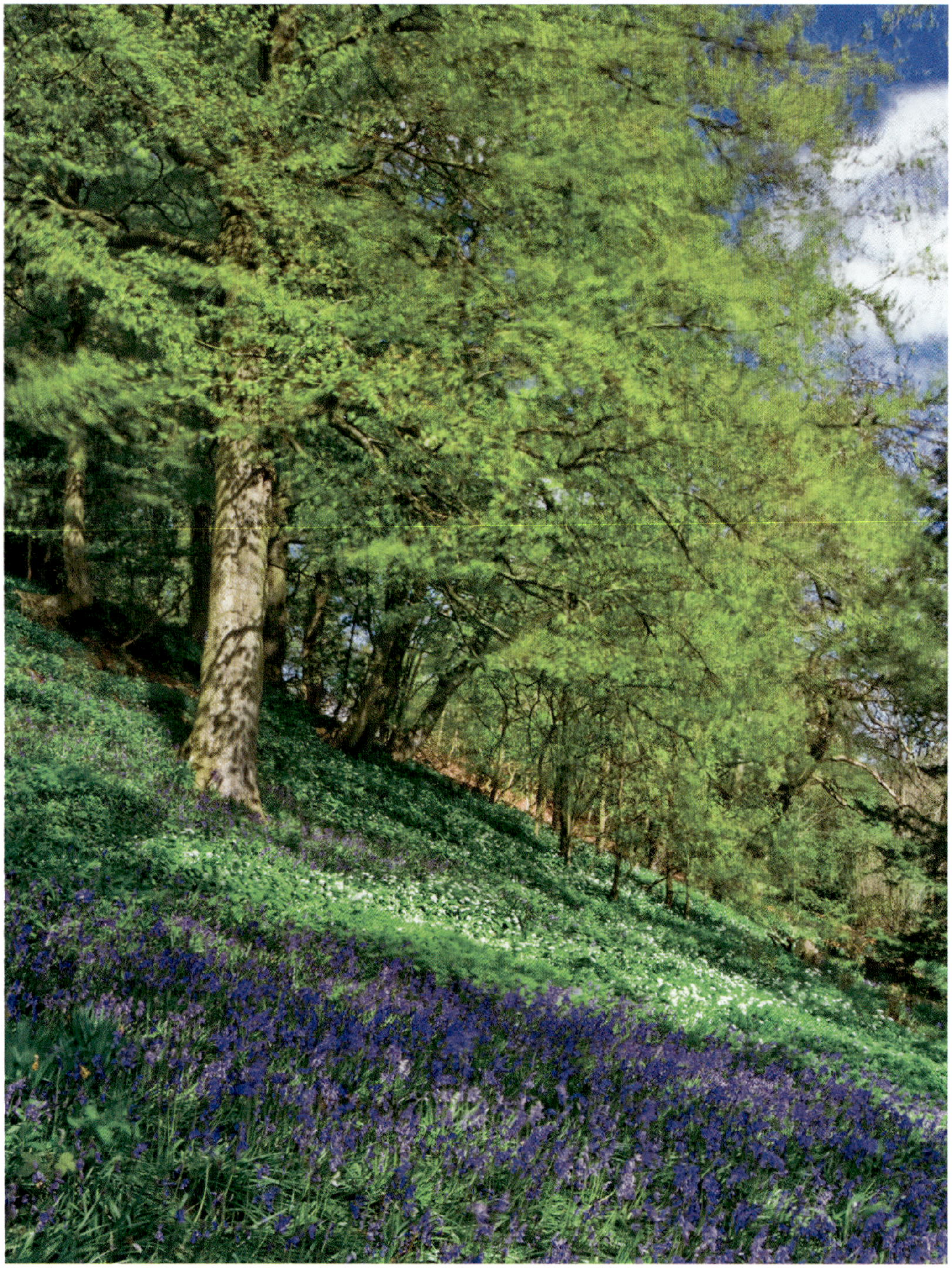

Rechts: Die Frühlingsfarben fallen häufig besonders leuchtend aus. Ein Polarisationsfilter hebt die Farben noch satter und wirkungsvoller hervor.

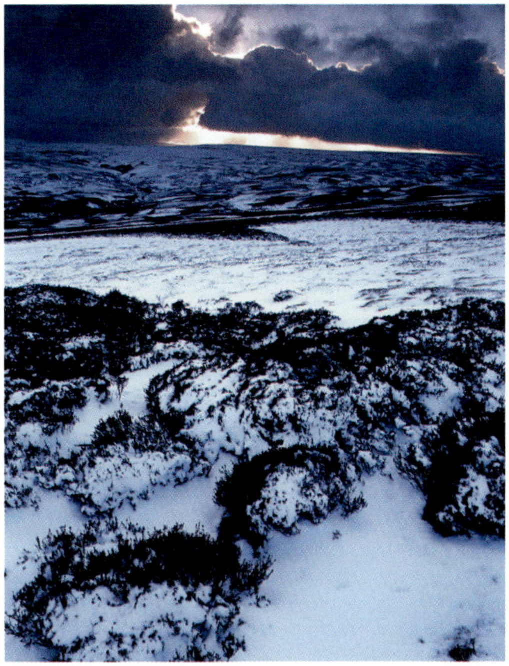
Winter

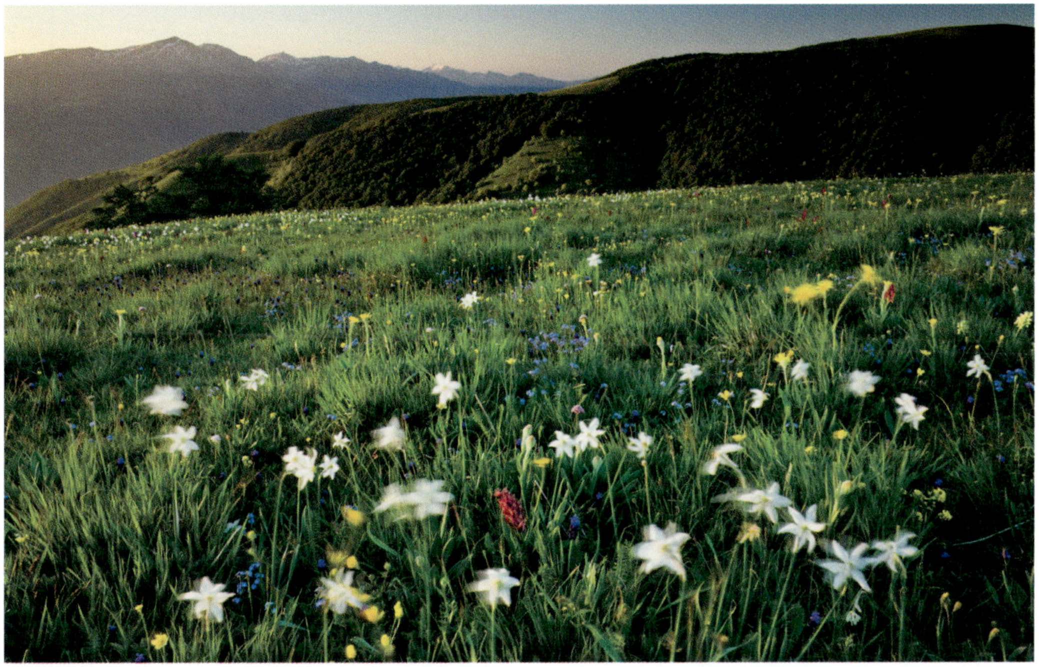
Frühling

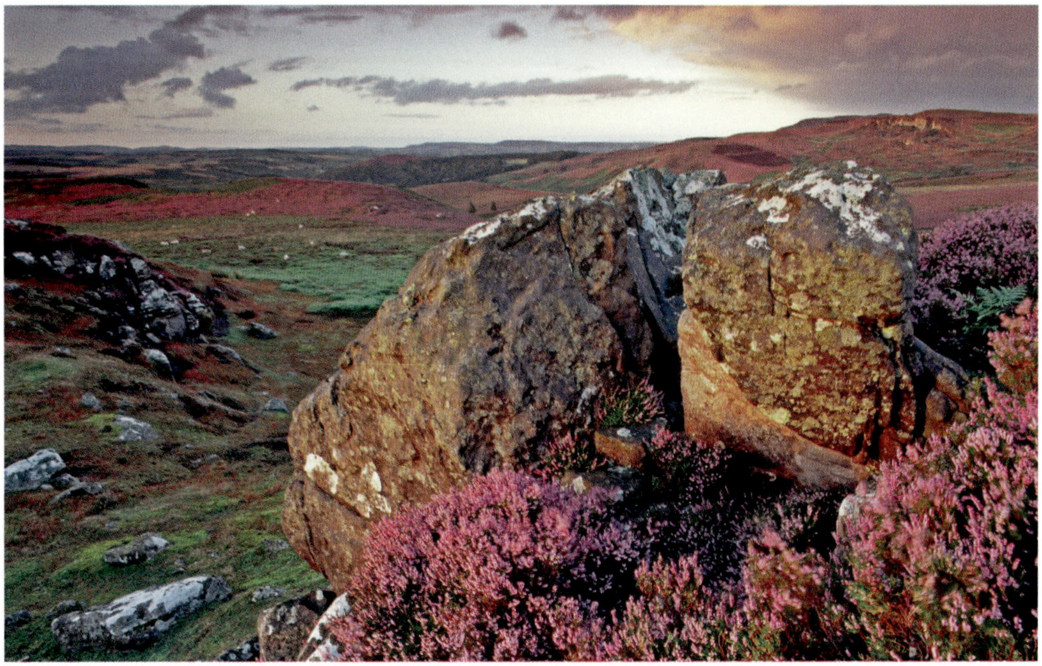
Sommer

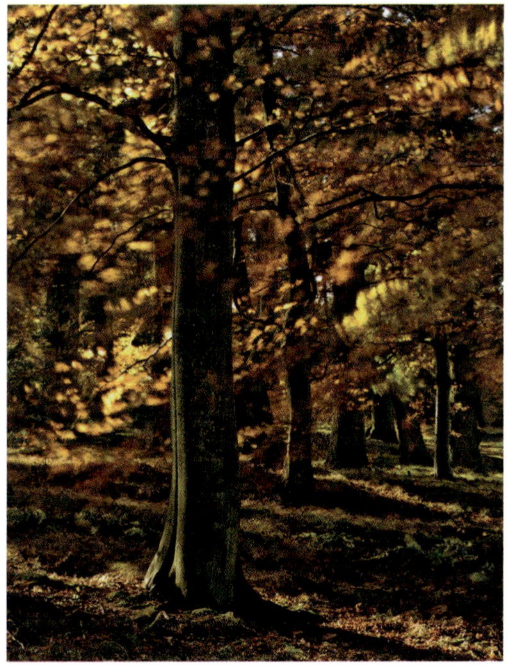
Herbst

Oben: Die über das Jahr wechselnden Farben machen den besonderen Reiz der Jahreszeiten aus.

Gebäude in der Landschaft

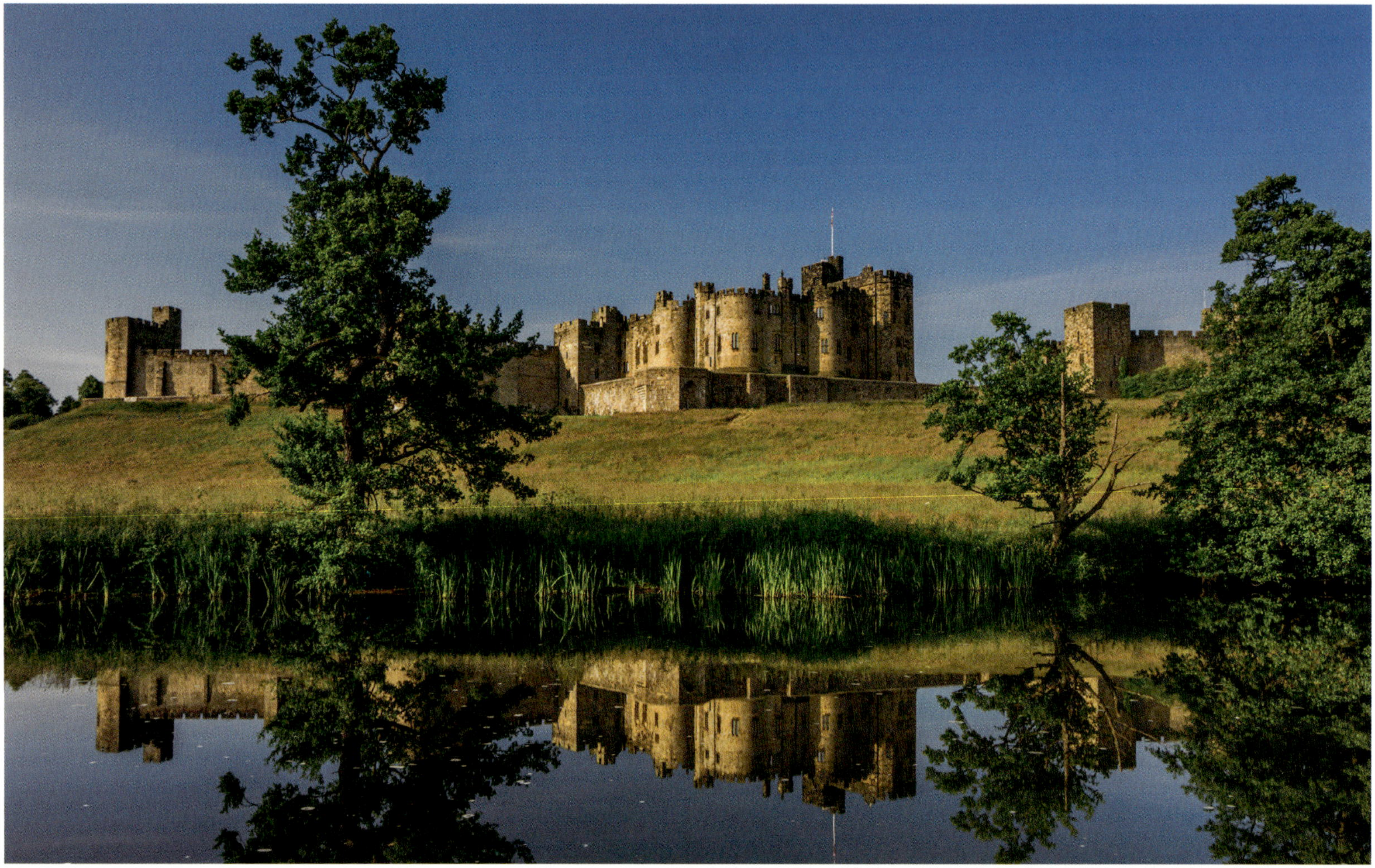

Oben: Alnwick Castle in Northumberland (England) ist hier in der klassischen Darstellung zu sehen, mit Spiegelung im Fluss Aln. Das fotogene Schloss ist bei Fotografen sehr beliebt, und ich würde es gerne anders vom selben Standort aus fotografieren, bis heute ist mir das aber noch nicht gelungen.

Ähnlich wie Menschen verleihen Gebäude einer Landschaftsaufnahme Tiefe oder dienen als Blickpunkt. Dabei kommt es darauf an, welchen Raum das Bauwerk innerhalb des Bildes einnimmt. Beherrscht es die gesamte Bildfläche, handelt es sich nicht mehr um eine Landschafts-, sondern um eine Architekturaufnahme.

Leider werden interessante Gebäude zu oft und von zu vielen Menschen „totfotografiert" – sie werden zu Ikonen, um es vorsichtig auszudrücken. Diese Bilderflut macht es fast unmöglich, einen interessanten Blickwinkel zu finden, ohne jemanden zu kopieren, sei es auch unbeabsichtigt. Das Internet hat das Problem vergrößert: Wenn man sich über ein Objekt informieren möchte, stößt man zwangsläufig auf zahlreiche Fotos.

Das bedeutet aber nicht, dass es unmöglich wäre, ein Motiv in neuer Sichtweise zu fotografieren. Es erfordert zwar mehr Mühe, doch das Ergebnis kann sich lohnen. Häufig wird der Wetteraspekt übersehen. Vielleicht gibt es in der Tat nur einen oder zwei Standorte für eine gute Komposition, wer aber das Gebäude zu ungewöhnlichen Zeiten aufnimmt – vielleicht sogar bei Nacht –, erzielt ein Foto, das sich von den anderen abhebt.

Schlechtes Wetter

Schlechtes Wetter ist keine Ausrede, wenn es um fotografische Motive geht. An bewölkten oder feuchten Tagen ist das Licht weicher und damit ideal, um Details aufzunehmen (auch Regentropfen auf nassen Blättern – und überhaupt: Wann, wenn nicht bei schlechtem Wetter, sieht man Regentropfen?). Die Spiegelbilder in den Pfützen nach einem Regen sind gute Motive, vor allem im Wald mit seinen interessanten Baumkronen.

In der Regel zeigen sich Landschaften bei schlechtem Wetter eher im monochromatischen Licht; eine gute Gelegenheit für Schwarz-Weiß-Aufnahmen. Da das Licht meist ziemlich konstant bleibt, lohnen sich Fotos mit extremen Graufiltern, vor allem um relativ schnell vorbeiziehende strukturreiche Wolken aufzunehmen.

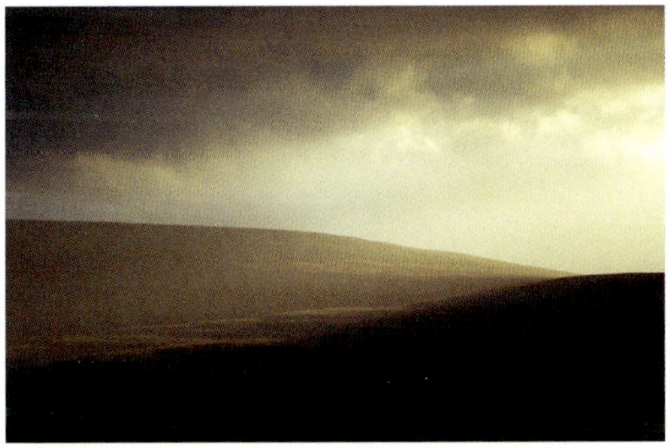

Oben: Die Lichtstrahlen, die durch eine Wolkendecke brechen, sind flüchtige Erscheinungen, eine der wenigen Gelegenheiten, bei denen es leichter ist, aus der Hand statt mit einem Stativ zu fotografieren.

Rechts: Ein Regenbogen zeigt sich nur, wenn die Sonne tiefer als 42° über dem Horizont steht; je tiefer die Sonne, desto mehr nähert sich der Regenbogen einem Halbkreis an. Daher erscheinen die spektakulärsten Regenbögen kurz vor Sonnenuntergang und kurz nach Sonnenaufgang. Sie sind im Winter häufiger als im Sommer, weil dann die Sonne nie so hoch steigt.

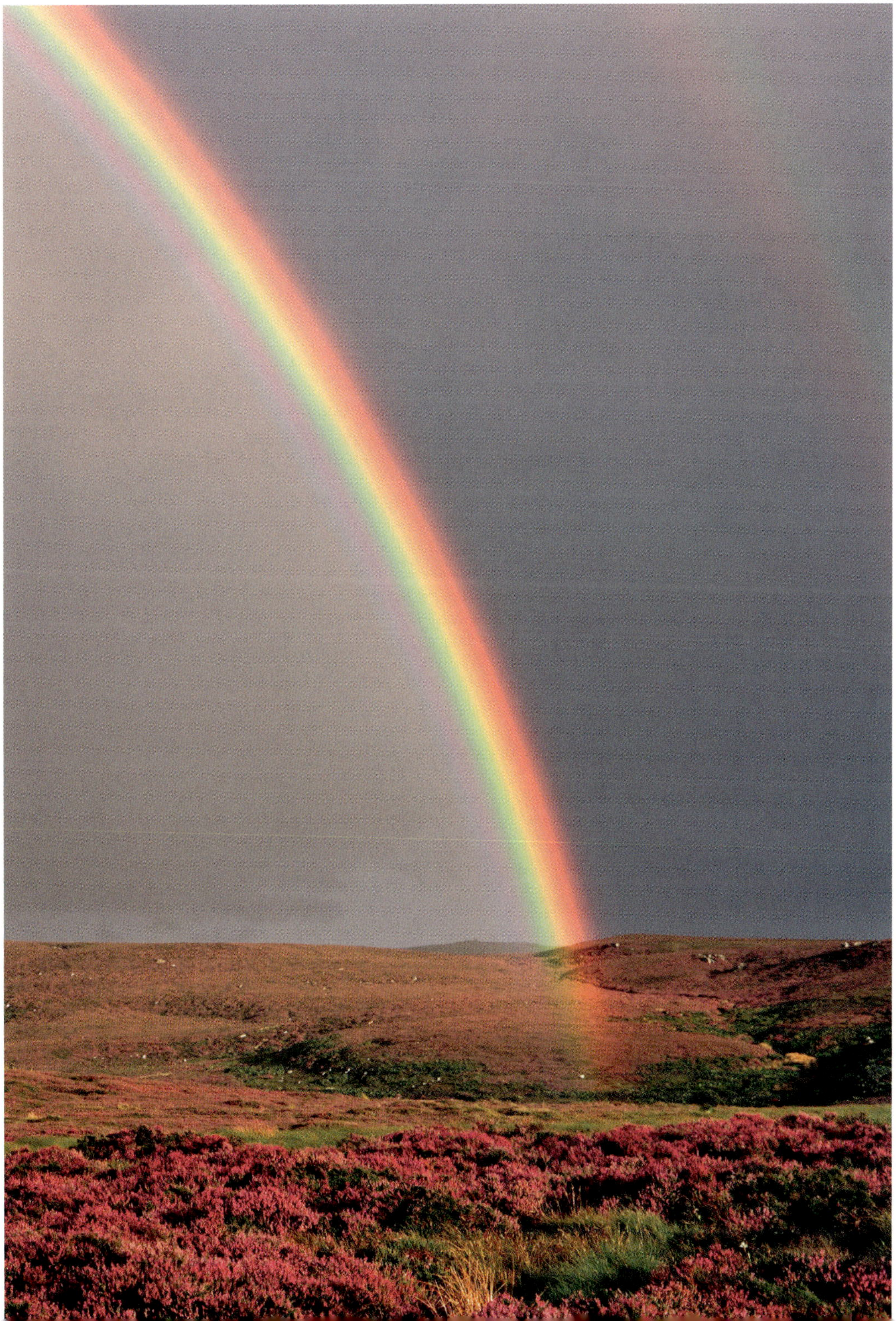

Nachtaufnahmen

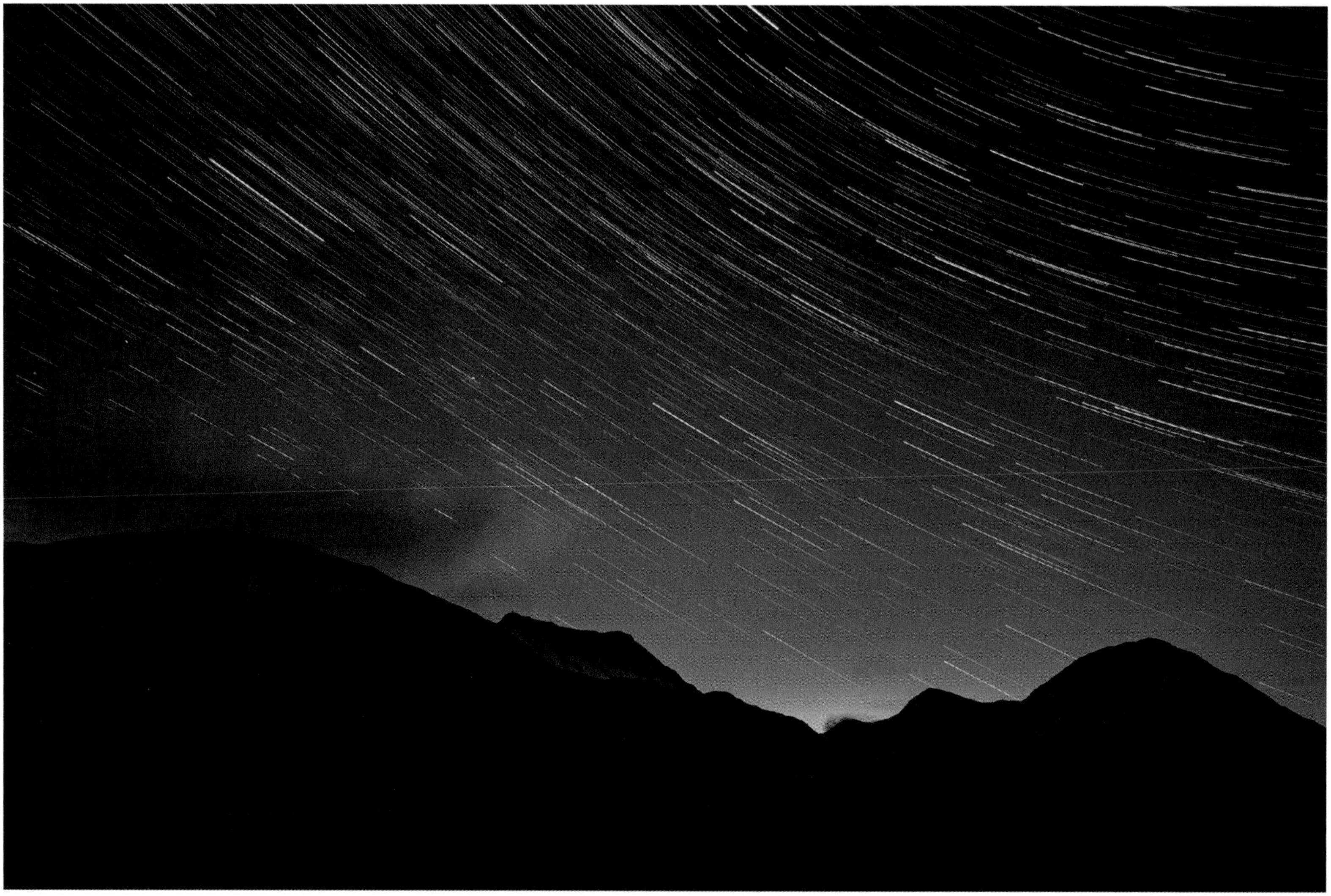

Wer nächtliche Landschaftsaufnahmen plant, muss sich mit sehr schwachem Licht abfinden. Selbst in einer klaren Vollmondnacht ist das Licht schwächer als bei dichter Bewölkung am Tag. Ohne Stativ geht gar nichts, und die Verschlusszeit muss sehr lang sein. Ein hoher ISO-Wert ist wegen der Qualitätsverluste nicht empfehlenswert. Die nötige Belichtungszeit kann leicht 30 Sek. übersteigen, was nur mit der Einstellung B und einem Fernauslöser möglich ist, der mit einer Sperre den Verschluss so lange offen hält. Weiterhin ist ein besonders lichtstarkes Objektiv unverzichtbar, in der Regel also ein Modell mit Festbrennweite.

Sterne erscheinen in Nachtaufnahmen entweder als punktförmige Lichtquellen oder in Langzeitbelichtung als bogenförmige Lichtspuren im Nachthimmel.

Oben: Wegen der Erdumdrehung scheinen sich die Sterne nachts zu bewegen. Mit einer ausreichend langen Belichtungszeit zeichnen sie bogenförmige Lichtspuren in den Himmel. Dieses Foto wurde 20 Minuten lang belichtet, lange genug, um diesen Eindruck von Bewegung zu erzeugen.

Für punktförmig abgebildete Sterne sind kurze Verschlusszeiten bei maximal geöffneter Blende und einem relativ hohen ISO-Wert erforderlich. Probieren Sie aus, welcher ISO-Wert den besten Kompromiss zwischen Bildqualität und Empfindlichkeit liefert. Manche modernen Vollformatkameras akzeptieren noch Werte bis ISO 3200, Modelle mit kleinerem Bildsensor werden besser auf ISO 1600 oder noch besser auf ISO 800 eingestellt.

Weitwinkelobjektive ermöglichen etwas längere Verschlusszeiten, ohne dass die Sterne verwischen, und ermöglichen, Motive im Vordergrund einzubeziehen. Je größer die Brennweite, desto wahrscheinlicher werden Bewegungsunschärfen.

Für die Lichtspuren von Sternen bleibt der Verschluss für eine längere Zeit offen: Je länger die Verschlusszeit, desto länger werden die Spuren (10 Min. ist das Minimum, damit Sternspuren sichtbar werden). Vor der Aufnahme wird die automatische Rauschreduzierung der Kamera ausgeschaltet, denn dieser Vorgang dauert genauso lange wie die Belichtung. Selbst ohne diesen Modus ist bei langen Verschlusszeiten das Warten ziemlich langweilig; unbedingt vorher die Akkus voll aufladen.

Statt einer einzelnen Aufnahme mit langer kann man auch eine Serie von Aufnahmen mit je 30 Sek. Verschlusszeit machen (dazu ist ein Fernauslöser mit Intervall-Timer erforderlich). In der Bildbearbeitung werden die Einzelaufnahmen zu einem Gesamtbild überblendet, sodass derselbe Eindruck wie bei einer Langzeitbelichtung entsteht. Zum Überblenden bieten sich für Hobbyfotografen die Programme Startrails.exe und StarStax für Windows bzw. MacOS an. Ein Vorteil dieser Methode ist auch, dass die Einzelaufnahmen für die Überblendung nicht verloren gehen. Wenn die Akkus ihren Geist aufgeben, kann man aus den vorhandenen Aufnahmen immer noch eine Sternenspur herstellen.

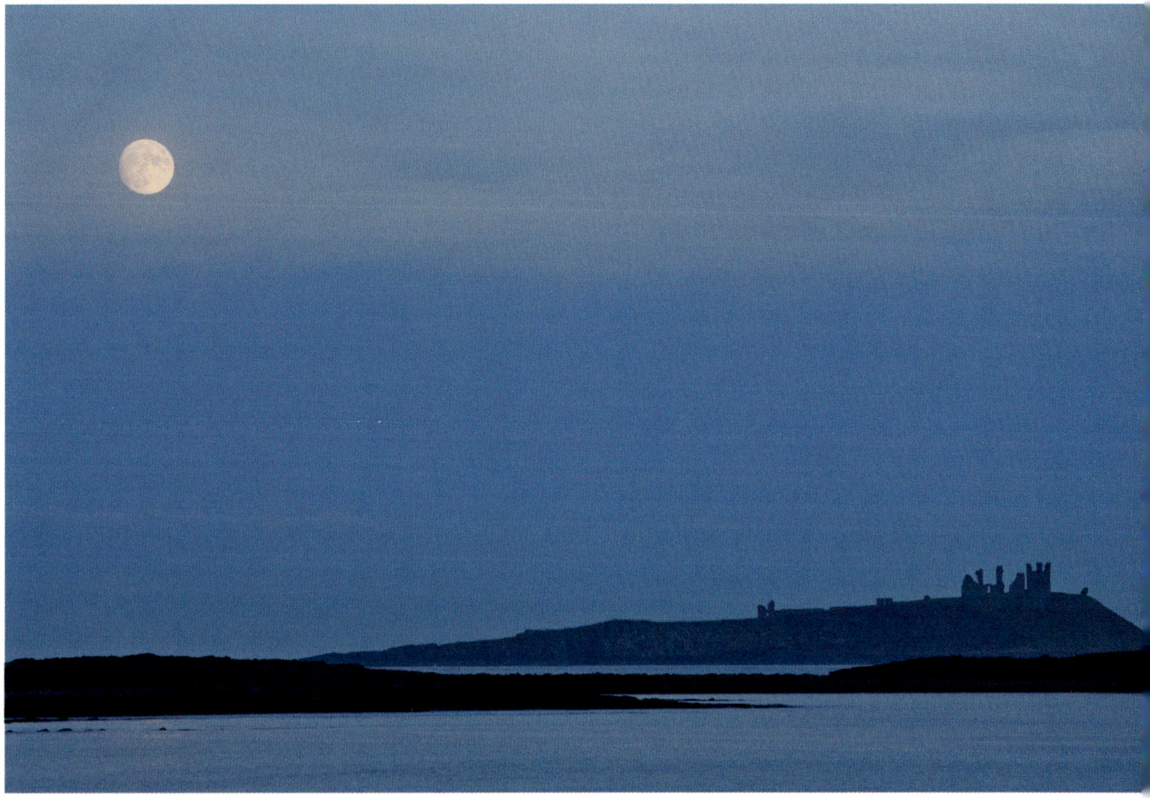

Oben: Wenn die Sonne untergeht, geht der Vollmond auf. Für Aufnahmen des Mondes über einer detailreichen Landschaft ist der Abend vor dem Vollmond besser geeignet.

Tipp:

Um Verschlusszeiten über 30 Sekunden hinaus zu bestimmen, gibt es eine relativ einfache Methode: Man stellt den ISO-Wert Stufe für Stufe höher, bis eine Verschlusszeit von 30 Sek. möglich ist, und macht eine Probeaufnahme. Wenn die Belichtung stimmt, bestimmen Sie, wie oft der ISO-Wert bis zum gewünschten ISO-Wert halbiert werden muss. Die Verschlusszeit berechnet sich dann, indem für jede Stufe des ISO-Werts die Verschlusszeit (ausgehend von 30 Sek.) verdoppelt wird. War zum Beispiel für die 30 Sek. Belichtung ein ISO-Wert von 6400 erforderlich, wäre die korrekte Verschlusszeit für ISO 3200 eine Minute, für ISO 1600 zwei Minuten, für ISO 800 vier Minuten usw.

Details

Detailaufnahmen sind Landschaften im Kleinen. Ein Normal- oder Teleobjektiv mit geringem Mindestabstand (Weitwinkelobjektive sind weniger gut geeignet) reicht gewöhnlich aus, doch die besten Details liefert ein Makroobjektiv.

Der Schlüssel zu einer guten Detailaufnahme ist Klarheit. Selbst im Nahbereich kann die Natur chaotisch sein. Es ist völlig in Ordnung, störendes, totes Material zugunsten einer guten Komposition zu entfernen, doch lebende Pflanzen auszureißen oder Insekten zu töten, ist tabu (in Naturschutzgebieten ist dies sogar ausdrücklich verboten). Bei weichem Licht verschwinden störende Schatten und Highlights.

Wer Nahaufnahmen macht, muss häufig bodennah arbeiten, was ein paar physikalische Probleme mit sich bringt. Zunächst muss für eine erfolgreiche Aufnahme die Kamera tief und ruhig positioniert werden. Auf dem Bauch liegen und sich mit den Ellbogen auf dem Boden abstützen, ist eine Möglichkeit. Weniger schmutzig ist eine andere Methode: Setzen Sie die Mittelsäule des Stativs umgekehrt ein (falls möglich) und schrauben Sie die Kamera an – das Sucherbild steht nun auf dem Kopf. Jetzt wird die Höhe der Mittelsäule so lange verändert, bis der Ausschnitt stimmt. Bei dieser Technik ist der Live-View-Modus sehr hilfreich, besonders bei Kameras mit schwenkbarem Display.

Bei Stativen, die sich ohne Umdrehen der Mittelsäule bodennah einstellen lassen, lohnt sich die Anschaffung eines Winkelsuchers. Damit kann der Bildaufbau komponiert werden, ohne mit dem Kopf fast auf der Erde zu liegen.

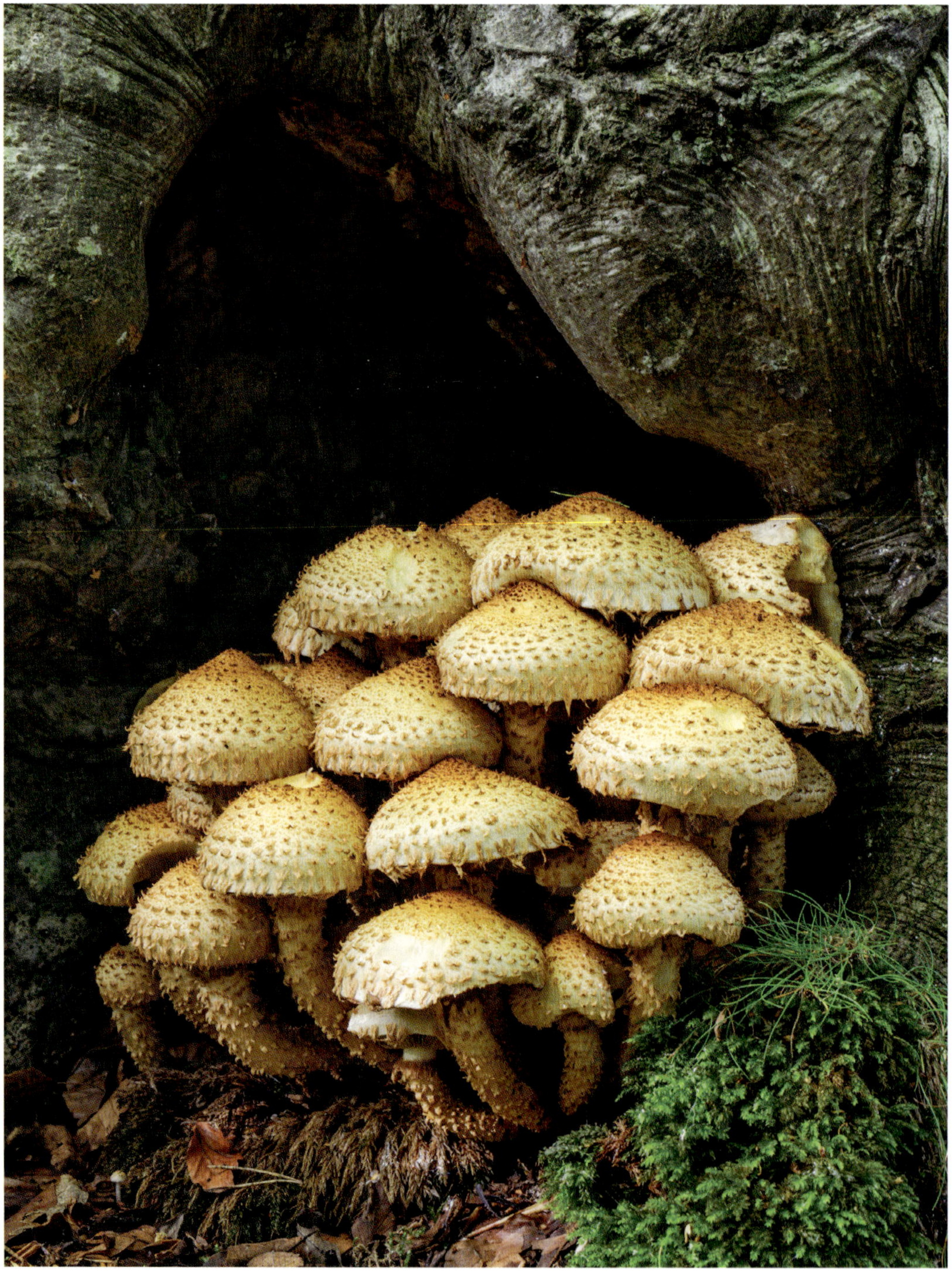

Rechts: Ein Kniepolster in der Kameratasche macht das Knien auf unebenem Boden etwas schmerzloser. Ein Kniepolster aus Schaumstoff ist wasserdicht und kann auch genutzt werden, um direktes Licht abzuschatten.

Tipps:

Schirmen Sie zarte Objekte mit einem Reflektor ab, damit sie sich während der Belichtung nicht im Wind bewegen.

Häufig ist die geringe Tiefenschärfe einer Detailaufnahme sogar ein Vorteil. Durch die unscharfen Bereiche wird die Komposition vereinfacht und die Aufmerksamkeit auf das Detail gelenkt.

Ein Makroobjektiv bildet Details bis 1:1 ab. Je größer die Brennweite des Makroobjektivs, desto größer ist der Arbeitsabstand, d. h. die Entfernung zwischen Frontlinse und Motiv. Damit verringert sich die Gefahr, aus Versehen an das Objektiv zu stoßen.

Rechts: Je kürzer der Abstand zwischen Frontlinse und Motiv, desto geringer ist die Tiefenschärfe, selbst bei kleinen Blendenöffnungen. Damit ist das Einstellen der Schärfeebene schwieriger als bei den üblichen Landschaftsaufnahmen. Der Live-View-Modus erleichtert das Einstellen, vor allem, wenn die Kamera das Einzoomen in das Live-View-Bild erlaubt. Bei dieser Aufnahme habe ich auf die Spitze des Farnwedels fokussiert, den ich als wichtigsten Aspekt der Komposition scharf abbilden wollte.

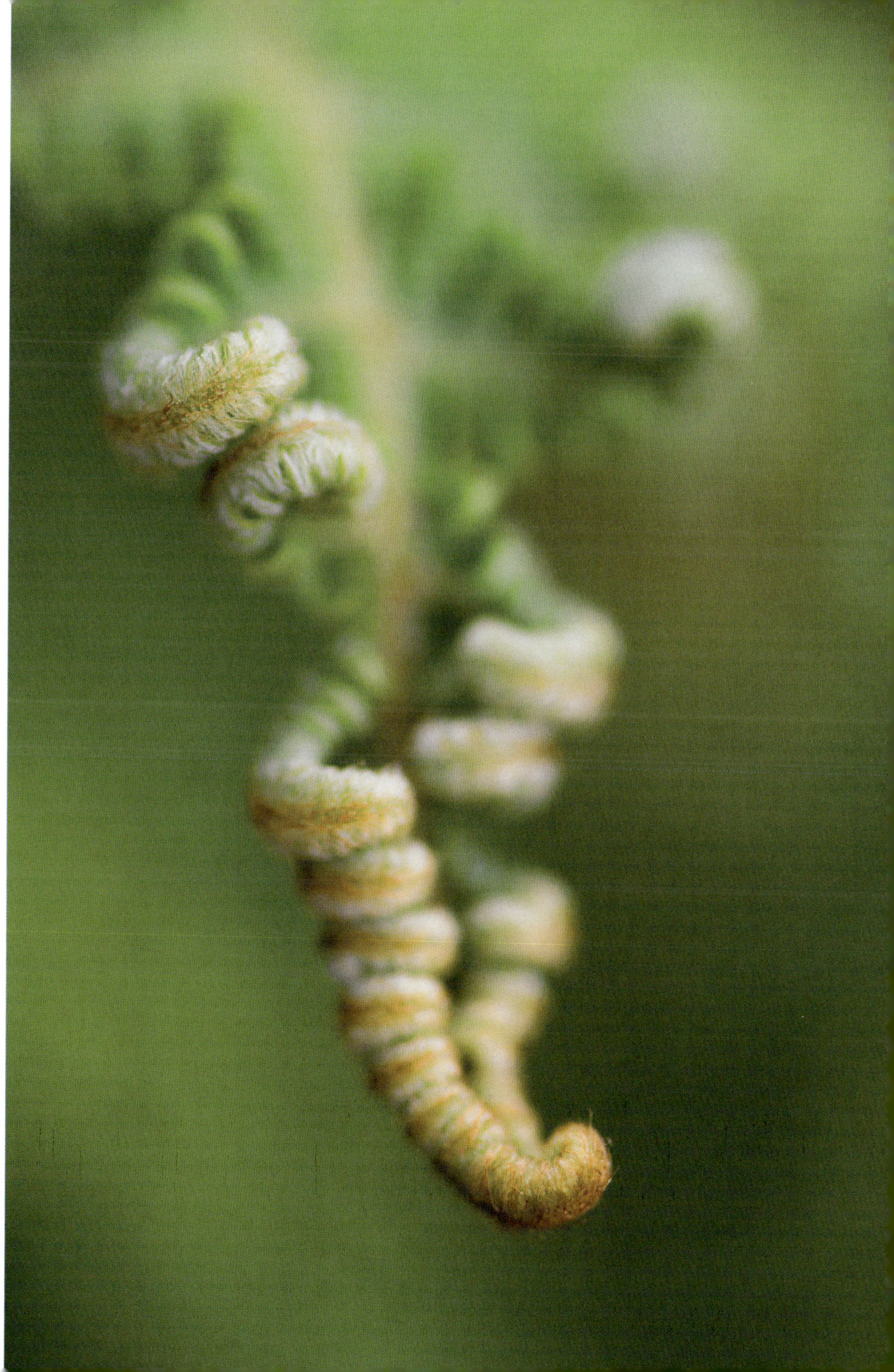

Panoramafotos

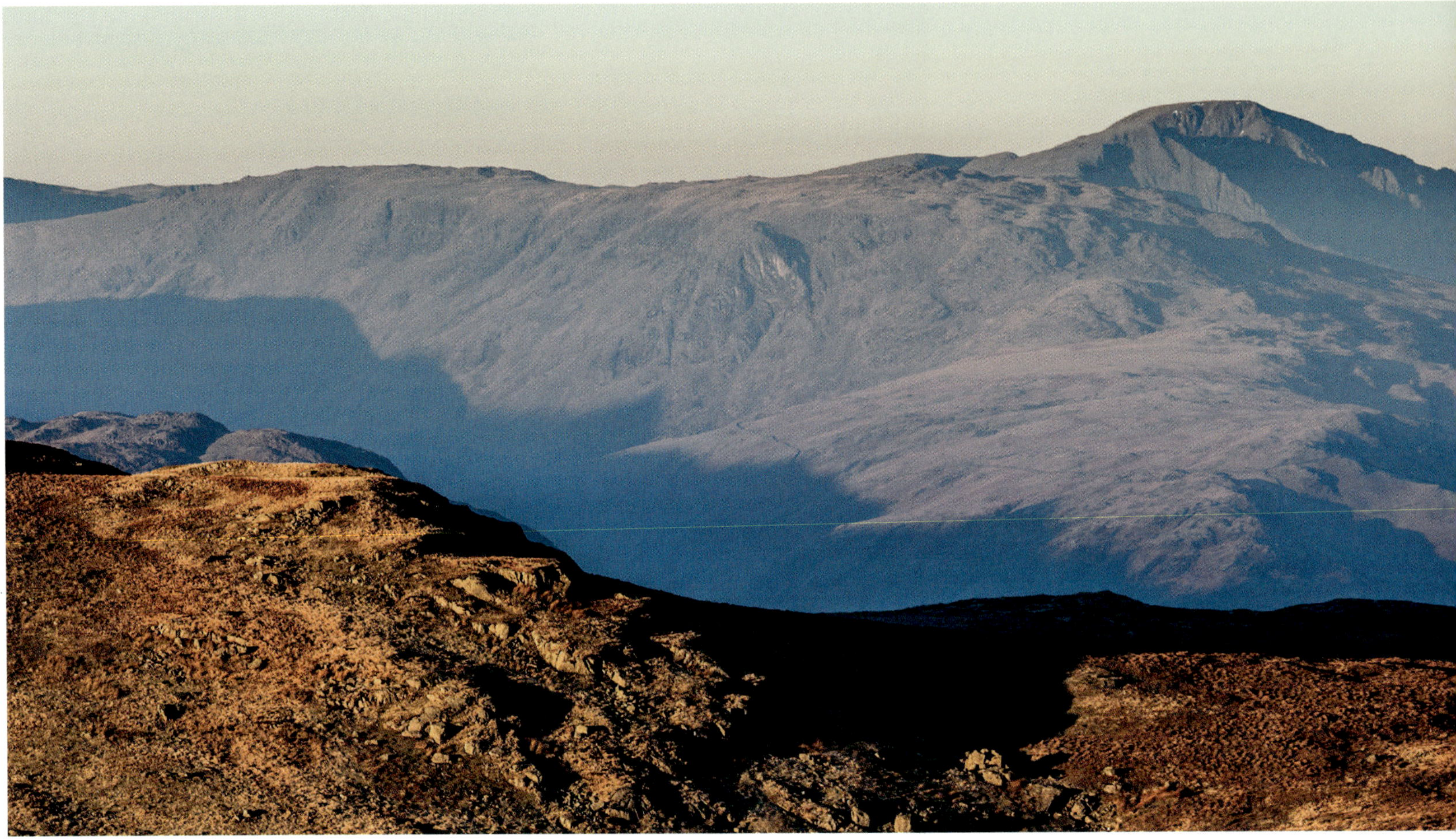

Landschaftspanoramen waren noch nie so beliebt wie heute. Waren sie früher nur mit speziellen Filmkameras möglich, macht es uns die Digitalfotografie heute leicht, Panoramen zu erzeugen. Die einfachste Lösung wäre ein normales Foto, das auf Panoramaformat beschnitten wird; das Ergebnis hätte aber eine geringere Auflösung.

Daher ist es besser, eine Bildserie in horizontaler (oder vertikaler) Reihe aufzunehmen und sie in der Bildbearbeitung „zusammenzukleben".

Voraussetzung für ein gutes, erfolgreiches Panoramafoto ist eine geeignete Bildserie: Um die Bildbearbeitung zu erleichtern, werden alle Fotos mit derselben Belichtung, demselben ISO-Wert, Fokus und Weißabgleich aufgenommen. Das geht am einfachsten mit manueller Einstellung bei fixiertem ISO-Wert und festem Weißabgleich (vorgegeben oder selbst eingestellt).

Die erste Entscheidung betrifft den Anfang und das Ende des Panoramas. Nehmen Sie sich beim ersten Mal nicht zu viel vor: Je weiter diese beiden Punkte voneinander entfernt sind, desto schwieriger wird es, das Panorama zusammenzusetzen. Gehen Sie lieber auf Nummer sicher und machen Sie sowohl horizontal als auch vertikal mehr Fotos als nötig. Es ist immer leichter, überstehende Bereiche abzuschneiden, als fehlende Details später zu ergänzen.

Obwohl es kontraproduktiv klingt, ist es günstiger, horizontale Panoramen mit vertikaler Kamera zu fotografieren (und umgekehrt). Damit sind zwar mehr Einzelaufnahmen erforderlich, man hat aber dafür während der Bildbearbeitung größeren Spielraum beim Beschneiden. Achten Sie darauf, dass sich die Einzelbilder um jeweils etwa ein Drittel überlappen, denn viele Programme zum Erstellen von Panoramen brauchen Referenzpunkte, die auf beiden benachbarten Fotos auftauchen.

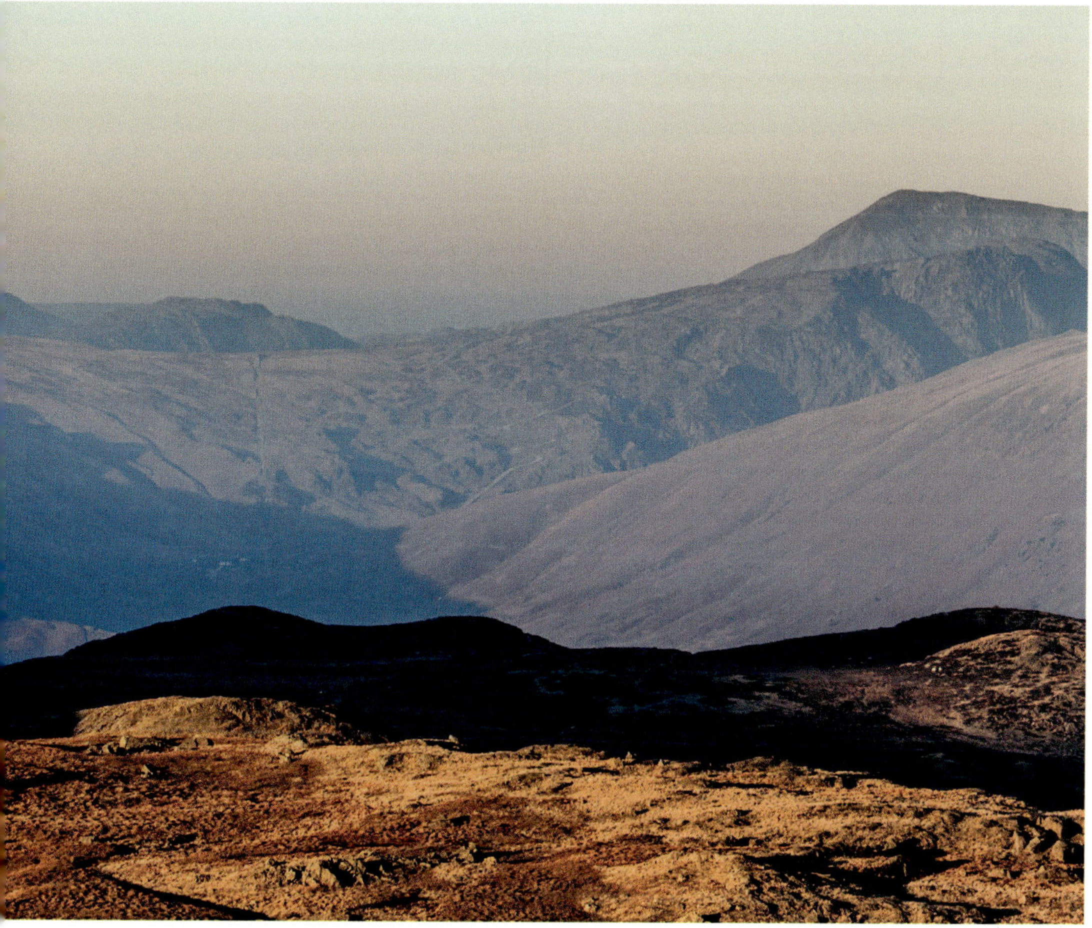

Links: Aufnahmen mit dem Teleobjektiv liefern ideale Panoramabilder, da sich die Perspektive zwischen den Einzelaufnahmen weniger stark ändert als bei einem Weitwinkelobjektiv. Andererseits sind Teleobjektive, selbst auf dem Stativ, anfälliger für Vibration, wenn die Kamera zu schnell bewegt wird. Daher warte ich jeweils ein paar Sekunden, bevor ich mit dem Fernauslöser das nächste Foto schieße.

HINWEIS:
Einige Kameramodelle haben eine Panoramaeinstellung, bei der die Kamera in einer einzigen flüssigen Bewegung geführt wird und eigenständig ein Panorama erstellt. Der Nachteil dieser Methode ist, dass die Fotos nur als JPEGs gespeichert werden und die Auflösung oft niedrig ist.

Noch ein weiteres Phänomen scheint dem geplanten Ziel zu widersprechen: Normal- oder Teleobjektive mit kurzer Brennweite eignen sich besser als Weitwinkelobjektive. Der Grund sind Verzeichnungen im Randbereich, die bei Weitwinkelobjektiven auftreten und von den Bildbearbeitungsprogrammen nicht unbedingt erfolgreich ausgeglichen werden.

Fotografieren Sie die Einzelbilder gleichmäßig und zügig, und versuchen Sie, die Kamera in der Waagrechten zu halten; eine Wasserwaage im Blitzschuh oder eingeblendet im Sucher ist hierbei immer hilfreich.

Dass sich die Kamera bewegt, liegt in der Natur der Sache, aber die Objekte in der Landschaft sollten möglichst unbewegt sein. Besonders schwierig in dieser Hinsicht ist fließendes Wasser. Schnell fließende Flüsse und Meeresküsten verändern sich ständig und schnell.

Prüfen Sie nach Fertigstellung eines Panoramabildes mit Wasser bei 100 % Größe, ob wirklich alle Verbindungen nahtlos verlaufen. Fehlerhafte Übergänge können durch Kopieren und Einfügen geglättet werden.

Zusammensetzen

Es gibt mehrere Programme, die Einzelbilder zu Panoramen zusammensetzen, und einige Hersteller bieten für ihre Kameramodelle sogar kostenlose Software an.

Photomerge von Adobe Photoshop bietet mehrere Optionen, Bilder zusammenzufügen; die Auto-Einstellung arbeitet effizient. Andere Produkte sind beispielsweise Panoweaver und PTGui.

Unabhängig von der verwendeten Software sind die Ränder des Panoramabildes zwangsläufig „getreppt" und müssen zu einem Rechteck mit glatten Rändern beschnitten werden. Das Seitenverhältnis hängt von der Größe des Rechtecks ab, das aus dem getreppten Rohbild ausgeschnitten wird. In der Regel wirken Bilder im 2:1- oder 3:1-Format gefälliger als längere, flachere Panoramabilder.

Kapitel 6
Bildgestaltung

Ein Foto ästhetisch ansprechend zu gestalten, ist ein kreativer Prozess. Obwohl die Kamera vieles automatisch erledigt, bleibt die Gestaltung (noch) eine sehr persönliche Angelegenheit des Fotografen, bei der die Kameratechnik keine Rolle spielt. Natürlich gibt es „Regeln" der Bildgestaltung, die man befolgen oder ignorieren kann, aber letztlich trifft jeder Fotograf selbst die Entscheidung, wie die Bildelemente eines Motivs angeordnet werden.

Rechts: Die Bildgestaltung ist wie ein Puzzle. Manchmal bleibt genügend Zeit zum Nachdenken und Ausprobieren, doch wenn die Natur nicht mitspielt, sind schnelle, intuitive Lösungen verlangt. Bei diesem Bild kündigte sich ein Regenschauer an, gerade als ich ankam. Mir blieb nur noch Zeit, alles aufzubauen und ein Bild zu machen, dann setzte der Regen ein, und die Hügel im Hintergrund verschwanden im Dunst.

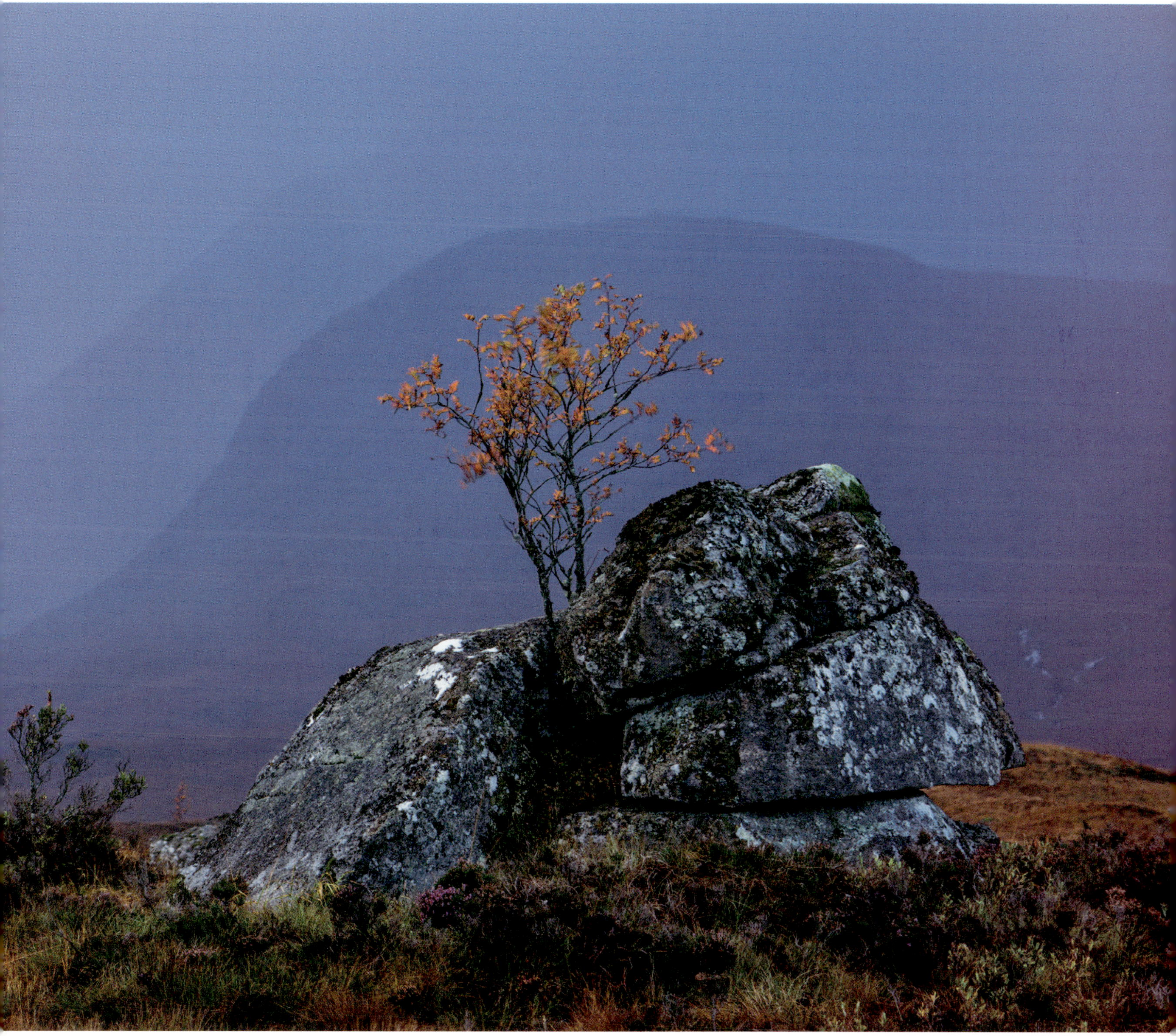

Regeln der Bildgestaltung

Regeln sind Vorschriften, die grundsätzlich zu einer gelungenen Bildgestaltung beitragen. Wer sich jedoch sklavisch daran hält, würgt jegliche Kreativität ab. Daher sind die bewährten „Regeln" der Bildgestaltung eher Leitlinien als zwingend notwendige „Gestaltungsgesetze". Wirklich entscheidend ist letztlich nur ein einziges Prinzip: Alles, was nicht wichtig ist für die Bildaussage oder davon ablenkt, wird ausgeblendet.

Die Drittelregel

Wenn es eine allgemein anerkannte Regel des Bildaufbaus gibt, dann die sogenannte „Drittelregel". Diese sehr einfache Regel sorgt dafür, dass der Bildaufbau angenehm ausgewogen wirkt.

Die Drittelregel besagt, dass der abgebildete Raum durch zwei gedachte vertikale und zwei horizontale Linien gleichmäßig „gedrittelt" wird. Bei Kameras, die im Live-View mit einem Raster überlagert werden, sind die Linien im Display darstellbar. Der Grundgedanke dabei ist, horizontale und vertikale Bildelemente entlang einer (oder mehrerer) dieser imaginären Linien anzuordnen. Wesentliche Blickpunkte der Komposition werden auf den Schnittpunkt zweier Linien gelegt.

Ein gutes Beispiel für die Anwendung der Drittelregel ist die Lage des Horizonts in Landschaftsaufnahmen. Verliefe der Horizont genau durch die Mitte der Bildebene, wirkte die Komposition gestellt, da das Motiv gleichmäßig in Vordergrund und Himmel geteilt wäre; dem Bild fehlte das Spannungselement. Liegt die Horizontlinie dagegen auf einer der Drittellinien wirkt das Motiv interessanter und zwingt den Fotografen zur Entscheidung: Was ist wichtiger, Vordergrund oder Himmel?

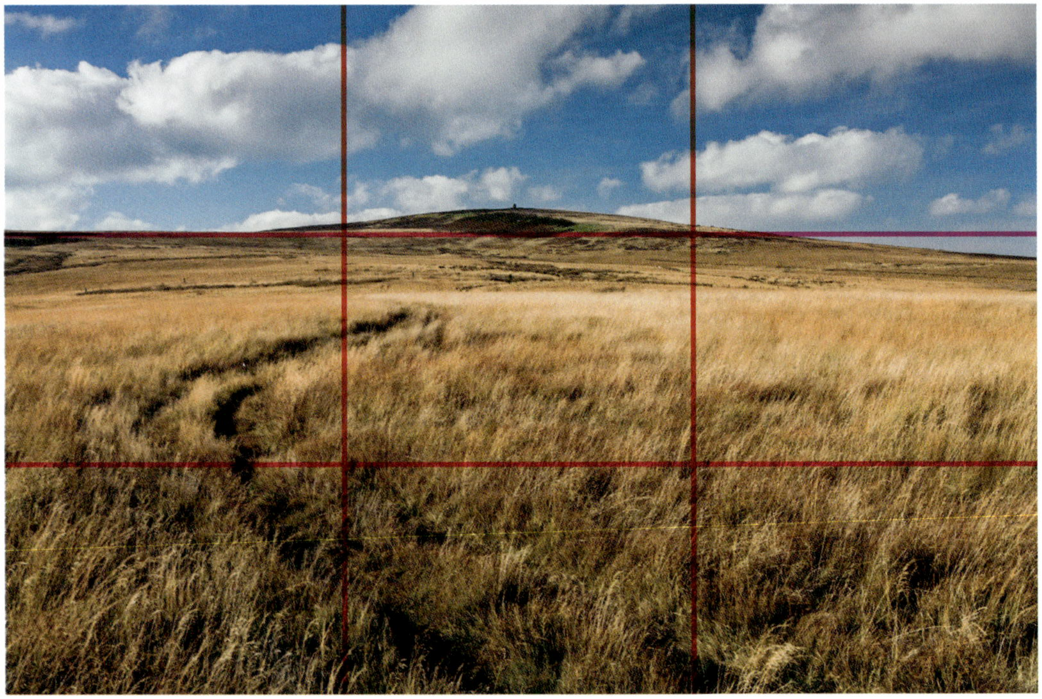

Oben: Bei diesem Motiv hatte ich den Vordergrund als wichtigstes Bildelement eingeschätzt und den Horizont nach der Drittelregel auf die oberste Drittellinie verlegt.

Regel der ungeraden Zahl

Diese Regel besagt, dass eine ungerade Zahl von Objekten gewöhnlich stärker wirkt als eine gerade Zahl. Bei einer ungeraden Zahl von Elementen wird stets ein Element von den anderen eingerahmt (je ein Objekt auf jeder Seite – oder zwei oder vier usw.). Bei einer geraden Zahl von Objekten wirkt der Bildaufbau kompositorisch unfertig. Die Regel greift nicht mehr, wenn die Zahl der abgebildeten Objekte nicht unmittelbar gezählt werden kann: Wenige Bäume in ungerader Anzahl sind bildwirksamer als ein Wald voller Bäume.

HINWEIS:
Ein Blickpunkt (Brennpunkt) ist ein wichtiges Element des Bildes (meist das eigentliche Motiv). Er zieht das Auge des Betrachters unmittelbar an oder leitet seinen Blick durch andere Bildelemente zum Blickpunkt hin. Je weniger Blickpunkte ein Foto aufweist, desto eindrucksvoller ist die Komposition. Zu viele Blickpunkte lenken ab und machen das Foto schwerer „lesbar".

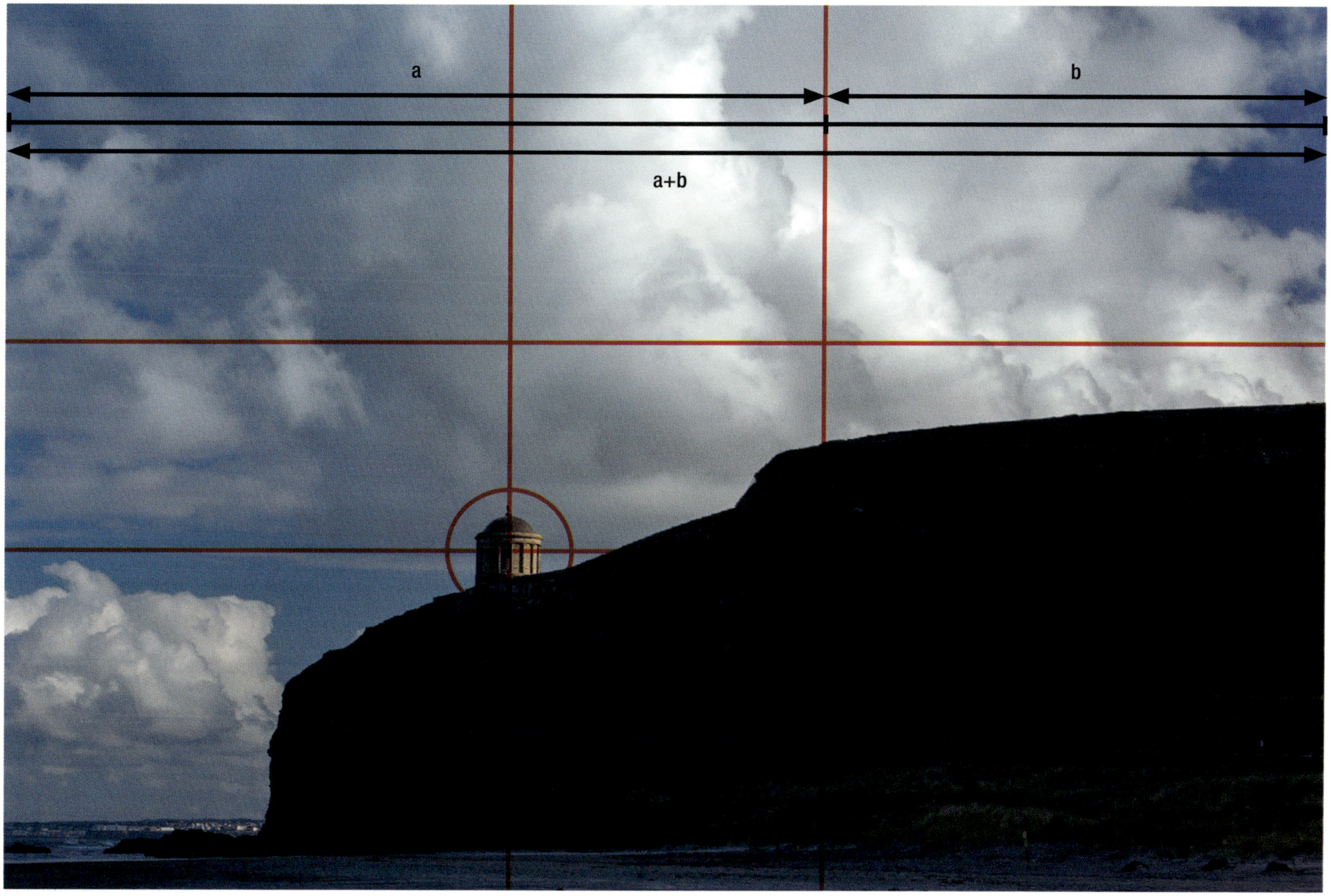

Der goldene Schnitt

Der goldene Schnitt basiert auf der unglaublich interessanten Zahl 1,618 (oft mit dem griechischen Buchstaben Phi/φ bezeichnet). Dieser Wert ist nur scheinbar zufällig gewählt: Eine Gerade wird so unterteilt, dass die Teilung des längeren (a) durch den kürzeren (b) Abschnitt denselben Wert ergibt wie die Teilung der gesamten Geraden (a + b) durch den längeren Abschnitt, mathematisch also:

$a/b = a+b/a = 1.618.$

Die Bildfläche wird nach dieser Regel in zwei Rechtecke geteilt, bei denen das Verhältnis des kleinen Rechtecks zum großen genauso groß ist, wie das des großen Rechtecks zur Gesamtfläche. Die Unterteilung der entstandenen Rechtecke kann im selben Verhältnis weitergeführt werden, bis ein Gitter entsteht, das der Drittelregel nicht unähnlich ist.

Als praktische Anwendung des goldenen Schnitts werden bildwichtige Details auf die Schnittlinien gelegt – Fotos, die nach diesem Prinzip aufgebaut sind, empfinden wir als ausgewogen.

Oben: Das Tempelchen auf der Klippe ist der Blickpunkt. Es wurde in den Schnittpunkt der Gitterlinien platziert, die nach dem goldenen Schnitt konstruiert wurden.

HINWEIS:
Künstler wenden den goldenen Schnitt schon seit Jahrtausenden zur Bildgestaltung an. Da die Berechnungen schwieriger zu visualisieren sind, wird er gewöhnlich zugunsten der Drittelregel vernachlässigt, die wiederum eine vereinfachte Form des goldenen Schnitts darstellt.

Das goldene Dreieck

Das goldene Dreieck unterteilt eine Fläche in mindestens drei unterschiedlich große Dreiecke mit genau gleicher Form. Eine Diagonale teilt das Bild in zwei gleich große rechtwinklige Dreiecke. Daraus werden, jeweils ausgehend von den freien Ecken, zwei weitere rechtwinklige Dreiecke ausgeschnitten.

Visuell wichtige Bildelemente werden entweder entlang der Grenzlinien oder innerhalb der Dreiecke angeordnet. Blickpunkte an den Schnittpunkten zweier Dreiecke sollen eine noch dynamischere Bildwirkung erzeugen als die Schnittpunkte der Drittelregel.

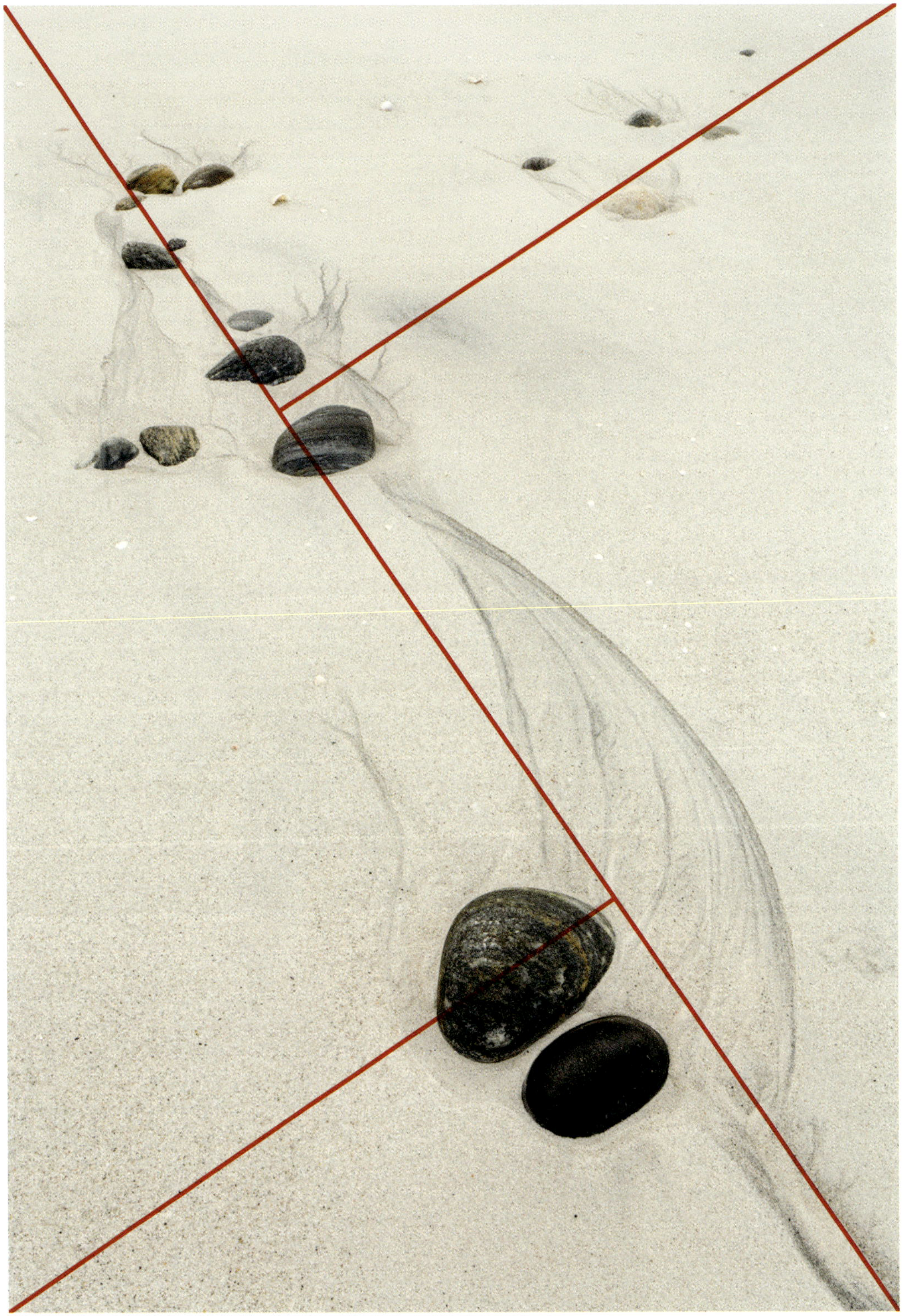

Rechts: Wie bei allen hier vorgestellten Regeln gilt das goldene Dreieck für alle Formen und in jeder Orientierung.

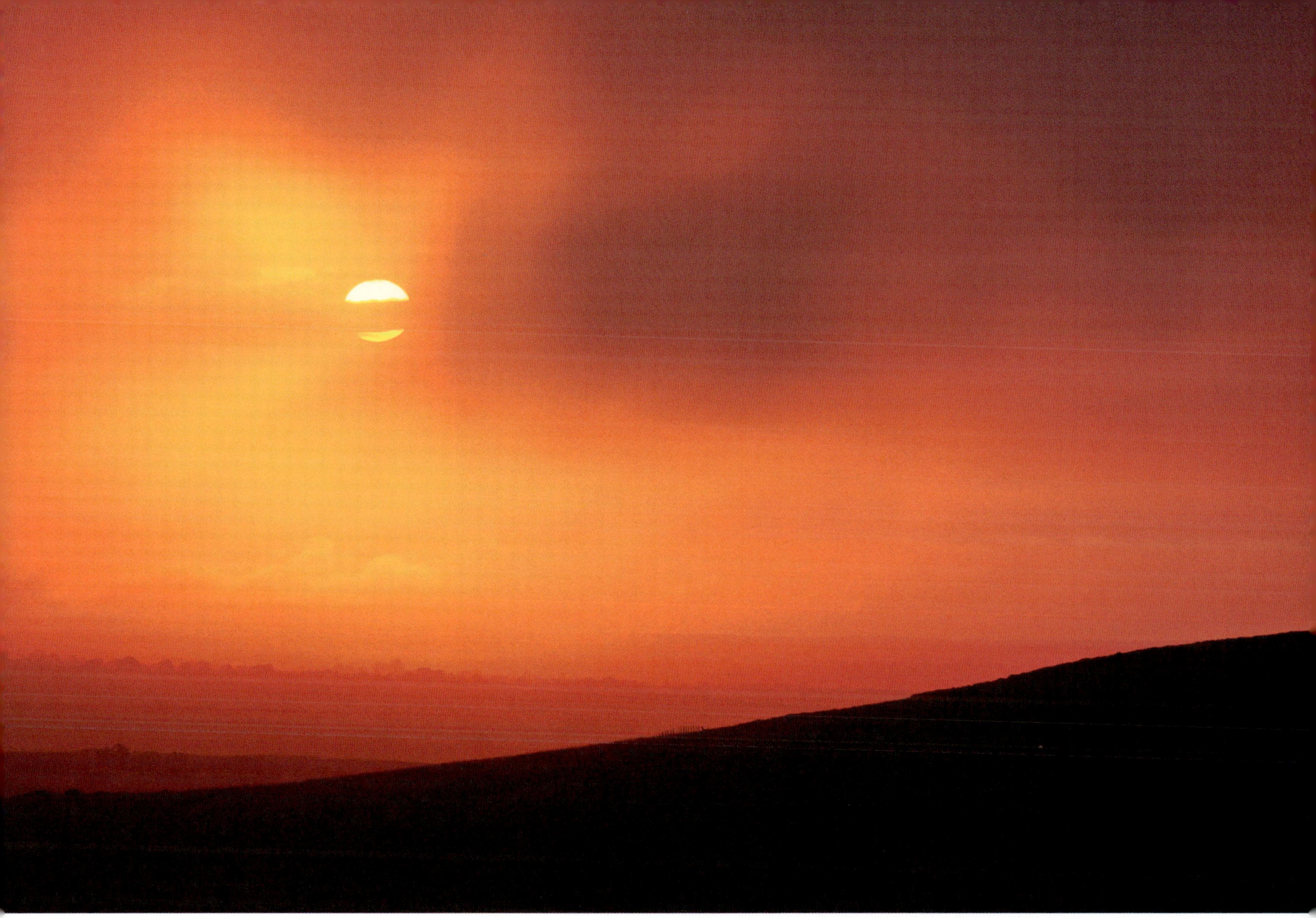

Oben: Intuitives Gespür für eine gute Bildgestaltung zahlt sich aus, wenn es einmal schnell gehen muss, denn bei wechselhaftem Wetter bleiben oft nur Sekunden für die Komposition und das Auslösen. In diesem Foto mit minimalen Bildelementen war die Position der Sonne als Blickpunkt entscheidend.

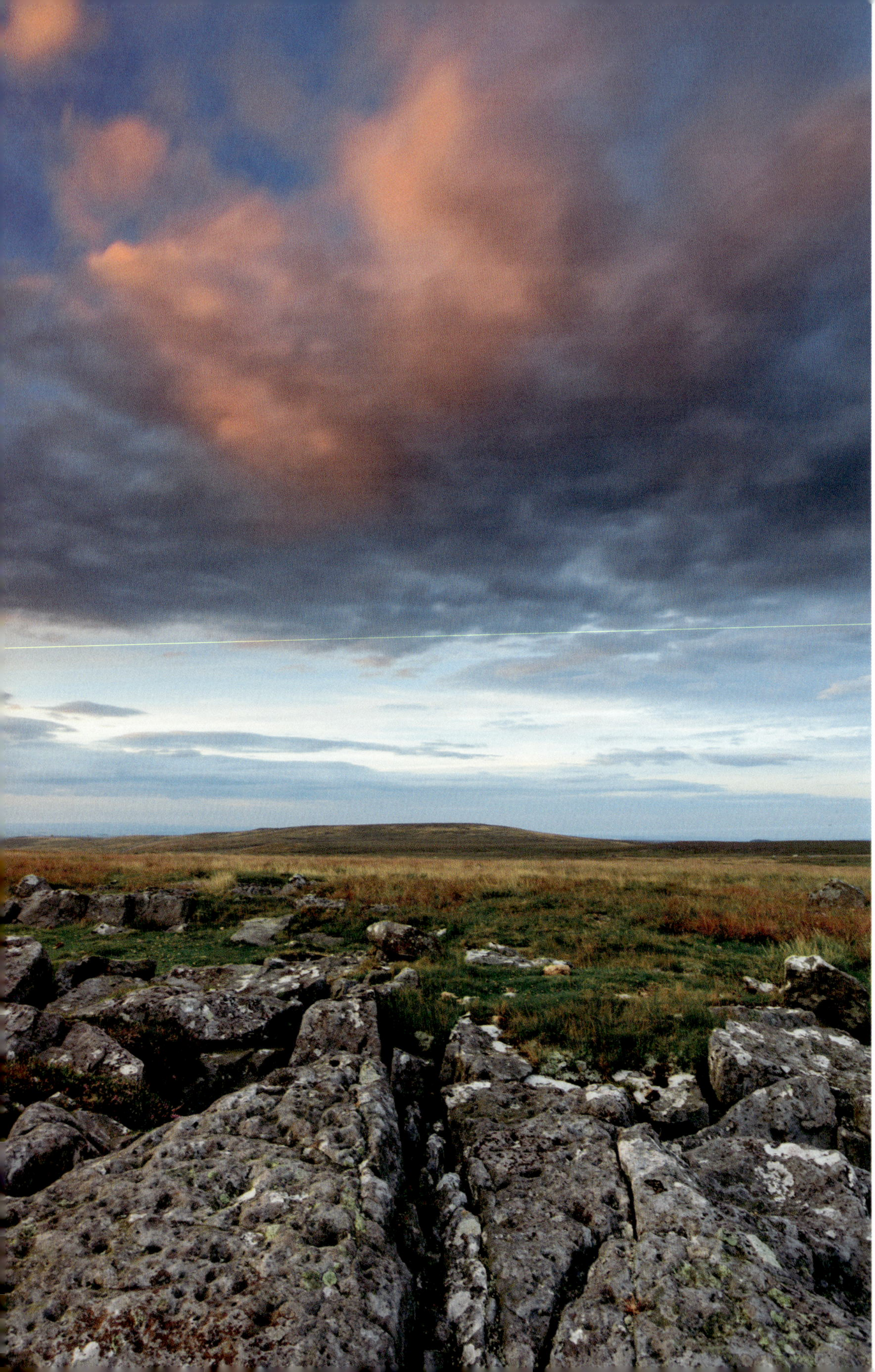

Regelbrüche

Man sollte sich nicht scheuen, die Regeln gelegentlich zu brechen. Obwohl die Drittelregel sehr hilfreich für die Gestaltung ästhetisch ansprechender Fotos ist, wirken Bilder, in denen die Regel allzu streng angewandt wird, zu formal.

In der Landschaftsfotografie sieht die Drittelregel vor, den Horizont auf die Grenzlinie des unteren (2/3 Himmel) bzw. oberen Drittels (1/3 Himmel) zu legen. Dieses Verhältnis trifft zwar auf sehr viele Situationen zu, aber nicht unbedingt für jedes Motiv.

Fotos mit symmetrischem Bildaufbau oder Motiven, die stärkere Ruhe ausstrahlen sollen, wirken intensiver, wenn der Horizont die Bildfläche teilt. Manchmal wird die Bildaussage auch stärker, wenn der Horizont weiter nach unten bzw. nach oben rückt, als die Drittelregel vorschreibt.

Auch ein Blickpunkt nahe der vertikalen Mittellinie des Fotos kann die Bildaussage stärken. Das wäre zwar ein typischer „Regelbruch", aber völlig in Ordnung, wenn er die Komposition verbessert.

Links: Obwohl dieses Bild alle Regeln der Bildgestaltung sprengt, gefällt mir seine Aussage, weil es völlig frei und ohne feste Regeln entstand.

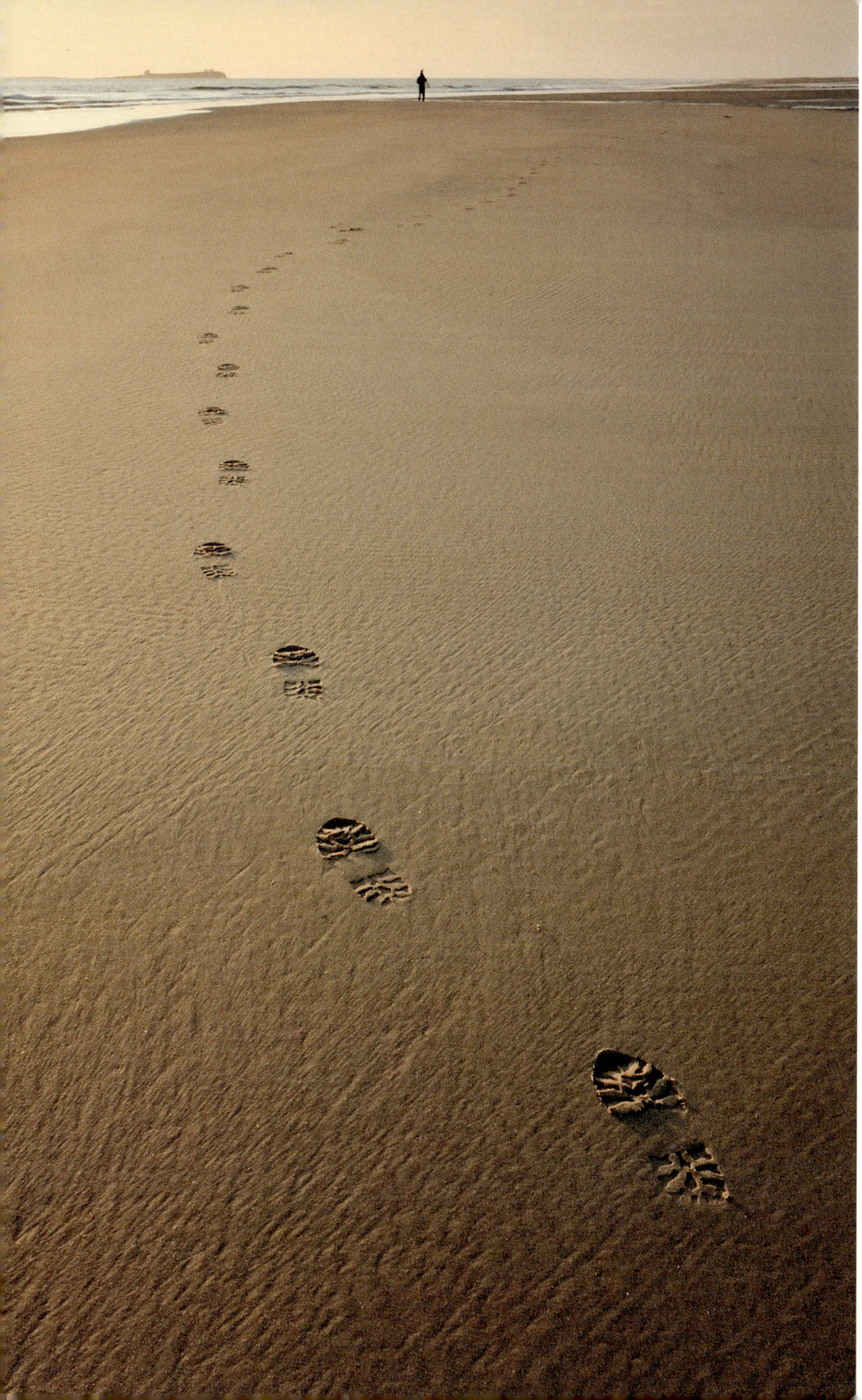

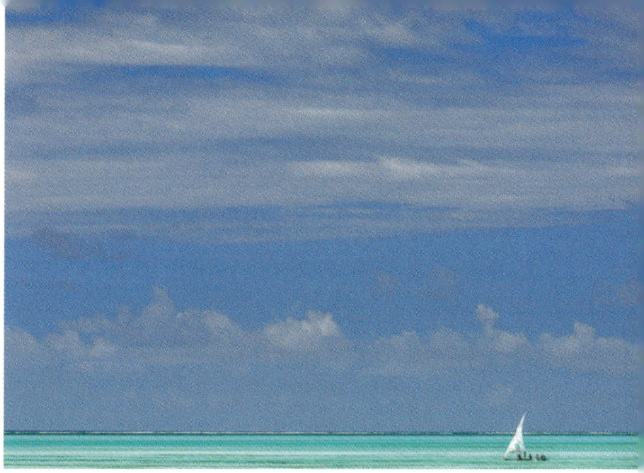

Oben und links: Der Horizont muss weder durch die Mitte des Bildes, noch durch die untere oder obere Drittellinie verlaufen. Wenn das Land (oder das Meer) auf einen schmalen Streifen beschränkt ist, wirkt der Himmel unendlich weit. Ist der Himmel andererseits nicht besonders spannend oder völlig bedeckt, gibt es keinen Grund, ihn nicht auf einen schmalen Streifen am oberen Bildrand zu beschneiden.

Seitenverhältnis

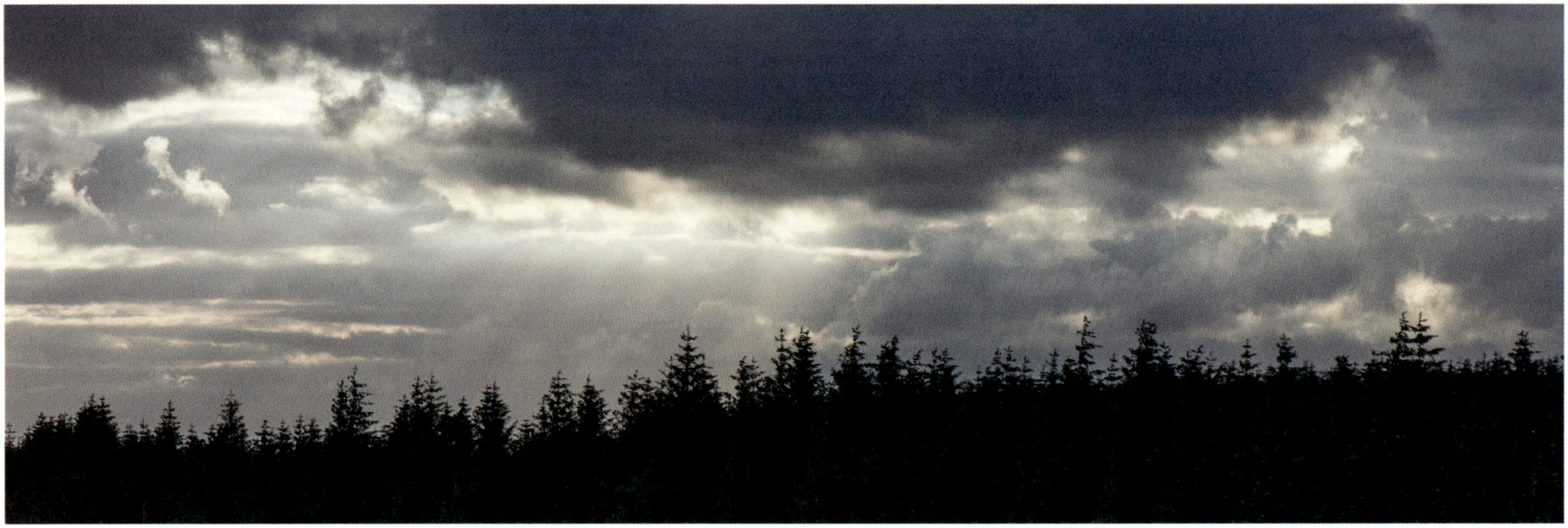

Das Seitenverhältnis gibt das Verhältnis zwischen Breite und Höhe eines Fotos an und wird meist in der Form von x:y angegeben (x entspricht der Breite, y der Höhe eines Bildes). Digitale Spiegelreflexkameras und APS-C-Kameras speichern die Bilder automatisch im 3:2-Format (bei der Speicherung als JPEG-Files sind auch andere Seitenverhältnisse wählbar). Das 3:2-Verhältnis ist ein relativ langes Rechteck, das bei vertikal gehaltener Kamera in Landschaftsaufnahmen oft zu schmal und hoch wirkt. Bei horizontaler Kamerahaltung eignet es sich gut für Landschaften, weil das Auge, ähnlich wie in der Natur, hin und her schweifen kann, um das Bild in sich aufzunehmen.

Micro-Four-Thirds- und Kompaktkameras nutzen ein stärker dem Quadrat angenähertes Format von 4:3 – früher das Standardformat analoger Fernsehapparate. Damit lässt sich das Bild einfacher gestalten, und ein vertikales Landschaftsbild sieht besser aus als bei 3:2.

Quadratische Bilder (Seitenverhältnis 1:1) waren früher das Privileg von Mittelformatkameras, heute schießen viele Smartphones quadratische Fotos. Da alle Seiten gleich lang sind, lassen sich damit gut ausbalancierte Bilder gestalten. Im 1:1-Format tendiert das Auge dazu, kreisförmig hin und her zu schweifen, woraus sich subtilere, weniger dynamische Kompositionen ergeben als im 3:2-Format.

Für Panoramaaufnahmen gibt es kein Standard-Seitenverhältnis. Am nächsten käme noch ein 16:9-Verhältnis – das Format moderner HD-Fernsehgeräte (HDTV) –, das sich aber nur wenig von dem 3:2-Format unterscheidet. Ein angemessenes Seitenverhältnis wäre 2:1 oder 3:1; es bildet weite Landschaften gut ab, über die das Auge schweifen kann.

Bei der Fotografie im RAW-Modus wird das Bild im Seitenverhältnis des Bildsensors abgespeichert. Falls die Kamera Gitterlinien im Sucher oder auf dem Display im Live-View-Modus einblendet, kann man schon bei der Aufnahme das geplante Seitenverhältnis berücksichtigen und die „überstehenden“ Ränder in der Bildbearbeitung abschneiden.

Oben: Ein Seitenverhältnis von 3:1 wirkt wie ein Panorama. Achten Sie beim Bildaufbau darauf, dass alle Abschnitte visuell gleichermaßen ansprechend sind.

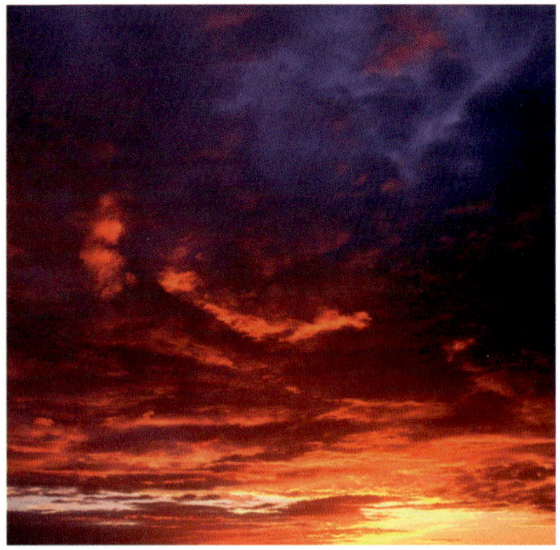

Oben: Quadratische Bilder erinnern an Aufnahmen mit dem Smartphone; das Format lässt kaum gute Bildkompositionen zu.

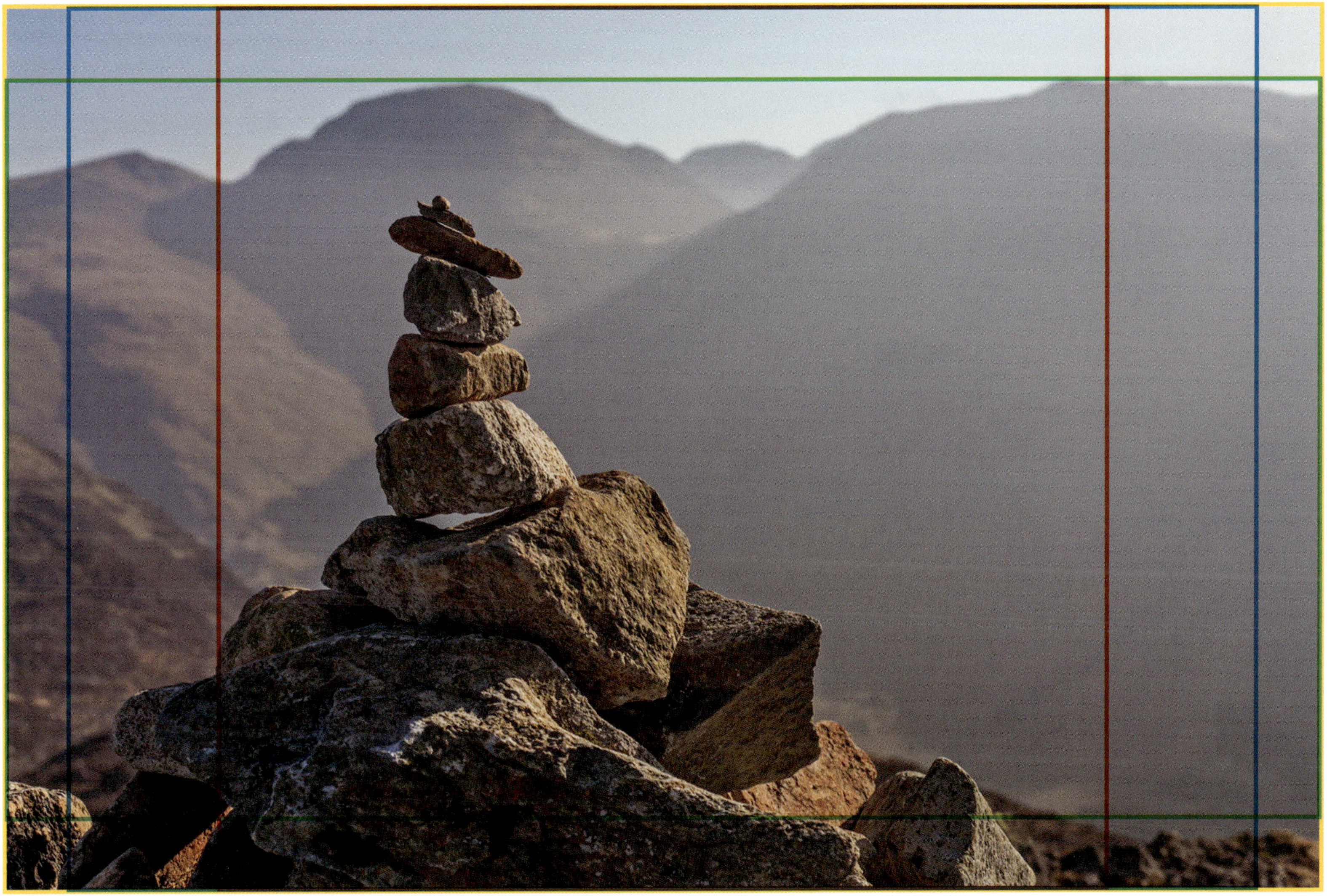

Seitenverhältnisse:

- **3:2**-Kameratypen: Vollformat-/APS-C digitale Spiegelreflexkameras und Modelle ohne Spiegel
- **1:1**-Kameratypen: Smartphone/einige Mittelformatkameras
- **16:9**-Standardformat für HD-Fernseher
- **4:3**-Kameratypen: Four-Thirds-/Micro-Four-Thirds-/Kompakt-Kameras. Standardformat für analoge Fernseher

Bildformat

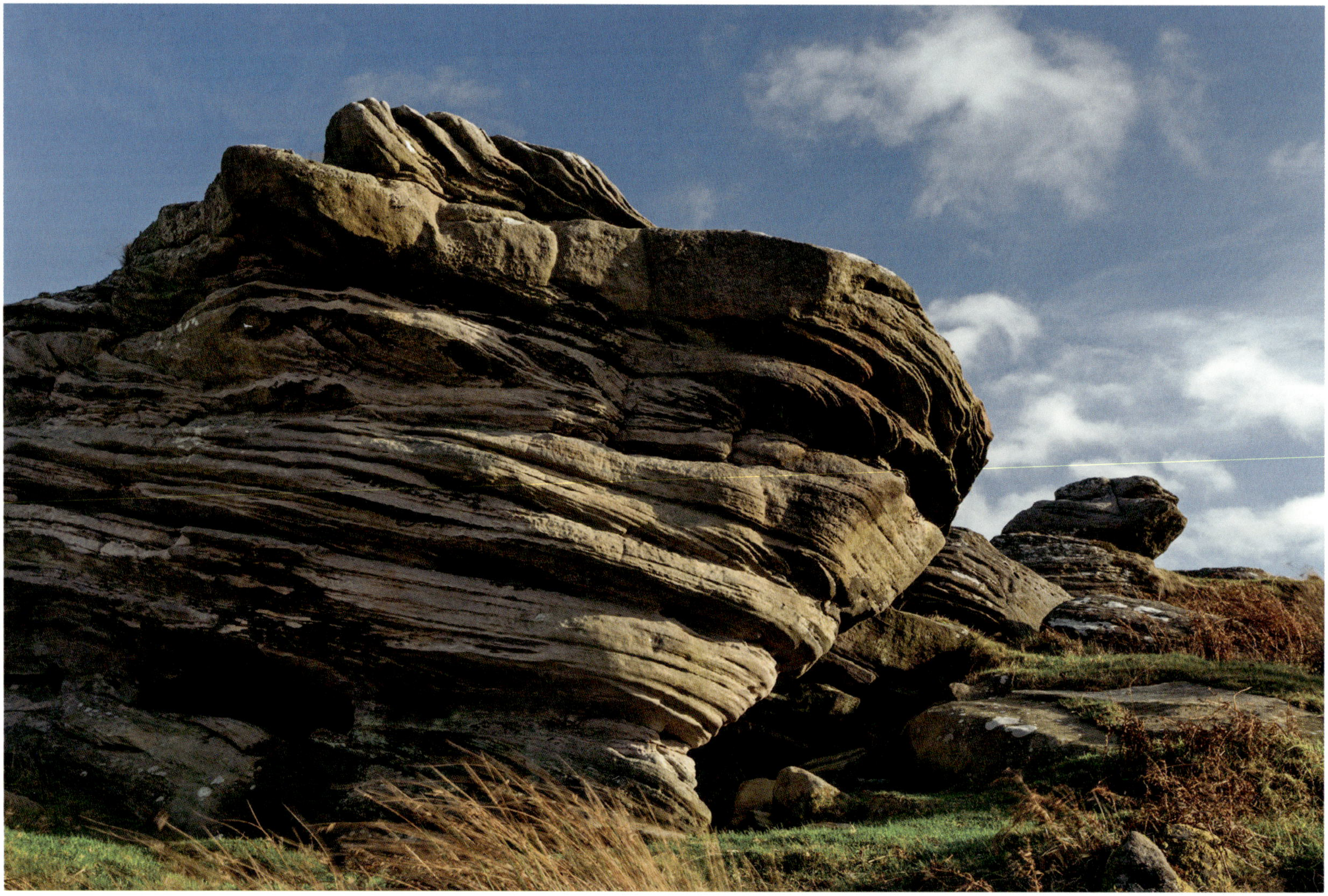

Das Bildformat ist ein entscheidendes Element der Bildgestaltung. Da man Bilder von Landschaften am ehesten mit dem Querformat assoziiert, wird dies häufig als „Landschaftsformat“ bezeichnet. Das ist in vielerlei Hinsicht verständlich, denn Menschen neigen eher dazu, ein Bild in horizontaler statt in vertikaler Richtung zu betrachten (ausgenommen vielleicht Bilder von Stadtlandschaften). Die gegenüber der Höhe größere Breite verleiht Bildern im Querformat mehr Stabilität. Dass sie damit weniger dynamisch wirken, kommt dem Wesen einer Landschaft sehr entgegen.

Dennoch gibt es keine endgültige Antwort darauf, ob eine Landschaft besser im Quer- oder Hochformat abgebildet wird. Der entscheidende Faktor ist das Motiv. Bei manchen Motiven bietet sich das Querformat geradezu an, vor allem wenn man ein Gefühl von Raum erzeugen möchte.

Andere Motive fügen sich besser in Hochformate ein. Im Hochformat liegt die Betonung mehr auf Höhe und Tiefe als auf Breite. Ein gutes Beispiel wäre ein einzelner Baum, der im Hochformat besser zur Geltung kommt. Für ein weites Waldstück wäre dagegen das Querformat geeigneter.

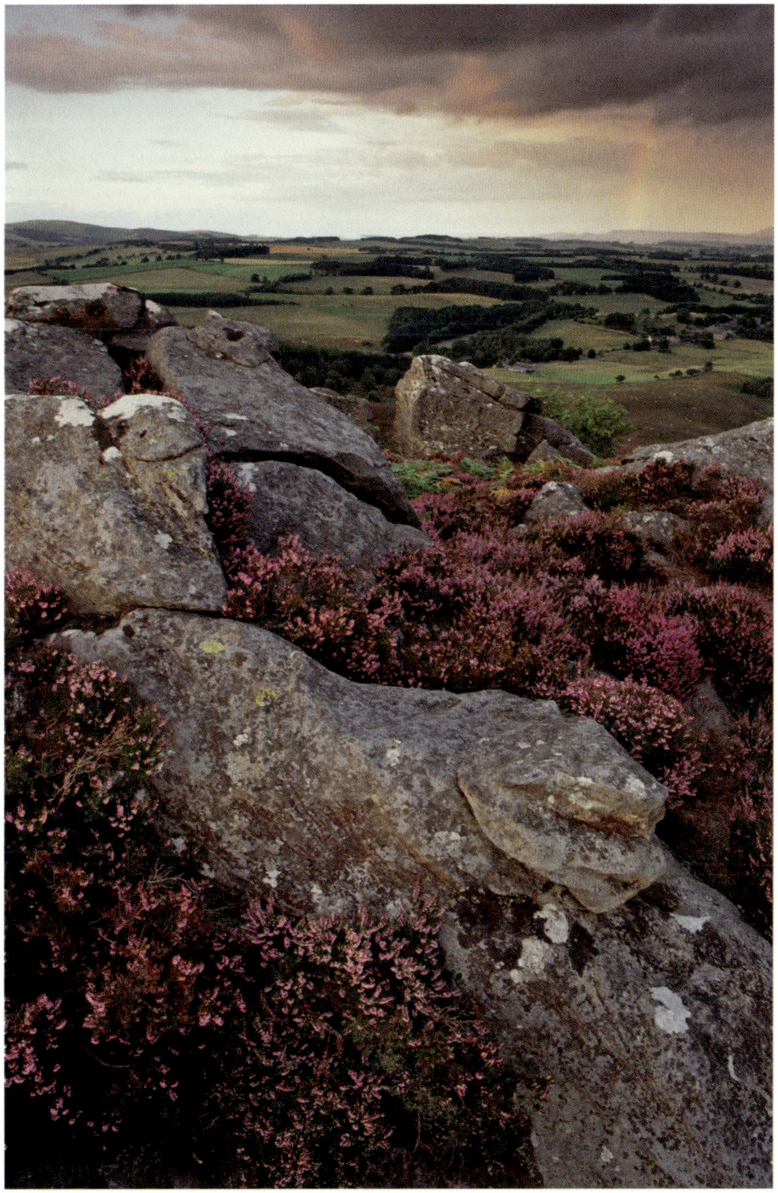

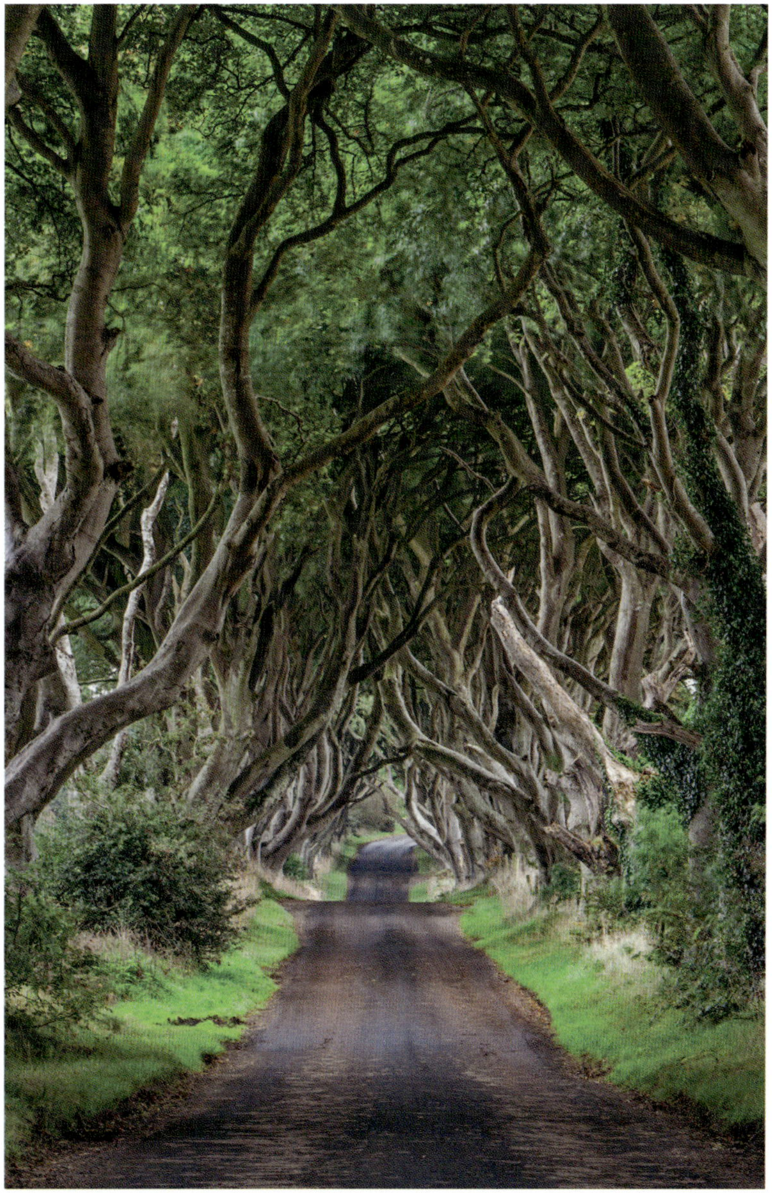

Links und oben: Zwei Felsformationen – zwei Formate. Die sehr starken horizontalen Linien, die den Felsen durchziehen, legten das Querformat nahe (Bild links). Ich habe zwar versucht, das Motiv im Hochformat aufzunehmen, doch das Ergebnis wirkte gezwungen und unnatürlich. Auch bei dem Bild oben waren die Risse im Fels entscheidend für das gewählte Format. Sie schienen mir aufwärts durch das Bild zu fließen.

Oben: Das Hochformat betont die Höhe der Bäume in dieser Allee. Eine anfänglich geplante Komposition im Querformat erwies sich als ästhetisch weniger befriedigend. Da außerdem störende Details in den Randbereichen auftraten, stand die Entscheidung für das Hochformat fest.

Gewichtung

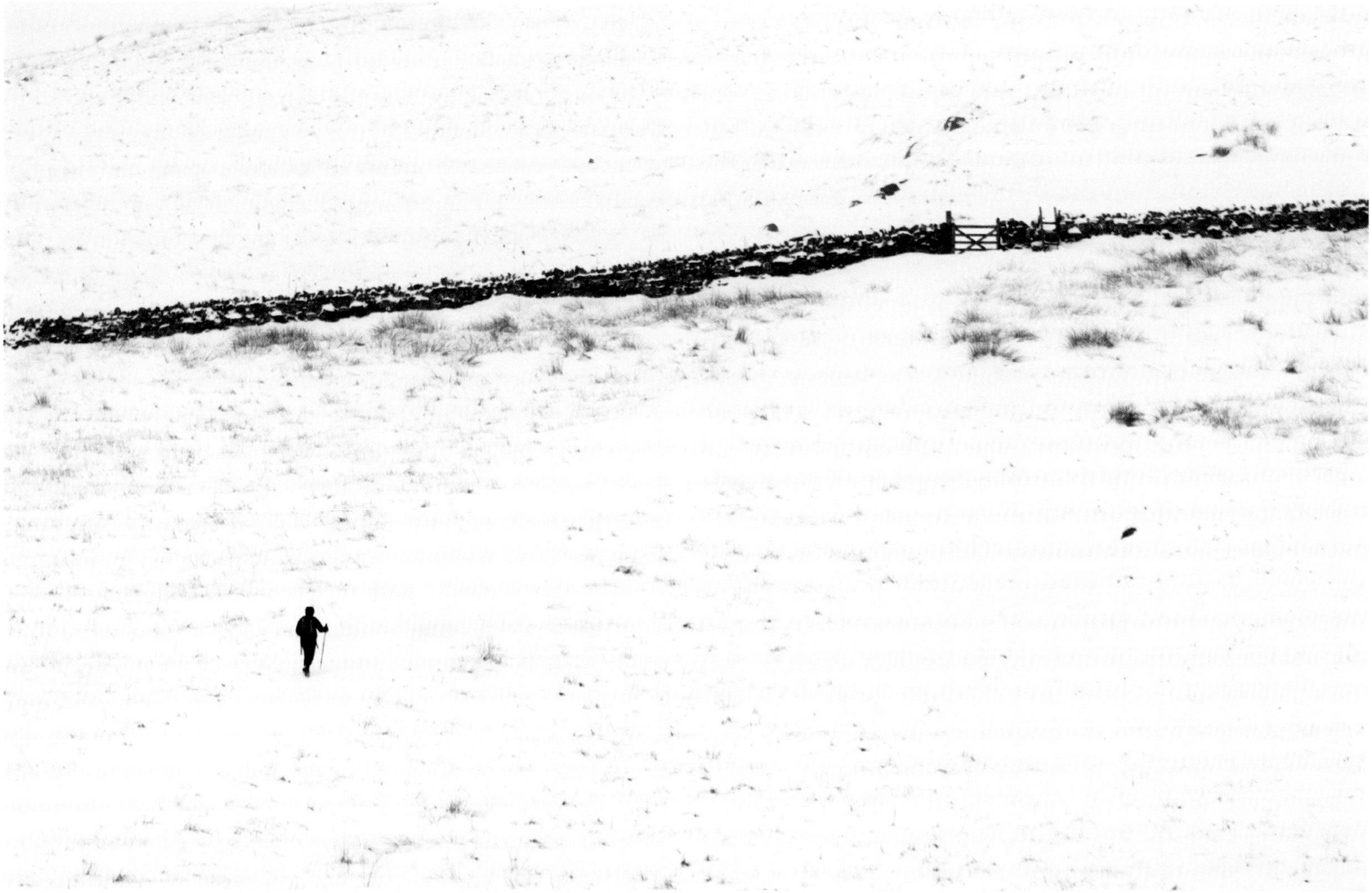

Nicht alle Elemente eines Fotos sind gleichwertig. Beim ersten Blick auf ein Foto richtet sich das Auge naturgemäß zunächst auf bestimmte Bildelemente, die uns mehr interessieren als andere. Bildelemente, die den Blick auf diese Weise anziehen, haben mehr „visuelles Gewicht" als andere.

Da Menschen (Landschaftsfotografen eingeschlossen) soziale Wesen sind, überrascht es kaum, dass Menschen im Bild besonderes Gewicht haben – dabei ist das Gesicht stärker gewichtet als andere Körperteile. Damit wird jeder Mensch in der Landschaft stets zum Blickpunkt, sei die landschaftliche Kulisse auch noch so großartig. Menschen als Maßstab innerhalb einer Komposition haben durchaus ihren Wert, doch wenn die Landschaft selbst das Motiv sein soll, verzichtet man besser darauf.

Nicht nur Menschen haben ein visuelles Gewicht. Auch bestimmte Farben ziehen den Blick stärker auf sich als andere. Rot hat beispielsweise ein stärkeres Gewicht als Blau oder Grün, und dunklere, satte Farben machen stärker auf sich aufmerksam als helle, pastellartige Töne. Weiß ist deutlich stärker gewichtet als Schwarz.

Die Gewichtung von Bildelementen ist ein starkes Gestaltungsprinzip. Der Blickpunkt sollte stets stärker gewichtet sein als Objekte, die nicht so wichtig für die Szene sind. Wird diese Regel nicht eingehalten, könnten die Blicke eines Betrachters vom wesentlichen Bildelement abgelenkt werden.

Rechts: Es gibt Bildelemente, die überproportionales „Gewicht" haben. Unser Blick fällt stets zuerst auf Menschen im Bild, dann auf die übrigen Bildelemente. Auch Buchstaben und Farben wie Gelb haben visuelles Gewicht.

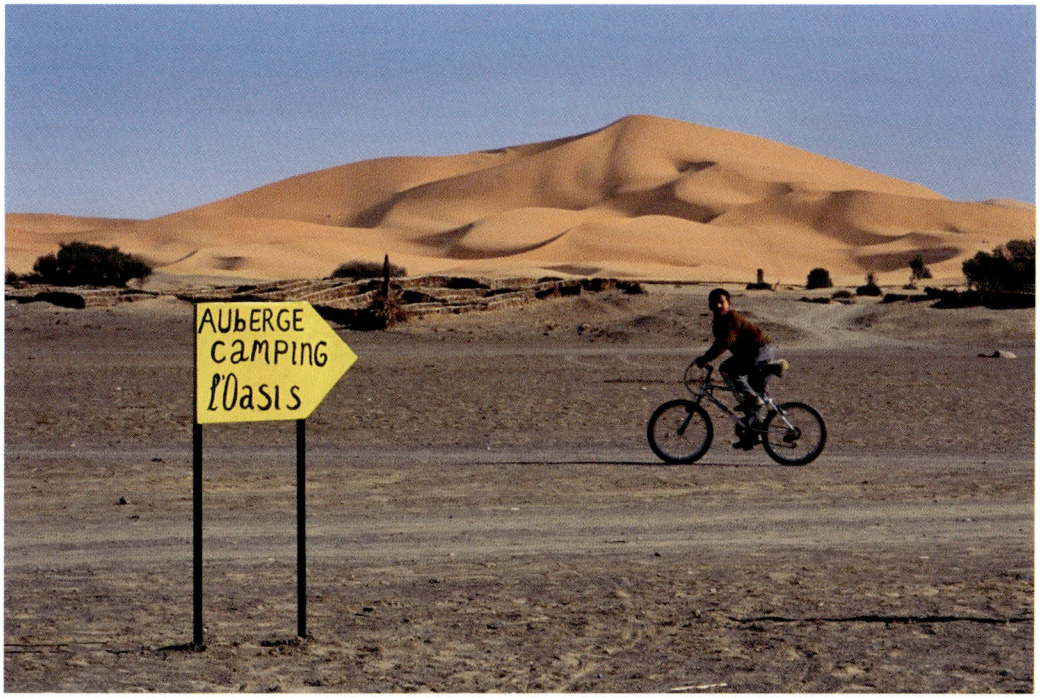

Rechts: Weiß hat ein starkes Gewicht. Daher fällt der Blick eines Betrachters zuerst auf weiße Bildelemente.

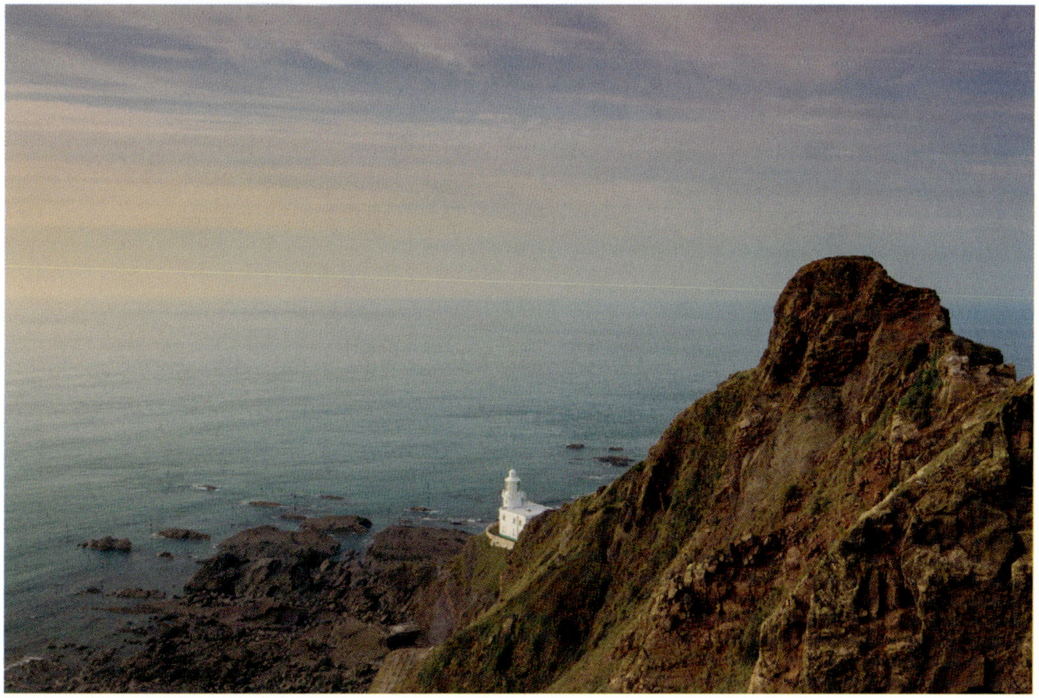

Links: Welches Bildelement zieht Sie beim ersten Blick unmittelbar an? Decken Sie die Person mit dem Finger ab und Sie sehen, wie sich die Komposition verändert.

Balance

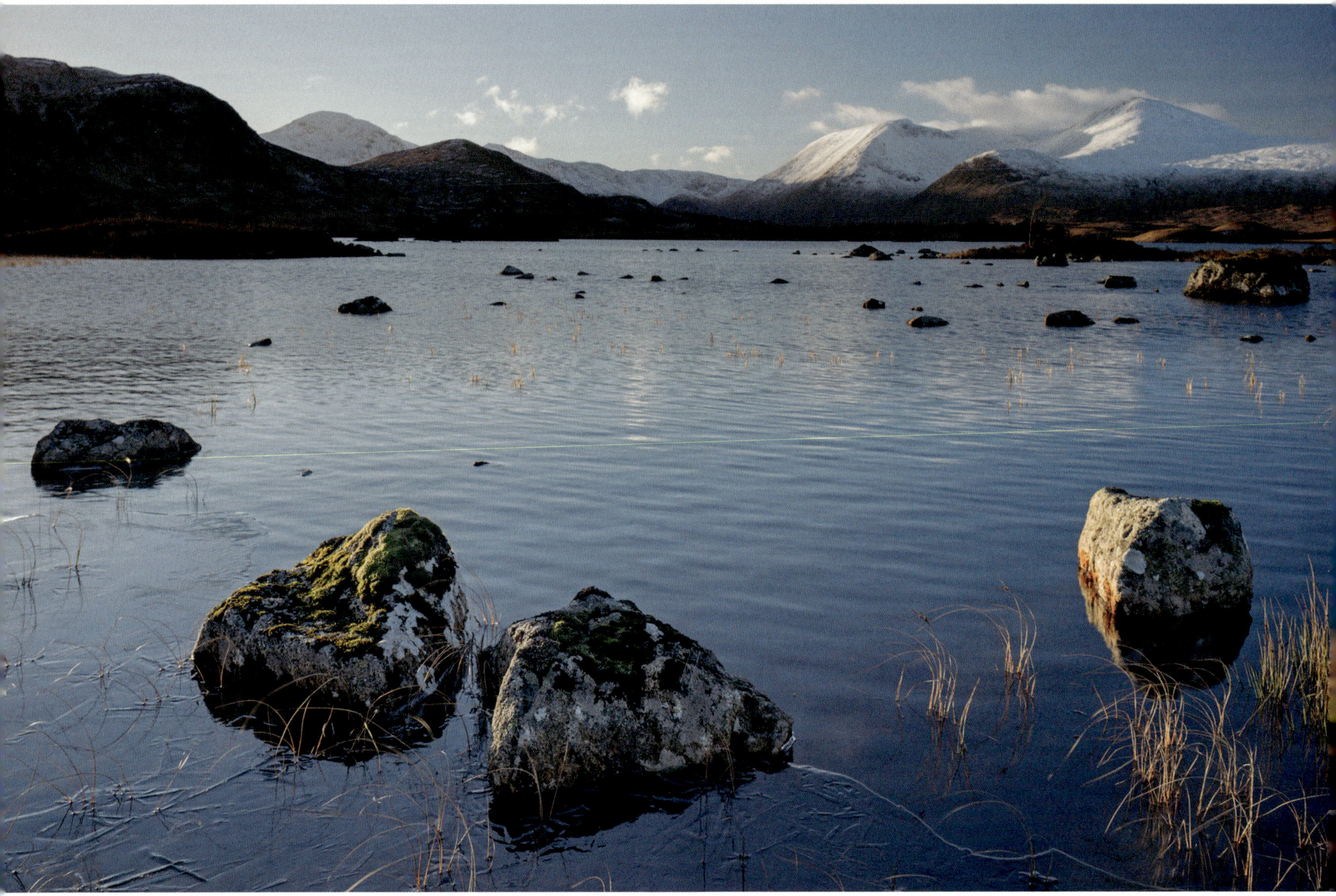

Stellen Sie sich ein Bild im Querformat vor, das mittig auf einen Zapfen gelegt wird. Nach welcher Seite würde es kippen? Natürlich haben Bilder kein Gewicht im physikalischen Sinn, aber das visuelle „Gewicht" eines Bildelements kann es in der Tat aus der Balance bringen. Dabei geht es nicht nur um die Rechts-links-, sondern auch um die vertikale Balance. Ein Foto mit „schweren" Bildelementen im oberen Teil wirkt kopflastig. Bei Landschaften ist diese Gefahr eher gering, denn der Vordergrund ist stets im unteren Teil des Bildes.

Oben: Die Felsen im Vordergrund balancieren die Komposition aus. Der hellere Fels rechts dient als Gegengewicht zu den dunkleren Felsen links im Bild.

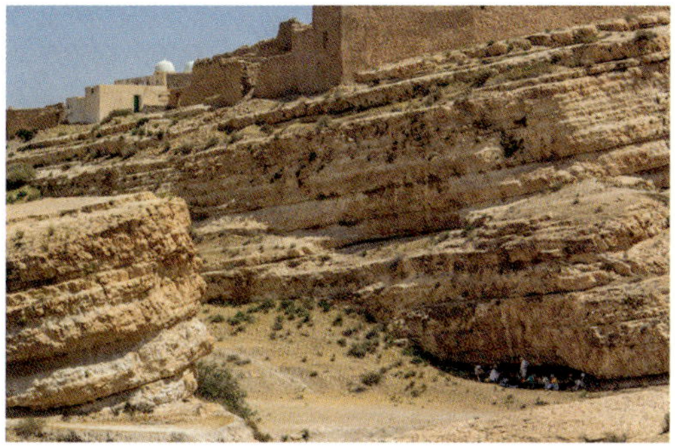

Oben: Dieses Foto hat einen anderen Schwerpunkt als das Foto auf der Gegenseite. Die Menschengruppe unten rechts wird durch die helleren Gebäude oben links ausbalanciert.

Rechts: Dieses Foto profitiert von einer symmetrischen Balance. Wolken und Mauer gleichen sich in Form und Lage: Wird das Bild um 180° gedreht, tauschen die beiden Bildelemente ihre Position fast identisch.

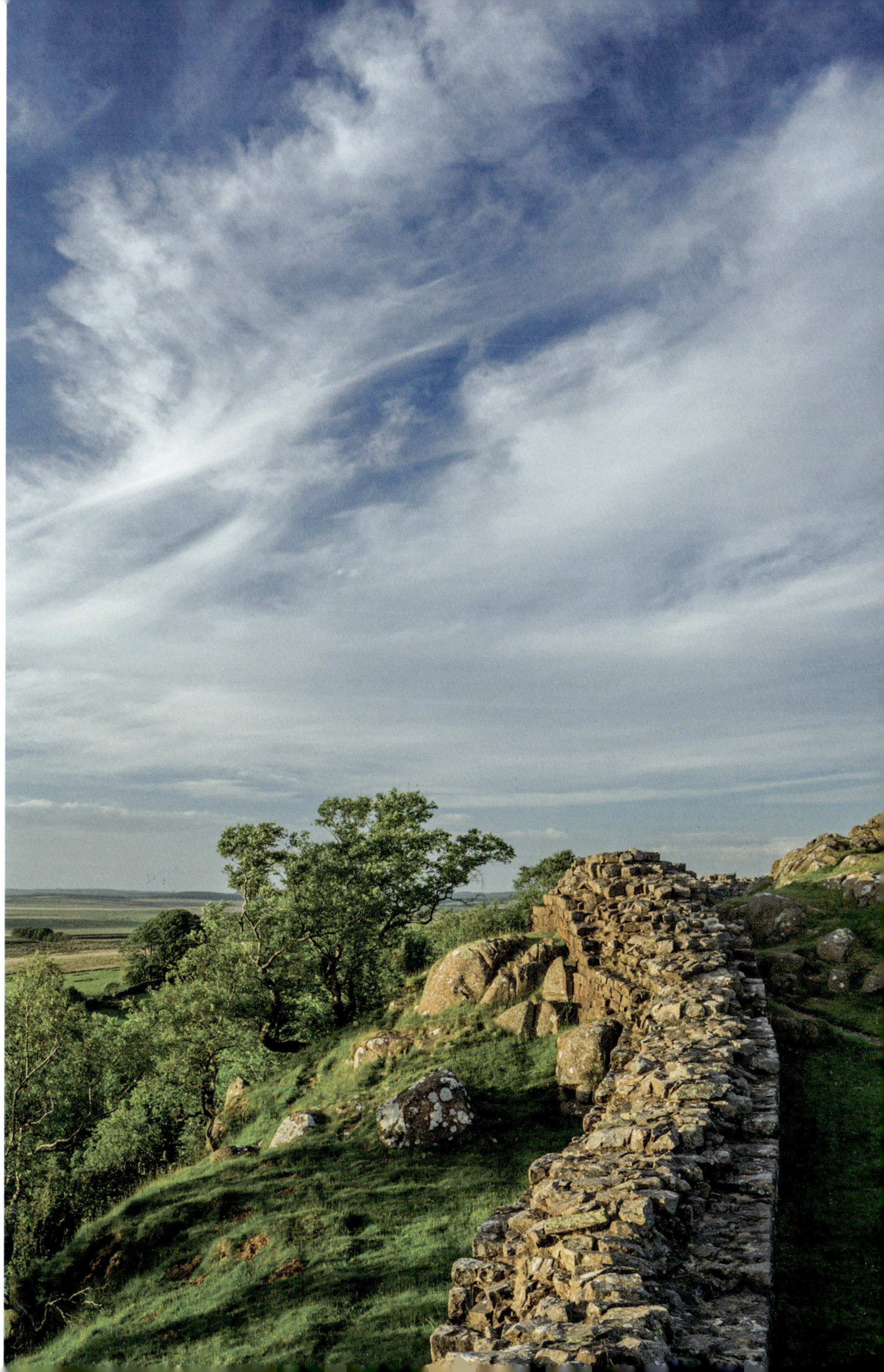

Farbe

Da Menschen auf Farben sowohl positiv als auch negativ reagieren, beeinflussen die Farben eines Fotos die Stimmung des Betrachters. Mit dem Weißabgleich kann der Fotograf allgemeine Farbstiche ausgleichen. Doch genauso wichtig sind die einzelnen Farben in der Landschaft, die bei der Bildgestaltung betont oder abgeschwächt werden.

Benachbarte Farben wirken entweder harmonisch oder kontrastreich. Farben, die miteinander harmonieren, liegen auf einem Farbkreis direkt nebeneinander (analoge Harmonie). Visuell interessanter sind jedoch die Farben, die im Farbkreis einander gegenüberliegen; sie werden als Komplementärfarben bezeichnet.

In einem Foto verstärken sich Komplementärfarben gegenseitig, ohne dass eine der beiden dominiert. Warme und kühle Komplementärfarben, wie Orange und Blau, passen sehr gut zusammen. In der Tat treten gerade diese beiden Farben häufig in der Landschaftsfotografie auf: Bei Sonnenauf- oder -untergang beleuchtet das Rot-Orange des Sonnenlichts die eine Seite eines Objekts, das in Gegenrichtung einen kühlen, blauen Schatten wirft.

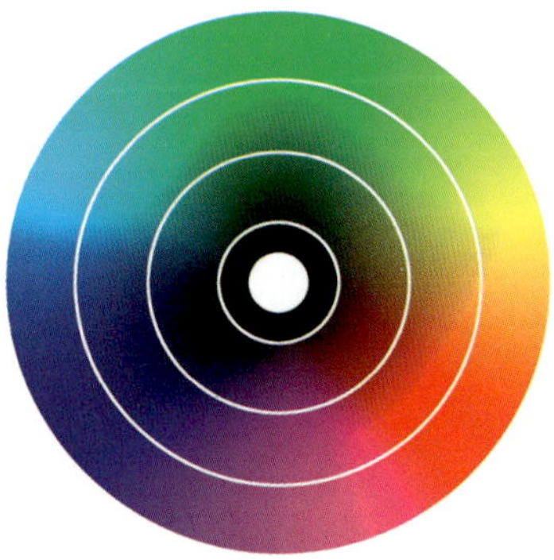

Oben: Der Farbkreis ist ein nützliches Hilfsmittel, um harmonische und komplementäre Farbkombinationen zu finden. Er hilft auch dabei, in der Schwarz-Weiß-Fotografie (siehe Kapitel 8) den richtigen Filter auszuwählen, um einen speziellen monochromatischen Effekt zu erreichen.

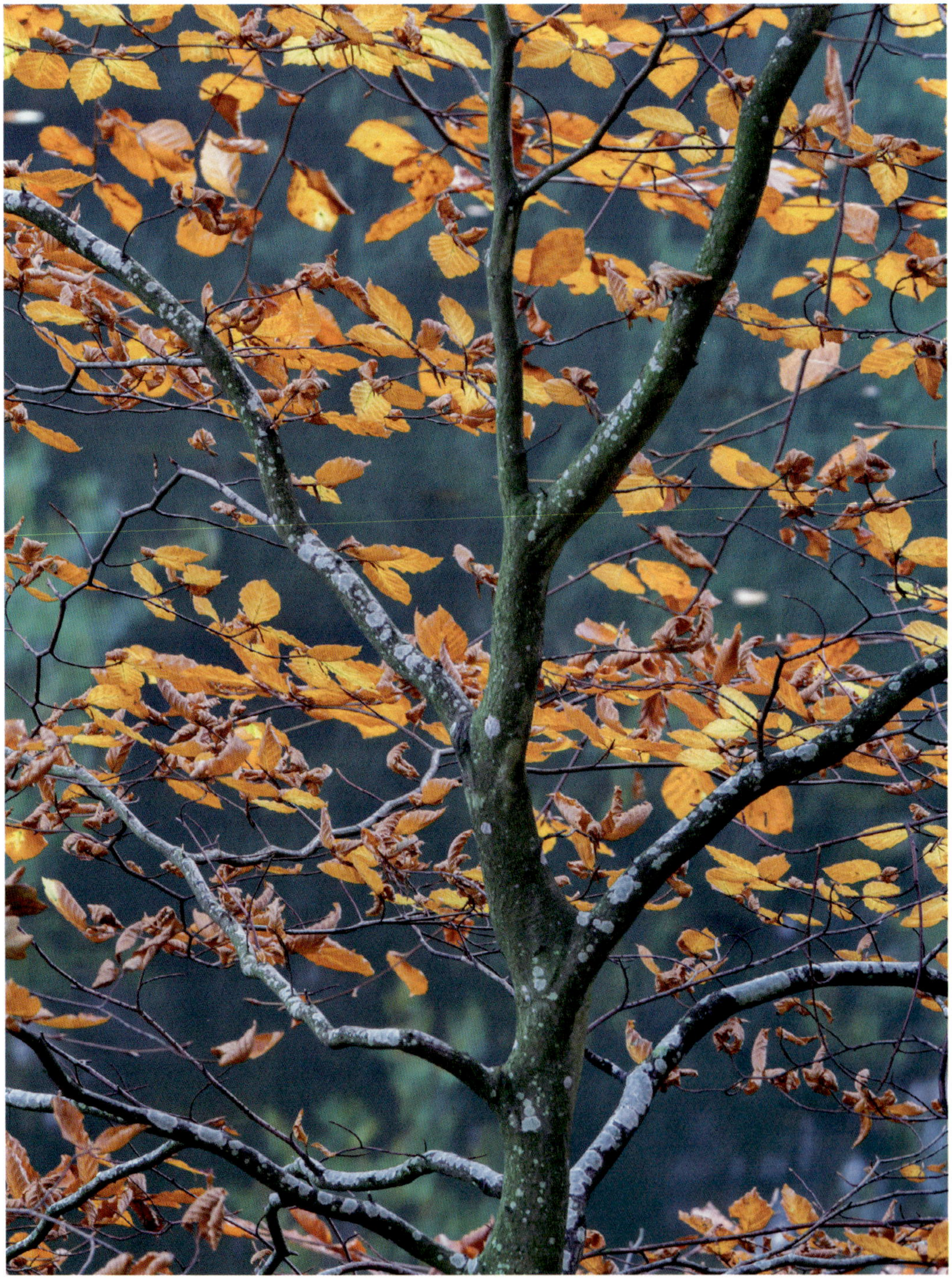

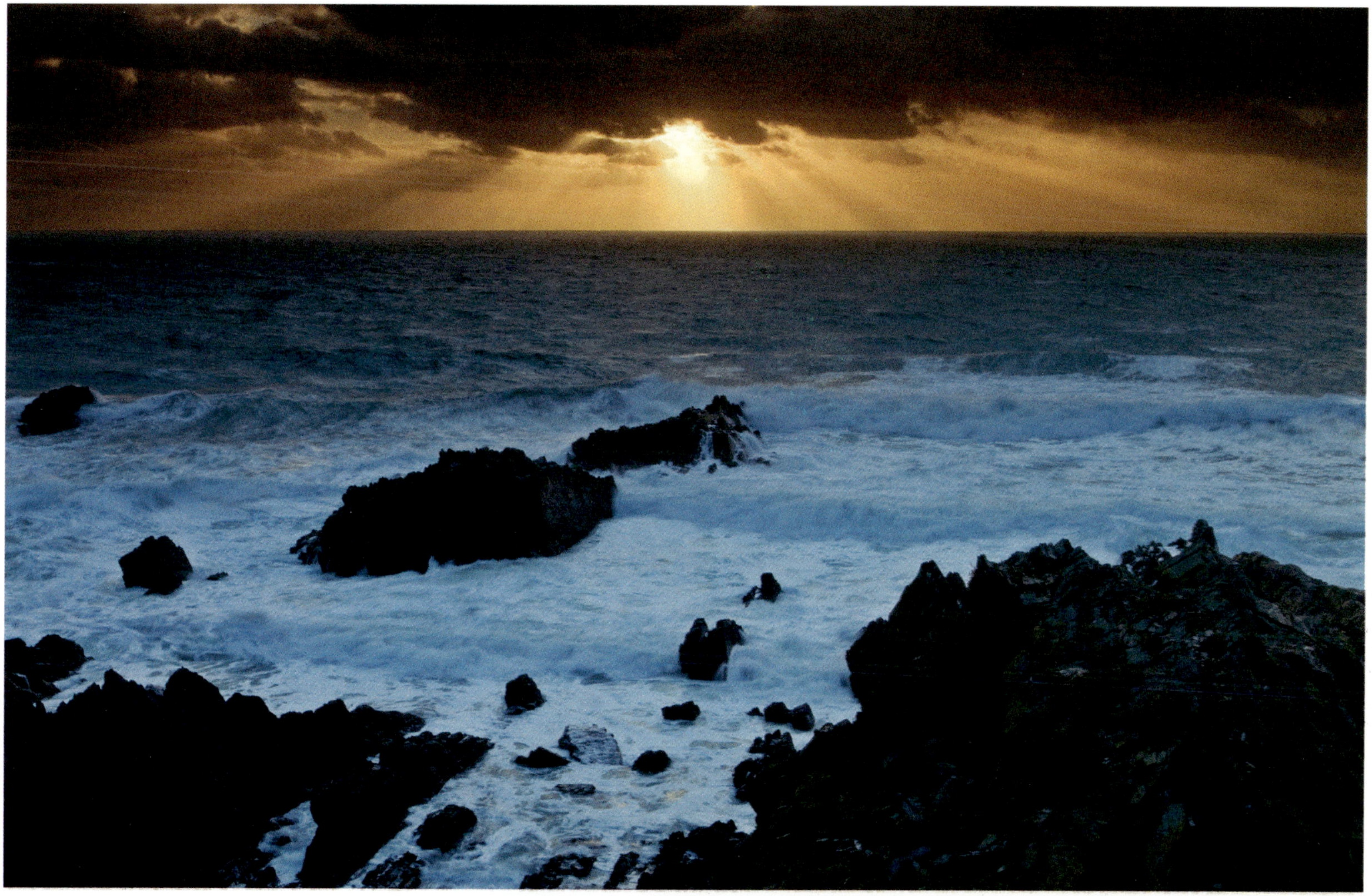

Links und oben: Auf einem Foto passen die Komplementärfarben Orange und Blau sehr gut zusammen. Dabei ist ein geringerer Orange- und ein höherer Blauanteil meist wirkungsvoller als das umgekehrte Verhältnis. Das liegt daran, dass kühlere Farben wie Blau und Grün eher in den Hintergrund treten (rezessive Farben), während wärmere Farben stärker hervortreten (progressive Farben). Da warme Farben ein stärkeres visuelles Gewicht haben, ist bei ihnen weniger oft mehr.

Farbe	*Harmonische Kombinationen*	*Komplementärfarbe*
Rot	*Rotviolett/Rotorange*	*Grün*
Orange	*Rotorange/Gelborange*	*Blau*
Gelb	*Gelborange/Gelbgrün*	*Violett*
Grün	*Gelbgrün/Blaugrün*	*Rot*
Blau	*Blaugrün/Blauviolett*	*Orange*
Violett	*Blauviolett/Rotviolett*	*Gelb*

Symmetrie

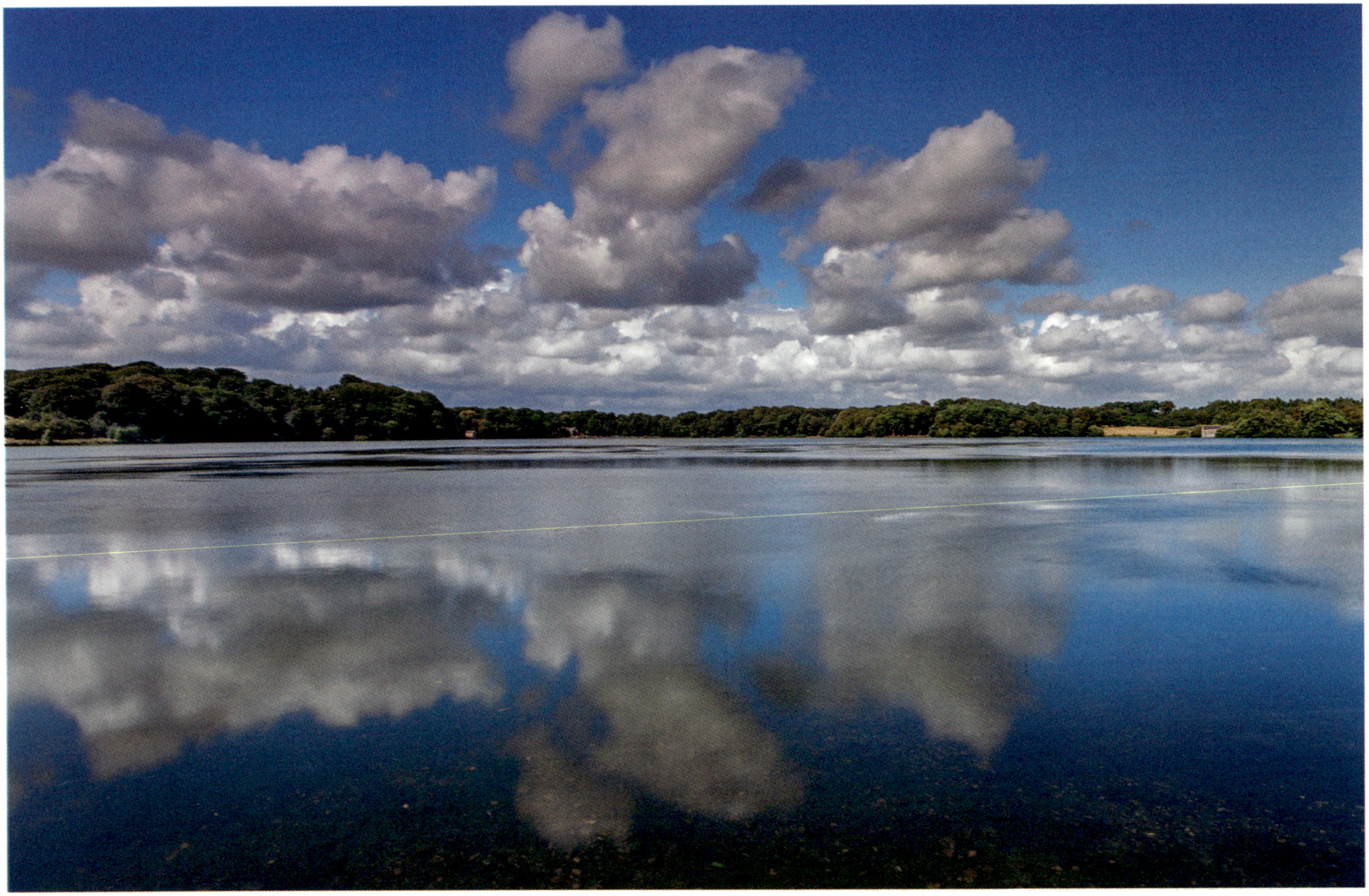

Für die Bildgestaltung lassen sich unterschiedliche Formen von Symmetrie nutzen. Besonders augenfällig ist die **Bilateral- oder Spiegelsymmetrie**, bei der eine Bildhälfte durch Spiegelung in der anderen wiederholt wird. Sie wird üblicherweise durch eine Wasserfläche realisiert, in der sich Landschaft und Himmel spiegeln. Allerdings muss Spiegelsymmetrie nicht immer wörtlich verstanden werden. Suchen Sie nach Landschaftselementen, die sich in Form oder Farbe gleichen.

Eine weitere Form ist die **Radial- oder Rotationssymmetrie**, bei der alle Symmetrieachsen von einem zentralen Punkt ausgehen. Ein häufiges Beispiel in der Landschaftsfotografie sind Blütenköpfe, wie etwa beim Gänseblümchen.

Bei der **Streifensymmetrie** gliedern regelmäßig wiederkehrende, streifenförmige Muster den Bildraum. In der Natur finden sich dafür Beispiele in der Pflanzen- oder Tierwelt, wie Bäume oder Schlangen.

Ein symmetrischer Bildaufbau wirkt vor allem statisch und ruhig. Symmetrisch aufgebaute Bilder sind angenehm anzuschauen, obwohl ihnen Spannung und Abwechslung fehlen. Um diesen Nachteil auszugleichen, empfiehlt es sich, die Symmetrie durch einen Blickpunkt aufzubrechen.

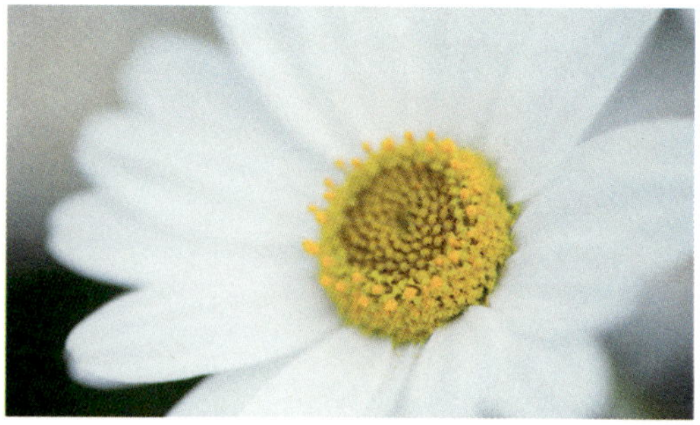

Oben: Das Blütenköpfchen des Gänseblümchens ist radialsymmetrisch um den Mittelpunkt aufgebaut.

Links: Spiegelsymmetrie tritt am häufigsten bei stehenden Gewässern auf. Diese Form der Symmetrie kommt am besten zur Geltung, wenn die Symmetrieachse quer über die Bildhälfte verläuft.

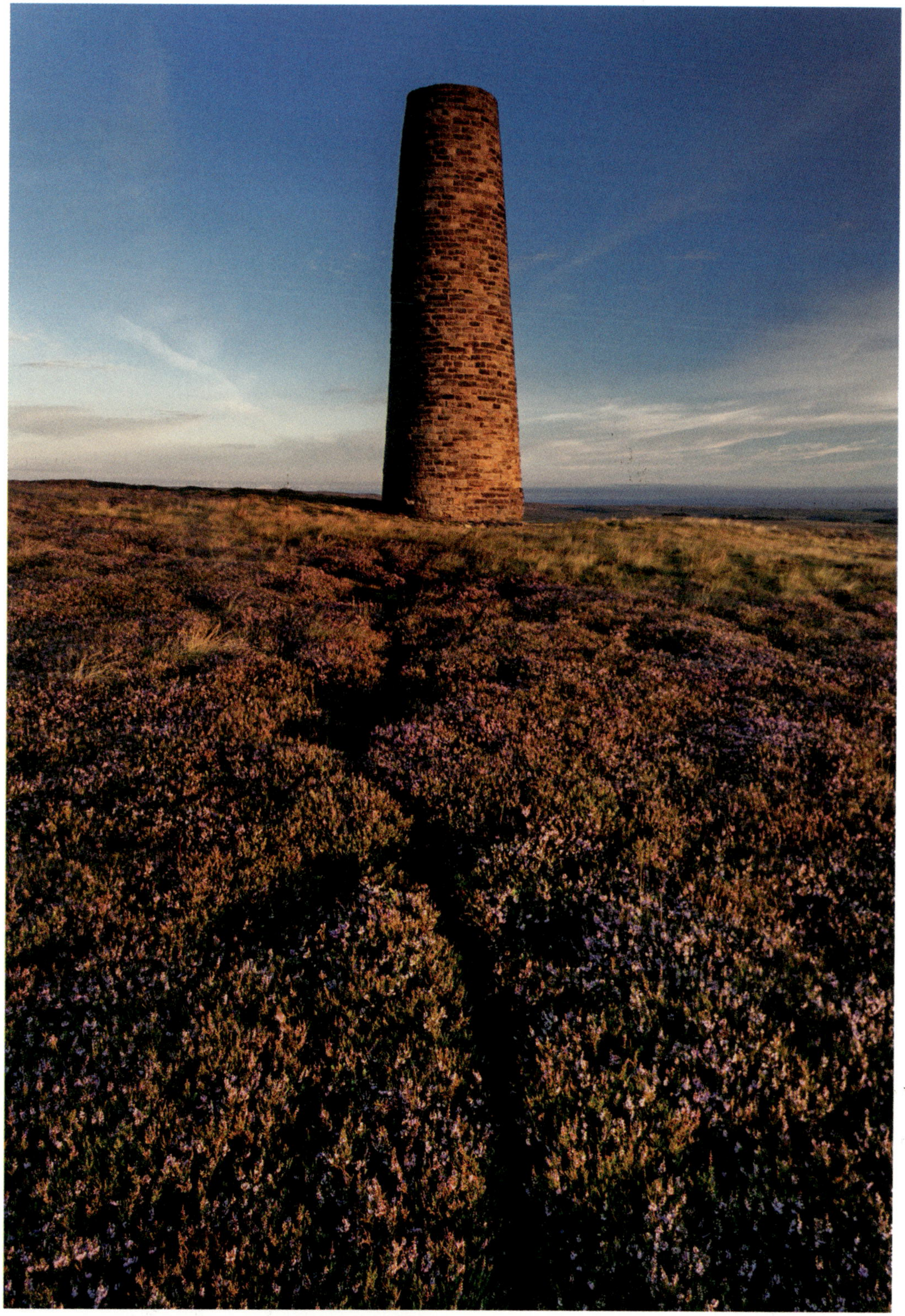

Rechts: Die Symmetrieachse der Spiegelsymmetrie muss nicht unbedingt horizontal liegen. Sie kann bei geeigneten Motiven auch vertikal verlaufen.

Linien

Linien eignen sich außerordentlich gut dazu, den Blick durch ein Foto zu leiten. Leitlinien (auch führende Linien) lenken das Auge zum Blickpunkt des Bildes. Sie beginnen in der Regel in der unteren Bildhälfte und leiten das Auge bis zum Blickpunkt nach oben.

Allerdings ist auch diese „Regel" eher als Anregung zu verstehen. Linien dominieren ein Bild so stark, dass eine gute Komposition auf alle linienhaften Elemente verzichtet, die vom Hauptmotiv ablenken oder gar den Blick aus der Bildfläche lenken könnten. Führende oder ablenkende Linien müssen nicht unbedingt konkret vorhanden sein. Den gleichen Effekt haben auch virtuelle Linien, die sich aus der Verbindung mehrerer markanter Objekte ergeben.

Typische Linien in der Landschaftsfotografie sind Steinmauern, Gesteinsschichten und Wege. Für kurze Zeit bildet auch das Meerwasser am Strand eine Linie. Gerade wegen ihrer Leitfunktion schaffen Linien einen wirkungsvollen Eindruck von Tiefe. Das gilt vorrangig für linienhafte Elemente, wie Mauern oder Straßen, die zum Fluchtpunkt hin immer schmaler werden.

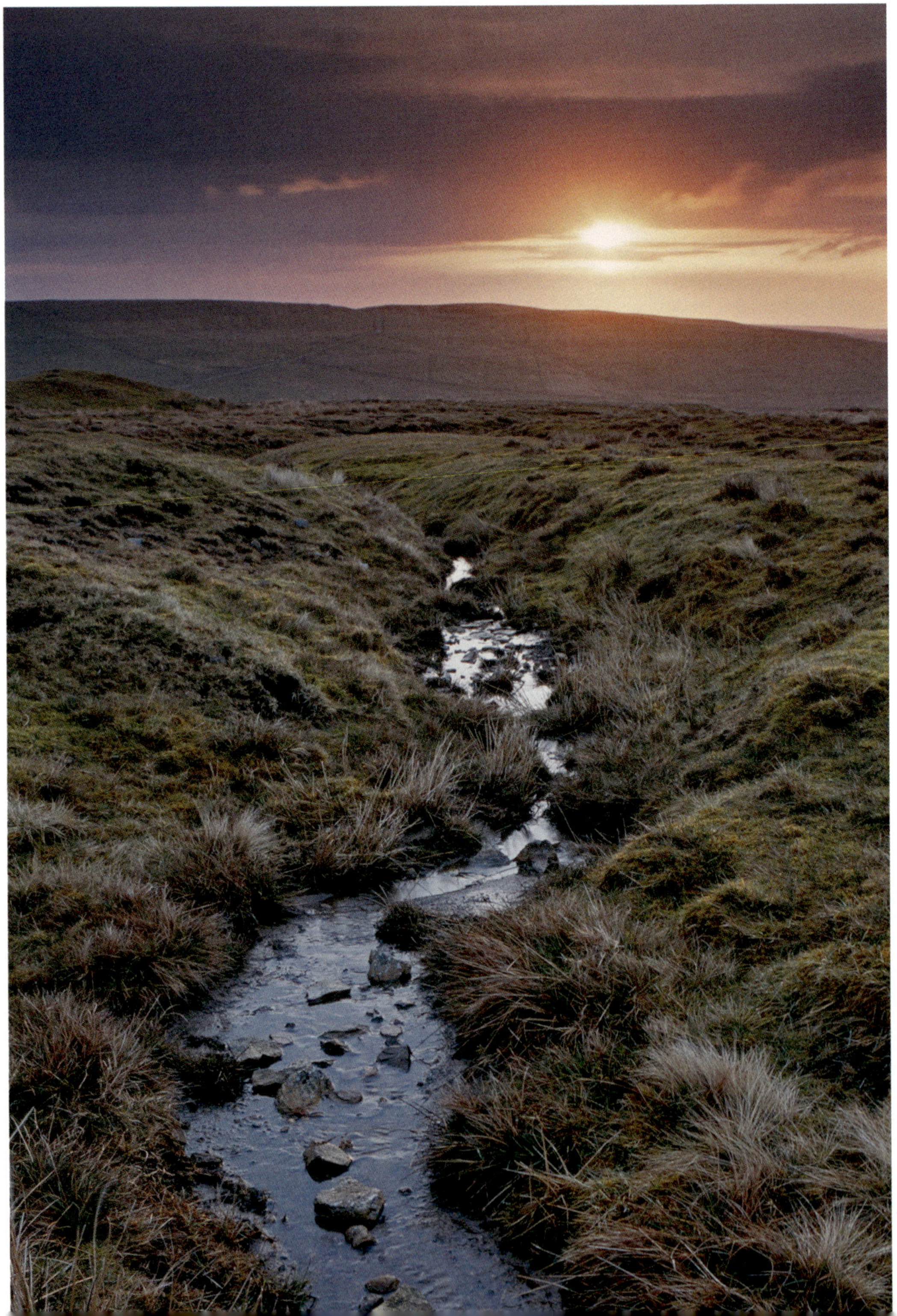

Rechts: Wenn die Linien nicht zu einem Blickpunkt führen, wird die Spannung nicht aufgelöst. In diesem Fall leitet der Bach den Blick zur aufgehenden Sonne, die als Endpunkt der Linie die Spannung löst.

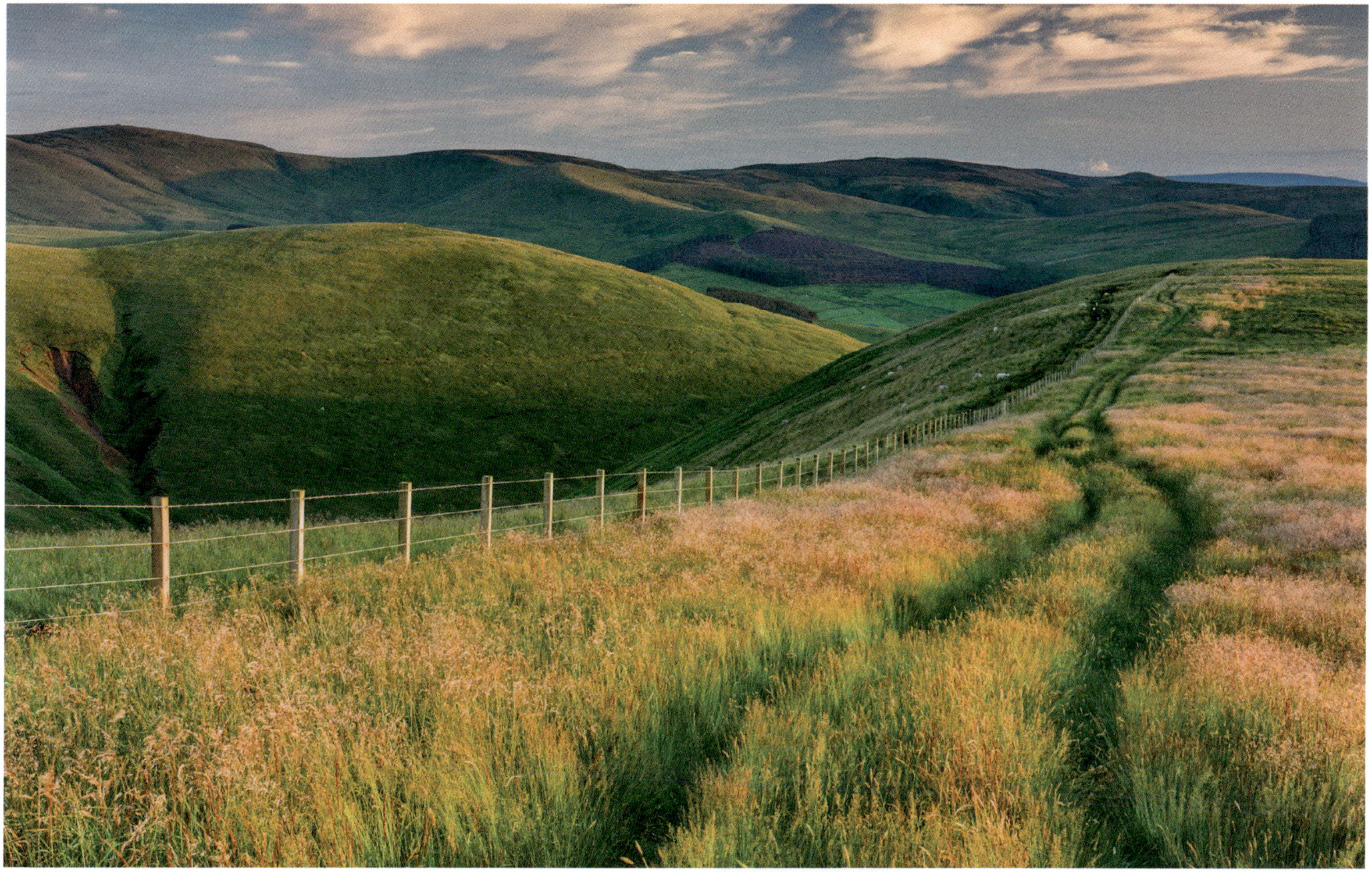

Oben: Wege durch eine Landschaft haben eine kraftvolle Aussage, suggerieren sie doch eine Reise. Der Betrachter fragt sich intuitiv, wohin der Weg führt und was an seinem Ende wartet.

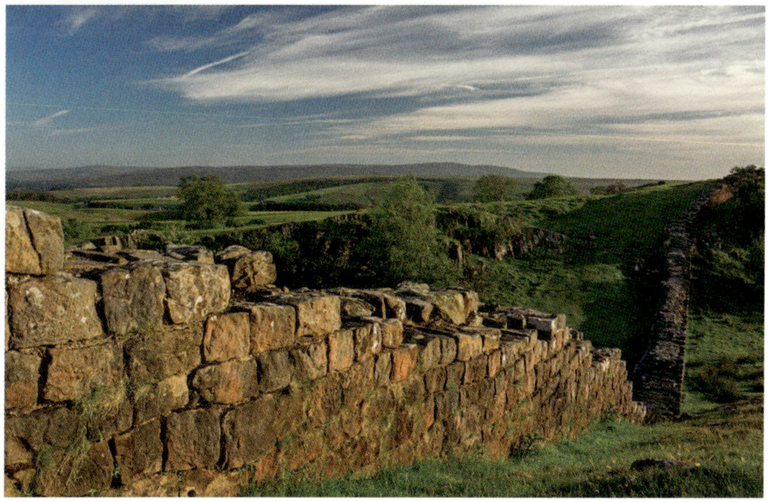

Rechts: Künstlich entstandene Linien, wie Mauern oder Wege, sind von bezwingender Wirkung. In diesem Foto folgt der Blick dem Verlauf der Mauer ins Bild hinein.

Tiefenwirkung

Fotografien sind zweidimensional. Um dennoch einen räumlichen Eindruck zu erzeugen, sucht der Betrachter nach Bildelementen, die Tiefenwirkung erzeugen. Das wichtigste dieser Elemente ist die Perspektive: Je weiter ein Objekt entfernt ist, desto kleiner sieht es aus. Während Weitwinkelobjektive die Perspektive überbetonen, wird sie in Aufnahmen mit dem Teleobjektiv reduziert. Aus diesem Grund haben Bilder mit Teleobjektiv eine geringere Tiefenwirkung.

Eine überzeugende Tiefenwirkung ist aber nicht abhängig vom Weitwinkelobjektiv. In den meisten Landschaften gibt es einen Vorder-, Mittel- und Hintergrund. Die Beziehungen dazwischen bestimmen die Tiefenwirkung eines Fotos – sie werden durch den Kamerastandpunkt beeinflusst. Steht die Kamera zu tief, wird der Vordergrund überbetont und kann die Wirkung des Mittelbereichs, möglicherweise sogar des Hintergrunds abschwächen. Andererseits „verschwindet" die Wirkung des Vordergrunds, wenn die Kamera zu hoch steht – dann dominieren Mittelbereich und Hintergrund. Wie so oft in der Fotografie kommt es für einen wirkungsvollen Bildaufbau auf die richtige Balance an.

HINWEIS:
Da warme Farben hervor- und kühle Farben zurücktreten, entfalten warme Farben im Vordergrund eine stärkere Tiefenwirkung.

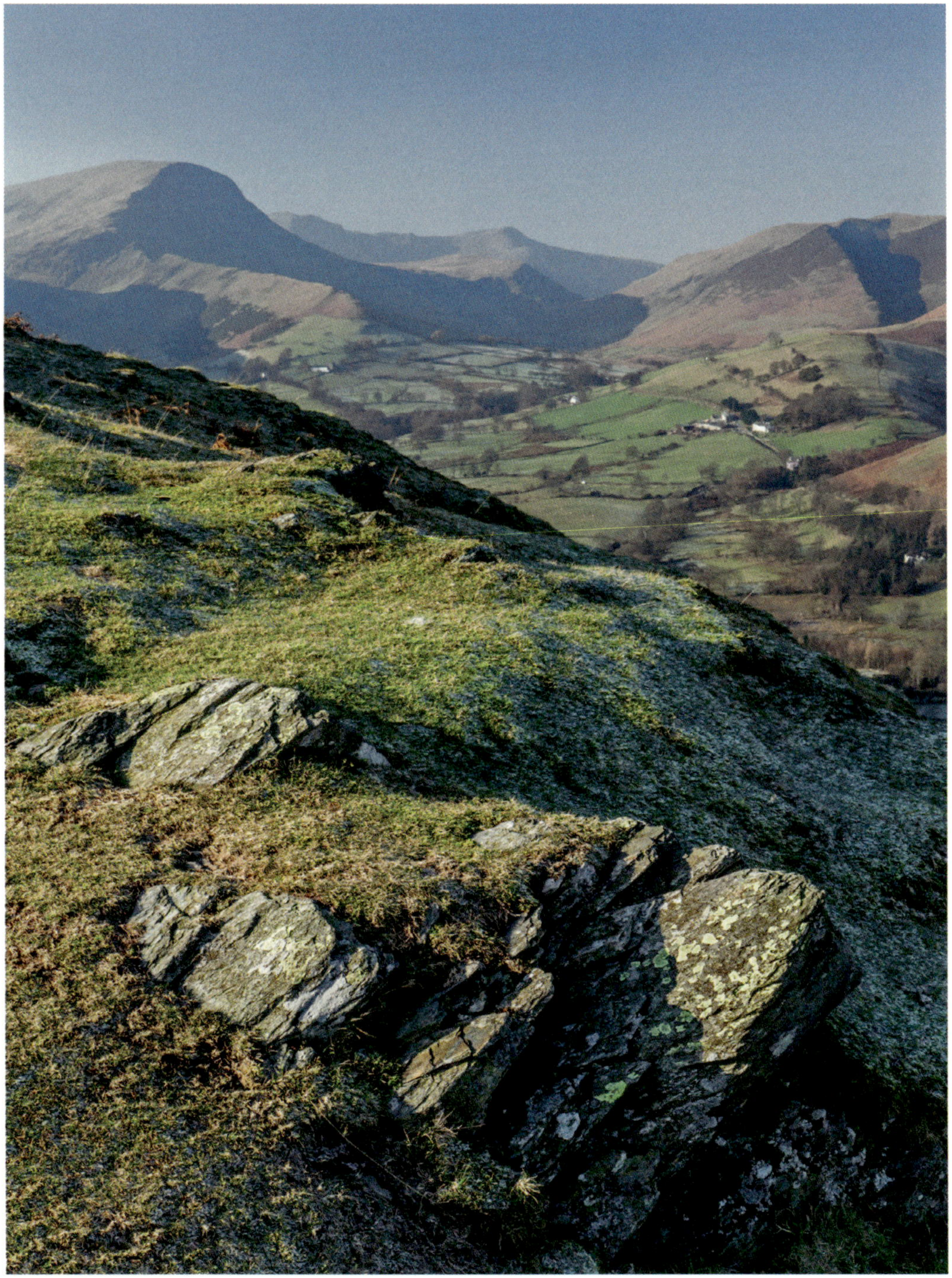

Rechts: Ein wesentlicher Aspekt der Landschaftsfotografie ist die Abnahme von Farbsättigung und Kontrast mit zunehmender Distanz. Der Effekt tritt besonders deutlich an nebligen Tagen auf. Und obwohl er weniger auffällt als die Perspektive, trägt er dennoch zur Tiefenwirkung bei.

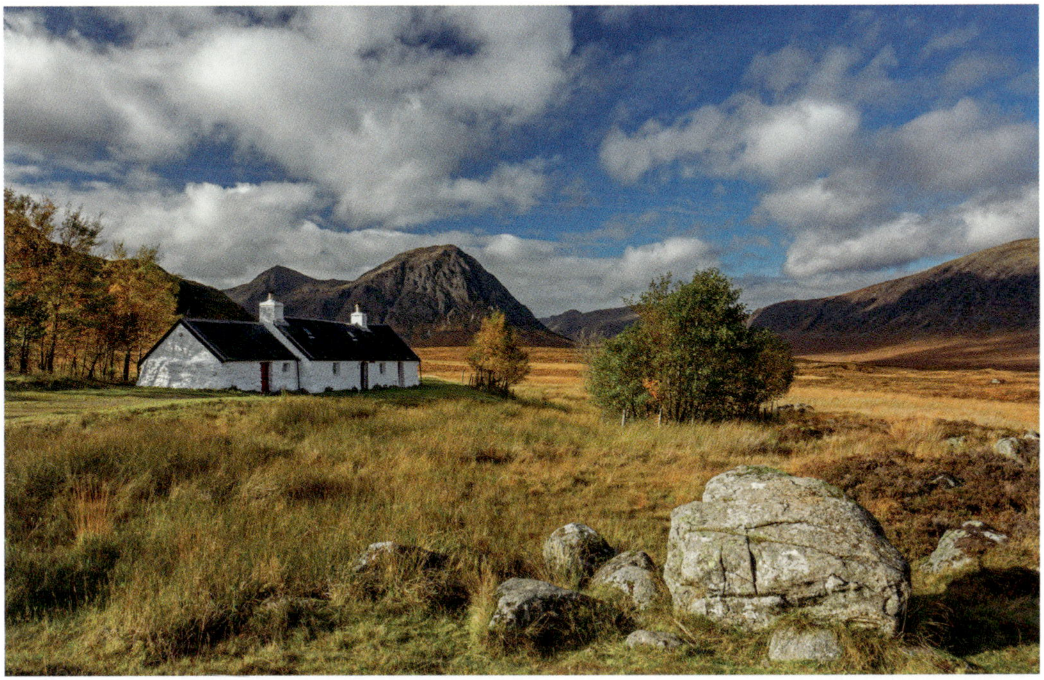

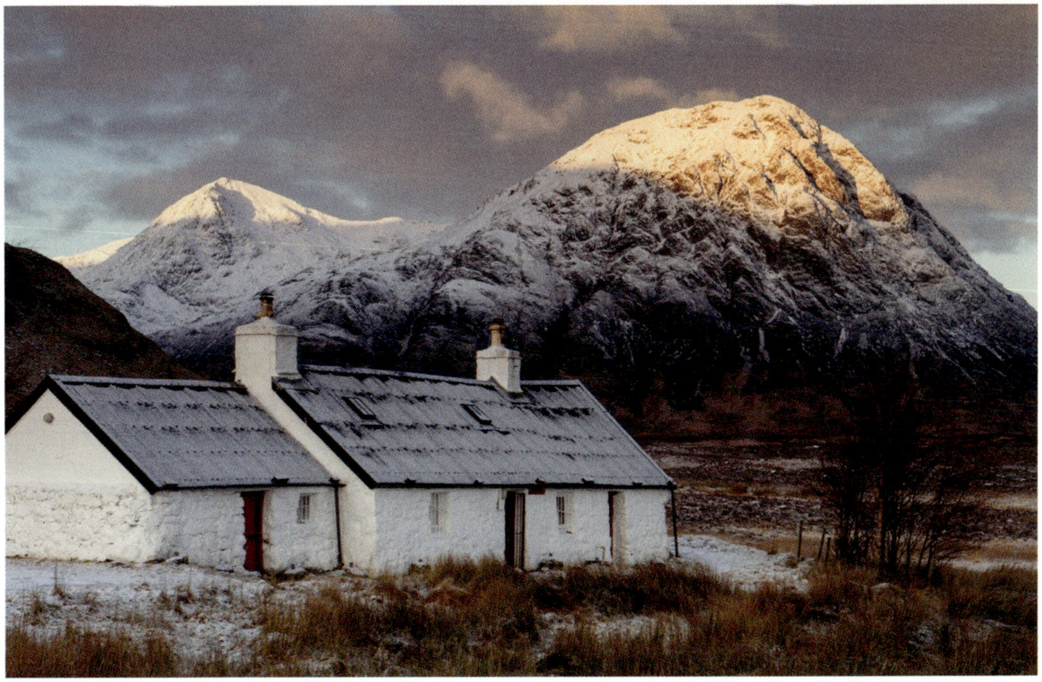

Oben links und links: Weitwinkelobjektive verstärken die Tiefenwirkung, da entfernte Objekte im Foto noch weiter entfernt scheinen als in Wirklichkeit. Teleobjektive haben den genau gegenteiligen Effekt: Sie lassen Objekte näher zusammenrücken und bringen sie in Beziehung zueinander. Vergleichen Sie die beiden Fotos, die etwa vom selben Standort aus geschossen wurden: Welches hat die größere Tiefenwirkung?

Minimalismus

Die Natur um uns herum kann sehr komplex sein. Manche Fotografen versuchen daher, möglichst viel davon auf einem Foto unterzubringen – je mehr, desto besser.

Doch stimmt das wirklich? Eigentlich lebt die Fotografie von der Vereinfachung. Die Bildränder sind die Grenze zwischen dem, was ein Foto zeigt und was nicht. Im Minimalismus wird dieses Prinzip bis ins logische Extrem fortgeführt, indem die Bildaussage auf ihre einfachste mögliche Form reduziert wird, in der Regel also auf ein einziges Objekt vor neutralem Hintergrund.

Der Minimalismus birgt allerdings die große Gefahr, dass allzu leicht langweilige Bilder entstehen. Planen Sie daher sehr sorgfältig, wie Sie das gewünschte Motiv in der Bildfläche platzieren, und erzeugen Sie Spannung mit markanten Linien, kräftigen Farben und Strukturen.

Mit Kreativität geplante minimalistische Bilder können unwiderstehlich sein. Da sie weder Bezugspunkte enthalten noch Tiefenwirkung haben, erschließt sich die Bildinformation nicht unbedingt auf den ersten Blick. In der Tat ist die Auseinandersetzung mit minimalistischen Motiven oft interessanter als ein komplexes Foto.

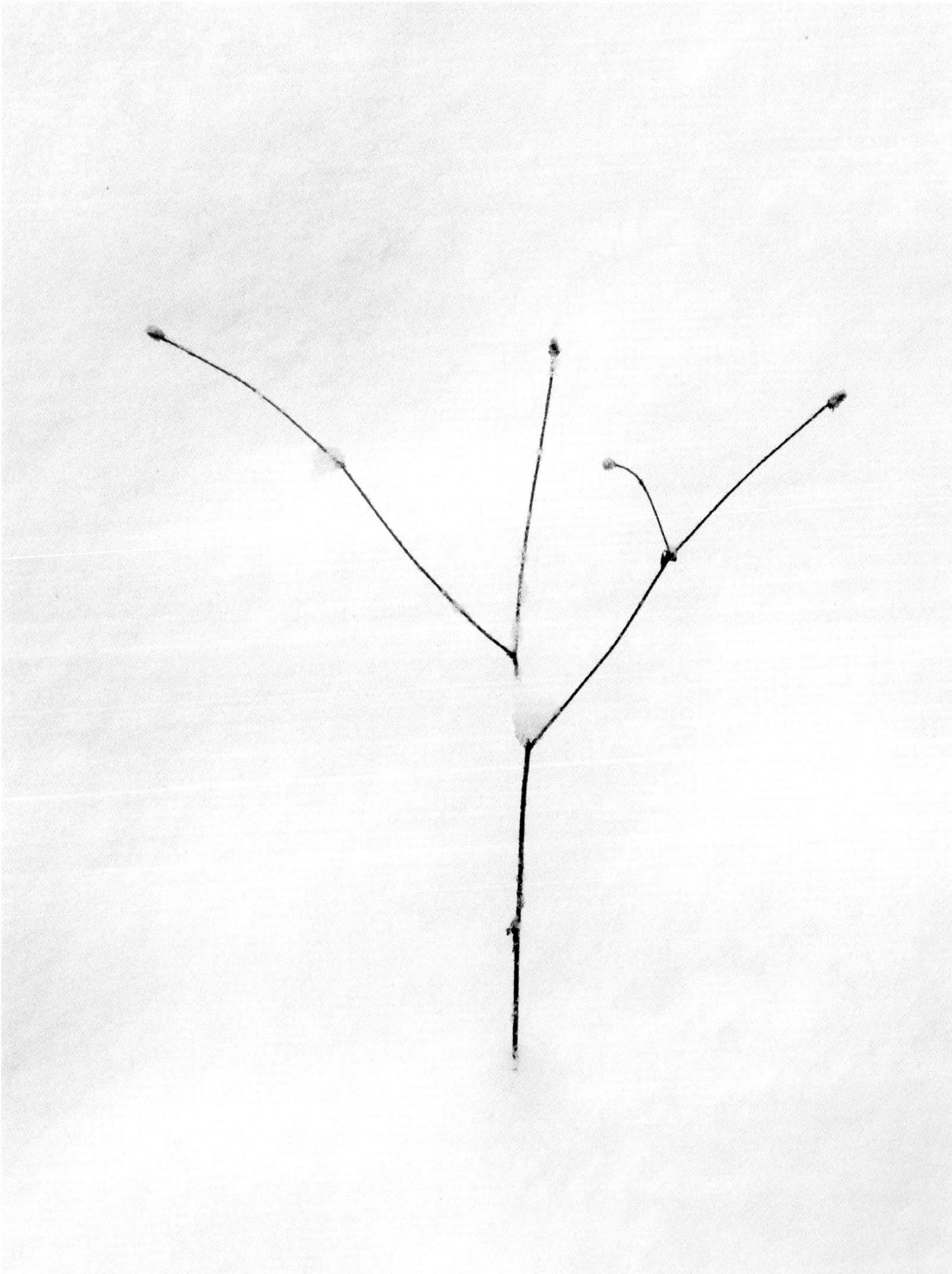

Rechts: Schnee und Nebel sind große „Vereinfacher". Sie lassen das Umfeld verschwinden und erleichtern minimalistische Kompositionen.

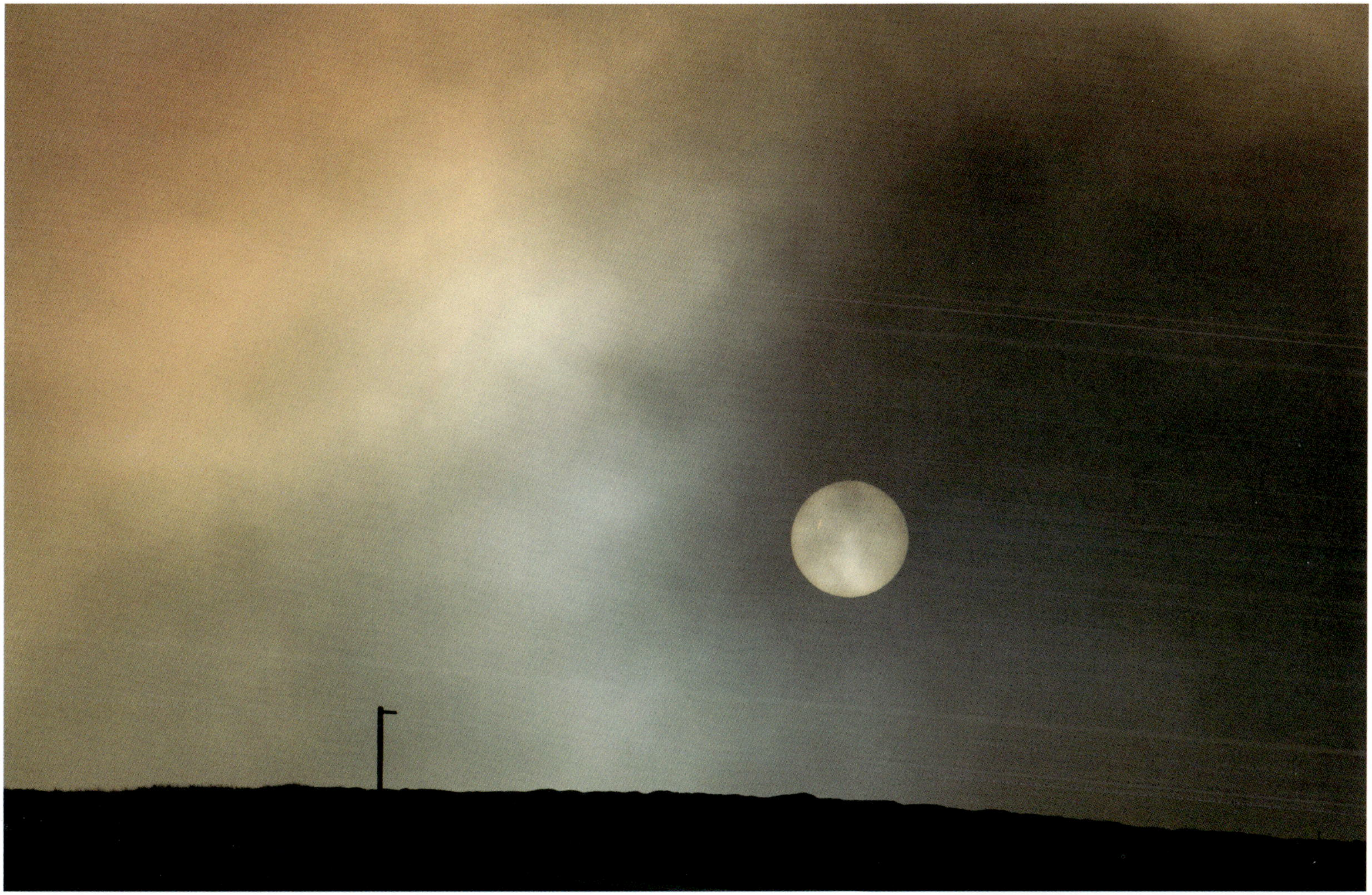

Oben: Normal- oder Teleobjektive sind für minimalistische Fotos besser geeignet als Weitwinkelobjektive. Mit einem Weitwinkelobjektiv muss man nahe an das Motiv herangehen, um das Umfeld abzuschneiden. Dabei entstehen häufig wenig ansprechende Perspektiven.

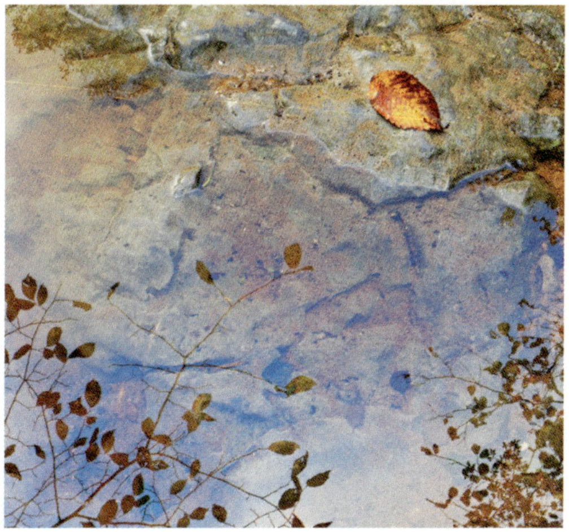

Rechts: Prüfen Sie vor der Aufnahme die Ränder des Bildfeldes. Es darf nichts ins Bild ragen, was vom eigentlichen Motiv ablenken könnte.

Kapitel 7

Filter

Filter sind Scheiben aus Glas oder optischen Kunststoffen, die nur bestimmte Facetten des Lichts durchlassen. Die damit erzielte Wirkung reicht von subtil bis dramatisch. Allerdings würde man den Filtereffekt verfehlen, wenn man dem Endprodukt ansieht, dass ein Filter verwendet wurde. Diese Einschränkung ist in der Landschaftsfotografie besonders wichtig, weil das Motiv so naturgetreu wie möglich abgebildet werden soll.

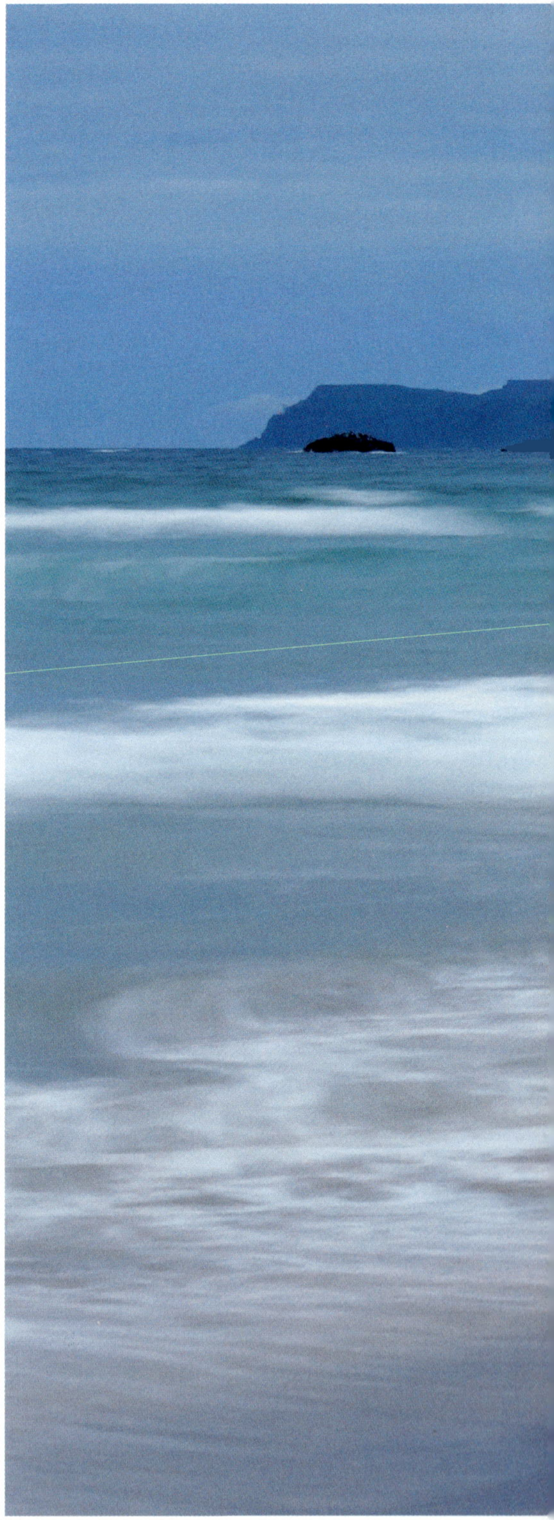

Rechts: Manchmal sind für bestimmte Effekte Filterkombinationen erforderlich. Bei diesem Foto habe ich einen Graufilter eingesetzt, der die Verschlusszeit auf 1,6 Sek. verlängert, und einen Grauverlaufsfilter (ND 0,6), der den Himmel detailreicher abbildet.

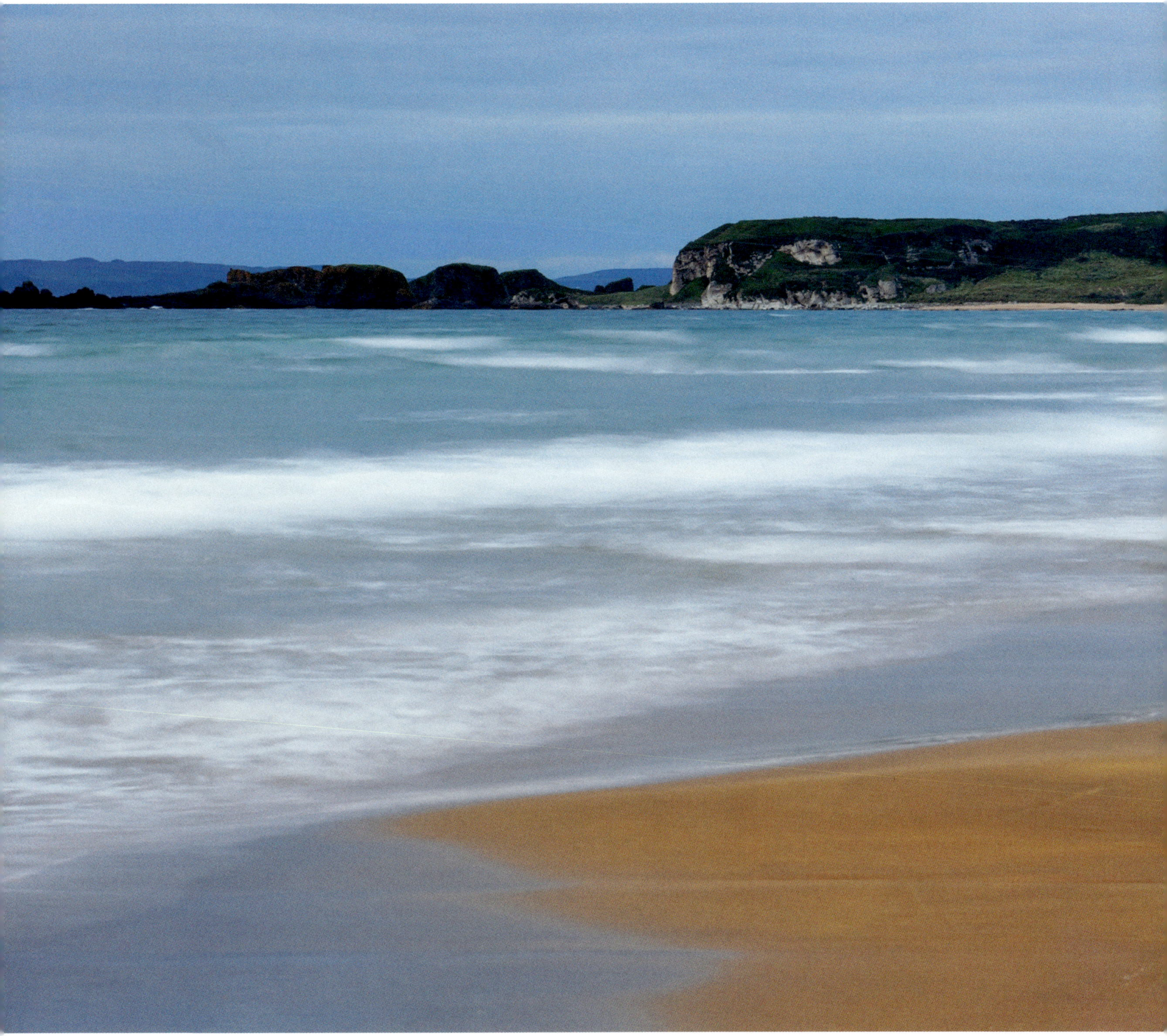

Filtergebrauch

In der Landschaftsfotografie werden Filter eingesetzt, um die Belichtung zu kontrollieren. Filter greifen korrigierend ein, weil Kameras nicht automatisch „wissen", wie ein bestimmtes Motiv optimal belichtet wird. Dank der HDR-Technik ist der Einsatz von Filtern nicht unbedingt und in jedem Fall erforderlich. Das ist umso wichtiger, weil jeder Filter die Bildqualität um Nuancen verschlechtert.

Es gibt allerdings Filter, die sich nicht durch Belichtungsprogramme ersetzen lassen, sowie andere, deren Wirkung sich nur schwer nachahmen lässt. Wer sich die mühevolle, arbeitsaufwendige Bildbearbeitung der Fotos sparen möchte und lieber schon während der Aufnahme für ein korrektes Ergebnis sorgt, ist mit einem Filter vor dem Objektiv gut bedient.

Filter werden als Schraub- oder Steckfilter(-systeme) hergestellt. Ein Schraubfilter ist rund und wird in das Gewinde des Objektivs geschraubt. Der Vorteil von Schraubfiltern ist ihr relativ geringer Preis. Leider sind die Objektivdurchmesser nicht genormt, sodass man für jedes Objektiv einen eigenen Schraubfilter benötigt. Einen Ausweg aus dem Dilemma bieten Filter für die größte Schraubfassung seines Objektivpools, die durch Adapterringe an kleinere Durchmesser angepasst werden können. Die Lösung ist sicher nicht optimal, aber sie funktioniert.

VERLÄNGERUNGSFAKTOREN FÜR FILTER

Filtertyp	*Filterfaktor*	*Belichtungskorrektur*
UV/Skylight	*1 x*	*keine*
Polarisationsfilter	*bis 4 x*	*bis 2 Blendenwerte*
Graufilter ND 0,1	*1,3 x*	*1/3 Blendenwert*
Graufilter ND 0,3	*2 x*	*1 Blendenwert*
Graufilter ND 0,6	*4 x*	*2 Blendenwerte*
Graufilter ND 0,9	*8 x*	*3 Blendenwerte*
Graufilter ND 3,0	*1000 x*	*10 Blendenwerte*

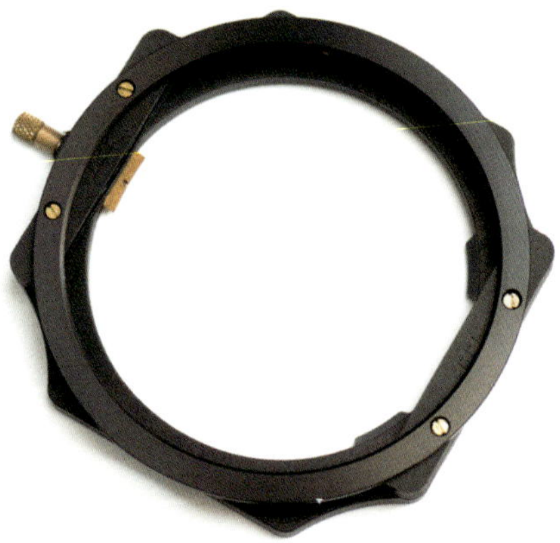

Oben: Ein *„Lee 100 mm"*-Halter für Steckfilter.

Wer vorwiegend mit Weitwinkelobjektiven fotografiert, also den Objektiven der ersten Wahl für die Landschaftsfotografie, sollte auf das größere System setzen. Da Weitwinkelobjektive grundsätzlich große Objektivdurchmesser (vor allem Weitwinkel-Zoomobjektive) haben, ist das Gewinde für die beiden kleineren Typen meist zu klein. Sollte ein Adapter wider Erwarten doch passen, würde er wegen des größeren Bildwinkels als Schatten in den Bildecken abgebildet. Daher ist ein 100-mm-Steckfiltersystem langfristig die beste, leider auch teuerste Option.

Steckfilter

Steckfilter sind die zweifellos bessere Lösung. Sie werden als runde oder rechteckige Systeme angeboten. Ein Haltesystem – es nimmt die Filter auf – wird über einen Adapter auf das Objektiv geschraubt. Wenn Sie mit unterschiedlichen Objektivdurchmessern fotografieren, brauchen Sie entsprechend mehrere Adapter. Zur Zeitersparnis bleiben die Adapter mit dem Objektiv verbunden, sodass nur noch Halter und Filter eingesetzt werden müssen.

Leider ist nichts so einfach, wie es scheint – auch Steckfilter haben Nachteile. Der erste betrifft die Kosten: Der Preis für Filterhalter, Adapterring und Filter ist höher als für ein vergleichbares Set Schraubfilter.

Der zweite Nachteil ist die fehlende Kompatibilität. Da die Steckfilter je nach Hersteller in unterschiedlichen Größen angeboten werden, ist man an ein bestimmtes System gebunden; der Wechsel wäre teuer. Drei der beliebtesten Systeme sind das „Cokin A"-System (67 mm), das „Cokin P"-System (84/85 mm) und das 100-mm-System (Herstellerfirmen sind unter anderem Cokin, Lee Filters und Hitech).

Tipps:

Je mehr Filter übereinandergeschraubt werden, desto stärker nimmt die Bildqualität ab. Bei „Filterstapeln", vor allem bei Weitwinkelobjektiven, steigt auch das Risiko der Vignettierung.

Es passiert immer wieder, dass sich mehrere aufeinandergeschraubte Filter nicht mehr abschrauben lassen. Es gibt zwar spezielle Werkzeuge, um klemmende Filter zu lösen, die gleiche Wirkung hat aber auch ein dickes Gummiband, das um den Filter gelegt wird.

UV- & Skylight-Filter

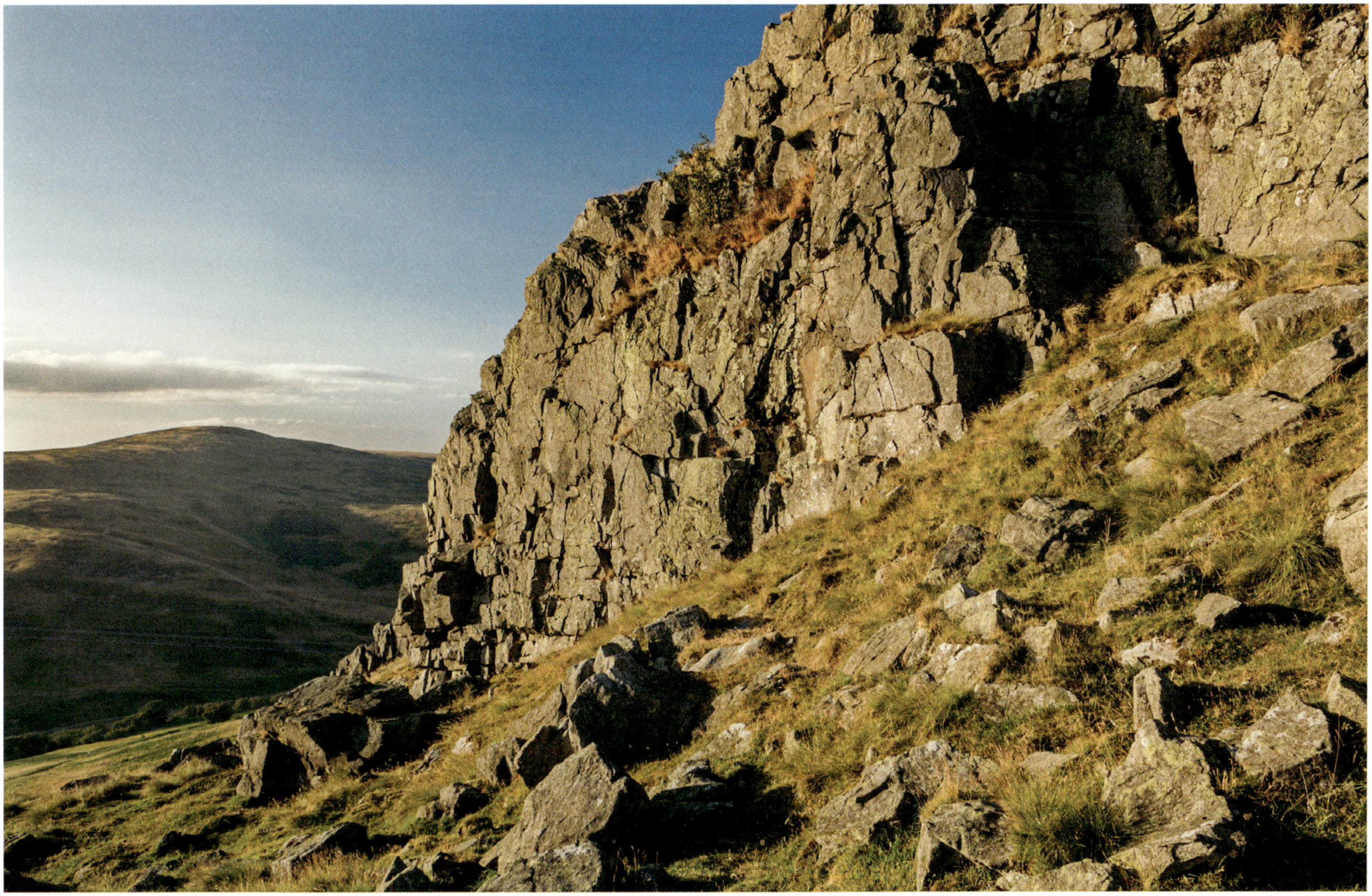

Das menschliche Auge nimmt ultraviolettes (UV) Licht nicht als Farbe wahr. Der UV-Anteil im Licht zeigt sich nur in Fotos von Schneeflächen oder im Hochgebirge. Es reduziert den Kontrast und tönt die Fotos purpurblau.

UV- und Skylight-Filter absorbieren das UV-Licht und gleichen diesen Fehler aus, sodass die Fotos klarer wirken als Aufnahmen ohne Filter. UV-Filter sind in ihrer Wirkung etwas neutraler. Skylight-Filter sind in zwei Stärken – 1A und 1B – erhältlich; der 1B-Filter ist stärker und wärmer. Beide Filtertypen werden auch als Steckfilter angeboten, doch die meisten Fotografen belassen sie als Schraubfilter dauerhaft auf dem Objektiv, um die Frontlinse des Objektivs vor Beschädigungen zu schützen.

In der Tat ist es billiger, einen zerkratzten Filter auszuwechseln als ein zerkratztes Objektiv. Diese Vorgehensweise ist sinnvoll, funktioniert allerdings nicht, wenn zu viele Filter übereinandergeschraubt worden sind.

Oben: Skylight-Filter unterdrücken den Dunst in der Ferne – das Foto wirkt klarer.

Graufilter

Es gibt Gelegenheiten, bei denen die Einstellungsskalen der Kamera nicht ausreichen. Bei schwachem Licht lässt sich der ISO-Wert erhöhen, um kürzere Verschlusszeiten oder kleinere Blendenöffnungen einstellen zu können. Doch welche Möglichkeiten hat ein Fotograf, der im hellen Licht länger belichten oder mit größerer Blende arbeiten möchte? Jenseits des niedrigsten ISO-Wertes geht nichts mehr – oder das Foto wird überbelichtet.

Glücklicherweise gibt es eine einfache Lösung: Grau- oder Neutraldichte-(ND-)Filter. Wie der Name andeutet, lassen diese Filter weniger Licht durch, sind aber den Farben gegenüber „neutral". Da sie der Kamera ein lichtschwächeres Motiv vorspiegeln, belichtet die Automatik länger und/oder öffnet die Blende weiter. Die farbneutralen Graufilter absorbieren alle Wellenlängen des Lichts gleichermaßen – das Foto weist keinen Farbstich auf.

Je dunkler der Graufilter, desto mehr Licht wird absorbiert und die Belichtung entsprechend stärker verlängert. Die Hersteller von Graufiltern geben die Durchlässigkeit entweder in logarithmischen Neutraldichtewerten (ND) an, wobei eine Erhöhung um 0,1 einem Drittel Blendenstufen entspricht. Bei einem ND-0,3-Filter wird die Blende um eine ganze Stufe, bei ND 0,6 um zwei und bei einem ND-0,9-Filter um drei Stufen geöffnet usw.

Verwirrenderweise geben andere Hersteller den Verlängerungsfaktor direkt als ganze Zahl an. Bei einem Verlängerungsfaktor von 2 x (ND2) wird die Blende um eine Stufe, bei 4 x (ND4) um zwei Stufen und bei 8 x (ND8) um drei Stufen geöffnet. Leider werden nur selten beide Angaben auf den Filterring geprägt, daher ist manchmal etwas Nachdenken erforderlich, um welchen Betrag die Belichtung verändert werden muss.

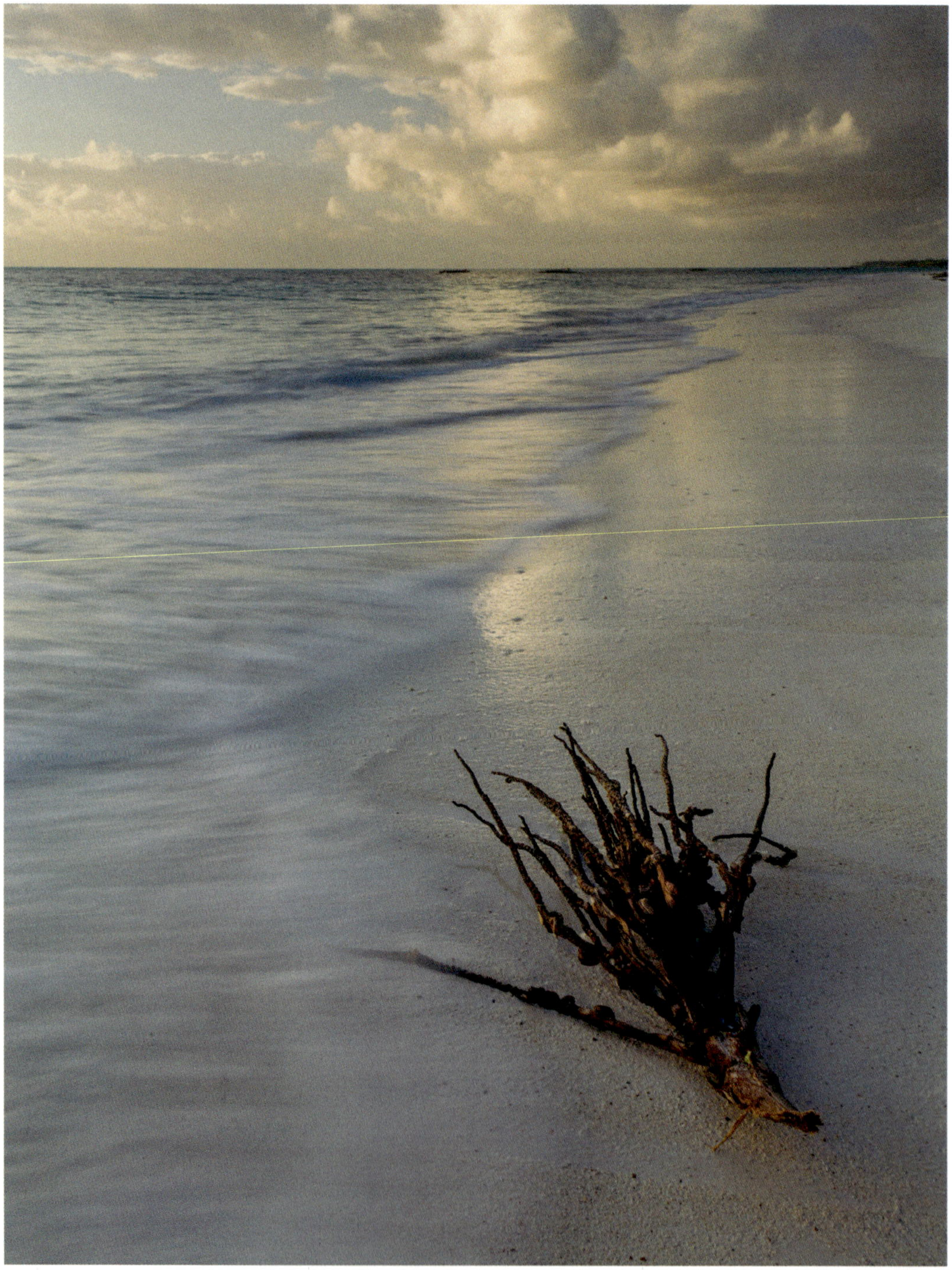

Rechts: Bei schwachem Licht sind gewöhnlich keine Graufilter erforderlich, da größere Blendenöffnungen oder längere Verschlusszeiten ohne Filter möglich sind. Die Stunde der Graufilter schlägt erst im hellen Licht.

Extreme Graufilter

Reichen drei Blendenwerte nicht aus, muss man zu einem „extremen“ Graufilter greifen. Ein üblicher Graufilter am oberen Ende der Skala hat den Wert ND 3,0 und wird mit zehn Blendenwerten korrigiert. Filter dieser Art werden unter anderem von Lee Filter („Big Stopper“), B+W und Hoya angeboten. Sie lassen nur 1/1000 der Lichtmenge durch und sind nicht mehr streng neutral – das Foto hat einen leichten Blaustich.

Bei Schwarz-Weiß-Aufnahmen spielt das keine Rolle, und bei Farbaufnahmen lässt sich der Farbstich durch Veränderung des Weißabgleichs eliminieren.

Auch die extremen Graufilter sind als Schraub- und Steckfilter erhältlich. Da sie jedoch kaum mit anderen Filtertypen kombiniert werden, sind Schraubfilter eine gute Option. Aufgeschraubte Graufilter sind lichtdichter als Steckfilter. Manche Hersteller blockieren zwar den Lichteinfall mit einer Dichtung, doch selbst dann muss der Filter direkt vor der Linse sitzen.

Extreme Graufilter lassen so wenig Licht durch, dass Ausschnitt und Fokus vor Aufsetzen des Filters festgelegt werden müssen (manchmal lässt sich der Bildausschnitt noch im Live-View-Modus kontrollieren). Messen Sie die Belichtungswerte zuerst ohne den Filter. Notieren Sie sich die Verschlusszeit, schrauben Sie den Filter auf und stellen Sie nach der Tabelle rechts die neue Verschlusszeit ein.

Für Aufnahmen mit extremen Graufiltern ist eine genaue Kontrolle nur mit manuellem Einstellungsmodus der Kamera möglich. Bei sehr dichten Filtern wird die Belichtung auf B eingestellt (falls länger als 30 Sek.) und die Zeit mit dem Fernauslöser kontrolliert. Wegen der langen Belichtungszeit ist ein Stativ Voraussetzung. Decken Sie während der Aufnahme den Sucher ab, damit kein Streulicht auf den Bildsensor fällt.

VERLÄNGERUNGSFAKTOREN BEIM GEBRAUCH VON GRAUFILTERN

Verschlusszeit ohne Filter	***Verschlusszeit bei ND5***	***Verschlusszeit bei ND8***	***Verschlusszeit bei ND10***
1/8000 Sek.	*1/250 Sek.*	*1/30 Sek.*	*1/8 Sek.*
1/4000 Sek.	*1/125 Sek.*	*1/15 Sek.*	*1/4 Sek.*
1/2000 Sek.	*1/60 Sek.*	*1/8 Sek.*	*1/2 Sek.*
1/1000 Sek.	*1/30 Sek.*	*1/4 Sek.*	*1 Sek.*
1/500 Sek.	*1/15 Sek.*	*1/2 Sek.*	*2 Sek.*
1/250 Sek.	*1/8 Sek.*	*1 Sek.*	*4 Sek.*
1/125 Sek.	*1/4 Sek.*	*2 Sek.*	*8 Sek.*
1/60 Sek.	*1/2 Sek.*	*4 Sek.*	*15 Sek.*
1/30 Sek.	*1 Sek.*	*8 Sek.*	*30 Sek.*
1/15 Sek.	*2 Sek.*	*15 Sek.*	*1 Min.*
1/8 Sek.	*4 Sek.*	*30 Sek.*	*2 Min.*
1/4 Sek.	*8 Sek.*	*1 Min.*	*4 Min.*
1/2 Sek.	*15 Sek.*	*2 Min.*	*8 Min.*
1 Sek.	*30 Sek.*	*4 Min.*	*16 Min.*
2 Sek.	*1 Min.*	*8 Min.*	*32 Min.*
4 Sek.	*2 Min.*	*16 Min.*	*64 Min.*
8 Sek.	*4 Min.*	*32 Min.*	*128 Min.*
15 Sek.	*8 Min.*	*64 Min.*	*256 Min.*
30 Sek.	*16 Min.*	*128 Min.*	*512 Min.*
1 Min.	*32 Min.*	*256 Min.*	*1024 Min.*

Tipp:

Bei Aufnahmen mit extremen Graufiltern müssen konstante Lichtverhältnisse herrschen. Am besten sind bedeckte Tage mit Wolken am Himmel.

Grauverlaufsfilter

Grauverlaufsfilter sind den Graufiltern bis auf einen wichtigen Unterschied sehr ähnlich. Beim Grauverlaufsfilter ist nur eine Hälfte dunkel, die andere völlig lichtdurchlässig. Der Filter gleicht also die Helligkeitsunterschiede zwischen sehr hellen und dunklen Bereichen eines Motivs aus. In der Landschaftsfotografie ist der Himmel gewöhnlich heller als der Vordergrund, vor allem wenn dieser nicht beleuchtet wird. Wie die Grau- sind auch Grauverlaufsfilter in unterschiedlichen Dichten erhältlich: meist für einen, zwei oder drei Blendenwerte. Je stärker die Helligkeitsunterschiede, desto dichter sollte der Grauverlaufsfilter sein.

Grauverlaufsfilter unterscheiden sich auch durch die Übergangszone zwischen dunkler und heller Hälfte – weich (*soft*), hart (*hard*) oder sehr hart (*very hard*). Weiche Grauverlaufsfilter werden eingesetzt, wenn der Horizont nicht genau waagrecht ist. Würde eine Gebirgslandschaft durch einen Grauverlaufsfilter mit hartem Übergang fotografiert, ragten die Berggipfel in die dunkle Filterhälfte und sähen im Vergleich zum nicht gefilterten Vordergrund unnatürlich dunkel aus. Am Meer oder in einer flachen Landschaft ist der harte Übergang dagegen kein Problem.

Beim Grauverlaufsfilter ist der Deckungsgrad mit dem Motiv der Schlüssel zum Erfolg: Sitzt die Übergangszone zu hoch, wird der Himmelabschnitt über dem Horizont als heller, möglicherweise überbelichteter Streifen dargestellt. Reicht der Übergang zu tief hinunter, wird der Streifen unter dem Horizont zu dunkel abgebildet.

Der Effekt ist bei dunklen Filtern besser zu sehen. Falls Sie unsicher sind, schieben Sie zuerst einen dunklen Verlaufsfilter in den Halter. Passen Sie die Position an, bis der gewünschte Effekt sichtbar ist. Dann schieben Sie den geplanten schwächeren Filter in einen anderen Einschub und bringen die beiden Grenzlinien zur Deckung. Vor der Aufnahme wird der starke Filter herausgezogen und durch den schwächeren Filter belichtet.

Oben: In harten Grauverlaufsfiltern (links) ist der Hell-Dunkel-Übergang schärfer als in weichen (rechts).

Einsatz der Grauverlaufsfilter

Bestimmen Sie zunächst die korrekte Belichtung für den Vordergrund (oder den dunkelsten Teil des Motivs) ohne Filter. Diese Belichtung wird nicht mehr geändert, denn für diesen Abschnitt des Motivs fällt das Licht durch den klaren Teil des Filters. Dann wird der Himmel oder der hellste Teil des Motivs mit der passenden Filterstärke abgedunkelt (Grauverlaufsfilter lohnen sich nur, wenn der Himmel um mindestens eine Blendenstufe heller ist als der Vordergrund). Mit einem Trick lässt sich einfach bestimmen, ob ein Verlaufsfilter nötig ist: Betrachten Sie das Motiv mit zusammengekniffenen Augen. Sind Details im Himmel und im Vordergrund zu erkennen, brauchen Sie keinen Filter. Ist dagegen der Himmel durchgezeichnet und der Vordergrund dunkel, wäre ein Grauverlaufsfilter sinnvoll.

HINWEIS:
Grauverlaufsfilter sind auch als Schraubfilter erhältlich. Da bei ihnen die Übergangszone zwischen Hell und Dunkel durch die Bauweise fixiert ist, sind sie nicht so nützlich wie Steckfilter.

MESSMETHODE 1:

1 Stellen Sie die Kamera auf manuelle Einstellungen und wählen Sie die mittebetonte Integralmessung.

2 Messen Sie auf den Vordergrund und stellen die gemessene Blende und Verschlusszeit ein.

3 Richten Sie die Kamera auf den Himmel und messen die Belichtung erneut. Die vorher eingestellten Werte werden nicht verändert, sondern nur die Messwerte für den Himmel notiert. Wählen Sie einen Grauverlaufsfilter, der den Unterschied zwischen Hell und Dunkel auf einen Blendenwert reduziert.

4 Wählen Sie einen Bildausschnitt und stecken den Grauverlaufsfilter in den Halter, ohne die eingestellte Belichtung zu ändern – nun machen Sie Ihre Aufnahme.

Messmethode 2:

1 Stellen Sie die Kamera auf manuelle Einstellungen und wählen Sie die Spotmessung (oder einen separaten Belichtungsmesser).

2 Messen Sie die Belichtung für eine mittlere Helligkeit im Vordergrund – grünes Gras, Steine oder eine Graukarte – und stellen die gemessene Blende und Verschlusszeit ein.

3 Messen Sie nun die hellste Stelle im Himmel (Kamera und Belichtungsmesser nicht direkt in die Sonne halten). Beträgt der Helligkeitsunterschied mehr als zwei Blendenwerte, wählen Sie einen Grauverlaufsfilter, der den Unterschied zwischen hellen und dunklen Bereichen auf einen Blendenwert reduziert.

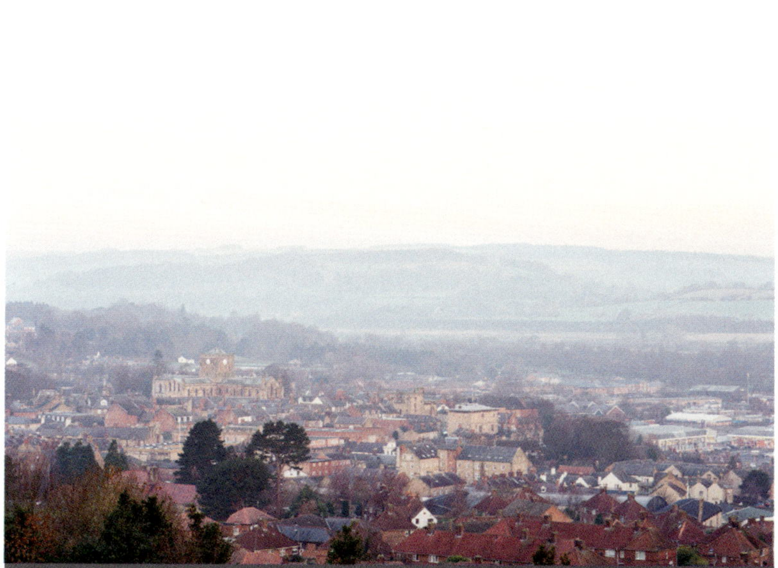

Kein Filter

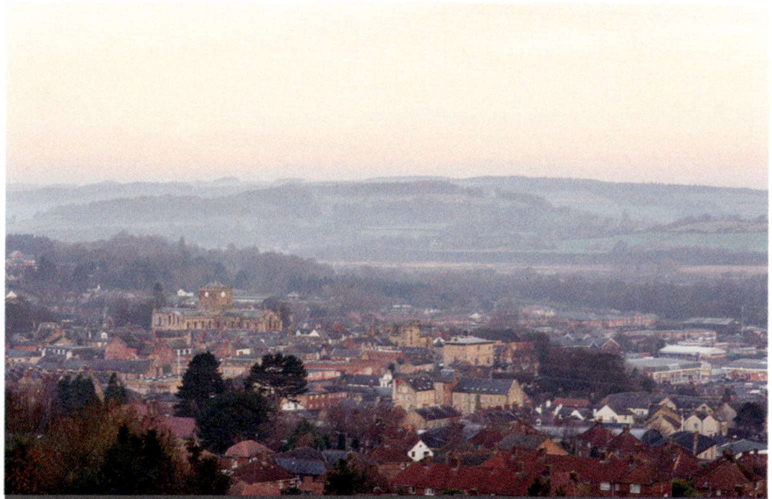

Grauverlaufsfilter ND1

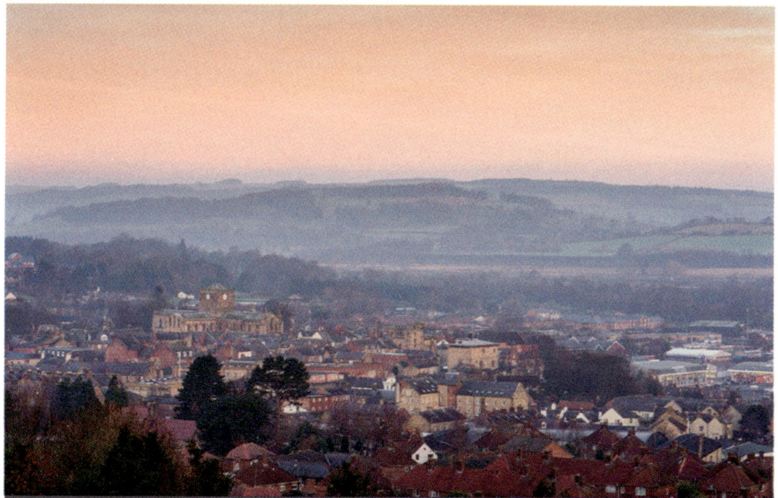

Grauverlaufsfilter ND2

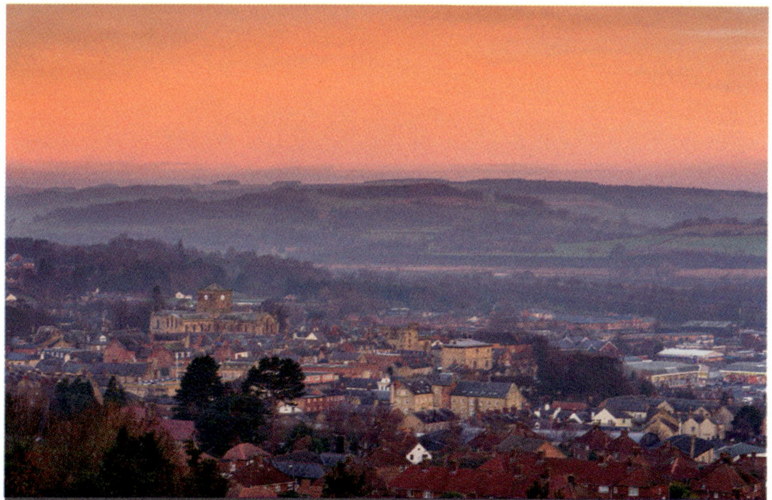

Grauverlaufsfilter ND3

Oben: In einer indirekt beleuchteten Landschaft sind Himmel und Landschaft unterschiedlich hell. Je größer der Unterschied, desto stärker muss der Grauverlaufsfilter sein. In diesem Beispiel habe ich konstant mit 0,6 Sek. mit f/13 belichtet – zu sehen ist also nur die Auswirkung der Filter auf die Details am Himmel. Der ND2-Filter ergab ein akzeptables Foto; weitere Änderungen können in der Bildbearbeitung gemacht werden. Der ND3-Filter lieferte ein dramatisches Ergebnis, das zu stark und unnatürlich wirkte.

Polarisationsfilter

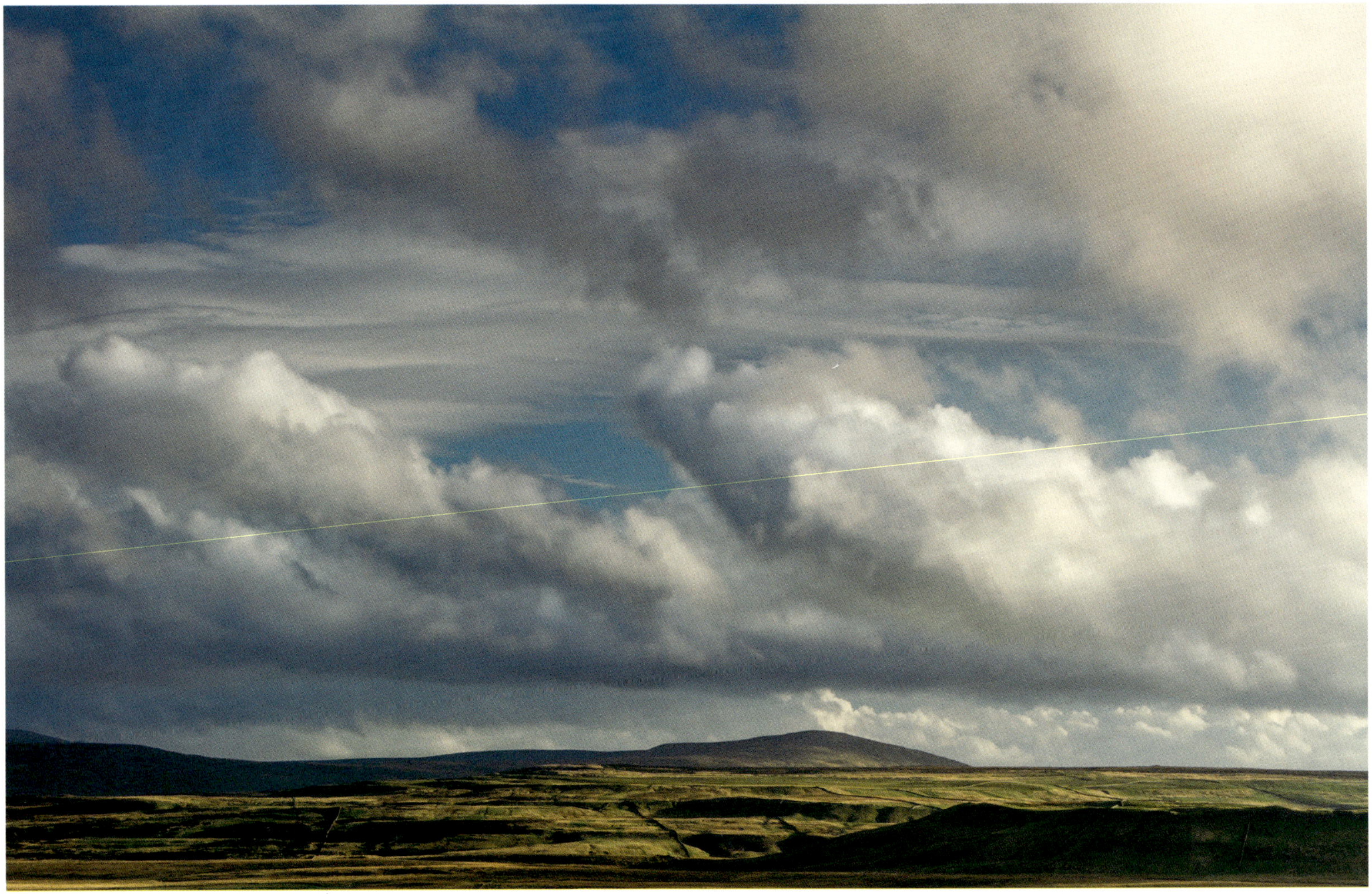

Polarisationsfilter (Polfilter) in der Landschaftsfotografie haben zwei Aufgaben: Sie unterdrücken Reflexionen auf glänzenden Oberflächen und intensivieren das Himmelsblau. Polfilter sind die einzigen Filtertypen, deren Wirkung nicht durch die Nachbearbeitung simuliert werden kann. Wenn Sie nur in einen einzigen Filter investieren wollen, ist ein Polfilter genau das Richtige.

Polfilter werden als lineare und zirkulare Typen angeboten. Der Begriff bezieht sich darauf, wie das Licht polarisiert wird. Wenn Sie mit einer digitalen Spiegelreflexkamera (oder anderen Kameras mit Phasenvergleich-Autofokus) fotografieren, brauchen Sie einen zirkularen Polfilter.

Einsatz des Polfilters

Polfilter bestehen aus zwei Filtern in Metallringen, die um 360° gegeneinander drehbar sind. Durch die

Oben: Bei Aufnahmen mit Polfiltern gegen einen wolkenlosen Himmel sieht der Himmel oft zu intensiv blau und unnatürlich aus. Bei bedecktem Himmel zeichnen sich die Wolken dagegen deutlich gegen den blauen Himmelshintergrund ab.

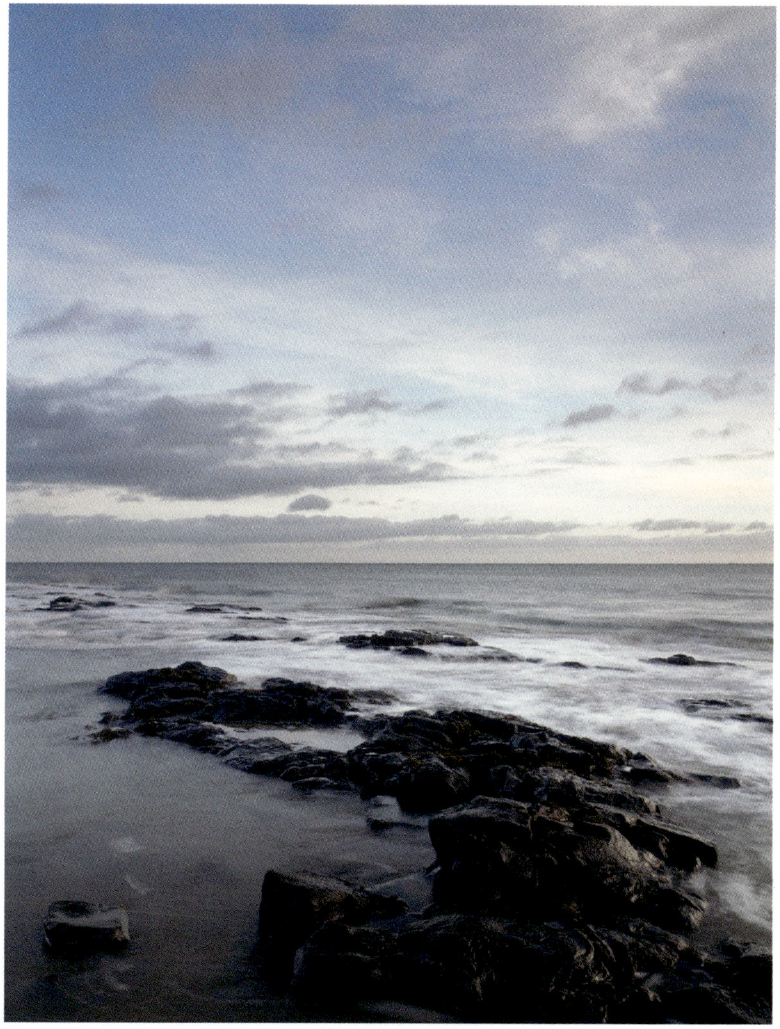

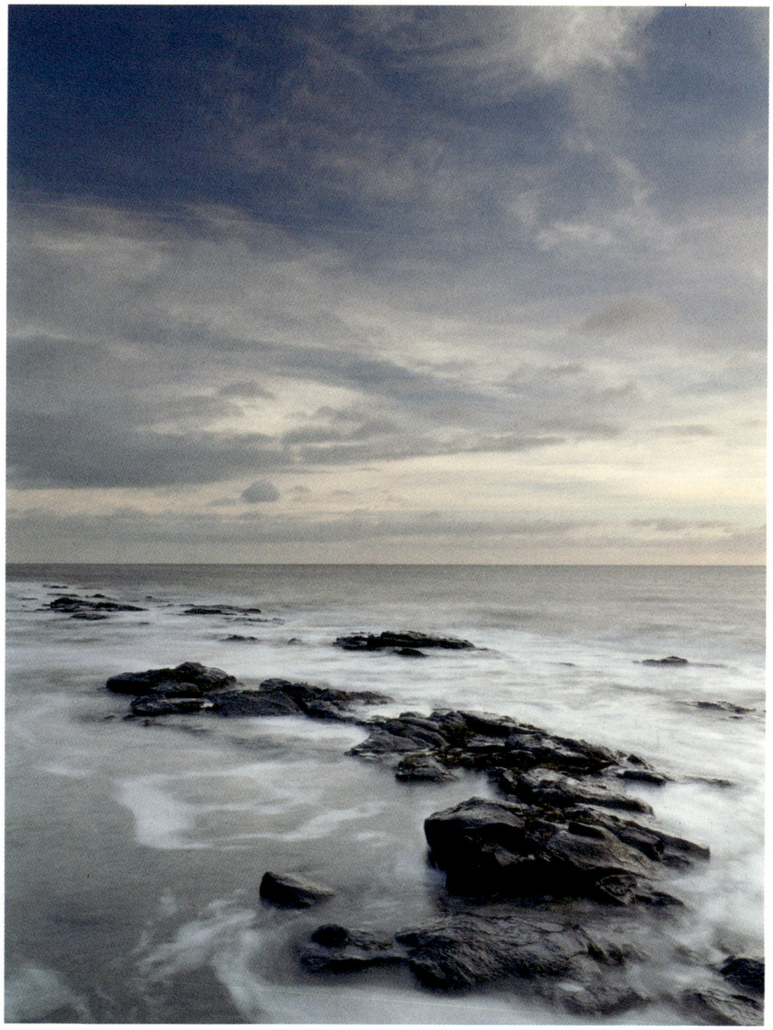

Drehung verändert sich die Intensität der Polarisationswirkung. Sie entfalten ihre Magie allerdings nur unter bestimmten Bedingungen. Ein tiefblauer Himmel zeigt sich, wenn der Polfilter im Winkel von 90° zur Sonne steht. Jenseits dieses Winkels nimmt die Wirkung ab. Daher sollten Polfilter vor extremen Weitwinkelobjektiven mit Vorsicht eingesetzt werden, sonst zieht sich ein unnatürlich dunkelblaues Band über den Himmel. Auch die Höhe des Sonnenstands beeinflusst den Polarisationseffekt.

Ähnliche Einschränkungen gelten für die Unterdrückung von Reflexionen auf nicht-metallischen Oberflächen. Hier ist der optimale Winkel etwa 56° von der Vertikalen. Häufig werden Polfilter auch eingesetzt, um Wasser transparenter erscheinen zu lassen, und sie steigern die Farbsättigung von nassen Blättern, weil sie die Reflexion unterdrücken. Dieser Effekt tritt nicht nur an sonnigen, sondern auch an bedeckten Tagen auf.

Oben links und oben: Ein gezielt eingesetzter Polfilter beeinflusst die Bildaussage deutlich: Das erste Foto (oben links) entstand ohne Polfilter, das zweite (oben rechts) wenige Sekunden danach mit Polfilter.

Kapitel 8

Bildbearbeitung

Wer seine Fotos als RAW-Files abspeichert, ist gezwungen, sie anschließend zu bearbeiten. Man sollte die Bildbearbeitung keineswegs als lästige Pflicht betrachten und sie so schnell wie möglich erledigen. Sie bietet vielmehr die Möglichkeit, die Fotos zu verbessern und zu verfeinern und so das Beste aus ihrem Potenzial zu machen. Bildbearbeitung kann sich entweder auf minimale Änderungen bei Farbe und Kontrast beschränken oder die Rohdaten in ein faszinierendes Bild verwandeln. Dieses Kapitel gibt eine kurze Einführung in die Möglichkeiten.

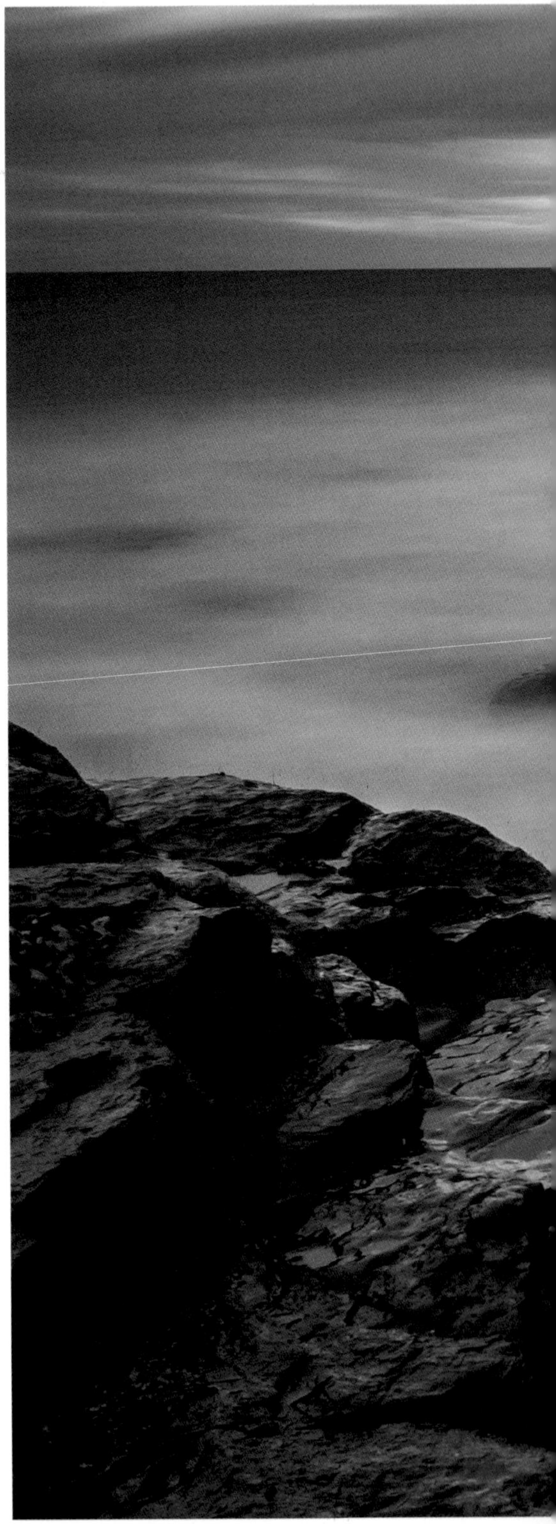

Rechts: Gute Landschaftsfotografie ist häufig eine Kombination aus guter Aufnahmetechnik und angemessener Bildbearbeitung. In diesem Fall wurde die Aufnahme mit einem dichten Graufilter gemacht, um lange belichten zu können. In der Bildbearbeitung wurde die Aufnahme in ein Schwarz-Weiß-Foto konvertiert.

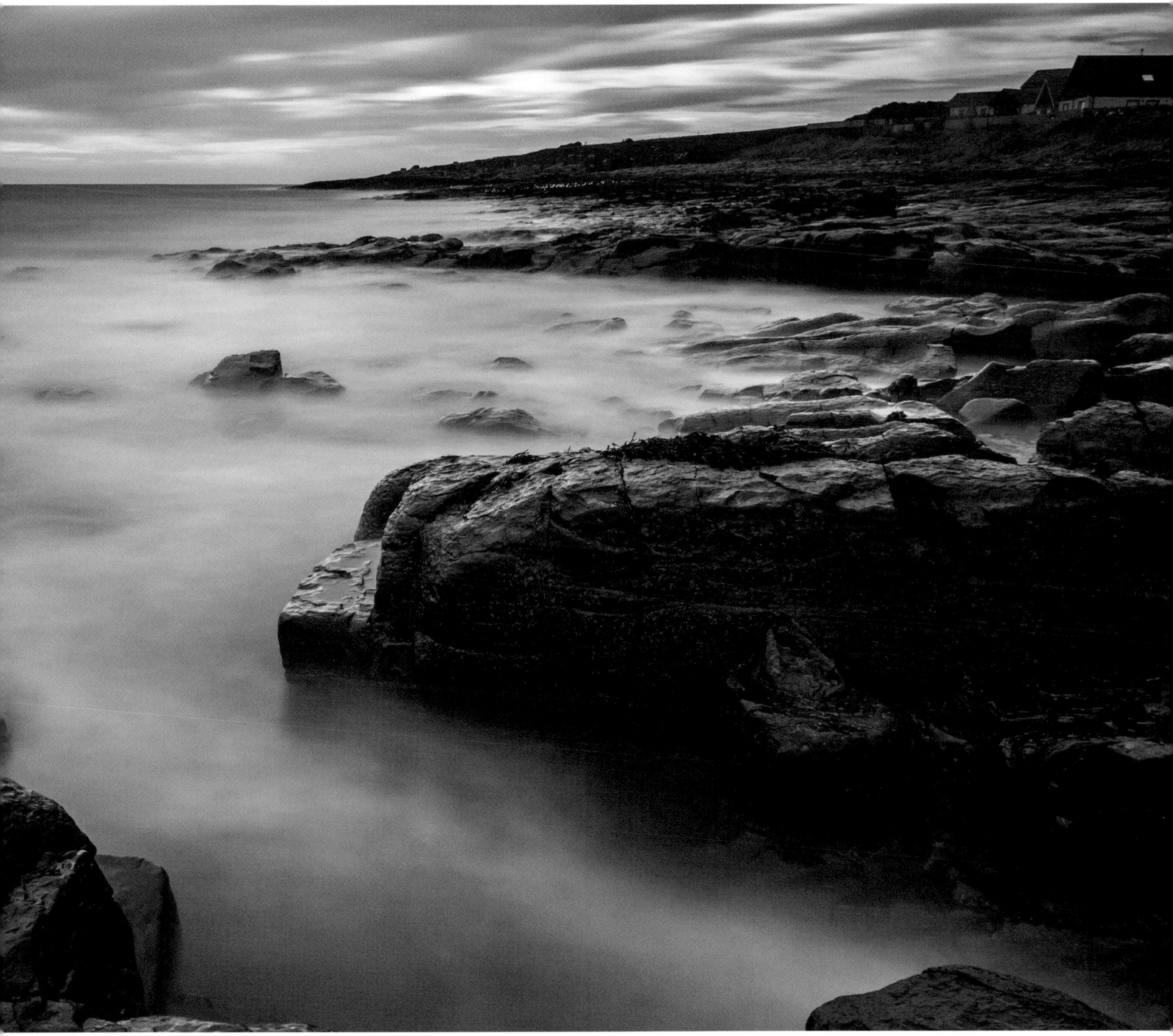

Bildbearbeitung – die Voraussetzungen

Nach den Aufnahmen folgt die Bildbearbeitung. Der erforderliche Aufwand hängt hierbei von der Zielsetzung ab. Wer schon bei den Aufnahmen auf Wesentliches achtet, reduziert den späteren Aufwand: Weniger Bild-Files müssen gesichtet, sortiert und bearbeitet werden. Wer den Weißabgleich schon bei der Aufnahme korrigiert, spart bei der Bearbeitung zwar kostbare Zeit, muss seine RAW-Files aber dennoch bearbeiten und optimieren.

RAW-Konverter

Es gibt zahlreiche RAW-Konverter, nicht zuletzt die Programme der Kamerahersteller. Allerdings muss fairerweise gesagt werden, dass manchen Kameras Hersteller-Software-Features fehlen, die Programme von Drittanbietern durchaus aufweisen.

Ein gutes Programm muss mehr Möglichkeiten anbieten, als nur die Bilder etwas zu „glätten", zumindest muss es über *Digital Asset Management* (DAM) verfügen. Man ist allzu leicht von der Menge der digitalen Fotos überfordert, die nach den Aufnahmen die Festplatte füllen. Mit DAM lassen sich die Fotos in Ordner sortieren, benennen, Keywords hinzufügen, und es listet die Metadaten auf. Damit wird die Suche, die Betrachtung und die Bearbeitung bestimmter Bilder – ausgewählt nach spezifischen Kriterien – merklich erleichtert.

Es gibt eine Reihe von RAW-Konversions-Programmen mit DAM; darunter ist Adobe Lightroom wohl das beste. Sehr empfehlenswert ist auch Capture One Pro von Phase One – beide sind für 30 Tage als Testversion erhältlich. Fotografen mit Mac OS steht Apple Aperture zur Verfügung.

Für welches dieser Programme Sie sich entscheiden, richtet sich nach der Benutzerfreundlichkeit und der Art, wie die RAW-Files gerendert werden. Es gibt keinen Königsweg, wie die Daten eines RAW-Files extrahiert werden. Da jede Software eine andere Methode nutzt, bleibt die Wahl des Bildbearbeitungsprogramms eine sehr persönliche Entscheidung.

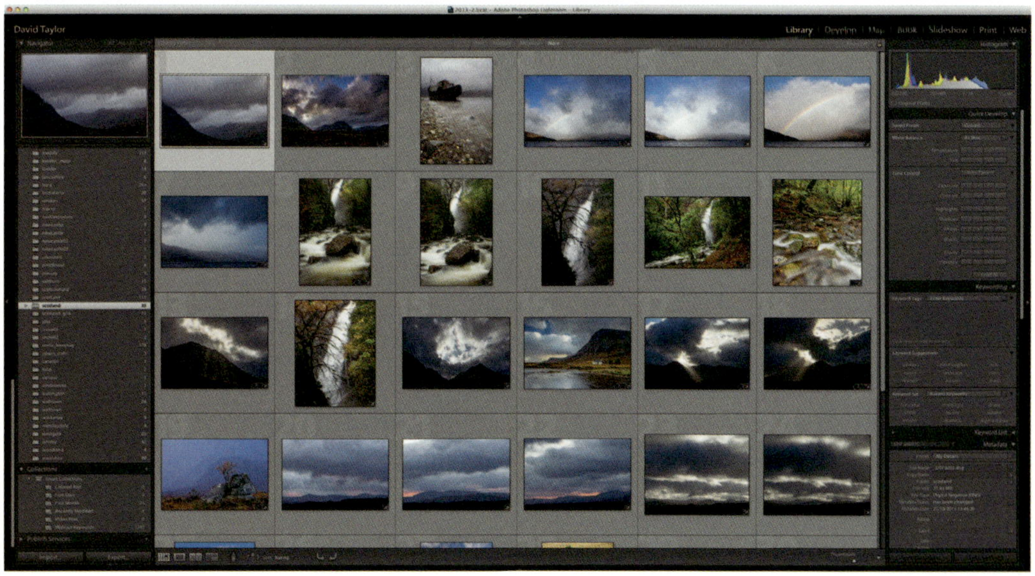

Oben: Adobe Lightroom ist im Kern eine Photoshop-Software, die besser an die Ansprüche von Fotografen angepasst wurde.

Workflow

Ein effizienter, gut nachvollziehbarer Arbeitsablauf (Workflow) ist ein oft unterschätzter Aspekt der Fotografie. Auch hier gibt es kein Richtig oder Falsch, sondern jeder Fotograf muss selbst entscheiden, wie er vorgeht – unter Beachtung bestimmter Grundlagen (siehe unten). Ist einmal ein falscher Weg eingeschlagen, türmen sich zu viele Hindernisse auf, und es wird im Laufe der Zeit immer schwieriger, die Situation zu klären.

Aufgabe	*einzelne Arbeitsschritte*
Bilder importieren:	• *auf den Computer überspielen* • *benennen* • *Back-ups auf DVD oder externe Festplatte* • *sichten, bewerten und ggf. löschen*
Bearbeiten:	• *Weißabgleich korrigieren* • *Linsenabbildungsfehler korrigieren* • *falls nötig, drehen, Horizontale einstellen oder beschneiden* • *Staubkörner oder Fehler entfernen* • *Rauschreduzierung* • *falls nötig, Aufnahme bearbeiten* • *grundlegende Bildbearbeitungen (z. B. Kontrast ändern)* • *weitere Bildbearbeitungen (z. B. konvertieren in Schwarz-Weiß-Bild)*
Bilder exportieren:	• *RAW-Files in 8-Bit konvertieren und als JPEG oder TIFF speichern* • *DAM-Datenbasis aktualisieren*
Drucken:	• *Bilder öffnen und Duplikat machen (Kopie des Originals)* • *nach Bedarf Größe des Duplikats bearbeiten* • *nach Bedarf Schärfe des Duplikats verbessern* • *drucken* • *Duplikat schließen, ohne Sicherung*

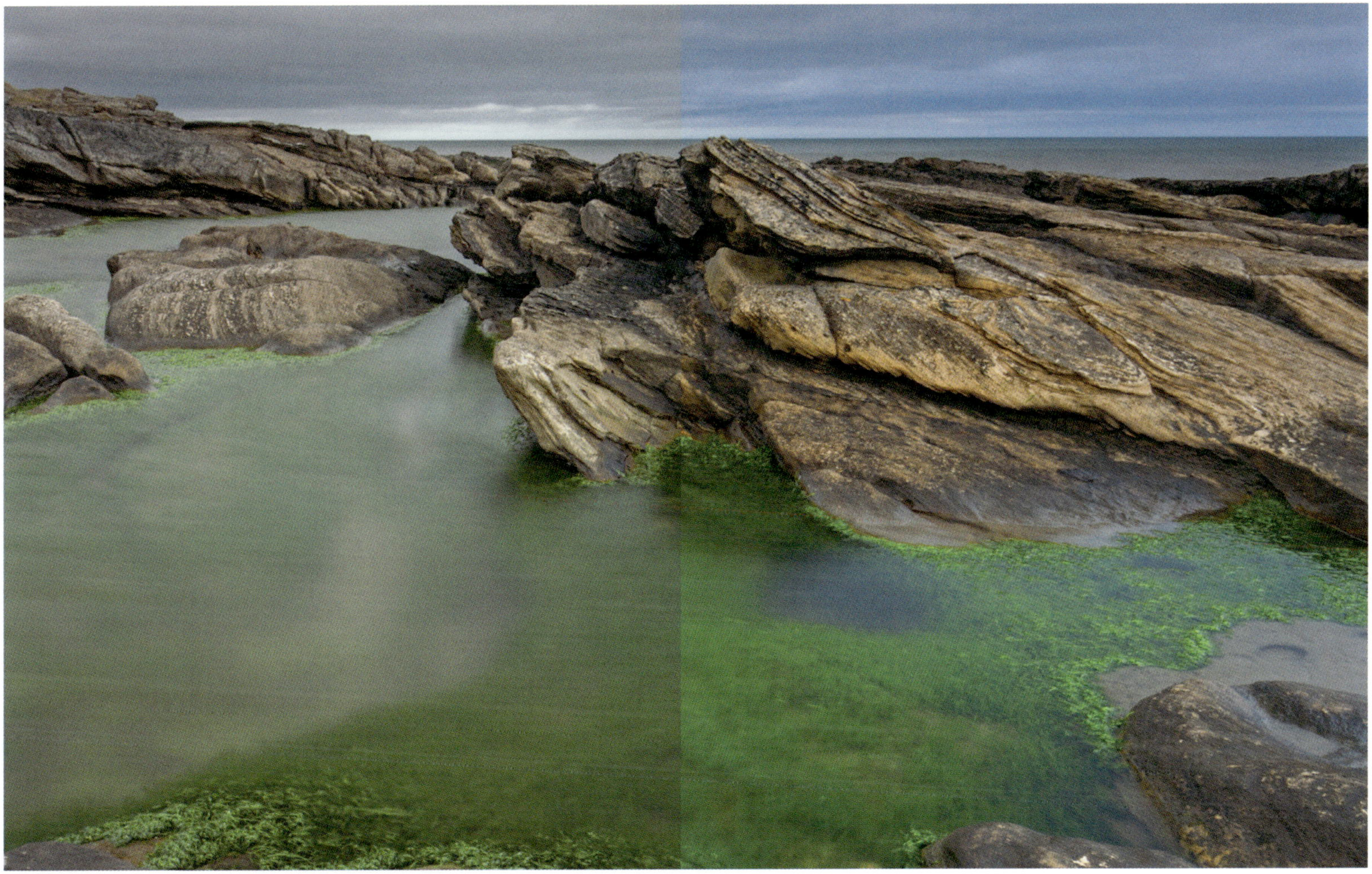

Unbearbeitet

Bearbeitet

Oben: RAWs sehen auf den ersten Blick oft enttäuschend aus – es kommt auf das Potenzial einer Aufnahme an. Prüfen Sie die Aufnahme gründlich und entscheiden Sie, welche Veränderungen das Bild verbessern würden. Natürlich kann jede Änderung eines RAW-Files wieder rückgängig gemacht werden, es spart aber viel Zeit, mit einer klaren Strategie an die Arbeit zu gehen.

HINWEIS:
Adobe *Photoshop* kann RAW-Files mit der *„Adobe Camera Raw“*-Software importieren. Allerdings ist das *Digital Asset Management* (DAM) sehr eingeschränkt.

Importieren

Wie die Fotos importiert werden – Übertragen der Files vom Speicherchip der Kamera auf die Computerfestplatte –, hängt von der benutzten Software ab. Das Programm sollte die Möglichkeit bieten, den Speicherort zu wählen, die Files umzubenennen und den Files Keywords und Bildbeschreibungen zuzuordnen.

Eine aussagekräftige Ordnerstruktur ist zwar wichtig, bleibt im Detail aber dem einzelnen Fotografen überlassen. Eine gute Lösung für den Anfang sind Ordner, die nach Themen oder Datum sortiert sind. Innerhalb dieser Ordner lassen sich später weitere Unterkategorien erstellen.

Es ist sehr wichtig, die Files umzubenennen. Kameras vergeben die Filenummern auf der Basis von vier Ziffern; nach der 10 000sten Aufnahme wiederholen sich die Nummern. Da es fast unmöglich ist, anhand der Zahlen eine bestimmte Aufnahme zu finden, ist es erforderlich, die Aufnahmen eindeutig nach persönlichen Vorlieben zu benennen. Ich bevorzuge einen Namen mit Jahr und Monat (1407 wäre demnach eine Aufnahme vom Juli 2014), gefolgt von einer vierstelligen Zahl.

Auch Beschreibungen und Keywords helfen dabei, ein bestimmtes RAW-File aufzufinden. Eine Beschreibung erläutert das Motiv, während ausgewählte Keywords den Charakter des Fotos bestimmen helfen. Die Keywords sollten nicht allgemein, sondern spezifisch sein: beispielsweise Name des Motivs, Standort, aber auch Eigenschaften, wie Wetter oder Tageszeit. Denkbar sind auch beschreibende Begriffe, wie: hell, luftig, dunkel, düster usw.

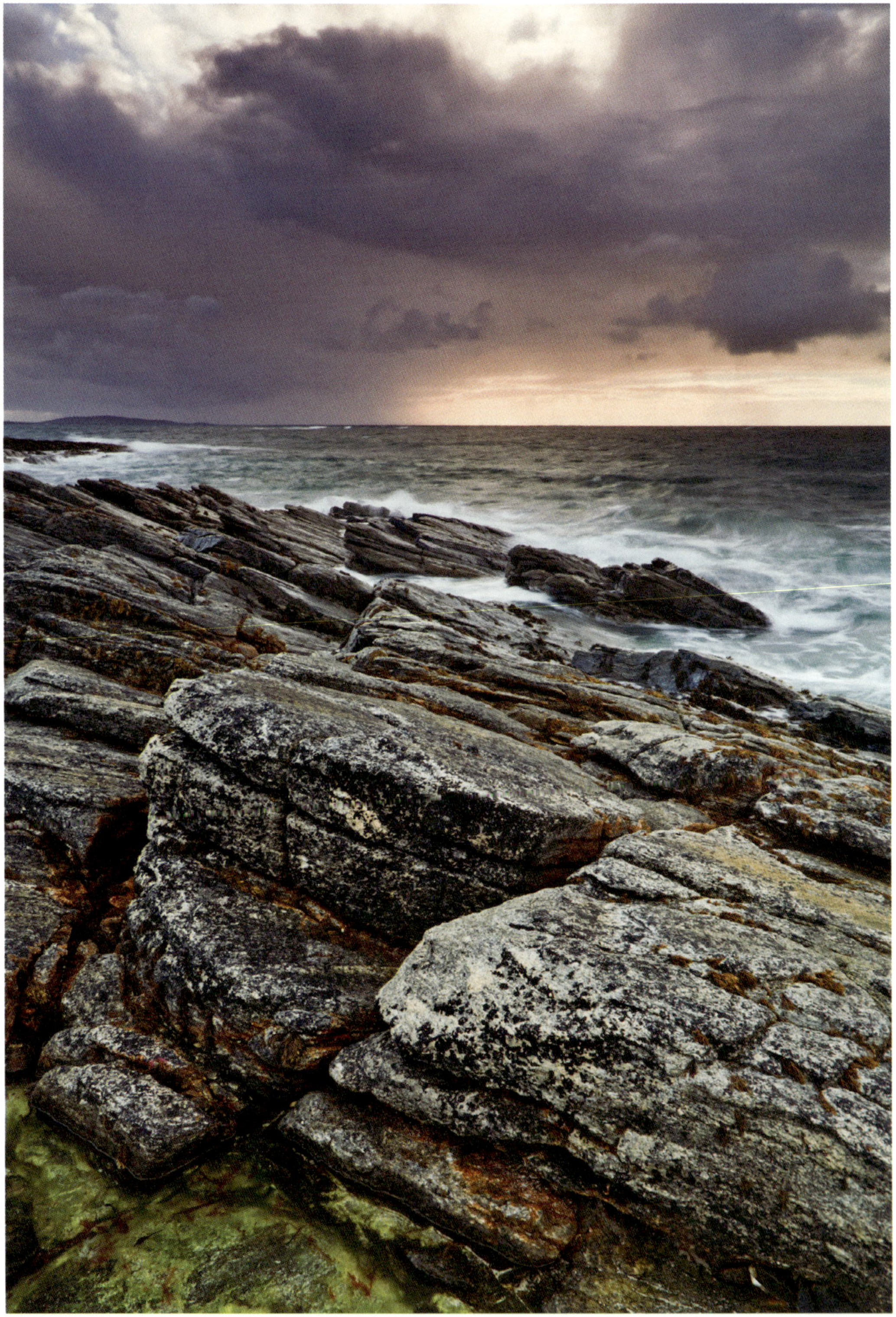

Rechts: Dieses Bild hat meine Filenummer 0708_0034. Daran erkenne ich sofort, dass es im August 2007 fotografiert wurde. Es entstand auf der Insel North Uist in den Äußeren Hebriden. In meinen Ordnern finde ich es daher unter „Landschaft > Großbritannien > Schottland > Äußere Hebriden > North Uist > Küste". Das klingt kompliziert, erleichtert aber, das Bild zu finden.

Bewerten

Wenn die Files auf dem Computer gespeichert sind, muss entschieden werden, welche Fotos die weitere Bearbeitung lohnen und welche gleich im Papierkorb landen. Lassen Sie sich Zeit für die Bewertung. Bei manchen Bildern fällt die Entscheidung unmittelbar, andere müssen vielleicht noch etwas „schmoren“, bis eine Entscheidung fällt.

Sortieren Sie die Fotos nach einem Bewertungssystem. Geben Sie Fotos, die Sie eindeutig behalten werden, fünf Sterne; Fotos mit Mängeln bekommen nur einen Stern, und im Zweifel vergeben Sie drei Sterne. Wenn ich meine Fotos nach diesem System bewertet habe, lasse ich sie etwa einen Tag liegen, bis ich eine endgültige Entscheidung treffe.

Tipp:

Machen Sie sofort nach dem Import der Fotos eine Sicherheitskopie. Externe Festplatten sind relativ preiswert, der Verlust eines Bildes unbezahlbar. Besonders sicher sind zwei Festplatten (eine davon bei Verwandten oder einem Freund deponieren), auf denen Sie regelmäßig Back-ups anlegen, damit ihre Bilder an zwei Orten gesichert sind.

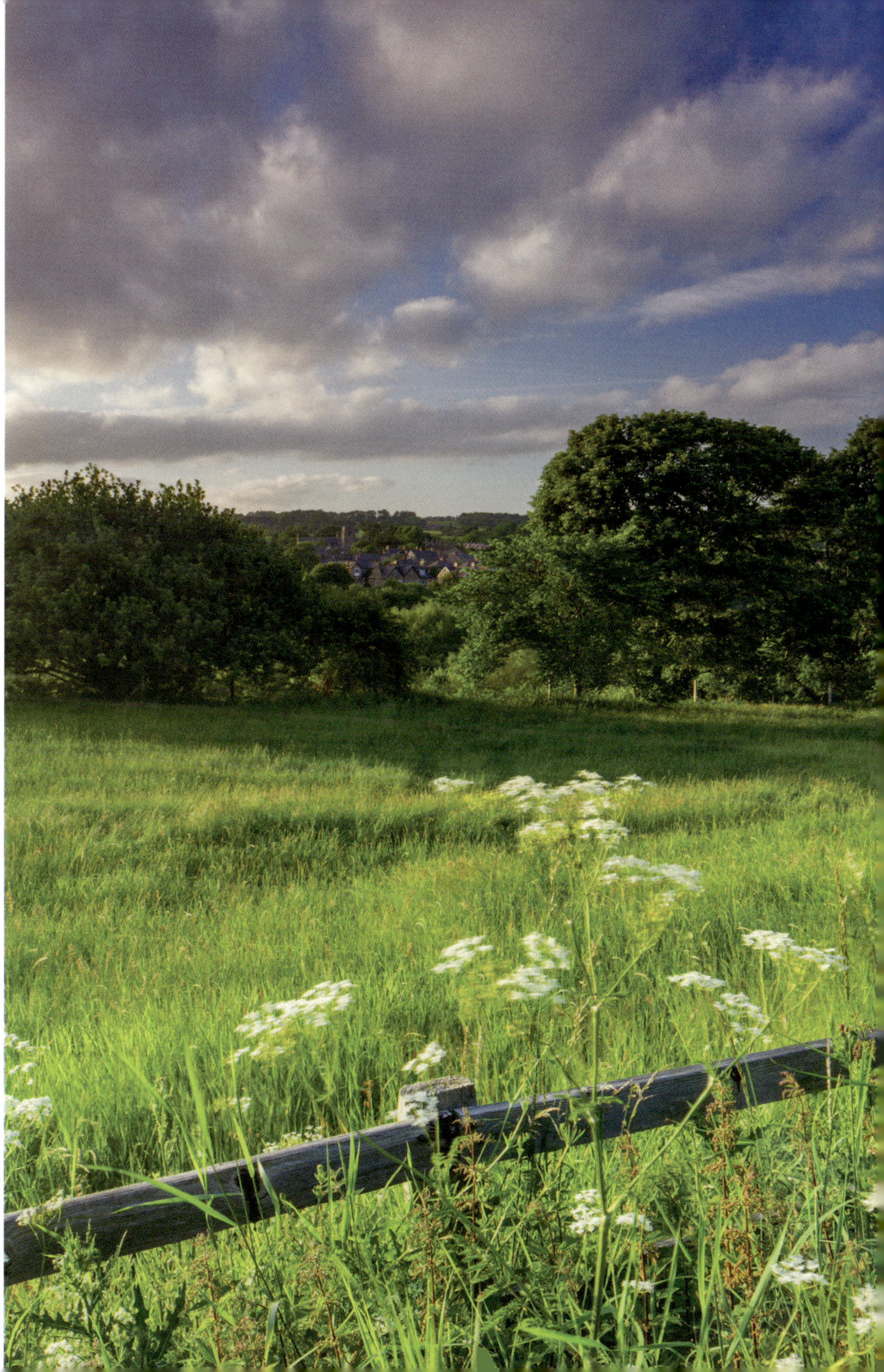

Rechts: Bei diesem Bild habe ich in den Metadaten vermerkt: „Sommerabend mit dem Licht auf einer Weide, mit Blick auf das Dorf Wylam und das Tyne-Tal in Northumberland, England“. Darin sind alle Informationen enthalten, die ich brauche, um Ort und Motiv zu identifizieren.

Bildbearbeitung – die Praxis

Nachdem die Bilder auf den Computer übertragen wurden, müssen sie bearbeitet werden. Manche Änderungen, wie den Weißabgleich, brauchen Sie nur einmal durchzuführen und dann auf die gesamte Serie zu übertragen. Das spart sehr viel Zeit, weil Sie nicht bei jedem Bild aufs Neue dieselbe Korrektur durchführen müssen. Dennoch muss jedes Foto zusätzlich individuell überprüft und bearbeitet werden.

Grundsätzlich gibt es zwei Typen von Änderungen: Der erste Typ bezieht sich auf das Foto als Ganzes (dazu gehört beispielsweise die Änderung des Weißabgleichs), der zweite betrifft nur bestimmte Bereiche innerhalb des Fotos, beispielsweise Korrekturpinsel in verschiedenen Größen.

In welcher Reihenfolge man vorgeht, ist jedem selbst überlassen. In der Regel zahlt es sich jedoch aus, zuerst das Foto als Ganzes zu ändern und sich dann die spezifischen (punktuellen) Probleme vorzunehmen.

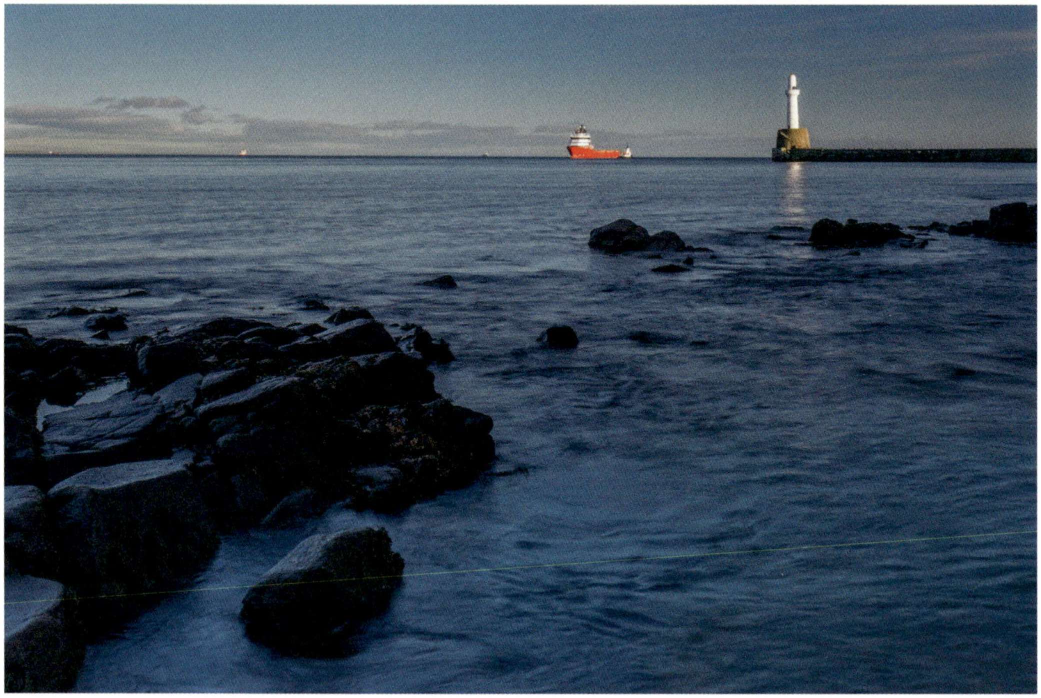

Oben: Künstliche Strukturen liefern fast immer einen guten Maßstab für den Weißabgleich. Hier habe ich mich an dem Leuchtturm am Ende der Mole orientiert. Auch weiße Wolken zur Mittagszeit eignen sich gut für den Weißabgleich. Wolken bei Sonnenauf- oder -untergang sind dagegen nicht geeignet, weil dann die warmen Farben des Bildes verschwinden.

Weißabgleich

Wenn der Weißabgleich schon in der Kamera vorgenommen wurde, entfällt dieser Schritt. Allerdings zahlen sich in fast allen Fällen selbst kleine Änderungen aus. Dazu werden entweder die Voreinstellungen benutzt (wie in der Kamerasoftware) oder der Kelvin-Wert manuell verändert; eventuelle Farbverschiebungen werden mit dem Magenta/Grün-Schieber ausgeglichen.

In manchen Bildbearbeitungsprogrammen kann eine neutrale Stelle im Foto ausgewählt werden, die als Basis für den Weißabgleich dient. Wenn Sie während der Aufnahmeserie ein Testbild mit einer Graukarte im selben Licht wie das Motiv machen, dient dieses Foto als Basis für die Einstellung des Weißabgleichs, der dann auf alle Fotos der Serie übertragen wird.

Belichtungskorrektur

Die Belichtungskorrektur funktioniert genau wie in der Kamerasoftware. Sie wird in Blendenstufen verändert, sodass die Fotos heller oder dunkler erscheinen. Bei Aufnahmen, die mit der ETTR-Technik (siehe S. 50) entstanden sind, sollte keine starke Belichtungskorrektur erfolgen. Wird ein Foto zu stark aufgehellt, leidet die Qualität, weil das Rauschen im Schatten zunimmt.

Kontrast

Einige RAWs sehen enttäuschend kraftlos aus, vor allem wenn ein kontrastarmer Bildparameter gewählt wurde. Mit mehr Kontrast erscheinen solche Fotos sofort brillanter. Die meisten Bildbearbeitungsprogramme bieten mehrere Alternativen an, um den Kontrast zu erhöhen.

Am einfachsten ist ein Schieberegler, der den Kontrast erhöht oder senkt. Mit einer Kontrastkurve lässt sich der Kontrast in definierten Bereichen des Fotos anpassen. Werden die Highlights heller und die Schatten dunkler gewählt, nimmt die Kontrastkurve eine einfache S-Form an. Die Folge ist eine deutlich sichtbare Kontrastverstärkung.

Farbsättigung

RAWs sind nicht nur häufig kontrastarm, sondern fallen auch durch blasse Farben auf. Auch hier bieten die meisten Bildbearbeitungsprogramme gute Korrekturmöglichkeiten. Ein Schieberegler für die Farbsättigung ist die einfachste Lösung. Da mit dieser Methode alle Farben gleichermaßen gesättigt werden, entstehen bei zu hoher Einstellung allerdings zu grelle Farben.

Der Dynamikregler arbeitet etwas subtiler, da er nur die am wenigsten gesättigten Farben aufwertet. Erst wenn der Dynamikregler voll aufgedreht wird, sind auch die stärker gesättigten Farben betroffen.

In einem guten Bildbearbeitungsprogramm kann außerdem die Sättigung (Farbton und Luminanz) einzelner Farben verändert werden. Dieses Feature ist besonders hilfreich, um die Sättigung des Himmelsblaus zu ändern, ohne den Vordergrund zu beeinflussen.

Highlights und Schatten

Einer der größten Vorteile der RAW-Files sind die überraschend detailreicheren hellen und schattigen Bereiche (das Ausmaß hängt vom Kontrastumfang der Kamera ab). Programme mit Schieberegler für Highlights (Lichter) und Schatten erlauben Veränderungen, ohne die Mitteltöne des Fotos zu beeinflussen.

Staubflusen

Bevor Digitalkameras mit automatischer Sensorreinigung auf den Markt kamen, war das Entfernen von Staubflusen eine langwierige Arbeit. Auch wenn das Problem der Flecken geringer geworden ist, sollten Sie Ihre Fotos auf Staub und andere Fehlerstellen prüfen. Die Software schneidet (klont) gewöhnlich einen identischen Bereich aus und überdeckt damit

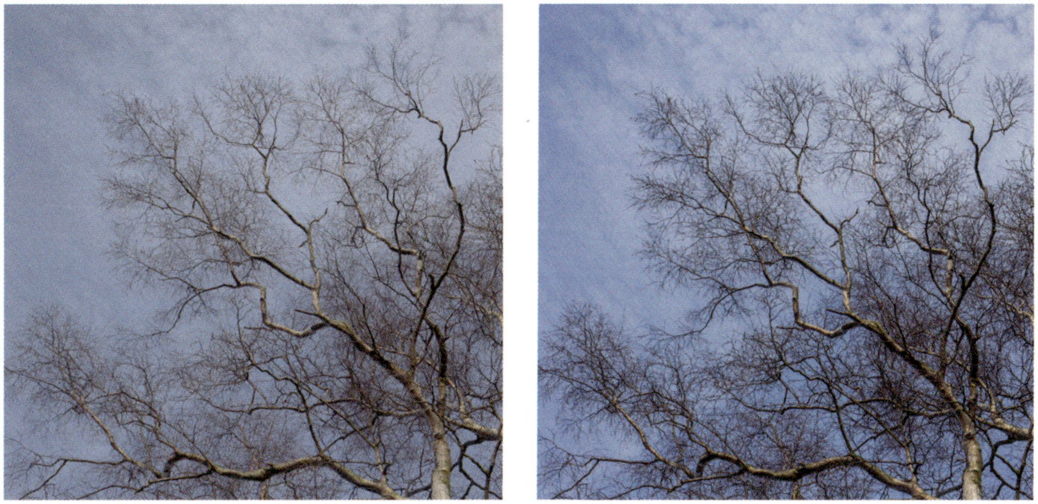

Oben links und oben rechts: Eine einfache Kontrastverstärkung reicht oft aus, um einem Foto mehr „Biss“ zu geben.

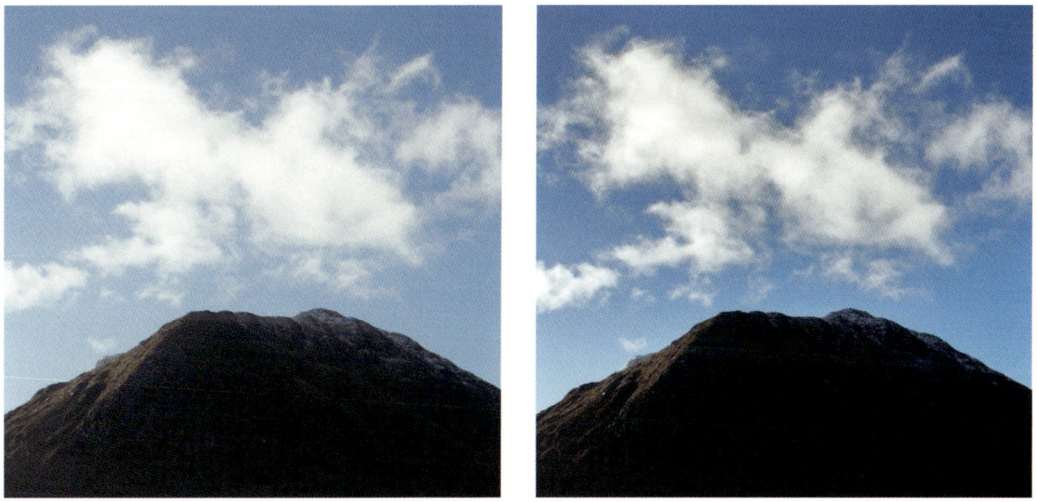

Oben links und oben rechts: Durch Veränderung der Highlights lassen sich an hellen Stellen Details sichtbar machen.

den Staub (der Bearbeiter wählt „Quelle“ und „Ziel“ aus). Da das Staubkorn während einer Serie stets an derselben Stelle bleibt, könnte man den Vorgang theoretisch einfach kopieren. In der Praxis stellt sich aber heraus, dass nicht jede Quelle zum Abdecken geeignet ist.

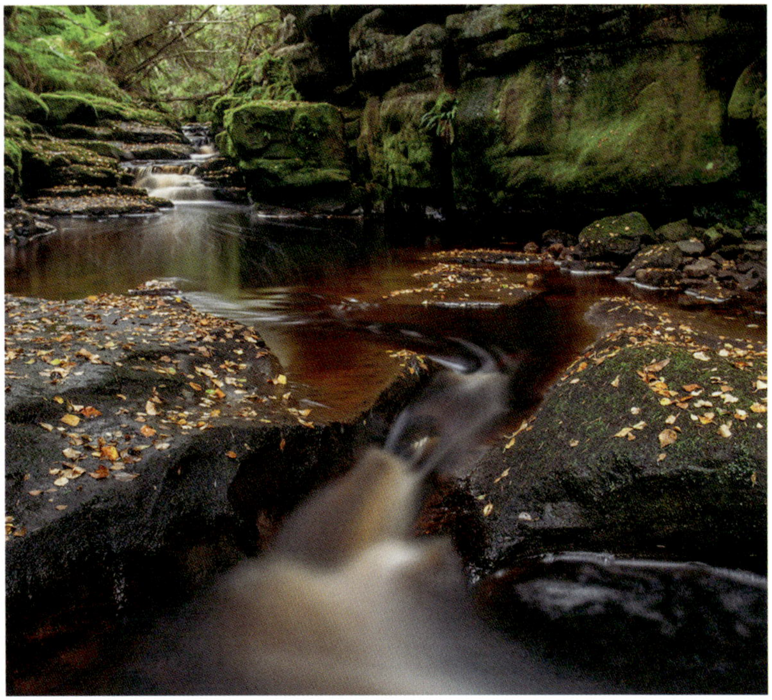

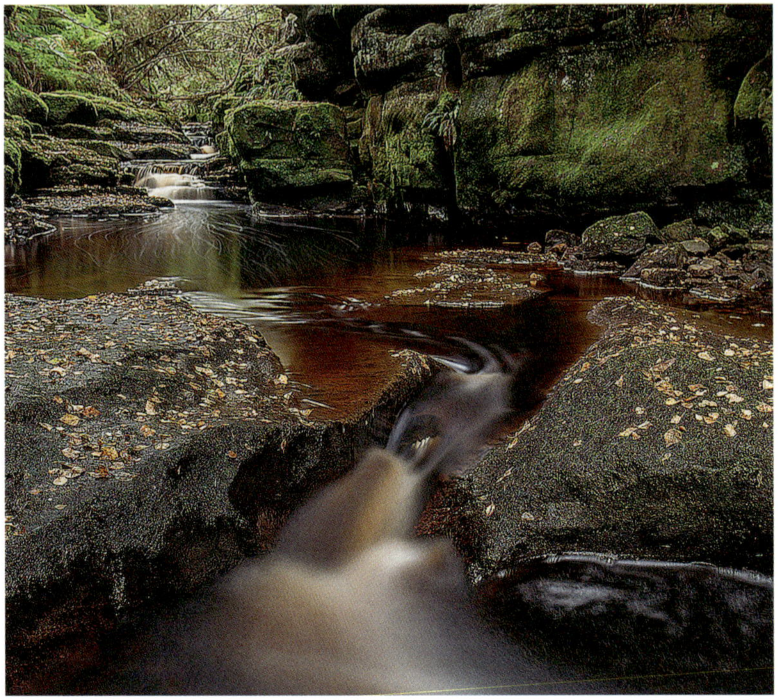

Oben links und oben rechts: Das Foto links wurde nicht geschärft, das rechte dagegen eindeutig zu viel.

Schärfe

Die Schärfe eines Fotos hängt von mehreren Faktoren ab, beispielsweise wie gut das Bild fokussiert und wie ruhig die Kamera gehalten wurde (bei Aufnahmen ohne Stativ). Schärfe lässt sich aber auch bis zur Ebene der Pixel bestimmen. Verantwortlich sind die Qualität des Objektivs und optische Tiefpass- oder Anti-Aliasing-Filter vor dem Bildsensor. Die beiden Filter vor dem Bildsensor wirken wie leichte Weichzeichner, um den Moiré-Effekt – das Schimmern von feinem Raster, wie in Stoffen – zu verhindern.

Heute geht der Trend eher zugunsten der Schärfe, also zu Bildsensoren ohne Tiefpassfilter. Doch selbst ohne Filter vor dem Sensor aufgenommene Fotos gewinnen in der Bildbearbeitung, wenn sie etwas geschärft werden. Dieser Vorgang wird im Englischen als *„capture sharpening"* bezeichnet. Ist das Foto später für den Druck oder zur Präsentation vorgesehen, wird es zusätzlich geschärft (*„output sharpening"*). Und um das Ganze noch komplizierter zu machen: Ein Foto, das beispielsweise für eine Website auf dem Bildschirm präsentiert wird, kommt mit geringerer Schärfe aus als eine Druckvorlage. Schließlich spielt auch das Format eine gewisse Rolle, wie stark oder weniger stark ein Bild geschärft wird.

Tatsächlich ist der Begriff „schärfen" etwas missverständlich, denn eigentlich erhöht die Software nur den Kontrast an den Konturen, da Bilder mit höherem Konturenkontrast sofort schärfer wirken. Das Maß der Konturenschärfe will wohlüberlegt sein: Wird die Schärfe übertrieben, tauchen an den Bildkonturen hässliche Halos auf. Halos (oder auch Halonen genannt) sind Lichteffekte, die durch Reflexion und Brechung von Licht entstehen.

HINWEIS:
JPEGs werden gewöhnlich schon von der Kamerasoftware geschärft. Es ist daher nicht sinnvoll, das Bild zu vergrößern oder nochmals zu schärfen. Falls Sie ein JPEG-Foto in der Nachbearbeitung vergrößern wollen, wählen Sie bei der Aufnahme eine selbst erstellte manuelle Bildvorwahl ohne Nachschärfen.

Rauschreduzierung

Sofern das Foto mit dem niedrigsten ISO-Wert der Kamera aufgenommen wurde, ist keine Rauschreduzierung nötig, denn dabei gehen feine Details verloren. Dagegen ist eine Rauschreduzierung bei sehr langer Belichtungszeit oder hohen ISO-Werten notwendig. Gute Bildbearbeitungsprogramme erlauben eine separate Rauschreduzierung von Farbe und Luminanz. Wenn Sie die Wahl haben, beachten Sie: Farbrauschen ist störender als Luminanzrauschen.

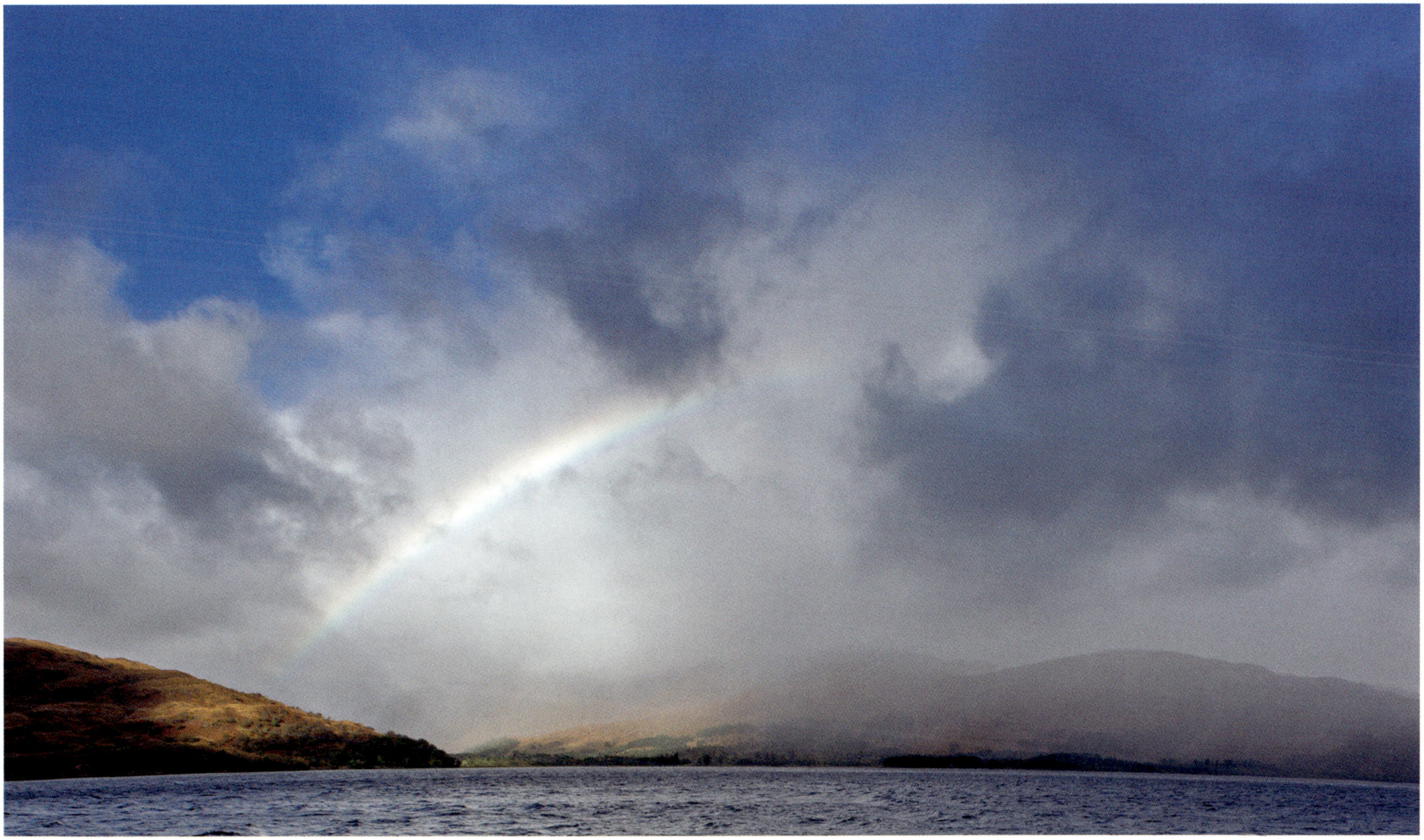

Linsenfehler korrigieren

Oben: Der gekrümmte Horizont ist ein Beleg für einen Linsenfehler, in diesem Fall eine deutlich kissenförmige Verzeichnung.

Es gibt kein perfektes Objektiv, doch zum Glück lassen sich geringfügige Fehler bei der Bildbearbeitung korrigieren. Die wichtigsten drei Linsen- oder Abbildungsfehler treten mehr oder weniger deutlich in Erscheinung: chromatische Aberration, Vignettierung und Verzeichnung.

Die **chromatische Aberration** tritt als Längs- und Querfehler auf. Längsfehler entstehen bei Aufnahmen mit maximaler Blendenöffnung und verschwinden, wenn die Blende weiter geschlossen wird. Querfehler treten nur an den Bildrändern auf, gewöhnlich als rot-grüne oder blau-gelbe Säume an Konturen mit starkem Kontrast. Sie verschwinden auch dann nicht, wenn die Blende weiter geschlossen wird.

Vignettierung äußert sich als dunkle Schatten in den Bildecken, wenn durch ein Objektiv mit maximaler Blendenöffnung fotografiert wird. Sie verschwindet, wenn die Blende um wenige Stufen geschlossen wird. Wer aus Gründen der Tiefenschärfe lieber mit kleinen Blendenöffnungen arbeitet, braucht eine Vignettierung nicht zu fürchten.

Die **Verzeichnung** schließlich äußert sich als tonnenförmige (zum Rand hin gekrümmte Linien) oder kissenförmige (zur Mitte hin gekrümmte Linien) Verzeichnung. Sie fällt besonders auf, wenn das Motiv gerade Linien aufweist, in der Landschaftsfotografie also vor allem bei Aufnahmen am Meer.

Schwarz & Weiß

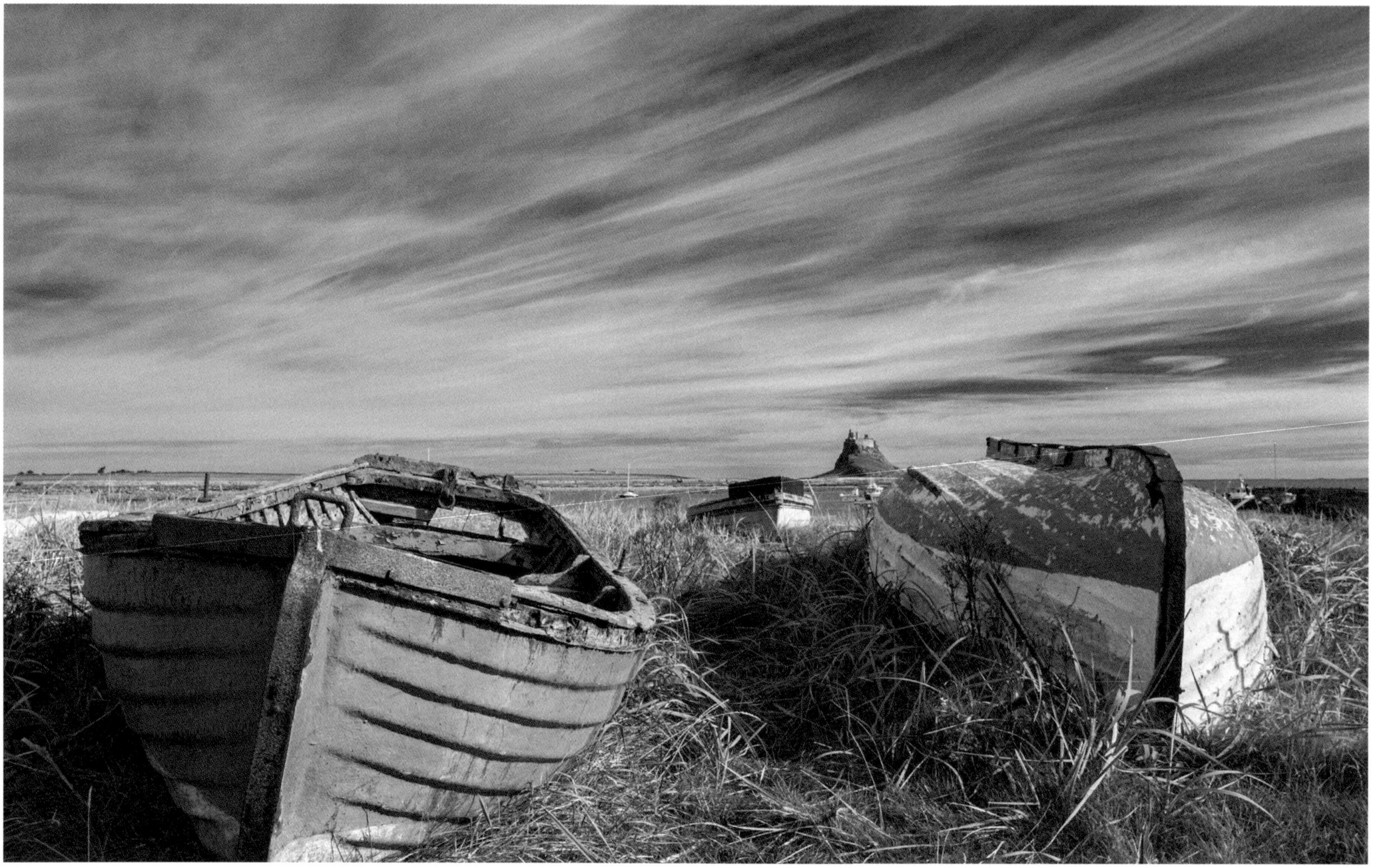

Viele Fotografen halten die Schwarz-Weiß-Fotografie für ein Überbleibsel der verstaubten historischen Fotografie. Tatsächlich jedoch geht von Schwarz-Weiß-Fotos ein ganz eigener Zauber aus, der sich völlig von der Farbfotografie unterscheidet. Die Ursprünge der schwarz-weißen Landschaftsfotografie reichen in der Tat weit zurück bis zu den Ursprüngen der Fotografie. Die digitale Fotografie eröffnet die einzigartige Möglichkeit, die Entscheidung zwischen Farbe und Schwarz-Weiß sowohl beim Fotografieren als auch während der Bildbearbeitung zu treffen – das Beste aus beiden Welten.

Oben: Das Foto wurde als RAW-File gespeichert. RAW-Files enthalten zwar alle Farbinformationen, aber meine Kamera erlaubt mir, das Ergebnis auch in Schwarz-Weiß zu betrachten (eigentlich wie ein RAW nach Bildbearbeitung). Daher kann ich ein Motiv schon während der Aufnahme auf seine monochrome Wirkung überprüfen; die eigentliche Entscheidung fälle ich aber erst bei der Bildbearbeitung.

Filter

Ein aussagekräftiges Schwarz-Weiß-Foto ist mehr als ein Farbfoto mit ungesättigten Farben. Der entscheidende Faktor ist vielmehr, wie die Farben in Graustufen umgewandelt werden.

Wie dunkel oder hell eine graue Fläche erscheint, hängt von der Oberflächenreflexion ab. Oberflächen, die eine durchschnittliche Lichtmenge reflektieren, sehen in Schwarz-Weiß mittelgrau aus. Davon sind, unabhängig von der Farbe, alle Flächen betroffen: Eine grüne und eine rote Oberfläche, die gleich viel Licht reflektieren, erscheinen im Bild als ungefähr gleicher Grauton. Solche Fotos sind flach und langweilig.

Früher, bei Aufnahmen auf Schwarz-Weiß-Film, lösten Farbfilter das Problem. Farbfilter blockieren die Wellenlängen auf der Gegenseite des Farbkreises (Komplementärfarben). Ein Rotfilter blockiert also die blaugrünen Wellenlängen und lässt alle blaugrünen Oberflächen dunkler, alle roten heller erscheinen. Damit zeigt sich der Unterschied zwischen den beiden Farben in deutlich abgestuften Grautönen.

Farbfilter wären zwar auch für Digitalkameras möglich, es ist aber einfacher, deren Effekte erst in der Bildbearbeitung zu simulieren (oder in der Kamera, falls JPEGs gespeichert werden). Lightroom erlaubt mit Schiebern für individuelle Farben eine viel umfangreichere Bildkontrolle, als das mit Linsenfiltern möglich wäre.

Rechts: Ein Rotfilter verändert die Ansicht des blauen Himmels – tiefblaue Bereiche erscheinen fast schwarz. Damit entstehen sehr eindrucksvolle Bilder, vor allem, wenn weiße Wolken für Kontrast sorgen. Leider ist der blaue Farbanteil im RGB-Farbraum besonders rauschempfindlich. Das führt zu Problemen, wenn blaue Bildanteile sehr stark verändert werden. Aus diesem Grund benutze ich keinen Rot-, sondern einen virtuellen Grünfilter, der den Blauanteil nicht so stark beeinflusst.

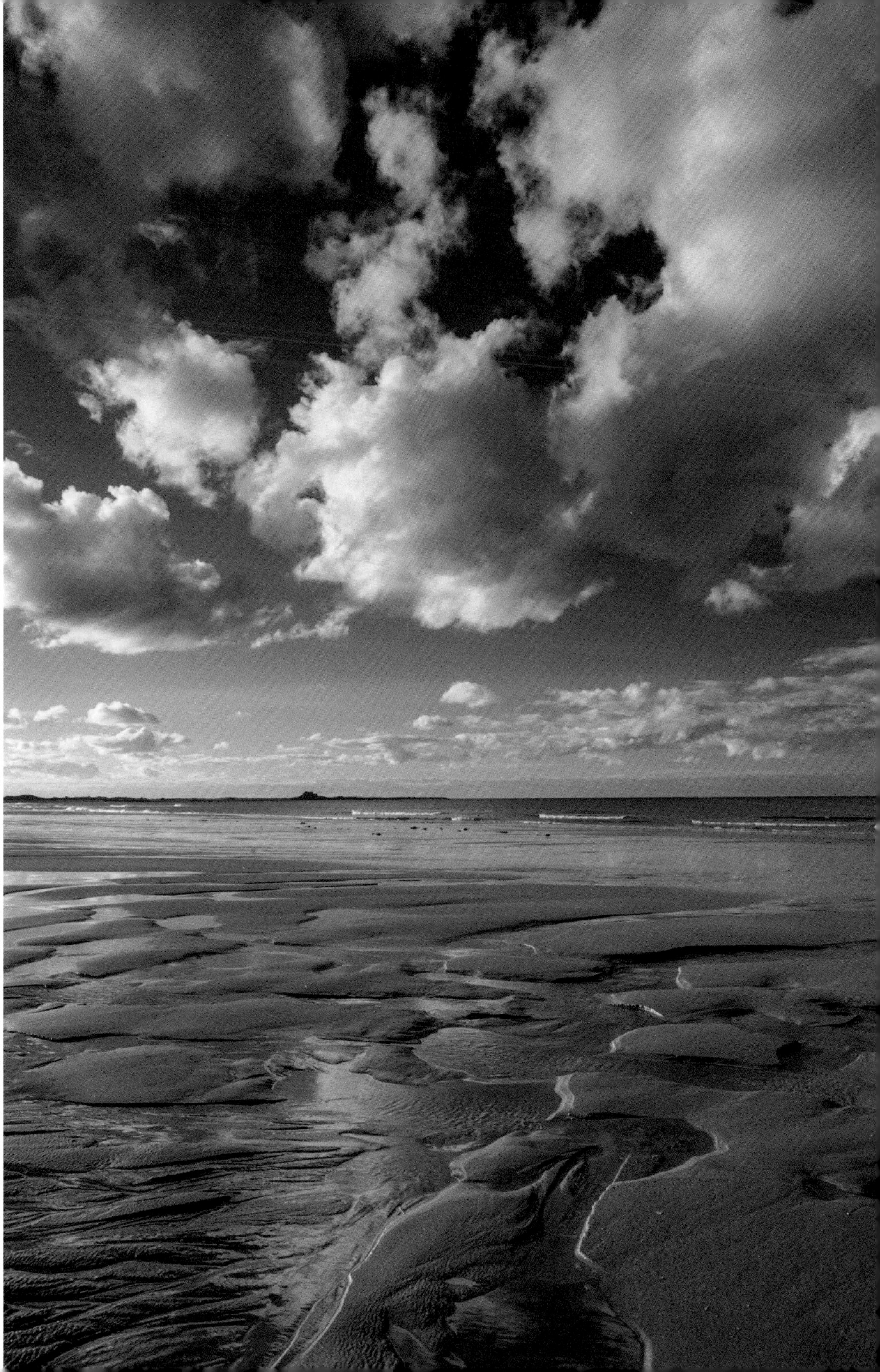

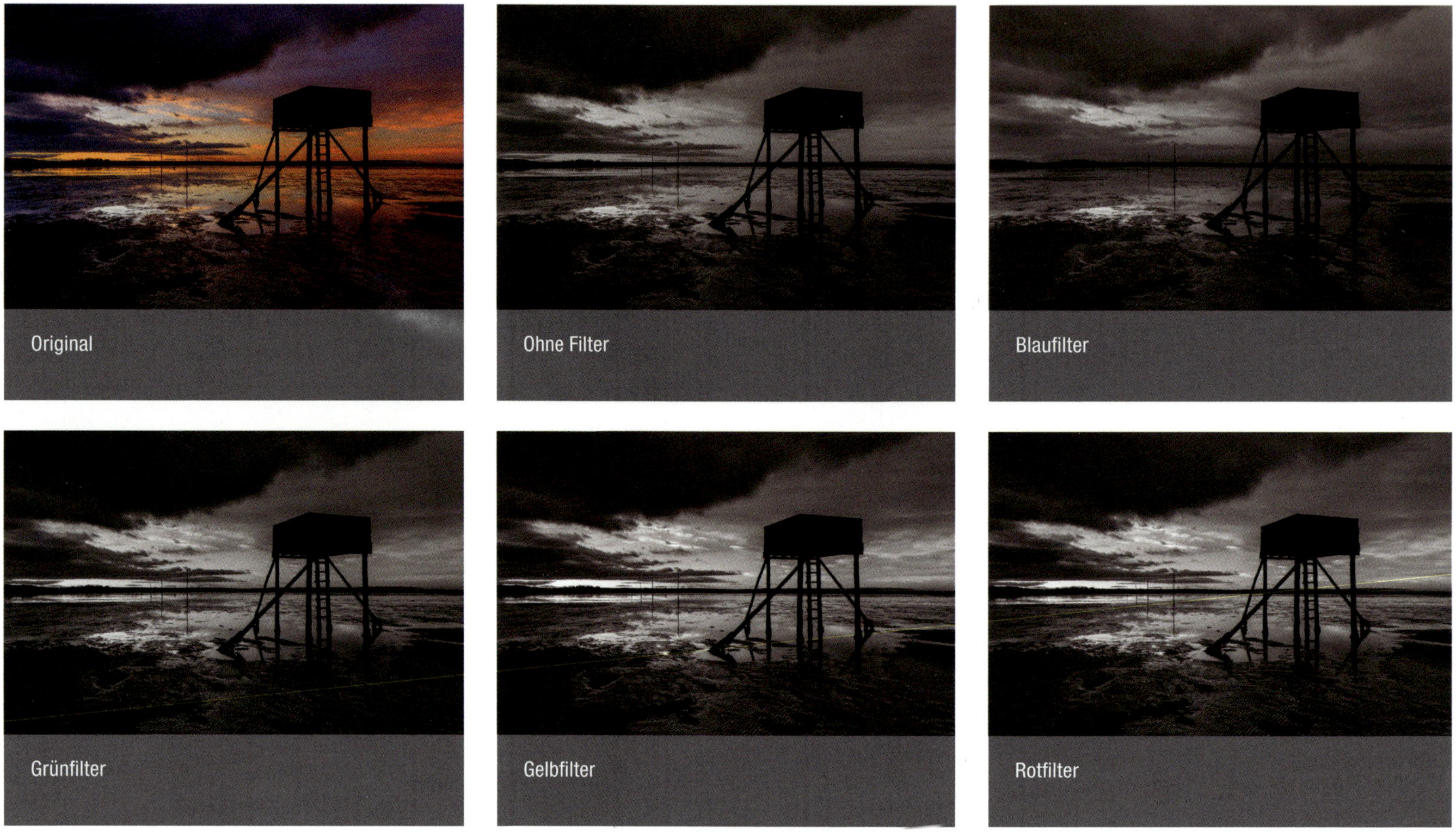

Oben: Farbfilter haben eine dramatische Wirkung auf die Darstellung von Farben im Schwarz-Weiß-Foto. Bei Aufnahmen auf Schwarz-Weiß-Film werden die Filter physisch auf das Objektiv geschraubt. Das ist zwar auch bei digitalen JPEG-Schwarz-Weiß-Aufnahmen möglich, doch die meisten Kameras können den Effekt von Farbfiltern simulieren. RAW-Files werden erst in der Nachbearbeitung in Schwarz-Weiß-Bilder umgewandelt – die Bildbearbeitungssoftware liefert die gewünschten Filter.

Rechts: Eine Schwarz-Weiß-Aufnahme kann in der Bildbearbeitung stärker manipuliert werden als ein Farbfoto. Hier wurde durch übersteigerten Kontrast ein minimalistisches Bild geschaffen. Durch schwächeren Kontrast, Aufhellen oder Abdunkeln lassen sich jeweils andere Stimmungen erzeugen.

Tipps:

An grauen, bedeckten Tagen ist Schwarz-Weiß häufig besser geeignet als Farbe. Fehlende Kontraste können, falls erforderlich, durch die Bildbearbeitung verstärkt werden.

Auf Schwarz-Weiß-Fotos ist das Rauschen bei hohen ISO-Werten weniger störend als in Farbe. Dennoch ist es besser, einen möglichst niedrigen ISO-Wert zu wählen, um die Qualität zu verbessern. Rauschen („Körnung") als Stilmittel kann auch in der Bildbearbeitung erzeugt werden.

Rechts: Für manche Aufnahmetechniken, etwa für Langzeitbelichtungen, ist Schwarz-Weiß sogar besser geeignet: Unser Gehirn empfindet Schwarz-Weiß ohnehin als „künstlich" und akzeptiert damit eher, wenn ein Bild nicht der natürlichen Ansicht entspricht.

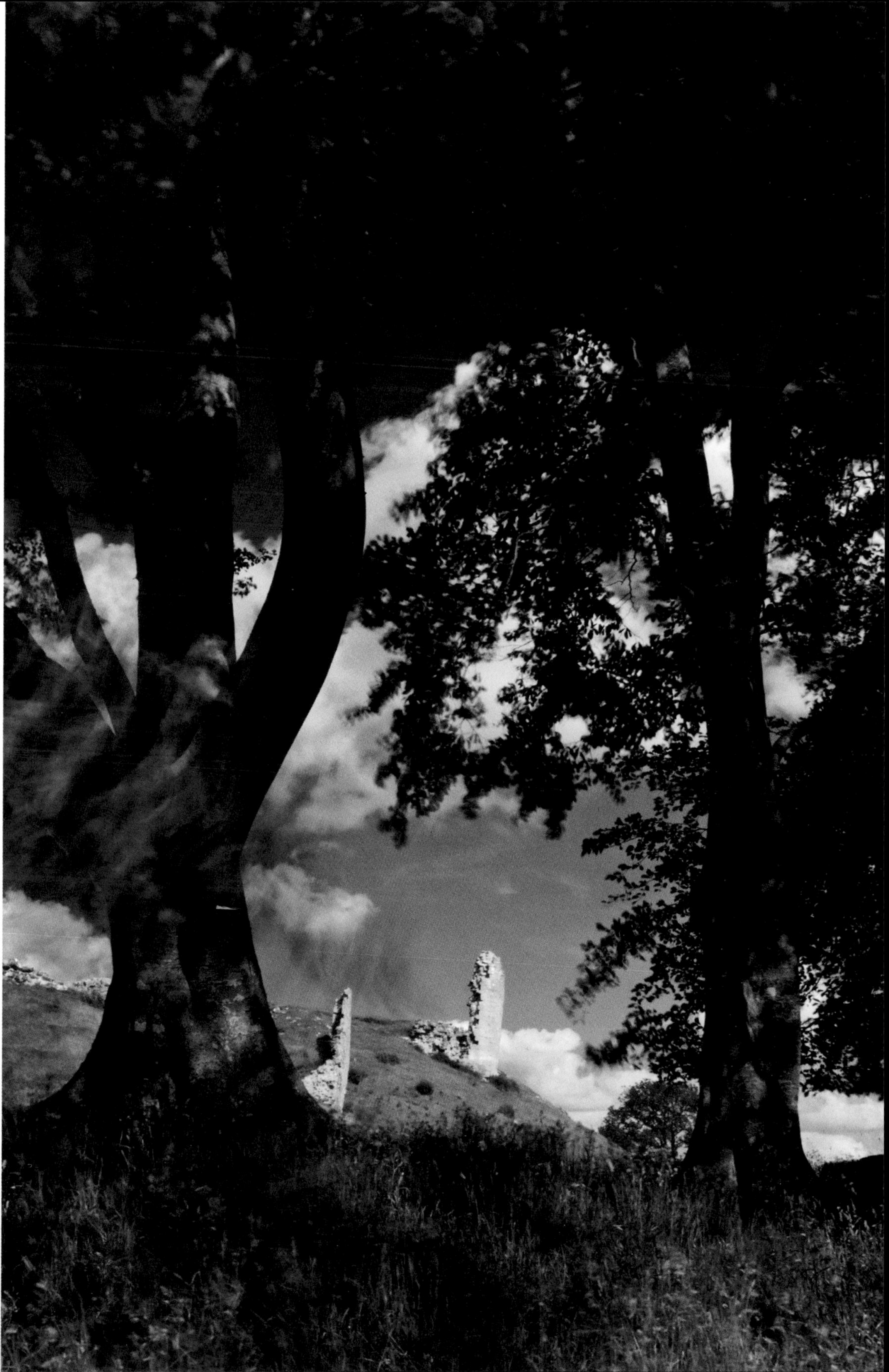

Bildexport

Obwohl die Aufnahmen im RAW-Modus die besten Ergebnisse liefern, kann es notwendig sein, die RAW-Files als flexibleres Format zu exportieren. Die Bildbearbeitungssoftware bietet hierzu in der Regel mehrere Möglichkeiten. Welche davon infrage kommt, richtet sich danach, wie „fertig“ das Bild bereits ist.

Wenn Sie das Foto in einer Software wie **Photoshop** weiterbearbeiten möchten, wird das RAW-File als 16-Bit-TIFF oder -PSD exportiert. Damit bleibt die Qualität auch nach dem Import in Photoshop erhalten. Allerdings brauchen TIFF und PSD relativ viel Speicherplatz.

Ist hingegen die Bearbeitung am Bild abgeschlossen, empfiehlt sich der Export als 8-Bit-JPEG: Dies bietet maximale Qualität bei relativ geringem Speicherplatzbedarf.

Eine weitere Option ist der **Farbraum**. Hier gibt es mehrere Möglichkeiten: Die am häufigsten genutzten sind Adobe RGB und sRGB. **Adobe RGB** ist die passende Option, wenn die Fotos in eine Sammlung exportiert werden, oder wenn Sie weiter daran arbeiten möchten. Der **sRGB**-Farbraum ist zwar kleiner als Adobe RGB, er ist aber der Standard für das Internet und wird beim Ausdrucken der Fotos in kommerziellen Laboren verlangt. Die Bilder wirken etwas härter als im Adobe-RGB-Farbraum, enthalten aber fast genau dieselben Farbinformationen.

Eine dritte Option ist **ProPhoto RGB**. Mit seinem Farbraum, der größer ist als in Adobe RGB, stellt er eine gute Option dar, wenn Sie die Farbinformation in Ihrem eigenen System so weit wie möglich erhalten möchten. Sobald die Fotos allerdings auf einen fremden Rechner exportiert werden, müssen sie in Adobe RGB umgewandelt werden.

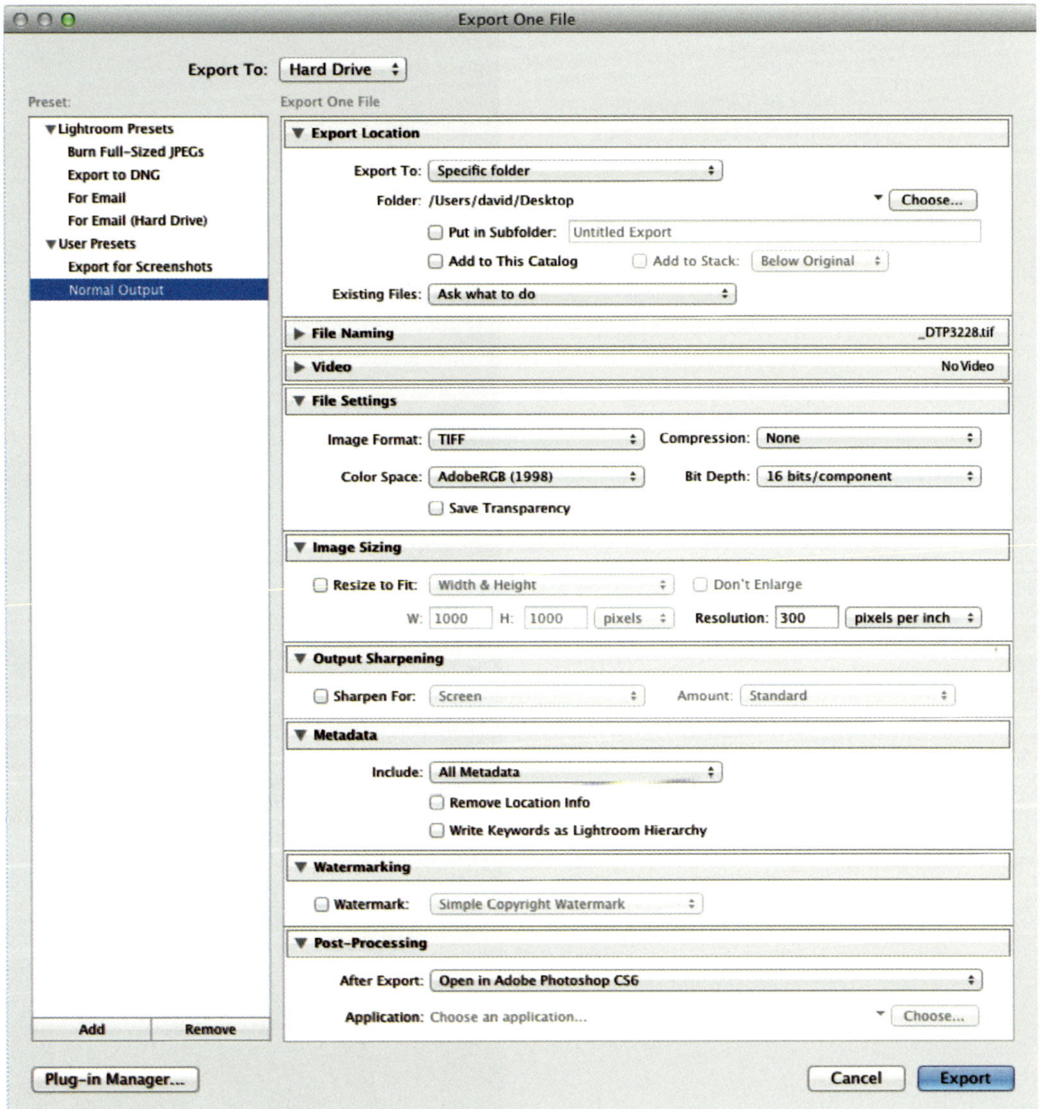

Oben: Das Dialogfenster für den Bildexport (Adobe Lightroom). Eine nützliche Funktion ist die Sicherung von Voreinstellungen; damit kann ein Bild, je nach der weiteren Nutzung, in mehreren Versionen exportiert werden.

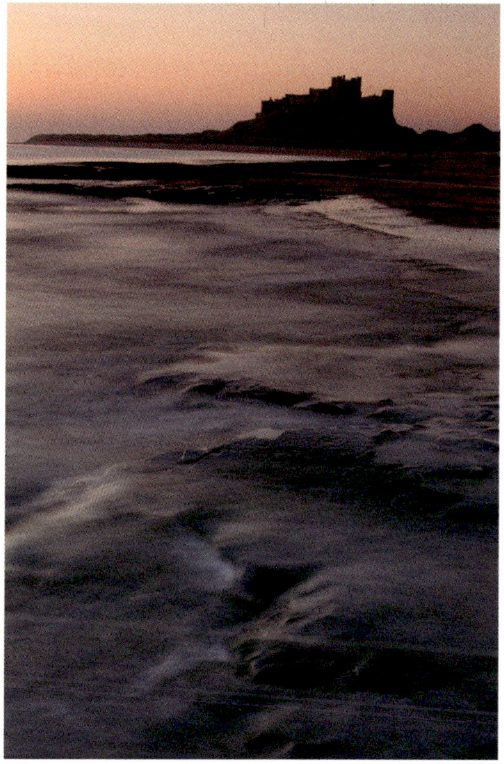

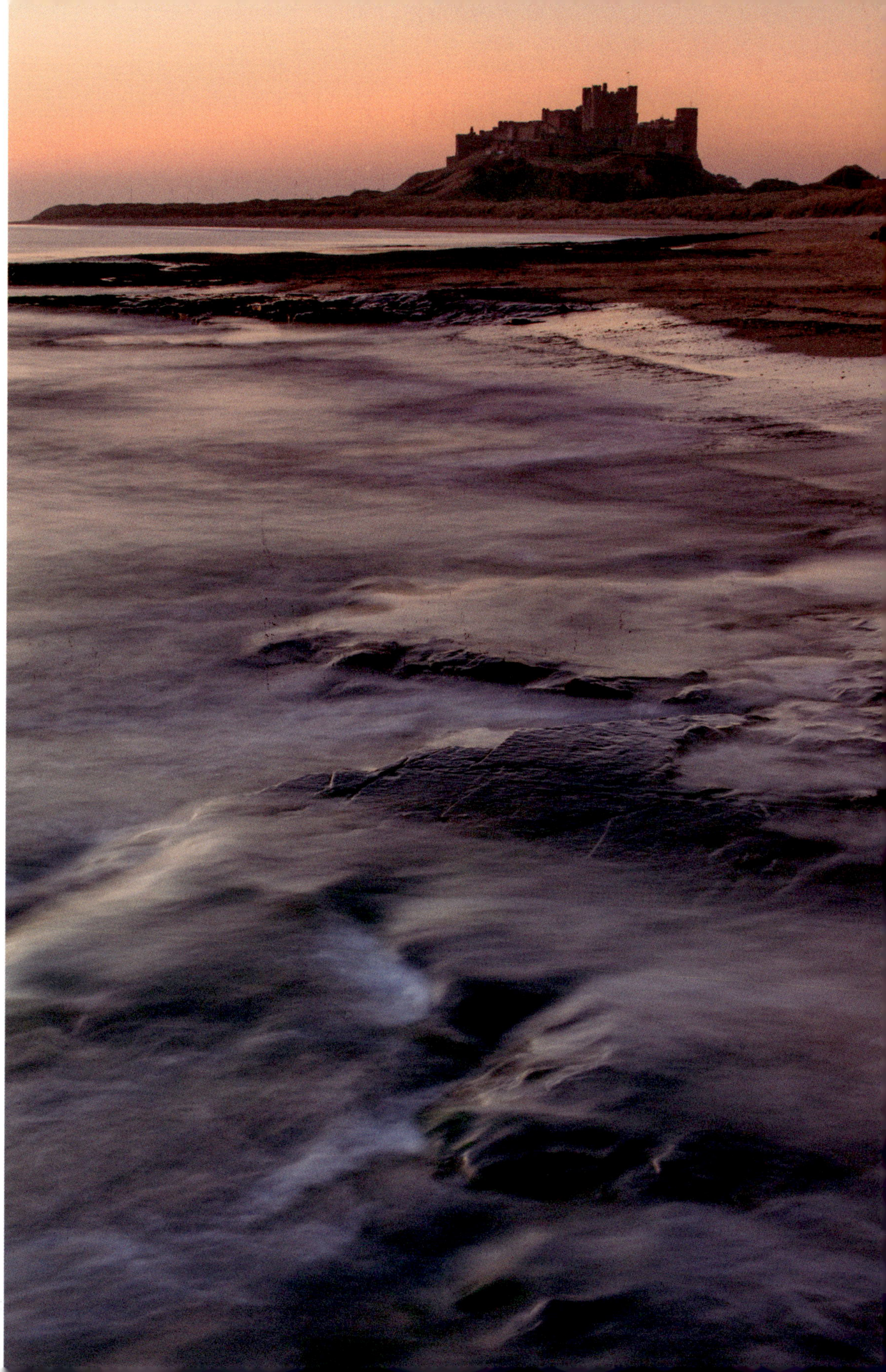

Oben und rechts: Das gut belichtete RAW-File (oben) ist der Ausgangspunkt für die weitere Bearbeitung zum Foto (rechts). RAWs haben den unschätzbaren Vorteil, immer wieder ganz unterschiedlich bearbeitet werden zu können. Da sich die persönlichen Vorlieben ändern und die RAW-Software kontinuierlich verbessert wird, lohnt es sich, seine alten Fotos von Zeit zu Zeit erneut zu sichten.

Vorbereitung zum Druck

Es macht Freude, ein gutes Foto am Computermonitor zu betrachten, doch die Freude ist noch größer, wenn das Foto gedruckt, aufgezogen, gerahmt und ausgestellt wird. Dazu sollte man ein paar einfache Vorgehensweisen kennen.

Kalibrierung

Jedes digitale Gerät verrechnet die Darstellung von Farben auf andere Weise. Daher ist es unmöglich, ein Bild auf einem anderen Gerät farbgetreu wiederzugeben. Dieses Problem tritt vor allem im Druck auf, denn die RGB-Farben des Monitors müssen an den CMYK-Farbraum des Druckers angepasst werden – die beiden Geräte „sprechen nicht dieselbe Sprache". Zur Lösung des Problems ist ein „Profil" erforderlich. Es enthält die Information, wie ein Gerät die Farben darstellt. Mit einem genauen Profil für den Monitor und mit der Kombination von Drucker und Papier können die Geräte „kommunizieren".
Zur Erstellung eines solchen Profils brauchen Sie Hardware zum Kalibrieren. Kalibrierungsgeräte für Monitore sind nicht mehr so teuer wie früher und werden von den meisten Anbietern für Foto- oder Elektronikgeräte angeboten. Kalibrierungsgeräte für Drucker sind wegen ihrer speziellen Anforderungen teurer. Die meisten Hersteller liefern allerdings für ihre Drucker fertige Profile mit. Genauere Ergebnisse liefert allerdings ein Kalibrierungsgerät, das ein Profil für Ihren Drucker erstellt.

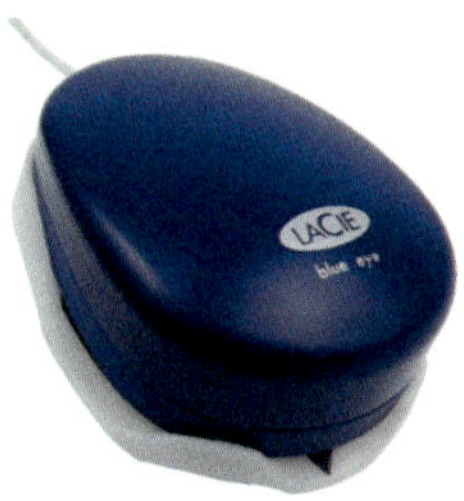

Oben: Das „LaCie Blue Eye Pro"-Kalibrierungsgerät für Monitore (© LaCie)

Auflösung

Beim Druck eines Fotos werden die Pixel der Vorlage in Farbe übersetzt. Die erste Entscheidung bezieht sich daher auf die Pixeldichte pro Quadratzentimeter. Ein üblicher Standard für den Druck beträgt 300 Pixel pro Inch (ppi; entspricht 300 *dots per inch*; dpi) oder 118 Pixel pro cm. Nach diesem Standard wäre ein 3000 Pixel breites Foto im Druck 10 Inch (25,4 cm) breit (3000/300 = 10).

In der Tat sind 300 ppi sogar ziemlich großzügig, denn bereits eine Auflösung von 200 ppi liefert noch akzeptable Ergebnisse. Das 3000 Pixel breite Bild wäre also 15 Inch oder 38,1 cm breit. Natürlich geht damit ein gewisser Qualitätsverlust einher, denn die „dots" (Farbpunkte) verteilen sich auf einer größeren Fläche. Dieser Verlust an Auflösung wird dadurch ausgeglichen, dass größere Fotos aus größerer Entfernung betrachtet werden und die Punkte ohne sichtbaren Qualitätsverlust optisch miteinander verschmelzen.

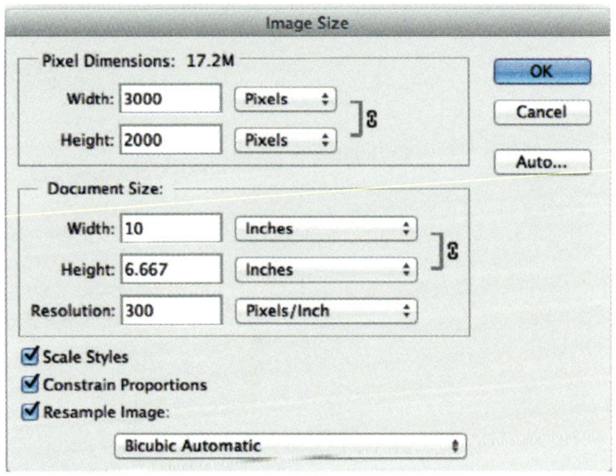

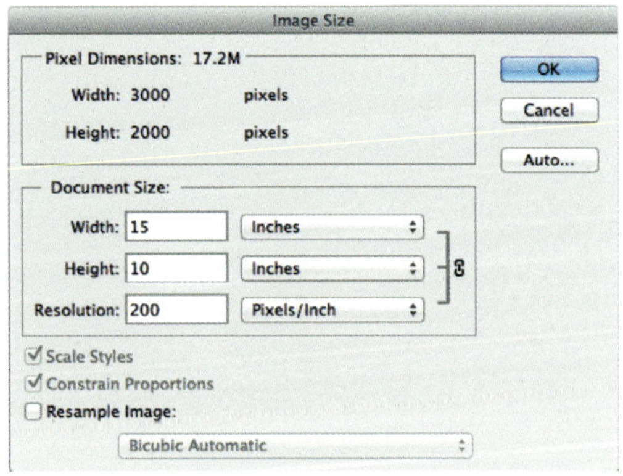

Oben und oben rechts: In Photoshop werden die Pixelzahl eines Bildes und die Größe des Druckes über Bild > Bildgröße dargestellt. Wenn Sie die Dokumentgröße ändern („Resample"-Funktion angeklickt), wird die Pixelzahl angeglichen. Für kleinere Bilder werden Pixel entfernt, für größere Bilder werden neue Pixel interpoliert. Nur um die Größe eines Bildes zu verändern, ist dieser Weg allerdings nicht erforderlich. Deaktivieren Sie die Resample-Funktion und ändern Sie die Auflösung des Bildes – damit ändert sich automatisch auch die Druckgröße des Fotos.

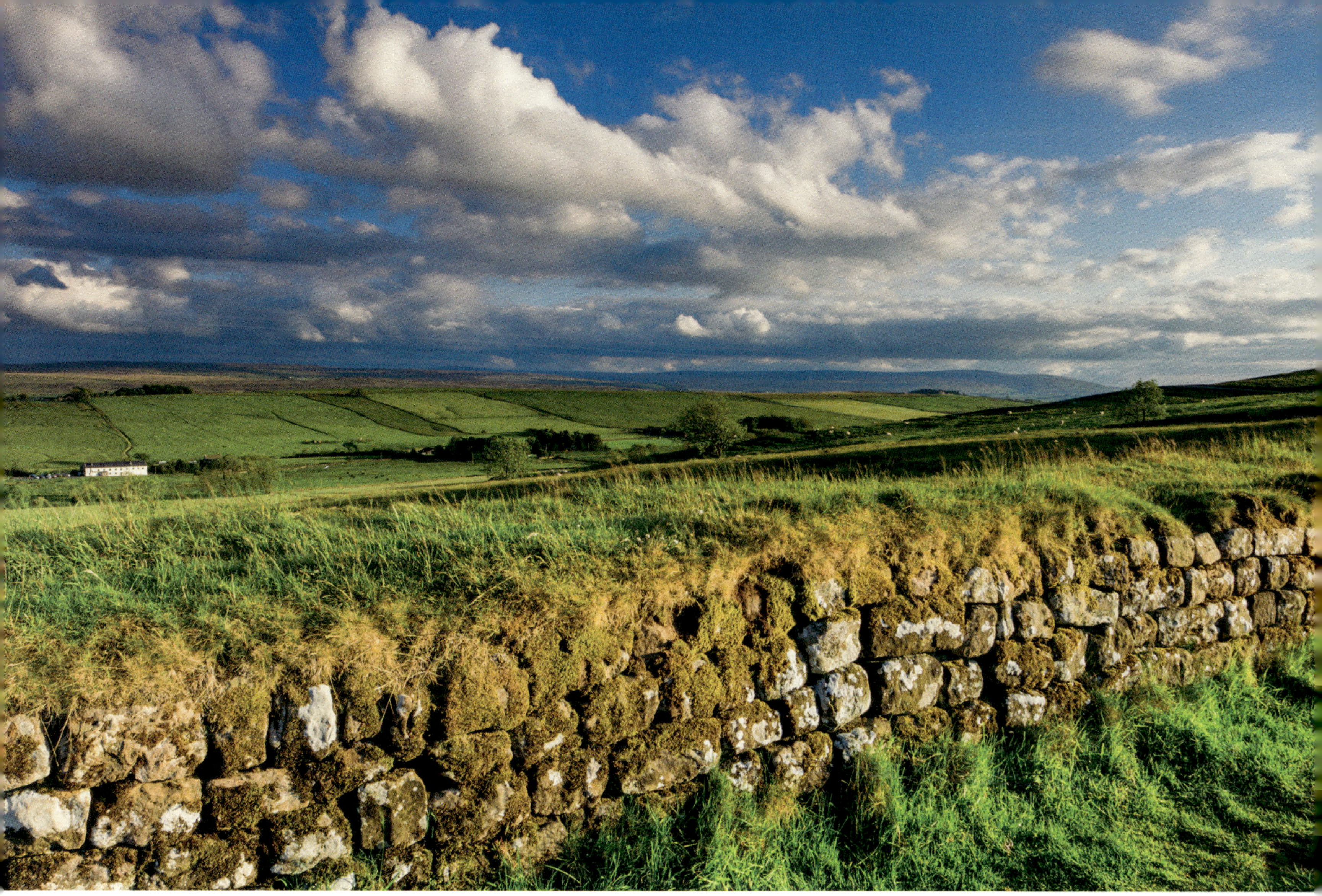

Softproof

Kalibrierung und genaue Profile machen den abbildungsgetreuen Druck eines Fotos relativ sicher. Allerdings geht nichts über einen Probedruck, um zu garantieren, dass alles genau stimmt. Wenn ein Foto mit jeweils kleinen Veränderungen mehrfach ausgedruckt wird, fallen erhebliche Kosten für Papier und Druckerfarbe an.

Man spart bereits Geld, wenn man bei den Probedrucken nicht das ganze Foto, sondern nur Teile davon auf kleinere Papierformate druckt (dasselbe Papier wie das spätere Foto!).

Trotz eines gewissen Spareffekts, verbraucht man aber immer noch teure Druckerfarbe. Einen Ausweg bietet hier der sogenannte „Softproof“: Dabei wird am Monitor simuliert, wie das Bild in gedruckter Form aussehen wird. Die Software nutzt das Druckerprofil und ändert Farbe und Helligkeit des Bildes entsprechend. Allerdings ist ein Softproof nur dann möglich, wenn die genauen Profile von Monitor und Papier auf dem Computer gespeichert sind.

Oben: Die schwierigste Aufgabe für einen Drucker ist die präzise Wiedergabe stark gesättigter Farben. Eine Farbe, die nicht genau wiedergegeben werden kann, liegt „außerhalb seiner Farbskala“. Beim Softproof fallen solche potenziellen Probleme auf und lassen sich durch schwächere Farbsättigung beheben.

Papierauswahl

Die Wahl des Papiers ist eine sehr persönliche Entscheidung. Die wichtigsten Oberflächen von Fotopapieren sind glänzend, Seidenglanz (semigloss) und matt.

Glänzendes Fotopapier ist eindeutig die beliebteste Sorte. Die glatte, glänzende Oberfläche ist robust und langlebig. Es liefert den besten Kontrast und die vollste Farbsättigung.

Da die Farbpunkte auf glänzendem Papier weniger stark verlaufen, erscheinen die Aufnahmen schärfer, insbesondere im Vergleich mit mattem Papier. Dennoch hat glänzendes Papier auch Nachteile: Da es das Licht sehr stark reflektiert, kommt es bei Präsentationen mit mehreren Lichtquellen nicht optimal zur Geltung. Außerdem wirken die Bilder nicht so weich wie auf Seidenglanz oder matt.

Seidenglanzpapiere gelten oft als Kompromiss zwischen der Härte des glänzenden und der zurückhaltenden Qualität des matten Papiers.

Mattes Papier reflektiert das Licht gar nicht; damit ist es gut geeignet für Präsentationen mit problematischen Lichtverhältnissen. Sein größter Nachteil ist die im Vergleich zu glänzendem und Seidenglanzpapier empfindlichere Oberfläche, vor allem wenn das Foto auf texturiertem Watercolor-Papier gedruckt ist. Da Farbe und Kontrast schwächer ausfallen als bei glänzendem Papier, fallen die Fotos nicht unmittelbar ins Auge. Andererseits sehen auf mattem Papier Schwarz-Weiß-Fotos sehr gut aus.

Auch beim Fotopapier gibt es keine festen Regeln. Sie müssen selbst herausfinden, welche Papiersorte Ihrem fotografischen Stil am nächsten kommt: Es ist fast so befriedigend, ein gutes Foto zu *drucken*, wie es zu schießen.

Papierformat

Fotopapier wird in festen Formaten verkauft. Die Normgröße der Blätter wird in zwei Systemen definiert: ISO 216 (= DIN 476) und ANSI. Der ISO-216-Standard gilt weltweit, ANSI wird vorwiegend in Nordamerika verwendet.

Beim „ISO 216/DIN 476"-Standard wird der Buchstabe A mit einer Zahl kombiniert: DIN A0 ist die größte, DIN A10 die kleinste Größe. Dabei haben alle Blätter ein Seitenverhältnis von 1:1,41. Die Hälfte der jeweils längeren Seite wird zur Längsseite des nächstkleineren Formats. Ausnahmen sind die Größen „A3+" oder „Super A3", die zwar nicht in das System passen, aber von Drucker- und Fotopapierherstellern wie Canon und Epson angeboten werden.

Papierformat	Größe (mm)	Größe (inches)
A0	841 x 1189	33.1 x 46.81
A1	594 x 841	23.39 x 33.11
A2	420 x 594	16.54 x 23.39
A3+	330 x 483	13 x 19
A3	297 x 420	11.69 x 16.54
A4	210 x 297	8.27 x 11.69
A5	148 x 210	5.83 x 8.27
A6	105 x 148	4.13 x 5.83
A7	74 x 105	2.91 x 4.13
A8	52 x 74	2.05 x 2.91
A9	37 x 52	1.46 x 2.05
A10	26 x 37	1.02 x 1.46

Das ANSI-System basiert auf der Standardgröße nordamerikanischen Briefpapiers: 8,5 x 11 inches (oder ANSI A), was in etwa dem DIN-A4-Format entspricht. Die unterschiedlichen Größen in den Reihen beginnen bei A und enden mit E. Anders als beim DIN-Format ist das Seitenverhältnis nicht konstant, sondern schwankt zwischen 1:1,29 (das Blatt ist 1,29-mal höher als breit) und 1:1,54 (das Blatt ist 1,54-mal höher als breit).

Papierformat	Größe (mm)	Größe (inches)
ANSI A	216 x 279	8.5 x 11
ANSI B	279 x 432	11 x 17
ANSI C	432 x 559	17 x 22
ANSI D	559 x 864	22 x 34
ANSI E	864 x 1118	34 x 44

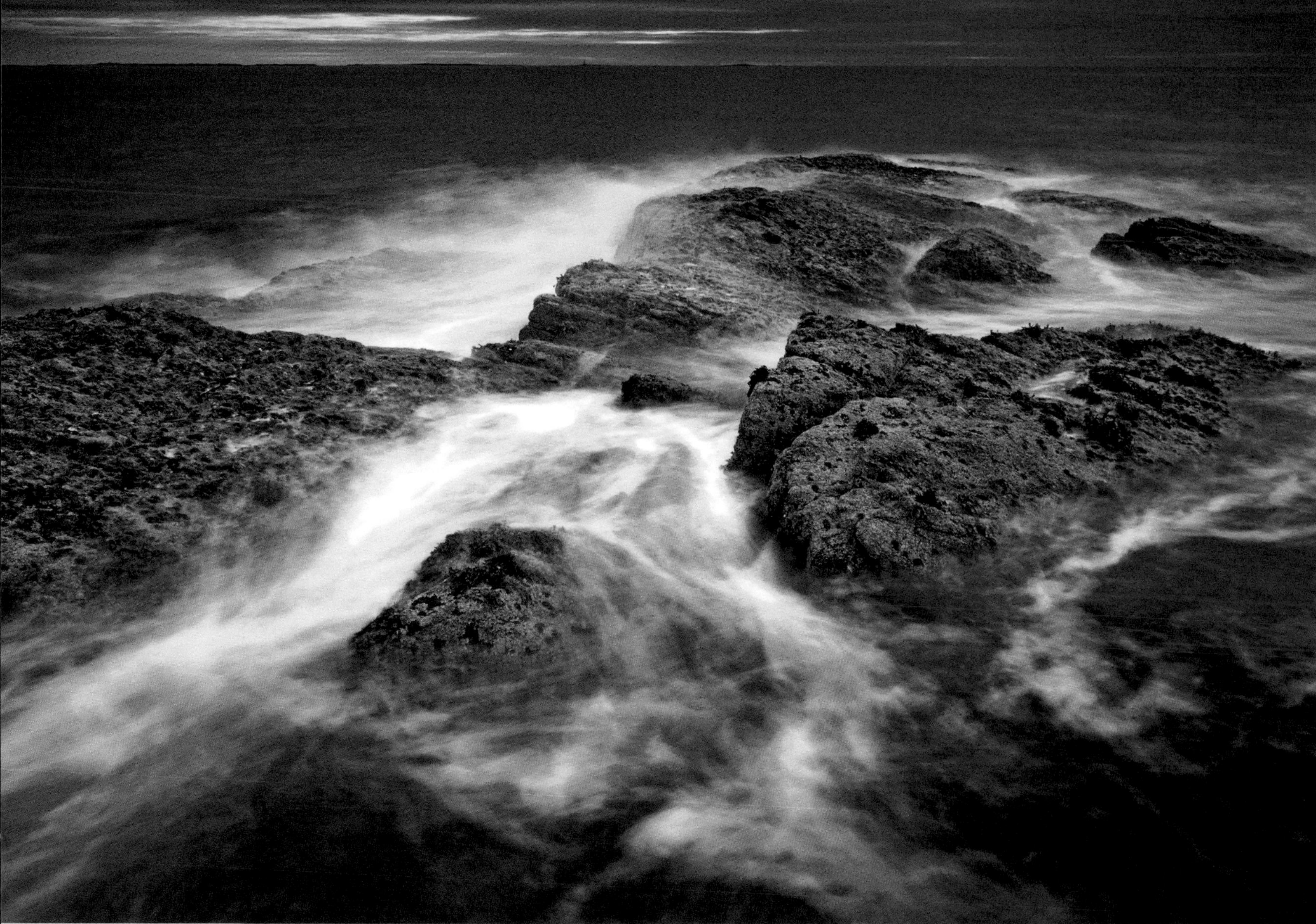

Oben: Es gibt verblüffend viele Papierhersteller, die Papiere mit jeweils verschiedenen Oberflächen, Gewichten und Texturen anbieten. Wenn Sie unsicher sind, kaufen Sie am besten ein Sortiment, das Papier jeden Typs enthält, und probieren Sie alles aus.

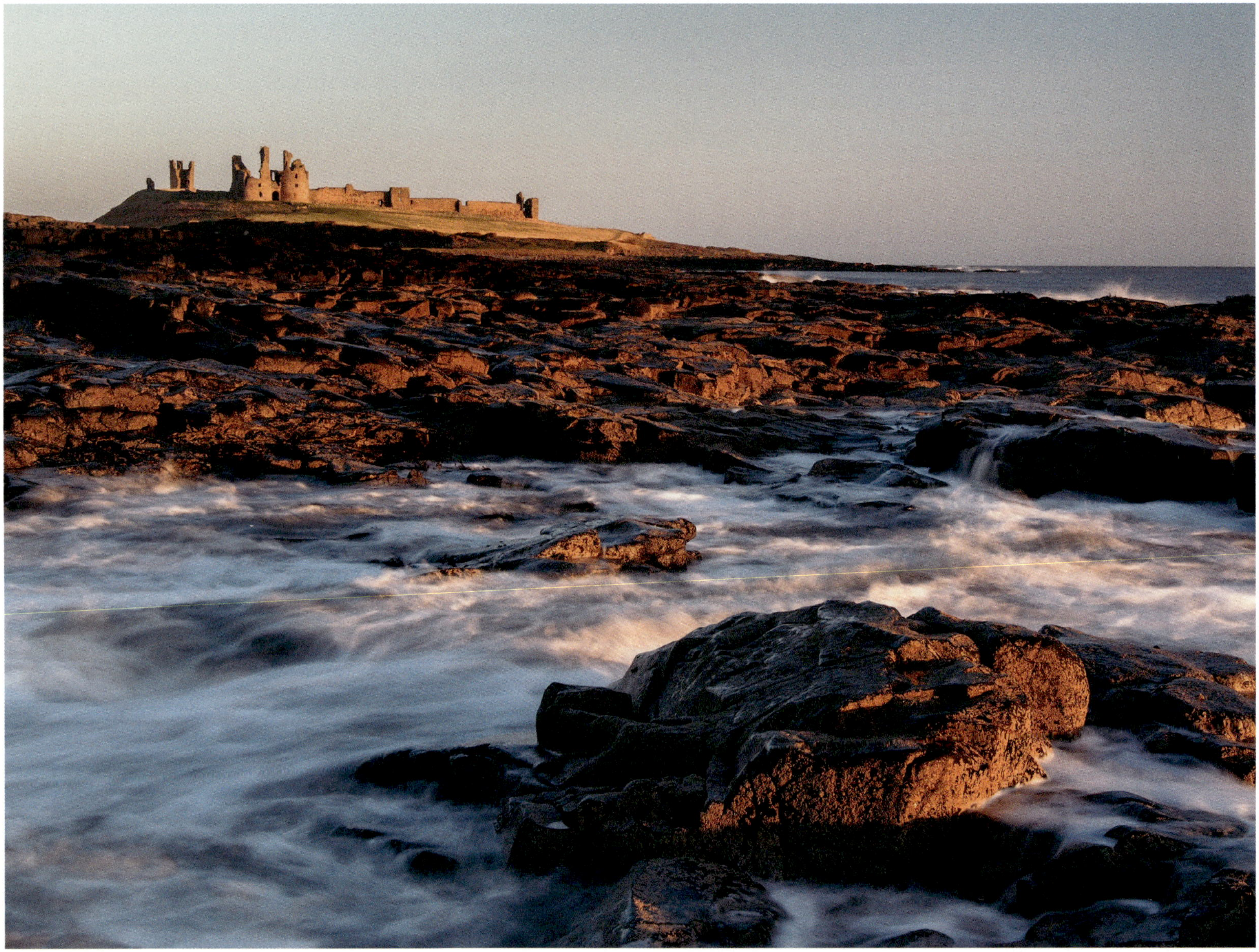

Oben: Manche Motive sehen im Sommer, andere im Winter besser aus. Dieses Foto zeigt die Burg von Seite 72 in der Südansicht. Das Foto entstand im Spätwinter, als die Sonne im Südosten aufging – für diesen Standort definitiv die beste Jahreszeit.

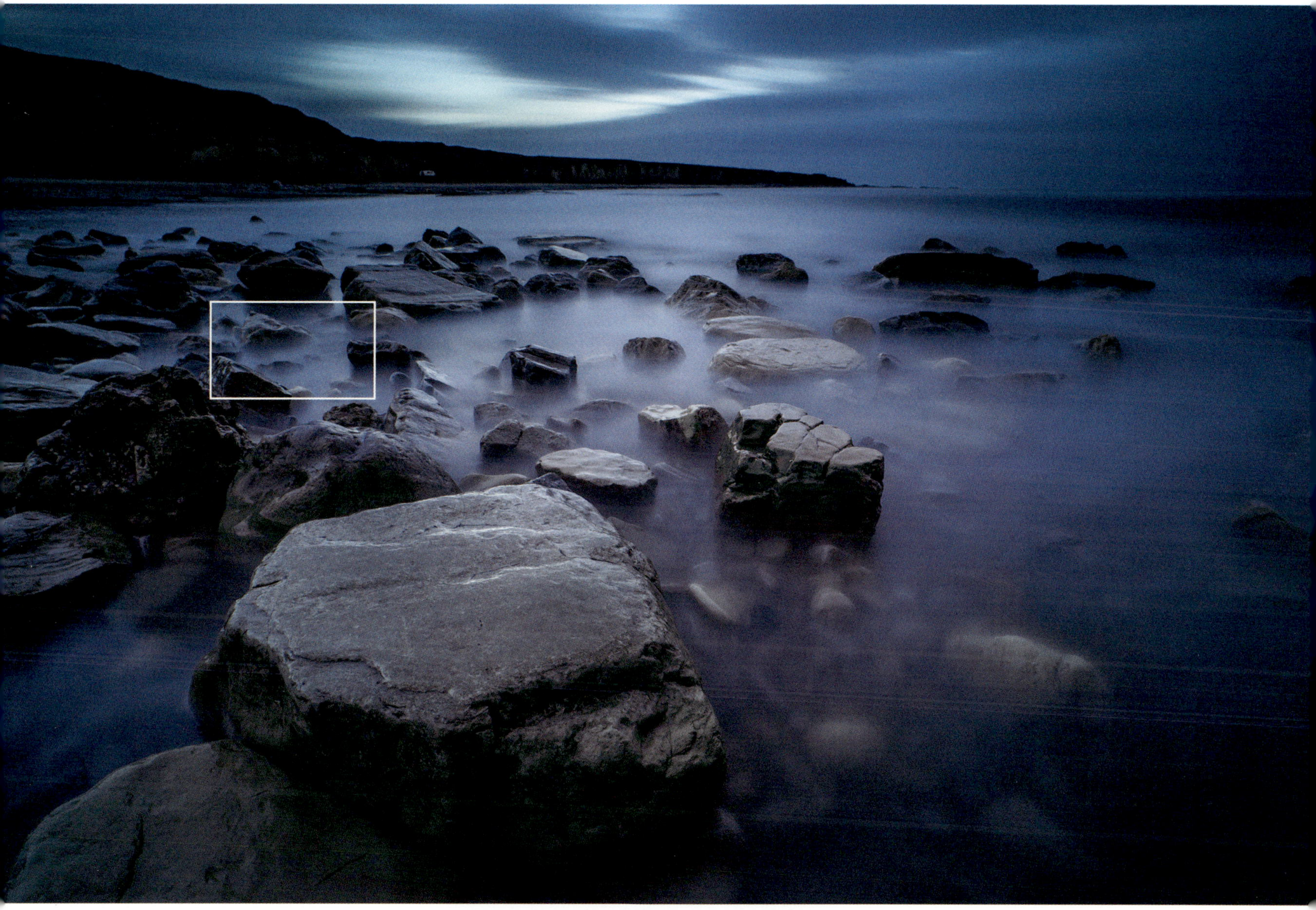

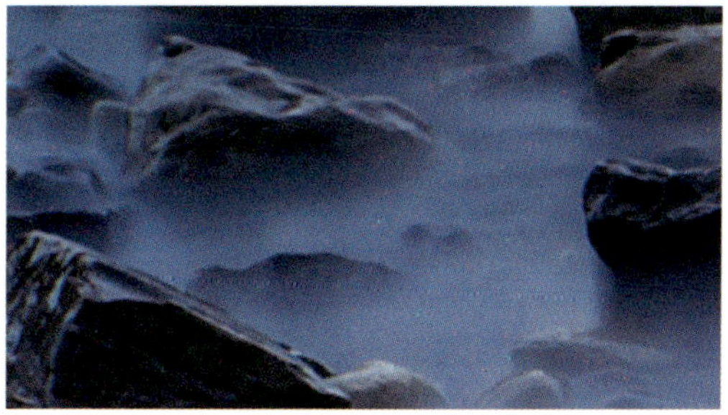

Oben: Bei Verschlusszeiten über 30 Sek. kann das Hot-Pixel-Phänomen auftreten. Das sind rote oder cyanfarbene Flecken, die zufällig auf dem Bild verteilt sind (siehe das vergrößerte Detail). Der Fehler tritt nicht bei allen Bildsensoren auf. Probieren Sie es bei Ihrem Modell aus. Sollte der Fehler auftreten, verhindert eine „Rauschreduzierung bei Langzeitbelichtung" die Bildung von Hot Pixels – wenn Sie die dadurch bedingte Verlängerung der Verschlusszeit in Kauf nehmen.

Glossar

Aberration: Abbildungsfehler im Foto, meist durch einen Linsenfehler verursacht

AEL (*Automatic Exposure Lock*): Kamerafunktion, die die Werte der letzten Belichtung speichert, um weitere Fotos mit derselben Einstellung aufnehmen zu können

Aufhellblitz: Um bei Tageslicht – im Gegenlicht oder bei hartem Seitenlicht – die Schatten aufzuhellen und Silhouetten zu vermeiden, werden die dunklen Bereiche mit dem Blitzlicht aufgehellt.

Auflösung: Zahl der Pixel auf einem digitalen Foto

Autofokus (AF): zuverlässiges, automatisches Scharfstellen durch das Objektiv, ohne dass der Fotograf die Schärfe selbst einstellen muss

Belichtung: Lichtmenge, die auf den Bildsensor fällt; sie wird durch Blendenöffnung, Verschlusszeit und den ISO-Wert bestimmt. Außerdem wird damit der Vorgang des eigentlichen Fotografierens bezeichnet („ein Foto machen").

Belichtungskorrektur: Einstellungsmöglichkeit an der Kamera, um Über- oder Unterbelichtungen zu vermeiden

Belichtungsmessung: Bestimmen der Lichtmenge, die auf eine Szene fällt; das Ergebnis zeigt die korrekten Belichtungswerte.

Belichtungsreihe, Belichtungsreihenautomatik (AEB): Die Kamera macht automatisch mehrere Aufnahmen desselben Motivs, wobei die Blende gewöhnlich in 1/3-, 1/2- oder in ganzen Stufen verändert wird.

Bildfrequenz (fps, *frames per second*): Anzahl der Bilder, die eine Digitalkamera pro Zeiteinheit machen und speichern kann

Bildsensor (digital): Mikrochip mit Millionen lichtempfindlicher Fotodioden; je höher deren Zahl, desto höher die Auflösung des Fotos; die gebräuchlichsten Bildsensoren sind: CCD (*Charge-Coupled Device*) und CMOS (*Complementary Metal-Oxide Semi-conductor*).

Bildwinkel: Ausschnitt eines Motivs, der vom Objektiv erfasst wird (angegeben in Grad)

Blende: Öffnung im Objektiv, durch die das Licht auf den Bildsensor fällt. Die Öffnungsweite der Blende wird in f/Blendenzahl angegeben.

Blitzschuh: Vorrichtung mit elektrischem Kontakt, in die ein externes Blitzgerät eingeschoben und mit der Kamera synchronisiert wird

Brennweite: Abstand zwischen der optischen Hauptebene eines Objektivs bis zum Brennpunkt (angegeben in mm)

chromatische Aberration: Linsenfehler; durch unterschiedliche Brechung der Spektralfarben bilden sich Farbsäume an Objekten.

Dioptrien: Maß für die Brechung einer Linse

dpi (*dots per inch*): Maßzahl für die Auflösung eines Druckers oder Scanners. Die Auflösung steigt mit der Zahl der Farbpunkte.

DPOF (*Digital Print Order Format):* Speicherformat für die digitale Fotografie, in dem zusätzliche Informationen erfasst werden können (z. B. Bild-Text und Titel, Bildorientierung, Kopien-Zahl, Papierformat)

Drittelregel: Regel der Bildgestaltung; wichtige Bildelemente werden so platziert, dass sie auf gedachten vertikalen und horizontalen Linien liegen, die das Bild jeweils in Drittel unterteilen.

Farbtemperatur: Farbe einer Lichtquelle, gemessen in Grad Kelvin (K)

f/Blendenzahl: Öffnungsweite der Blende in einem Objektiv; große Blendenöffnungen werden durch kleine Blendenzahlen (f/1,8 und f/2,8), kleine durch hohe Zahlen (z. B. f/16 oder f/22) angegeben.

Fernauslöser: System, das die Kamera aus einer gewissen Entfernung ohne Berührung auslöst; damit werden Vibrationen der Kamera vermieden.

Filter: Scheiben aus Glas, beschichtetem Glas oder optischen Kunststoffen, die vor das Objektiv gesetzt werden

HDR (*High Dynamic Range*): Bild mit hohem Dynamikumfang; die Kamera erhöht den Kontrastumfang, indem sie mehrere Aufnahmen mit unterschiedlicher Belichtung zu einem einzigen Foto zusammensetzt.

Highlights: hellste Stellen eines Fotos

Histogramm: Grafik, in der die Verteilung der Helligkeitswerte eines Fotos dargestellt ist

Interpolieren: Die Bildbearbeitungssoftware fügt dem File eines digitalen Fotos Pixel hinzu, um das Format zu vergrößern.

ISO: Messzahl, die angibt, wie lichtempfindlich ein Bildsensor ist; entspricht den ISO-Werten analoger Filme

JPEG (*Joint Photographic Experts Group*): Komprimierung der digitalen Bildinformation bis auf 5 % der originalen Filegröße; die Komprimierung geht allerdings auf Kosten der Bildqualität.

Komprimierung: digitale Informationen eines Fotos, die je nach Einstellung alle erhalten bleiben oder bei starker Komprimierung „verloren" gehen

Kontrast: Abstufung zwischen hellsten (Highlight) und dunkelsten Stellen eines Fotos oder deutlicher Helligkeitsunterschied zwischen Farben oder benachbarten Bereichen

Kontrastumfang (auch Dynamikumfang): Fähigkeit eines Bildsensors, das Helligkeitsspektrum des Motivs von hell bis dunkel abzubilden

LCD (*Liquid Crystal Display*): Kameradisplay, auf dem der Fotograf seine Fotos gestalten und fertige Fotos betrachten kann

Makro(-objektiv): Objektive, die sehr nah an ein Motiv herangehen und fokussieren können

Megapixel: eine Million Pixel

Mehrfeld- oder **Matrixmessung:** Bei der Belichtungsmessung werden mehrere Zonen gemessen und der Belichtungswert über einen Algorithmus berechnet.

mittenbetonte Integralmessung: Bei dieser Belichtungsmessung wird der zentrale Teil des Motivs höher bewertet als die Randbereiche.

monochrom: alternativer Name für Schwarz-Weiß-Fotos (mono = ein; chrom = Farbe)

PictBridge: Industriestandard, bei dem die Information aus der Kamera unmittelbar an den Drucker geleitet wird – ohne Computer als Zwischenmedium

Pixel: Kurzform für *picture element,* kleinste Informationseinheit in einem digitalen Foto

prädiktiver Autofokus: Autofokus, der ein bewegtes Objekt ständig im Schärfebereich hält

Puffer (*Buffer*): Zwischenspeicher in Digitalkameras, um Daten zu speichern

Rauschen (auch Bildrauschen): sichtbare Fehler in digitalen Fotos, die durch elektrische Streusignale während der Aufnahme entstehen

RAW: Form der Bildspeicherung, die alle Daten des Bildsensors zur Zeit der Belichtung enthält; die Werte bleiben auch nach einer Bildbearbeitung erhalten.

RGB (*red, green, blue*): Computer und andere digitale Geräte setzen die gesamte Farbinformation aus Kombinationen von Rot, Grün und Blau zusammen.

Rote-Augen-Effekt: Zu seiner Vermeidung sendet der Blitz vor dem eigentlichen Auslösen ein Licht aus. Dabei verengt sich die Pupille.

Tiefenschärfe: Bereich im Foto, der scharf abgebildet wird; der wichtigste Faktor der Tiefenschärfe ist die Blendenöffnung: je kleiner die Blendenöffnung, desto höher die Tiefenschärfe.

Schatten: dunkelste Zonen eines Fotos

Softproof: „Probedruck" auf dem Monitor, der das Bild genau *so* zeigt, wie es später beim tatsächlichen Druck auf einem Drucker aussehen wird

Speicherchip: austauschbare Karte, auf der digitale Kameras die Bildinformation speichern

spiegellose Kamera: Kameras ohne Umlenkspiegel (siehe Spiegelreflexkamera). Der Fotograf sieht die Bilder im Live-View-Modus, die vom Bildsensor auf ein LCD-Display geleitet werden.

Spiegelreflexkamera: Kameratyp, bei dem der Fotograf das Motiv direkt sieht (SLR; *Single Lens Reflex*); das Licht wird durch das Objektiv und über Spiegel und Dachkant-Prisma in den Sucher geleitet.

Spotmessung: Bei dieser Belichtungsmessung wird die Helligkeit einer kleinen Fläche gemessen: im Bildzentrum oder an der Stelle der größten Schärfe.

Sucher: optisches System, um Bildaufbau, ggf. Schärfe zu prüfen

Telekonverter: optisches Zusatzgerät, zwischen Kamera und Objektiv eingesetzt, vergrößert die Brennweite

Teleobjektiv: Objektive mit großer Brennweite und kleinem Bildwinkel

TIFF (*Tagged Image File Format*): universell einsetzbares Speicherformat, das so gut wie jede relevante Anwendungssoftware lesen kann. TIFFs sind nicht komprimierte digitale Files.

TTL (*Through The Lens*): in die Kamera eingebaute Belichtungsmessung; gemessen wird das Licht, das zur Zeit der Aufnahme durch das Objektiv fällt.

Überbelichtung: Wenn während der Aufnahme zu viel Licht auf den Bildsensor trifft, erscheinen die Highlights konturlos weiß, die Schatten sehen unnatürlich hell aus.

Unterbelichtung: Wenn während der Belichtung zu wenig Licht auf den Bildsensor fällt, erscheinen die Highlights trüb, die Schatten ohne Details.

USB (*Universal Serial Bus*): Standard zur Datenübermittlung, der von den meisten Kameras genutzt wird, um die Bild-Files auf den Computer zu übertragen.

Verschluss: Mechanismus (Öffnen und Schließen), der die Dauer des Lichteinfalls auf den Bildsensor reguliert

Verwackeln: Durch Bewegen der Kamera während der Belichtung wird das Foto unscharf.

Verzeichnung: Linsenfehler, bei dem gerade Linien sich vom Zentrum weg (tonnenförmig) oder zum Zentrum hin (kissenförmig) krümmen

Weißabgleich: Kamerafunktion, mit der die Farbtemperatur für die gegebene Situation vorgewählt wird

Weitwinkelobjektiv: Objektive mit geringer Brennweite und großem Bildwinkel

Zoomobjektiv: Objektive mit variabler Brennweite

Nützliche Websites

Allgemein:

Digital Photography Review
www.dpreview.com

On Landscape
www.onlandscape.co.uk

Fotografen:

David Taylor
www.davidtaylorphotography.co.uk

Fotografische Ausrüstung:

www.canon.com: digitale Spiegelreflexkameras, CSCs, Kompaktkameras, Objektive; Drucker; Fotopapier

www.fujifilm.com: CSCs, Kompaktkameras, Objektive; Fotopapier, Filmprodukte

www.leica-camera.com: digitale und Filmkameras mit Messsucher, digitale Mittelformat-Spiegelreflex-kameras, Objektive

www.nikon.com: digitale Spiegelreflexkameras, CSCs, Kompaktkameras, Objektive

www.olympus-global.com: CSCs, Kompaktkameras, Objektive

www.panasonic.net: CSCs, Kompaktkameras, Objektive

www.ricoh-imaging.com: digitale Spiegelreflex-kameras, CSCs, Kompaktkameras, Objektive

www.sigma-photo.com: digitale Spiegelreflex-kameras, Kompaktkameras, Objektive; Objektive für Canon, Micro Four Thirds, Nikon, Pentax und Sony

www.sony.com: digitale Spiegelreflexkameras, CSCs, Kompaktkameras, Objektive

www.tamron.com: Objektive für Canon, Nikon, Pentax und Sony

www.tokinalens.com: Objektive für Canon, Nikon und Sony

www.zeiss.com: Objektive für Canon, Fujifilm, Nikon und Sony

Fotografische Infos:

AE Publications
www.ammonitepress.com

Photographer's Institute Press
www.pipress.com

Black & White/Outdoor-Fotozeitschriften:
www.thegmcgroup.com

Fotodruck:

www.epson.com: Tintenstrahldrucker, Fotopapier

www.hahnemuehle.de: Fine-Art-Fotopapier

www.harman-inkjet.com: Fine-Art-Fotopapier

www.hp.com: Tintenstrahldrucker, Fotopapier

www.ilford.com: Fotopapier

www.kodak.com: Tintenstrahldrucker, Fotopapier

www.lexmark.com: Tintenstrahldrucker, Fotopapier

www.lyson.com: Druckertinte für Fremddrucker, Nachfülltinte, Fotopapier

www.marrutt.com: Druckertinte für Fremddrucker, Nachfülltinte, Fotopapier

Software:

www.adobe.com: eigenständige Bildbearbeitungs-programme (Photoshop, Lightroom und andere)

www.alienskin.com: eigenständige Bildbearbei-tungsprogramme, Plug-ins für Photoshop und Lightroom

www.apple.com: Mac/iPad-Tablets, eigenständige Bildbearbeitungsprogramme (Aperture und andere)

www.corel.com: eigenständige Bildbearbeitungs-programme (PaintShop Pro und andere)

www.dxo.com: eigenständige Bildbearbeitungs-programme (Optics Pro und andere)

www.phaseone.com: digitale Kamerarückwände im Mittelformat, eigenständige Bildbearbeitungs-programme (Capture One Pro und andere)

www.hdrsoft.com: eigenständige HDR-Software (Photomatix Pro); Photoshop und Lightroom Plug-ins

www.photopills.com: App zur iOS-Landschafts-fotografie

Register

Dank

Kein Mensch ist eine Insel. Es wäre unmöglich, sich als Person und Fotograf ohne die Hilfe und den Einfluss anderer zu entwickeln. Ich bin unzähligen Fotografen begegnet, die mich darin bestärkt haben, den eingeschlagenen Weg weiterzugehen. Insbesondere möchte ich Colin Dixon, David Noton, Joe Cornish und Lee Frost danken.

Mein besonderer Dank gilt auch Andy Stansfield, der den Kontakt zu Ammonite Press hergestellt hat.

Mein erstes Buch wäre nie entstanden ohne die Geduld von Richard Wiles und Jonathan Bailey bei Ammonite und Chris Gatcum.

Meine Freunde und Familie wundern sich darüber, warum ich bei jedem Wetter mit der Kamera losziehe, aber das heißt nicht, dass sie mir nicht ebenso wichtig sind.

Ich möchte Jim und Sheilah Parr danken, dafür, dass sie einfach da sind; meinen Eltern Bill und Carol, die alles richtig gemacht haben; meinem Schwager Brian und meiner Schwägerin Sue für ihre Unterstützung und *last but not least* meiner Frau Tania, die stets akzeptiert, dass ich zu allen möglichen Zeiten draußen bin – ihr widme ich dieses Buch.

David Taylor ist ein Landschaftsfotograf und lebt in der Grafschaft Northumberland im Nordosten Englands. Er hat inzwischen mehr als 25 Bücher über Fotografie veröffentlicht. Neben seiner Autorentätigkeit hält er Fotografie-Workshops und arbeitet im Auftrag von Organisationen, zu denen auch der Nationalpark Northumberland zählt.

Eine Kodak Instamatic war David Taylors erste Kamera. Seit dieser Zeit hat er jede Art von Kamera benutzt, die man sich nur vorstellen kann: von sperrigen 4 x 5 Großformatkameras mit Film bis zu handlichen digitalen Kompaktkameras. Letztendlich ist er jedoch der Auffassung, dass die beste Kamera immer die ist, die man bei sich hat.

Wenn er nicht gerade durch die Natur streift, ist er zu Hause bei seiner Frau Tania und seiner Katze.